"中华元典引读丛书"出版委员会

主　任：谢清溪
副主任：纪庆芳　展文婕
委　员（以姓氏笔画为序）：

　　　　　　马　博　仝一帆　阮林要　李亚涛
　　　　　　时　海　陈建恩　郑　鑫　胡玲霞
　　　　　　姜　畅　高枫叶　谌洪波

山海经引读

高有鹏 孟芳 著

河南大学出版社
郑州

图书在版编目（CIP）数据

山海经引读/高有鹏，孟芳著. -- 郑州：河南大学出版社，2024.12
（中华元典引读丛书/李振宏主编）
ISBN 978-7-5649-5685-1

Ⅰ.①山… Ⅱ.①高… ②孟… Ⅲ.①《山海经》
Ⅳ.① K928.626

中国国家版本馆 CIP 数据核字（2024）第 069932 号

山海经引读
SHANHAIJING YINDU

总 策 划	孔令刚
责任编辑	韩　璐
责任校对	刘利晓
封面设计	郭　灿
出版发行	河南大学出版社
	地址：郑州市郑东新区商务外环中华大厦 2401 号
	邮编：450046　电话：0371-86059701（营销部）
	网址：hupress.henu.edu.cn
排　　版	郑州印之星数字文化产业有限公司
印　　刷	河南印之星印务有限公司
版　　次	2024 年 12 月第 1 版
印　　次	2024 年 12 月第 1 次印刷
开　　本	889 mm × 1194 mm 1/32　印　张　10.5
字　　数	185 千字　　　　　　　　定　价　45.00 元

版权所有·侵权必究
本书如有印装质量问题，请与河南大学出版社营销部联系调换。

序

  中华元典创生于春秋战国的大变革时代。自夏以来的中国早期文明社会,到周代的分封制度达到成熟阶段,这一社会形态的国家政体是贵族制。以中央王朝的国君即天子为一权力主体,以公卿士大夫即贵族为另一权力主体,世袭国君和世袭贵族通过宗亲和姻亲血缘纽带组成一个统治网络,代代相传、永恒不变地占据着国家政治生活、经济生活和文化精神生活的中心。这样一个贵族制社会从夏开始,一直延续了一千多年,到公元前770年周平王东迁,终于走向了它的衰落和蜕变。平王东迁作为一个象征性事件,标志着一个新时代的开端。春秋时期,王室衰微,礼崩乐坏,历史表面的混乱局面,掩盖着深层的历史潜流,人们往往用"春秋无义战"来描述这个时代;但历史一进入战国时期,其演变的本质便显示出来。战国时期各国变法的主流揭示,从春秋开始的这场历史大动荡,预示着一个崭新的历史时代的到来,它是一场社会形态的变革,是中国历史从贵族政治向官僚政治的过渡。

大凡历史剧烈动荡的岁月,给人们的启迪也往往更加丰富和深刻。历史的大动荡,亵渎了一切传统的神圣的东西。传统的政治体制逐渐坍塌,传统的意识形态、社会观念、思想文化遇到了前所未有的挑战。历史何以会发生这样剧烈的变革和动荡,在动荡中崩溃的社会应该以怎样的模式重新塑造等等,一系列带有世界观、历史观、社会观性质的问题,逼迫着人们去思考,去回答。于是,在思想文化领域,展开了一场长达三百年的百家争鸣。正是在这场反省历史、洞察现实、描绘未来的思想运动中,古圣先贤们为我们提供了一批支配后世民族文化发展的中华元典。这批中华元典,诸如《周易》《诗经》《尚书》《春秋》《礼记》《老子》《庄子》《论语》《墨子》《管子》《商君书》《韩非子》等等,是夏商周以来古典传统文化的积淀和结晶,又是新旧时代交替的历史启迪;它既积累了中华先民两千年文明史的卓越智慧,又是对一个新的历史进程的揭示和预见,充当了一个新时代的号角和先声。

中华元典是春秋战国这个特定时代的产物。一方面,社会历史在政治、经济上所经历的深刻变迁,给当时的思想家们以深刻的历史启迪,使其著作具有其他时代所无法比拟的深刻性；另一方面，传统社会坍塌的剧烈震撼，促使人们从历史的根本点上思考问题，从而使当时人们所提出的问题，多具有世界观、历史观和人生观的性质，具有比较广泛的普遍性价值或意义。

三十年前，冯天瑜先生在《元典文化丛书·序》中说：

> 历史的辩证法反复昭示：发展不是简单的生长和增进，它往往不一定呈直线式进步，而是通过一系列螺旋式圈层实现的。这样"回复"便不总是重复往昔，而可能是一种上升的形式，是"唤醒"事物在其开端时即已蕴蓄着的可能性的一种形式。作为由具有自觉意识的人类创造的文化，也生动地展现着螺旋式的发展轨迹，如欧洲"文艺复兴"的崇尚古希腊、"宗教改革"的服膺《圣经》，便是对"元典精神"的发扬和再造，而欧洲文化正是在这种"回复"中赢得历史性进步的。这种向"文化元典"汲取灵感，获得前进基点的现象在中国也多次出现，著名的"古文运动"便是典型事例。考之以中国近现代思想文化史，这种"返本开新""以复古为解放"，即回归元典精神以求新变的情形也俯拾即是。

冯天瑜先生所讲人类思想史上这种不断发生的"返本开新"现象，佐证了元典的不朽性。的确，中国先秦时代所产生的文化元典，就有其不朽性。大致说，元典的不朽性主要取决于两个方面：

其一，它所提出的问题具有普遍性意义，是不同时代人们所关注的共同性问题，处在不同历史条件下的人们，都能从元典的阐述中汲取智慧，都能使自己的思考追溯到人类智慧的最初观照。譬如在元典中一再提出的如下问题："天人之辨"（人与自然的关系）、"人性之辨"（关于人的本性善恶的思考）、"义利之辨"（社会道义与经济利益的关系）、"刑礼之辨"（刑法治理与礼制教化的关系）等等，这些问题对于两千多年的传统社会来说，无疑都是不朽的课题，像"天人之辨""人性之辨""义利之辨"等，还具有普遍的人类意义。

其二，"中华元典"的不朽性，还在于它对以上基本问题的解决，给后人的思考提供了一种具有高度抽象性的哲理性回答，从而使人们可以从各种角度受到它的启迪。在人类认识的早期时代，人们还不可能对自然界和社会进行解剖、分析，自然界和人类社会只能被作为一个整体去观察，从而得出混沌的整体性认识。这种认识，一方面有它不精确不完善的特点，而另一方面则使它有可能包含了对自然界和人类社会整体联系性的不少天才猜测。例如《老子》中的"道"，《周易》中的运动观、发展观、变易观，《论语》中孔子的仁学思想体系，等等，都是对自然变化之道，人的社会属性的整体性、哲理性把握；而这种把握，则是其后人们借以展开自己思想的重要基础。"中华元典"在后世人们借以发挥自己思想创造的过程中，一再证明着自己的生命力和不朽性。

然而，从历史唯物主义的观点看问题，"中华元典"也不可避免地具有其历史局限性，世界上没有任何一种理论观点、学说体系具有超历史的价值和意义。每一时代的理论思维，"都是一种历史的产物"，都有它所适应的、能够发挥其作用的历史环境；一旦历史条件发生了根本性的变更，它的作用就将丧失或者发生相应的改变。"中华元典"作为一种理论思维的历史成果，它的基本内容，它所提出的各种命题的具体内涵，都不能不具有这种历史性质。这个历史性，既是它在其后两千多年传统社会中能够发挥重要作用的原因，也同时决定了它的局限性。解读和阐释文化元典，就是发扬或转换其不朽性，而正视其局限性，以确保在文化传承中保持清醒的头脑，秉持科学的态度。

解读元典文化精神，研究、传承和弘扬优秀传统文化的工作，已经进行了很多年，有了颇为丰硕的成果。然反省其研究状况，还是存在某些缺憾。

一是研究大多还集中在知识精英阶层，而把对元典思想的阐释变成广大社会公众的精神食粮，还有许多工作要做。

二是就社会大众的元典文化阅读来说，所做的工作多是集中在直接的普及方面,侧重对元典文献的注释或翻译,以为社会大众借助白话读本就可以进入元典精神的世界,就完成了元典文化的普及,而这是有认识上的误区的。

三是社会大众直接阅读元典译本,并不能对元典文化的历史作用有深刻的认识,而研究元典文化或者普及元典文化精神,其最终目的是帮助社会大众认识我们的文化国情,使人们知道民族精神的来龙去脉,知道今人的思想、思维、价值观念、心理观念之来源,清醒而理智地看待传统文化,继承和弘扬优秀传统文化。

河南大学出版社策划出版的这套"中华元典引读丛书",目的就在于弥补以上缺憾。这套丛书的特色是:读者一书在手,既可窥见一部元典的思想要旨,又可明了其全方位历史影响,进入元典文化生成与发展的历史世界。这是真正地认识中华元典文化精神的导读丛书,是写给普通读者的书。

既是为社会大众提供适宜的元典导读,就必须在著作的科学性、导向性上下功夫。我们力求用充分辩证的科学理性去阐释元典文化的基本精神,对元典著作积极的或消极的文化影响,都给予尽可能全面的历史评说,使普通读者懂得如何从积极的方面对传统文化进行扬弃和取舍。因此,冷静的历史思辨色彩,成为这套丛书在著述风格上的重要特色。此外,我们还要求作者从以往学术著作引经据典、旁征博引、烦琐考证的传统文风中解脱出来,采用夹叙夹议、以议论为主的散体笔法,无论是对元典内涵的揭示,还是对其历史价值或历史影响的阐述,都尽可能结合具体生动的历史事例来展开,力求做到深入浅出,引人入胜。

现在丛书就要出版了,作者们贡献了自己的辛勤劳动、学识和智慧,但是否真的能够实现丛书的编写初衷,它的效果究竟如何,就交给亲爱的读者去判断了。

李振宏

2023 年 12 月 10 日于开封

目 录

一 《山海经》的成书及其基本构成 / 1
　　1.《山海经》的作者、成书和流传 / 1
　　2.《山海经》的基本构成 / 13

二 《山海经》的神话系统及其类型 / 29
　　1.《山海经》的神话系统 / 29
　　2.《山海经》的神话文化类型 / 54

三 《山海经》与中国文化 / 94
　　1.《山海经》对中国文化的多层次影响 / 94
　　2.《山海经》与中国民间文化 / 111

四 《山海经》与中国文学 / 174
　　1.《山海经》与中国古典诗歌 / 180
　　2.《山海经》与中国近现代诗歌 / 239

五 《山海经》与中国古典神话谱系 / 272

    1. 先秦说神谱 / 273

    2. 大唐神话谱系 / 278

    3. 宋代神话诗学说 / 287

    4. 中国神话谱系与中华多民族文化共同体 / 290

六 《山海经》与中国宗教生活和文化哲学 / 295

    1.《山海经》与中国宗教生活 / 295

    2.《山海经》与中国文化哲学 / 307

一 《山海经》的成书及其基本构成

1.《山海经》的作者、成书和流传

《山海经》作为纵横上古万千年、神州千万里的文化奇书，无论从时间还是地域上讲，它都不可能是一人一时一地所能完成的。《山海经》包括《五藏山经》《海内经》《海外经》《大荒经》共计18卷，各卷风格并不完全相同，述说的内容也有很大差异，显然这是一部由古人整理的相关典籍的大汇编。犹如一部宏伟的民族史诗，它主要讲述我国远古文化的发展历史，其中有异常丰富的神话传说故事，为此书披上了一层神秘的光辉。

古人为了抬高书的身价，故意托名于远古或近世的圣贤们，从而强化书的神秘性，达到所企求的目的。后世的神怪文化是这样，《山海经》更是这样。如刘歆（秀）在《上〈山海经〉表》中,称《山海经》"出于唐虞之际",先铺陈出"洪水洋溢,漫衍中国,民人失据"的艰难背景,显示大禹的丰功伟绩,而后有"禹别九州,任土作贡,而益等类物善恶,著《山海经》"的圣举。东汉时的赵晔,在《吴越春秋·越王无余外传第六》中说得更是神乎其神:禹带领益等到"名山大泽","召其神而问之山川脉理,金玉所有,鸟兽昆虫之类,及八方之民俗,殊国异域土地里数,使益疏而记之",所以叫《山海经》。王充在《论衡·别通篇》中也把《山海经》看作禹和益的共同作品。为《山海经》作注的晋人郭璞,同样认为它是夏代的著作。

后世越来越多的学者提出不同见解,打破禹、益作者之说。如南宋朱熹在《楚辞集注·楚辞辩证》中说,《山海经》与《天问》的"问"相对,是解答《天问》之作。这样,原说为作者之禹、益就被战国时人所替代。明代胡应麟在《少室山房笔丛》中也坚持认为《山海经》是采《离骚》《天问》之遐旨及先秦诸书之异闻而作。清代研究《山海经》成为一种热潮,如涌现出吴任臣的《山海经广注》、汪绂的《山海经存》、毕沅的《山海经新校正》、郝懿行的《山海经笺疏》和吴承志的《山海经地理今释》、陈逢衡的《山海经汇说》等一大批专著,解开了许多古谜。如陈逢衡根据《山海经》的内容,断定其为南人"夷坚"所作,"其书留传楚人,至屈原作《天问》时,多采其说而问之"

(《山海经汇说》)。近世学者论述者更众,他们基本上否定了作者为禹、益说,从《山海经》所表现的地望等内容阐述各自的见解。如,陆侃如从作品的内容与《楚辞》《庄子》有相通处,就假定其作者为楚人。袁珂以为,禹、益虽然不是《山海经》的直接作者,但书中的主要内容则很可能是禹、益作为酋长兼巫师口述下来传至后世的(《〈山海经〉新探》,四川省社会科学院出版社1986年版);此书大约是从战国初年到汉代初年楚和巴蜀地方的人所作。吕子方以为《山海经》属南方民族作品(《中国科学技术史论文集(下)》,四川人民出版社1984年版)。蒙文通更详备地说,《五臧山经》和《海外经》是楚国作品,《海内经》是蜀国作品,《大荒经》是巴国作品(《巴蜀古史论述》,四川人民出版社1981年版;《研究〈山海经〉的一些问题》,《光明日报》1962年3月17日)。南人说的影响颇大,其主要依据就在于《山海经》中所反映的许多怪物,是黄河流域的作家很难创作的,尤其是《山海经》的主体部分在他们看来是以古代的巴、蜀、楚等地为"天下之中"而创作的。当然,这中间不乏偏见。

也有许多学者从地望等内容上考据《山海经》为北人说。如茅盾、郑德坤、袁行霈等强调西部、西北部神话的丰富,断定炎黄二族自西北渐入河洛而成为《山海经》叙述的主体。徐显之则强调"伊洛入河之会被认为天下的中心"(《山海经探原》,武汉出版社1991年版)。日本学者小川琢治在《山海经篇目考》中强调《五臧山经》以洛阳为中心,为洛阳人东周时的作品。法国学者兰姆坎皮瑞(Lamcanperie)以为《五臧山经》为"商代山岳之记事"。日本学者和田清以"玄股之国""其为人衣鱼"证为北方说。他们认为这些内容是南方人所编造不出来的,因为"鱼皮达子"是北方特有的(《中国史论丛》,东京生活社1965年版)。

更有人说《山海经》是外国人的作品。如,法国学者马伯乐(H.Maspero)就强调《山海经》是受公元前五世纪外来的印度、伊朗等国的文化潮流刺激形成的。卫聚贤以为《山海经》是印度人"随巢子"所作(《古史研究》二集,商务印书馆1934年版)。泛巴比伦主义的代表人物苏雪林说得更奇,她以为《山海经》为阿拉伯半岛的"地理书",由"古巴比伦人"所作,并且是由"战国时波斯学者携来中国"的(《屈赋论丛·昆仑之谜》,台北广东出版社1980年版)。由此可见,一部《山海经》所反映的内容实在太丰富了,令许多国外学者也以为与他们有关。

在我国历史文化发展中,巫是一个特殊的阶层。尤其在原始信仰浓郁的历史阶段,他们充当着社会政治、文化领袖。这样,他们就直接参与了全社会性的文化整理和宣传,成为指导文化建设的重要力量。对于《山海经》的作者,我们以为还是应当着重从文化的视野,特别是从神话的角度来考察才会更有意义。在这个问题上,鲁迅强调《山海经》为"古之巫书"(《中国小说史略·神话与传说》)。袁行霈强调《山经》是战国初期、中期巫祝之流根据远古以来的传说记录的一部巫觋之书,是他们"行施巫术"的底本,《海经》是秦汉间的方士书(《〈山海经〉初探》,《中华文史论丛》1979年第3辑)。游国恩(《楚辞论文集》)、何观洲(《〈山海经〉在科学上之批判及作者之时代考》)、方孝岳(《关于〈楚辞·天问〉》)、程耀芳(《邹衍五德说·九州说之源流》)等都称《山海经》为战国时期阴阳家代表人物邹衍所作;此说虽然也不能令人信服,但它说明此书有浓厚的巫的色彩。肖兵说,《山海经》很可能是东汉早期方士根据云集燕齐的各国人士所提供的见闻和原始记载编纂整理成的一部带有巫术性、传说性的"综合地理书"(《〈山海经〉:四方民俗文化的交汇——兼论〈山海经〉由东方早期方士整理而成》,见《〈山海经〉新探》,四川省社会科学院出版社1986年版)。

关于《山海经》的成书时代与作者问题,我们从书中所羼杂的成分,如后世的一些礼仪观念,可以看出截止到晋代郭璞注释该书时,该书一直处于增删状态。其基本规模,我们觉得从书中对帝与禹的称呼等内容来看,应该初步形成于夏代,是由当时的巫们具体整理而成的。战国和汉代则进行了更大规模也更重要的整理，增删就难以避免了。这里应该强调的是，战国时代的方士们把夏商时期分散流布的各种材料进行详细整理，对于《山海经》的系统性成书具有决定性意义。从战国时代的文化氛围来看，将经过散失的有关的口传资料、图画资料、青铜铭文等文字资料进行搜集整理，直至汉代在民族大统一的背景下更行考订增删，这才有我们今天所见到的《山海经》底本。邹衍一类的学者们虽然各有取舍的标准，但他们都作出了非凡的贡献。此书是由汉代以前的中国知识分子整理而成的，这是毫无疑问的。《山海经》的整理，经过了夏代、商周、战国、汉代这四个阶段，甚至延续到晋代，通过刘歆、郭璞等学者的辛勤劳动，才得以保存这份珍贵的民族文化瑰宝。

《山海经》的具体成书出现在战国时代，是和我国文化体制发展变化的历史分不开的。作为这样一部具有远古时代百科全书性质的宏大的文化工程，它不会孤立地出现。在我国古代典籍中，较早提及《山海经》的是司马迁的《史记·大宛列传赞》，至于《禹本纪》《山海经》中所记载的怪异现象，他不敢随便引说。关于它的具体成书，较早是由刘歆在《上〈山海经〉表》中提到的："出于唐虞之际"，益所"著"。王充为他补充说：禹和益共同治理洪水，禹负责治水，益负责记述怪异的现象。海外的山脉气象，没有不记下来的。靠他们所亲眼看到和听到的材料，写作完成了《山经》(《论衡·别通篇》)。但这种记述是需要有一定社会条件的。春秋之前，文化知识的流传以口授为主，甲骨、青铜器、岩石、壁画等材料的记录都是十分有限的。进入战国初期，随着生产力的发展，竹简的出现，才有弟子记述先师的语言、行动的文化活动，如《论语》等著述活动。到战国后期，独立著书立说的风尚才流行开来，如诸子百家的大争鸣。正是在这样的条件下，才有可能使《山海经》系统成书。有史可证，在西汉的景帝、武帝时，《海经》和《山经》是分别以地理性质的书而流传的。到汉成帝时，才有尹咸将《山经》5篇、《海经》8篇校定为13篇；到汉哀帝时，已经有32篇，后由刘歆进行整理，改为18篇。被刘歆删去的内容有许多是很珍贵的神话材料，它们被学者们称为《大荒经》和《海内经》。到晋代郭璞注《山海经》时，才将它们一并收入，使我们看到丰富而完整的内容。

《山海经》在流传过程中，应该有图画相配。比如，郭璞所注《海外南经》《大荒北经》中有"画似仙人""画似猕猴"等语句，陶渊明的《读山海经》13首（第1首）中有"流观山海图"句。有人讲，是因为在战国时代之后，光文字还满足不了人们的阅读需要这才出现图文相配的（徐显之《山海经探原》）。我们认为很可能是先有古人传下来的图，之后才有后人所作的说明。因为《山海经》中，特别是在《山经》中有很多简短的句子，残缺不全，不像《海经》和《荒经》中有相对完整的情节。毕沅在《山海经新校正》中曾断言《山海经》有"古图"，"有汉（代）所传图"，甚至断言《海经》图为"禹鼎"。有学者以为此说不可信（袁行霈《〈山海经〉初探》）。我们觉得应该从文化传统上去理解此问题。从《汉书》和《史记》中可知，《管子》《吴孙子兵法》《齐孙子》等著作都有或附有图制，《山海经》中有图配文是很自然的。再者，《汉书·郊祀志》曾提到大禹将"九牧"收来的金子铸成九鼎，象征九州的分野和管制，以告慰天帝。《左传·宣公三年》中也提到类似的事情。杜预注释时说，这是先让人用图画的形式描绘下天下的山川奇异景象，连同"金"一起奉献给禹。图画的绘制作为一种宗教活动的需要而形成一种文化传统，直接影响到《山海经》图的创作。禹是神话传说中的人物，我们不必过于强调他是否真正收九牧之金以铸鼎，单从后世出土的各种鼎，就可以管窥图案在宗教文化传播中的重要作用。《山海经》的原始图绘在今天已经很难见到，我们所能见到的都是后来绘制的。如梁代的张僧繇曾绘《山海经图》。再者《初学记》中有引张骏《山海经图画赞》，可知唐代前有此类图。总之，在《山海经》的具体流传中，与书文相配的图绘内容及其文化传播的价值意义，我们是不应该忽视的。

从具体的语言来看,《山海经》无论《山经》还是《海经》,都不像现在所保留的《易经》《尚书》等典籍那样佶屈聱牙,而显得简洁、通畅,明显是战国时代的语言。特别是《海经》中的一些神话传说,具有相对完整的故事情节,其所出更晚。尽管在《山海经》中出现了一些秦汉时郡县的地名,但这并不能说明全部内容为秦汉时所写成,而只能说是秦汉间人整理时留下的痕迹。再者《山海经》中的地名,和神话一样,我们不应该强求其真实、详备。一些学者花费很大力气去考证,恐怕意义并不是像他们所想象的那样。若我们把这部书当作我国上古时代的神话传说的著录,许多问题就迎刃而解了。当然,神话传说是历史发展曲折的反映与表现,其产生是离不开一定的社会实际存在的背景的。既然是神巫语言,真真假假,扑朔迷离,无论如何是不能作为信史看的。诚然,我们绝不是不可知论者。从《山海经》集中反映的内容看,表现夏代社会生活最为突出。关于这一问题,有位学者说得很好:"不管怎样,无法改变《山海经》是夏人之作的形式和内容……如果说《山海经》是春秋战国时代人的作品,为什么春秋战国那么复杂的时代,竟然见不到有关这个时期的人名、国名和事件的记载呢?"(徐显之《山海经探原》)即使其中提到齐燕等字样,但据考证,齐非齐地,燕则为后人所掺杂。从《山海经》的整体来看,面目是质朴而完整的,虽然带有战国语言的痕迹而又明显不同于一般诸子著作的个性,它充分体现出"群巫"之作的"野蛮"风貌。在一些章节中,我们甚至可以欣喜地看到歌谣的音律美,如《海外北经》中的"钟山之神,名曰烛阴,视为昼,瞑为夜,吹为冬,呼为夏,不饮,不食,不息,息为风。身长千里",显得铿锵有力,节奏分明、优美,这种现象甚为普遍。由此我们可以设想,除掉后人所加的成分外,整部《山海经》的《山经》部分是诵,而《海经》部分是有诵有唱,或者以唱为主的。这是各民族英雄史诗语句特点的普遍体现。甚至我们可以说,《海经》部分就是我国古代民族英雄史诗的融合汇聚,经过整理后仍然可见这种史诗的规模与痕迹。进而我们可以继续设想,《海经》是一群巫师所唱的经卷汇编。这一点毫不奇怪,无论是西方的《伊利亚特》《奥德赛》,还是我国至今仍在流传的《格萨尔》《江格尔》《玛纳斯》等英雄史诗,以及苗族的《古歌》《创世纪》等,都有传唱的成分,是由巫的讲唱使史诗不断延续、传播开来的。这一问题我们将在后文做更详细的论述,此处不再赘述。

关于《山海经》的书名,毕沅曾称"司马迁已称之,则其名久也",但众人常忽略的是王充在《论衡·谈天篇》等处所举《山经》之名。有学者认为这是《五臧山经》的略称。前面曾提到,在一个时期内,《山经》和《海经》

是分别流传的,这种情况在后世刘向刘歆父子校书时,将《五臧山经》5篇、《海外经》4篇、《海内经》4篇加起来,才有此书名的。整部《山海经》的字数在流传中不断增删而发生变化,如,《山经》在郝懿行统计时是21 265字,《海外经》《海内经》和《荒经》共13篇计9 560字,合计30 825字,但刘歆校书时,《山经》仅15 503字,少5 762字。这是否因为刘歆嫌一些字句冗杂而有意舍弃的呢?不一定是这样。刘歆所舍部分,学者们大都以为是郭璞注时所说的"此《海内经》及《大荒经》本皆在外"(即"逸在外")的内容。《山经》是这样,《海经》等篇就更难讲了。《山海经》在《汉书·艺文志》中是13篇。在《隋书·经籍志》中则称《山海经》23卷,另有《山海经图赞》2卷和《山海经音》2卷。在《旧唐书·经籍志》中,称《山海经》18卷,另有《山海经图赞》2卷和《山海经音》2卷;《新唐书·艺文志》却称《山海经》23卷,另有《山海经图赞》2卷和《山海经音》2卷。《宋史》中只提及有《山海经赞》2卷。清代注家众多,一般学者所提为18卷。这种现象表明,在历史文化的长河中,关注这部经典者都在努力检索其中的奥秘。从这种意义上讲,《山海经》对中国文化的影响从来没有停止过;同时,我们也可以看到,在《山海经》的研究中,注入了不同时代的文化思想。研究《山海经》与中国文化的联系,我们不能不注意到这些情况。

除了字数和篇目之外，更突出地表现在时人的思想直接加诸其上。如《海外南经》的首段所说的，"地之所载，六合之间，四海之内，照之以日月，经之以星辰，纪之以四时，要之以太岁。神灵所生，其物异形，或夭或寿，唯圣人能通其道"。据考，"太岁"首出于战国。这一段显然不是原始信仰，而是战国时代的社会观念。又如《海内经》中的"有鸾鸟自歌，凤鸟自舞。凤鸟首文曰德，翼文曰顺，膺文曰仁，背文曰义，见则天下和"，其中的德、顺、仁、义，以及《南次三经》的"有鸟焉，其状如鸡，五采而文，名曰凤皇。首文曰德，翼文曰义，背文曰礼，膺文曰仁，腹文曰信"，其中的德、义、礼、仁、信，这些观念绝不会在上古产生，明显为春秋战国后学者们的说教。这些观念的掺杂，确实影响了《山海经》的原始面目，但从另一方面讲，正是伴随着这种掺杂，才使这一经典与社会发展相结合而不至于很快散失。当然，《山海经》也有自己的绝对优势，那就是其自身宏大的气派、丰富的内容，吸引了人们的广泛关注，才使它流传不衰。我们应该注意到，就中国文化发展的实际而言，不可能有绝对纯粹的原始典籍留存。除了像汉墓中画像石之类的文物被后人所发掘较为完整地保存外，典籍的流传总是被不断增删的。另外，像一些原始咒语，在流传中也难免有后人掺入的成分。若别除这些，《山海经》的面目将是清新、生动的。国家大统一,民族大融合,文化在交流中迅速发展壮大,《山海经》中掺杂后世思想观念是很正常的事情。

总之,《山海经》基本形成于夏代,这从文中的对禹、启和其他帝(神)不同称呼可以看出;作为书与图的记录形式,则是时代发展的原因,如竹简成册的出现时期限定《山海经》只能在春秋战国时代成书;由于文化发展和社会政治等因素,只有在汉代才出现体系相对完整的《山海经》,其中,博学多识的方士起到突出的作用从而保存下这部民族文化奇书;在晋代,郭璞收入了逸失的部分内容,使《山海经》的内容更为完善。不同时代的注释整理,融入了学者们的心血,集中表现出他们对民族文化尤其是神话学、民俗学、哲学、历史学和地理学等古代人文学科的思想智慧。

《山海经》及其各家注释阐微,是我国古代思想文化的一部分重要内容。

2.《山海经》的基本构成

《山海经》18卷,大体上分为山、海、荒三种文化体系,每一种体系又都具有相对独立的内容。即《五藏山经》为一种系统,《海外经》《海内经》为一种系统,《大荒经》(包括《海内经》)另为一种系统。

（1）《山经》系统

《山经》包括《南山经》《西山经》《北山经》《东山经》和《中山经》。其中，可以粗略统计出，有447座相连的山，有276条源于各山之中的河流，有56种神鸟，有88种神兽，有38种神鱼，有16种神虫（其他形状神奇者、怪异者未计入），以及白玉、璋、糈和草木等祭祀物。

《山经》的地域范围，谭其骧认为，晋南、陕中、豫西地区记述得最详细最正确，其文中距离与实际相差一般不到二倍；离开这个地区越远，记述就越模糊，与实际差别越大。在他看来，《南山经》的大致范围东起今浙江舟山群岛，西至湖南西部，南至广东南海（不包括今广西、贵州、云南、海南岛和广东西南部高雷一带）。《西山经》的大致范围北至今宁夏盐池西北、陕西榆林东北一线，西南至甘肃鸟鼠山、青海青海湖，西北可能到达新疆的东南角（不包括罗布泊以西以北）。而《北山经》的大致范围西起今内蒙古腾格里沙漠，东抵河北中部即《山经》中所提的大河河水下游，北抵内蒙古阴山以北，北纬43°迤北一线。《东山经》的范围东抵今山东成山角，北起莱州湾，南抵安徽滩河。《中山经》的范围其西南到达四川盆地的西北边缘（《〈五藏山经〉的地域范围提要》，见《〈山海经〉新探》）。

谭其骧先生的意见与今天的实际地望并不相合，而且不能自圆其说。既然《中山经》描述得更详细，为何自己勾画得又很粗略呢？在这一点上，徐显之先生与他的意见不同。

徐显之先生认为，《中山经》的全部区域范围相当于今天黄河中下游的中原地区，即它包括了伊洛地区、中条山地区、岷山地区、伏牛山—大别山地区、荆山—大别山地区、幕阜山地区，一共六个地区（《山海经探原》）。

伊洛地区指以洛阳为中心的伊水、洛水流域。司马迁曾说"昔三代之居，皆在河洛之间"，就指这一地区。许多文献表明，这里是夏文化的中心。中条山地区在今山西西南部，紧连着伊洛地区，隔河（黄河）相望。这一带有传说中的"舜渔雷泽"的雷水（今山西永济市南），禹曾在安邑（今山西夏县以北）建都，也是夏文化的中心。岷山地区的范围包括岷山、大巴山、巫山一带，有着丰富的巴蜀文化内涵。究其根底，《华阳国志》称"肇于人皇"，是"黄帝高阳之支庶"，与夏文化有着密切的联系。伏牛山—大别山地区包括今伏牛山、桐柏山两大山脉和大别山以北，这里的桐柏山脉厉山即烈山，是炎帝族生活的地方。《山海经》中称这一地区"多桑"，即农桑发达。应该说，炎帝和黄帝两族更易于在这里形成结合部。荆山—大别山地区与以上地区紧紧相连，大致范围在湖北汉水以南，东至大别山南北，是楚文化的重要集结地。幕阜山地区为长江以南湘赣之间的洞庭、柴桑一带，多"黄金""玉""银"和"美铜"，也是夏文化的重要聚集地。

在《山经》诸篇中，有一些固定的句式，如"有×焉，其状如……"有的句式较简短，有的句式较长。这些名物以草木鸟兽鱼虫为最多，特别是鸟兽鱼虫，我们可以把它看作群山的灵魂。正是这些鸟兽鱼虫的奇形怪状和各种习性，形成《山经》的主要神话传说内容，它们至今还在流传。也正是这些瑰丽多彩的神话传说，使这些山川成为中华民族文化的"活化石"。如果我们做一简单归纳，即可看到这样一些内容：提及名称和介绍最多的是兽，有名者36种，作形态介绍者88种；其次是鸟，有名者20种，作形态介绍者56种；再次为鱼，有名者16种，作形态介绍者38种；最后是虫，有名者16种，作形态介绍者10种。另外还有未提到名称的鸟、奇鸟（兽）、怪鸟（兽）、白鸟（兽）、奇鱼、怪鱼、怪虫和怪蛇。它们中，有的是多尾、多身、多足，有的是多种物体的杂合，有的是变形，如人面的各种鸟、人首状的兽、鸟状的鱼、兽状的鱼、有鸟翼的虫或兽等。这些另有详述，此处略。

在《山经》中，著名的神话传说中的鸟兽鱼虫几乎都有提及，如白虎、天狗、天马、人鱼、飞蛇、龙龟、白蛇、三足龟（鳖）、凤凰、三青鸟、精卫、鸾鸟、象、夔牛、玄豹、白鹿、九尾狐、蛟、虎蛟等。其中，提及次数较多的如赤鷩、鸩、尸鸠、鸜鹆、白鸟、白兽、虎、豹、马、犀、兕、牛、羊、鹿、人鱼、蛟、蛇和龟等。这从一个方面表现了原始思维的基本特征。这里所提及的著名的神话传说人物与前所列举的鸟兽鱼虫相比，则要少得多。如在《南山经》中除"鸟身龙首""龙身鸟首""龙身人面"的山神外，几乎没有别的鬼神。在《西山经》中提到的"十神"皆为"人面而马身"，"七神"是"人面牛身"，"有天神焉，其状如牛，而八足二首马尾"，有"司天之九部及帝之囿时"之神，"状虎身而九尾，人面而虎爪"。最典型的是西王母，"其状如人，豹尾虎齿而善啸，蓬发戴胜"，其神职在于"司天之厉及五残"。另如长留之山神"白帝少昊"，"其状如黄囊，赤如丹火，六足四翼，浑敦无面目，是识歌舞"的"帝江"，泑山之神"蓐收"；从崇吾之山到翼望之山的山神"皆羊身人面"。在《北山经》中，"单狐之山"至于"隄山"的神与"管涔之山"至于"敦题之山"的神一样，都是"蛇身人面"。"太行之山"至于"毋逢之山"的神有44个，20个"马身人面"，14个"彘身（猪身）而载玉"，10个"彘身而八足蛇尾"。在《东山经》中，"樕䗡之山"至于"竹山"，"其神状皆人身龙首"；"空桑之山"至于"䃌山"，"其神状皆兽身人面载觡"；"尸胡之山"至于"无皋之山"，"其神状皆人身而羊角"。在《中山经》中，"辉（辉）诸之山"至于"蔓渠之山","其神皆人面而鸟身";"和山"的"吉神"泰逢,"其状如人而虎尾","好居于萯山之阳,出入有光",其神力能"动天地气";"鹿蹄之山"至于"玄扈之山","其神状皆人面兽身";"休与之山"至于"大騩之山",有16位神"皆豕(猪)身而人面",苦山、少室、太室三山的神"皆人面而三首";"景山"至"琴鼓之山","其神状皆鸟身而人面";"骄山"神"𧕦围","其状如人面,羊角虎爪","出入有光";"岐山"神"涉𧕦","其状人身而方面三足";"女几山"至于"贾超之山","其神状皆马身而龙首";"首山"至于"丙山","其神状皆龙身而人面";"翼望之山"至于"几山","其神状皆彘身人首";"夫夫之山"神"于儿","其状人身而身操两蛇","出入有光";"洞庭之山"有"帝(尧)之二女","多怪神,状如人而载蛇,左右手操蛇";"篇遇之山"至于"荣余之山","其神状皆鸟身而龙首"。这些神话人物几乎都没有完整的故事,一方面是与《五臧山经》主要作为一部地理书有关,另一方面则反映出其相对朴素、原始的面目,即所谓神话学上所讲的离有文字记载的商周时期越近,所表现出的故事越少,离有文字记载的商周时期越远,故事表现的内容越为详细的道理。

最后是祭祀的内容。其多"祠",祭物有"白鸡""稻米""白菅""稷米""玉"及"太牢""烛""牺牲""瘗""精""狗"等。有学者认为这些祭祀行为和"见则多风雨"之类的语言一样,并不是原始的巫术表现,而是秦汉间人所加。我们认为这是有道理的,但不能一概而论。其中的祭祀礼仪和预测性言论,在一定程度上表现出原始人民的信仰特征。况且,即使是后世的祭礼,也是以原始信仰崇拜为基础而形成的。

(2)《海外经》《海内经》系统

《尔雅·释地》:"九夷、八狄、七戎、六蛮,谓之四海。"可知,此处"海"的概念并不是现代意义上的海洋。再者,从《海外经》和《海内经》所描述的具体内容看,"海"的概念是和"国"密切联系在一起的,即表达出一种原始信仰观念。这里的"海内"所指为国土内的范围。所以,就有与《山经》相重复的地理概念,如"昆仑",但《海内经》的范围明显超出《山经》。应该说,这是随着社会日益发展,人们的视野不断扩大,见闻益广的结果。如,《海内经》有"蓬莱山在海中""桂林八树在番隅东"句,其域为"山"即陆地所环绕之内处,而《海外经》则更远,是四海之外更为辽阔的地方。但是,无论"海内"或者是"海外",这里的"海"明显带有极为浓郁的想象成分,所以我们很难像阐释《山经》那样可以列出与实地相符的几个具体地区。究其原因,这和文本形成的时代是分不开的,尤其是和秦汉间方士阶层所宣扬的神异观念对社会现实的冲击相联系的。总的说来,"海"就是国土。它与"山"不同的是,"山"多指大致的地貌,多纵横的山脉及奔腾在山间的河流,间或有对那些藏居山间水畔的奇木异草、神鸟怪兽以及神秘的鱼虫所做的描述。而"海"多指传说中的遥远的土地。它使我们联想起李白笔下的诗句"海客谈瀛洲","海客"的"海"应该和这里的"海"在意义上是一脉相承的。这种现象还使我们想起北京城的"海",和笔者的家乡中原农村旧时称水流相绕的"海"。北京的"海"意味着神圣、博大,像中南海、什刹海,都有此种意义。而笔者的家乡,在旧时对城周围的水沟也称作"海","海"意味着一种狭隘的极限,是人们生活的区域边缘。这两种意义应该都是从《海经》所生发、绵延而遗存的吧。

理解《海外经》和《海内经》各篇,我们觉得关键在于从宏观上来看各篇中所描述的"国"。

《海外经》中,"国"的记述依次为:

《海外南经》12国:结匈国、羽民国、谨头国(谨朱国)、厌火国、三苗国(三毛国)、𧈪国、贯胸国、交胫国、岐舌国、三首国、周饶国(焦饶国)、长臂国。

《海外西经》10国:三身国、一臂国、奇肱之国、丈夫国、巫咸国、女子国、轩辕之国、白民之国、肃慎之国、长股之国。

《海外北经》9国:无䏿之国、一目国、柔利国、深目国、无肠之国、聂耳之国、博父国、拘缨之国、跂踵国。

《海外东经》7国:大人国、君子国、青丘国、黑齿国、玄股之国、毛民之国、劳民国。

《海内经》中,"国"的记述依次为:

《海内南经》9国:伯虑国、离耳国、雕题国、北朐国、枭阳国、氐人国、匈奴国、开题之国、列人之国。

《海内西经》2国:流黄酆氏之国、貊国。

《海内北经》6国:犬封国(犬戎国)、鬼国、林氏国、盖国、朝鲜、姑射国。

《海内东经》6国:埻端、玺㬪、大夏、竖沙、居繇、月支。

以上所列61国,其中《海外经》38国,《海内经》23国,多以貌命名。诚如有人所言,此处之国,即"民",在形状、性情等方面表现出共同特征的氏族部落、集团。在这些人群中,发生了许多令人眼花缭乱的神话传说故事,特别是其中存在的以"昆仑"为中心的神话群,表现出中国神话的系统性特征。这里的"民"的形状和性情与《山经》中诸神的"其神状皆×身×首"的基本模式相比,显示出原始人民对自然、社会认识和理解的不断提高。特别是《海内经》《海外经》诸篇中,许多神话都是自成体系,同时,各神话群中又有相互联系的内容,它体现出在"海"的意义上这一神话系统的文化个性。这些神话群成为后世文化的经典性内容，深深地影响着我国神话文化的具体发展和衍化规律。

例如，《海外南经》中有关于不死民长寿的记载，关于昆仑（虚）地区羿与凿齿战争的记载，关于在狄山"帝尧葬于阳，帝喾葬于阴"的记载，关于"南方祝融，兽身人面，乘两龙"的记载。《海外西经》中有关于"大乐之野，夏后启于此儛九代，乘两龙，云盖三层。左手操翳，右手操环，佩玉璜"的记载；关于"形（刑）天与帝至此争神，帝断其首，葬之常羊之山。乃以乳为目，以脐为口，操干戚以舞"的记载；有"女丑之尸，生而十日炙杀之"和因"畏轩辕之丘"而"不敢西射"的记载；关于在肃慎之国的雄常（雒棠）树"先入伐帝，于此取之"和"西方蓐收，左耳有蛇，乘两龙"的记载。《海外北经》中有关于"钟山之神"即"烛阴"的"视为昼，瞑为夜，吹为冬，呼为夏，不饮，不食，不息，息为风。身长千里"而"人面，蛇身，赤色"的记载；关于"禹杀相柳，其血腥，不可以树五谷种"和相柳"九首人面，蛇身而青"，以及"共工之台""众帝之台"的记载；关于"夸父与日逐走，入日。渴欲得饮，饮于河渭，河渭不足，北饮大泽。未至，道渴而死。弃其杖，化为邓林"的记载；关于在务隅之山，"帝颛顼葬于阳，九嫔葬于阴"的记载和"北方禺强，人面鸟身，珥两青蛇，践两青蛇"的记载。《海外东经》中有关于"汤谷上有扶桑，十日所浴,在黑齿北。居水中,有大木,九日居下枝,一日居上枝"的记载;关于"东方句芒,鸟身人面,乘两龙"的记载。

又如,《海内南经》中有关于"苍梧之山,帝舜葬于阳,帝丹朱葬于阴"的记载。《海内西经》中有关于贰负与其臣危"杀窫窳"和"后稷之葬,山水环之。在氐国西"的记载,有关于"海内昆仑之虚,在西北,帝之下都"的记载。此帝即黄帝。文曰:"昆仑之虚(墟),方八百里,高万仞。上有木禾,长五寻,大五围。面有九井,以玉为槛。面有九门,门有开明兽守之。百神之所在。在八隅之岩,赤水之际,非仁羿莫能上冈之岩。""开明"是昆仑山的守护神,其"身大类虎而九首,皆人面,东向立昆仑上"。在其周围,西有凤凰、鸾鸟,北有珠树等生长珍珠和美玉的树、不死神树,以及戴着盾甲的凤凰和鸾鸟,东有群巫(巫彭、巫抵、巫阳、巫履、巫凡、巫相),他们手持不死之药去救窫窳,南有长着六个脑袋的树鸟和蛟、蛇、豹等,更显出昆仑山的繁华。《海内北经》中有关于"西王母梯几而戴胜杖"的记载,她的南面有三只为她取食的青鸟,在昆仑山东北处,有各为两座、四方形的帝尧、帝喾、帝丹朱、帝舜他们的灵台的记载;有舜妻"登比氏"(也叫"登北氏")生下"宵明"和"烛光",居住在河畔大泽之中,神女的灵光能照耀方圆百里的记载,以及"蓬莱山在海中"和"大人之市在海中","大鯾""大蟹"在海中等景象的记载。《海内东经》中有关于"雷泽中有雷神,龙身而人头,鼓其腹(则雷)"的记载。

在以上所列举的神话材料中,我们可以清晰地看到,《海内经》有一个中心区域,即昆仑山,它地势险要,如,其"南渊深三百仞",其坐北朝南,神主为西王母,她的护守神使为开明神兽,周围遍布奇花异草、神巫和尧舜等帝王的灵台。而在《海外经》中,虽然也有昆仑山地区的描述,如羿与凿齿的战争的记载,但范围明显更大,神话人物也更为繁密。如祝融、夏后启、刑天、女丑、蓐收、烛阴、相柳、夸父、禹、颛顼、禺强、句芒等,熙熙攘攘。事实上,《海内经》和《海外经》在总体范围上并没有超出多少华夏族早期活动的区域。特别是各神灵之间的联系仍然是松散的,神谱的意义并不十分明确,这表明在"海"的意义上昆仑神话系统与蓬莱神话系统的趋向于"合"的态势,尽管其走向并不十分明显。

(3)《大荒经》(包括《海内经》)系统

《大荒经》(包括《海内经》1篇)在内容上是相对独立于前面所举的《山经》和《海内经》《海外经》各篇的。在这一点上,以往许多学者总是误把《荒经》看作是《海经》中所掺杂的。《大荒经》中保存的神话最为丰富,也最为系统。其最突出的地方就是它展示出一个以"帝俊"为中心的神话世界,而不像《海内经》和《海外经》那样以"昆仑"为中心。毕沅在《山海经新校正·篇目考》中这样解释道:《山经》和《海内经》《海外经》是禹、益所作,《大荒经》为禹、益之后人所作。他还说,这是刘歆所增。郭璞注释整理《山海经》时早已提到,《大荒经》是刘歆进上《山海经》之外的部分。郝懿行在《山海经笺疏》中,根据其次序的不同、校书款识的不同,认为《大荒经》非刘歆所增,也非其进上的《山海经》之内,而是刘歆之后为了诠释《海内经》和《海外经》而撰写的文字。近人袁行霈则认为《大荒经》既非刘歆所增,也非后人诠释之文,而是本来就"杂在海外、内经中"的文字,同《海内经》《海外经》一样,是"秦或西汉初年的作品"。他说:"所谓大荒,指的就是海外,并不是在海外之外另有一个地域叫大荒。"(《〈山海经〉初探》,《中华文史论丛》1979年第3辑)事实上我们不必这样强究"大荒"在"海外之外"的意义,"荒"和"山""海"是三种不同意义的概念,《大荒经》在内容上和《山经》《海经》既有联系又具有相对独立性,是又一个以"帝俊"为中心的神性体系。同时,它也不是对其他文本的补充或诠释。即使是《海经》,内与外标志着它们在形式上是分开的,但在内容上尤其是神话所发生的区域范围上却并没有十分明显的区别。如《海外经》中有"帝尧""帝喾""轩辕之丘"

和"昆仑"的记述,《海内经》中同样有记述,只不过《海内经》的"昆仑"中心地位更突出而已。而在《大荒经》中,帝俊的中心是非常突出的,动辄有"日月所出入处"的描述,应该说,这是和帝俊的角色即神性神职所分不开的,更是其他文本所不能比拟的个性所在。当然,其形成时期也不尽相同。

《大荒经》中关于以帝俊为中心的内容主要表现在这些方面:

《大荒东经》中载:"有中容之国。帝俊生中容,中容人食兽、木实,使四鸟:豹、虎、熊、罴。""有司幽之国。帝俊生晏龙,晏龙生司幽,司幽生思士,不妻;思女,不夫。食黍,食兽,是使四鸟。""有白民之国。帝俊生帝鸿,帝鸿生白民,白民销姓,黍食,使四鸟:虎、豹、熊、罴。""有黑齿之国。帝俊生黑齿,姜姓,黍食,使四鸟。"

《大荒南经》中载:"大荒之中,有不庭之山,荣水穷焉。有人三身,帝俊妻娥皇,生此三身之国,姚姓,黍食,使四鸟。""有襄山。又有重阴之山。有人食兽,曰季厘。帝俊生季厘,故曰季厘之国。有缗渊。少昊生倍伐,倍伐降处缗渊。有水四方,名曰俊坛。""东南海之外,甘水之间,有羲和之国。有女子名曰羲和,方日浴于甘渊。羲和者,帝俊之妻,生十日。"

《大荒西经》中载:"有西周之国,姬姓,食谷。有人方耕,名曰叔均。帝俊生后稷,稷降以百谷。稷之弟曰台玺,生叔均。叔均是代其父及稷播百谷,始作耕。""有女子方浴月。帝俊妻常羲,生月十有二,此始浴之。"

《大荒北经》中载:"东北海之外,大荒之中,河水之间,附禺之山……丘方员三百里,丘南帝俊竹林在焉,大可为舟。"

在《海内经》中,帝俊的神话传说异常丰富,如:"帝俊生禹号,禹号生淫梁,淫梁生番禺,是始为舟。番禺生奚仲,奚仲生吉光,吉光是始以木为车。""帝俊赐羿彤弓素矰,以扶下国,羿是始去恤下地之百艰。""帝俊生晏龙,晏龙是为琴瑟。""帝俊有子八人,是始为歌舞。""帝俊生三身,三身生义均,义均是始为巧倕,是始作下民百巧。"

在《大荒经》和《海内经》中,帝俊庞大的家族十分显赫,中容、晏龙、帝鸿、黑齿、三生之国、十日、十二月、季厘、后稷、禹号、三身、八子(为歌舞)都是其家族的成员,更不用说旁系了。在这样一个家族中,帝俊的地位是崇高的,所以,就连黄帝那样著名的神人在这里也不得不退"位"。在帝俊神话系统中心世界里,日月的出入处,如大言山、合虚山、明星山、鞠陵于天山、东极山、离瞀山、孽摇颙羝山上的扶木、猗天苏门山、壑明俊疾山、甘渊、方山上的柜格之松青树、丰沮玉门山、鏖鏊钜山、常阳之山、大荒之山、龙山等场所,形成了无比辉煌的神话氛围,衬托出帝俊的神话典型形象。

　　再者,从与此相连的神话系统中,我们可以清楚地看到黄帝家族和颛顼家族的非凡影响。另外诸如禹神话群、共工神话群、蚩尤神话群、夸父神话群,也都有丰富的内容。其他像所提及的西王母、炎帝、女娲、应龙、女魃、王亥、后稷、羲和、常羲、祝融、禺号、尧、舜、喾、烛龙、赣巨人、羿等神话人物和各种神秘色彩浓郁的山川草木、鸟兽鱼虫,都比《山经》和《海内经》《海外经》中的要完整、生动。这种局面与帝俊中心相对比,体现出我国古代神话的交融性、丰富性、系统性并存的特征。有人认为,形成帝俊中心的原因在于殷人崇拜观念对神话的渗透,应该说这是有道理的。但是,正因如此,《大荒经》和《海内经》(另)才形成自己的系统特征而有别于《山经》系统和《海内经》《海外经》系统。也就是说,《大荒经》系统的形成,有着自己独特的历史文化背景,因而,在我国古典神话世界中,它占据着独特的位置,包容着更丰富的价值和意义。特别是从《山经》到《海经》再到《荒经》,神话面目越来越清晰,系统性越来越完整,这种现象更值得我们重视。

二 《山海经》的神话系统及其类型

1.《山海经》的神话系统

所谓神话，一般指原始先民对自然和社会所表现出的形象的认识。神话形象不但包括以帝王、英雄、圣贤、妖魔、怪异形象出现的神人，而且包括各种奇异的鸟兽鱼虫和具有神秘色彩的草木山石。《山海经》的神话系统中，影响最大的是神人。特别是在《海内经》《海外经》和《大荒经》诸篇中，神性家族构成了神话中的核心内容，成为全书中最有光彩的一部分。但我们也不可忽视那些以鸟兽鱼虫、草木山石面目所出现的神话内容。作为神人存在和活动的基本背景，这些内容是整个神话系统不可分割的"基础"。

《山海经》中的神人众多，其有名者，如黄帝、炎帝、羲和、颛顼、尧、舜、鲧、禹、西王母、刑天、共工、应龙、蚩尤、相柳、女娲、精卫、帝俊等;其无名者,如各山之神。神人的形状、活动,构成了我国古典神话系统的基本内容。其中的部分内容,被渲染成后世文学中天地变化的大事件,深深烙在我们民族的心灵上。如果我们把所有记述这些神人及其相关活动、场所的内容概称为神话群,那么,我们就不难发现,在这部书中拥有许多光彩照人的神话群,它们不同程度地分布在崇山峻岭和江河海湖间,映射出我们民族昨天的辉煌和艰辛。兹分述之。

首先是帝系神话群。

这里的帝,身份很明朗,姓名却很模糊,他可以是天帝,也可以是人间的帝王,但更多的是天帝,统摄天地之间的万事万物。后世学者总是要把这些帝与具体的神话人物联系在一起,不无牵强附会之处。我们说,在黄帝、炎帝、帝俊等神话中的帝王之外,确实存在着一个帝系神话群。而且,在这个帝系神话群中,帝也绝对不止一个。在这里,为了行文方便,我们姑且把所有的帝都列入一个帝的名下。帝神颇多,例如,《西山经》载:"又西三百五十里,曰天帝之山,上多棕楠,下多菅蕙。有兽焉,其状如狗,名曰谿边,席其皮者不蛊。有鸟焉,其状如鹑,黑文而赤翁,名曰栎,食之已痔。有草焉,其状如葵,其臭如蘼芜,名曰杜衡,可以走马,食之已瘿。""西次三经之首,曰崇吾之山,在河之南,北望冢遂,南望䍃之泽,西望帝之搏兽之丘，东望崤渊。""又西北四百二十里，曰钟山。其子曰鼓，其状如人面而龙身，是与钦䲹杀葆江于昆仑之阳，帝乃戮之钟山之东曰崤崖。""又西三百二十里，曰槐江之山。丘时之水出焉，而北流注于泑水。其中多蠃母，其上多青雄黄，多藏琅玕、黄金、玉，其阳多丹粟。其阴多采黄金、银。实惟帝之平圃，神英招司之，其状马身而人面，虎文而鸟翼，徇于四海，其音如榴。""西南四百里，曰昆仑之丘，是实惟帝之下都，神陆吾司之。其神状虎身而九尾，人面而虎爪；是神也，司天之九部及帝之囿时……有鸟焉，其名曰鹑鸟，是司帝之百服。"

又如，《中山经》载："又东十里，曰青要之山，实惟帝之密都。北望河曲，是多驾鸟。南望墠渚，禹父之所化，是多仆累、蒲卢。""中次七经苦山之首，曰休与之山。其上有石焉，名曰帝台之棋，五色而文，其状如鹑卵，帝台之石，所以祷百神者也，服之不蛊。""东三百里，曰鼓钟之山，帝台之所以觞百神也。""又东二百里，曰姑媱之山。帝女死焉，其名曰女尸，化为䔄草……服之媚于人。""又东南五十里，曰高前之山。其上有水焉，甚寒而清，帝台之浆也，饮之者不心痛。""又东南三十里，曰毕山。帝苑之水出焉，东北流注于视，其中多水玉，多蛟。""又东五十五里，曰宣山。沦水出焉，东南流注于视水，其中多蛟。其上有桑焉，大五十尺，其枝四衢，其叶大尺余，赤理黄华青树,名曰帝女之桑。""又东南一百二十里,曰洞庭之山,其上多黄金,其下多银铁,其木多柤、梨、橘、櫾,其草多葌、蘪芜、芍药、芎藭。帝之二女居之,是常游于江渊。"

在《山经》中,帝的出现集中在《西山经》和《中山经》里。而一般学者以为,《西山经》和《中山经》的地域范围大致在陕西、甘肃、青海、宁夏、新疆东部和河南、山西一带。这说明一个问题,河洛为"三代"之居绝不是偶然的。帝的影响在这一带频繁出现,标志着《山海经》的神话中心之所在。

《海外南经》载:"有神人二八,连臂,为帝司夜于此野。在羽民东。其为人小颊赤肩。尽十六人。"

《海外西经》载:"形(刑)天与帝至此争神,帝断其首,葬之常羊之山。乃以乳为目,以脐为口,操干戚以舞。"

《海外东经》载:"帝命竖亥步,自东极至于西极,五亿十选九千八百步。竖亥右手把算,左手指青丘北。"

《海内西经》载:"贰负之臣曰危,危与贰负杀窫窳。帝乃梏之疏属之山,桎其右足,反缚两手与发,系之山上木。""海内昆仑之虚,在西北,帝之下都。昆仑之虚,方八百里,高万仞。上有木禾,长五寻,大五围。面有九井,以玉为槛。面有九门,门有开明兽守之,百神之所在。"

《大荒南经》载:"有巫山者,西有黄鸟。帝药,八斋。黄鸟于巫山,司此玄蛇。"

《大荒北经》载:"共工臣名曰相繇,九首蛇身,自环,食于九土。其所欹所尼,即为源泽,不辛乃苦,百兽莫能处。禹湮洪水,杀相繇,其血腥臭,不可生谷;其地多水,不可居也。禹湮之,三仞三沮,乃以为池,群帝因是以为台。在昆仑之北。"

《海内经》载:"洪水滔天。鲧窃帝之息壤以堙洪水,不待帝命。帝令祝融杀鲧于羽郊。鲧复生禹。帝乃命禹卒布土以定九州。"

在以上的材料中,我们可以看到"天帝之山"景色的绚丽多彩,"帝之平圃"的富丽堂皇,"帝之下都(昆仑之虚)"的巍峨壮观,以及"帝"在杀戮众神、与刑天争神、桎梏逆神中的战斗激烈,和"帝台"前"觞百神"的盛大场面,"帝台之浆"的神奇药效,以及"帝女之桑"的高大,帝女的命运,神使守卫所衬托出的威严。天帝的职能集中体现在使世界保持安宁,不仅他是这样,黄帝、炎帝和其他人间的帝王都如此。他们的征杀,在事实上反映出远古的部落、氏族间的不断争斗,中华民族迈上民族统一的漫长征程。当然,这里的帝更多的属于远古人民的想象,是将他们理想化、典型化了。

其次是黄帝神话群。

黄帝神话群包含着这样一些内容,一是黄帝神谱,由"黄帝生×"的句式作为标志,组成庞大的"黄帝家族";

二是与黄帝发生联系的群神,表现出黄帝与其他部落的战争等重大事件;三是黄帝的个人行为对世界的影响,以及在黄帝的生存环境中直接表现出的物产和各种自然景观等神话现象。

黄帝家族在我国神话体系中占据着很特殊的地位。司马迁描述历史国家的形成就是从黄帝开始的,后世也多以黄帝为中华民族的创立者。在《山海经》中,集中体现黄帝家族谱系即神谱的主要有《大荒经》和《海内经》的一些篇章。如:

《大荒东经》载:"东海之渚中,有神,人面鸟身,珥两黄蛇,践两黄蛇,名曰禺虢。黄帝生禺虢,禺虢生禺京。禺京处北海,禺虢处东海,是惟海神。"

《大荒西经》载:"有北狄之国。黄帝之孙曰始均,始均生北狄。"

《大荒北经》载:"大荒之中,有山名曰融父山,顺水入焉。有人名曰犬戎。黄帝生苗龙,苗龙生融吾,融吾生弄明,弄明生白犬,白犬有牝牡,是为犬戎,肉食。"

《海内经》载:"流沙之东,黑水之西,有朝云之国、司彘之国。黄帝妻雷祖,生昌意。昌意降处若水,生韩流。韩流擢首、谨耳、人面、豕喙、麟身、渠股、豚止,取淖子曰阿女,生帝颛顼。""黄帝生骆明,骆明生白马,白马是为鲧。"

由此可知，黄帝的嫡系血统有禺䝞、始均、苗龙、昌意、骆明等，继续推算，颛顼家族、鲧禹家族、犬戎家族、北狄之国和禺京海神家族都可列为黄帝族系之内。

与黄帝族发生联系的有夔、蚩尤。如：

《大荒东经》载："东海中有流波山，入海七千里。其上有兽，状如牛，苍身而无角，一足，出入水则必风雨，其光如日月，其声如雷，其名曰夔。黄帝得之，以其皮为鼓，橛以雷兽之骨，声闻五百里，以威天下。"

《大荒北经》载："有系昆之山者，有共工之台，射者不敢北乡。有人衣青衣，名曰黄帝女魃。蚩尤作兵伐黄帝，黄帝乃令应龙攻之冀州之野。应龙畜水。蚩尤请风伯雨师，纵大风雨。黄帝乃下天女曰魃，雨止，遂杀蚩尤。"

夔是一个具有坚强力量的部落，却被黄帝所击败。这里的"以其皮为鼓""以威天下"背后，隐含着一场可能是异常残酷的战争。而在与蚩尤的作战中，黄帝的队伍就显得更加壮大，如应龙、天女魃等神，应该说是黄帝族战斗力量的一部分，是神使，或者是归附来效命的氏族部落集团。值得一提的是，著名的阪泉之战却没有在这里提及，以下还有类似的情况，如"女娲之肠"没有女娲造人、补天的提及，这些现象显示出《山海经》神话材料的庞杂、散乱，也显示出其质朴的本色。当然，问题也可能更复杂。如果我们以此对照于《史记》和后世更多的关于黄帝的典籍，我们会在黄帝神话的衍变即历史发展的嬗变中发现许多值得我们进一步思索的重要内容。

黄帝的个人行为主要表现在《西山经》里。如《西次三经》载："又西北四百二十里，曰崒山，其上多丹木，员叶而赤茎，黄华而赤实，其味如饴，食之不饥。丹水出焉，西流注于稷泽，其中多白玉。是有玉膏，其原沸沸汤汤，黄帝是食是飨。是生玄玉。玉膏所出，以灌丹木。丹木五岁，五色乃清，五味乃馨。黄帝乃取崒山之玉荣，而投之钟山之阳。""又西三百五十里，曰天山，多金玉，有青雄黄。英水出焉，而西南流注于汤谷。有神焉，其状如黄囊，赤如丹火，六足四翼，浑敦无面目，是识歌舞，实为帝江也。"

黄帝以玉为饮食，"取崒山之玉荣，而投之钟山之阳"。作为天山英水神，其有着特殊的形状，而且"识歌舞"（毕沅、杜预等人认为帝江即帝鸿，帝鸿即黄帝）。这里，黄帝的神话性格更显得丰富而突出。

与黄帝相关的"轩辕之丘""轩辕之山""轩辕之台""轩辕之国""建木"，同样是黄帝神话群的重要内容。如：

关于"轩辕之丘"，《西次三经》载："又西四百八十里，曰轩辕之丘，无草木。洵水出焉，南流注于黑水，其中多丹粟，多青雄黄。"

关于"轩辕之山"，《北次三经》载："又东北二百里，曰轩辕之山,其上多铜,其下多竹。有鸟焉,其状如枭而白首,其名曰黄鸟,其鸣自詨,食之不妒。"

关于"轩辕之台",《大荒西经》载:"有轩辕之台,射者不敢西向射,畏轩辕之台。"

关于"轩辕之国",《大荒西经》载:"有轩辕之国。江山之南栖为吉。不寿者乃八百岁。"

关于"建木",《海内南经》载:"有木,其状如牛,引之有皮,若缨、黄蛇。其叶如罗,其实如栾,其木若苴,其名曰建木。在窫窳西弱水上。"《海内经》载:"有木,青叶紫茎,玄华黄实,名曰建木,百仞无枝,有九欘,下有九枸,其实如麻,其叶如芒。大皞爰过,黄帝所为。"

黄帝不但是一个伟大的神界领袖,而且是一个卓越的人间帝王。在他的身上,集中了我国古代神话人物的典型特征、性情、职能;在他的周围,神奇的山川草木、鸟兽鱼虫,都呈现出独特的光辉。他不但平息了蚩尤那样的乱贼,使国家得到安宁,而且建造了高大的建木神树,使天界和人间得到沟通。他有着奇异的外表,以玉为饮食,不但是一位威震四方的战神,而且是一位识歌舞的文化大神,更重要的是他生养了一大批群神,诸如禺䝞那样的海神,颛顼和鲧、禹等人间的帝王和英雄。可以说,在我国神话系统中,没有任何神话典型能与黄帝神话群相媲美。这就难怪"百家言黄帝"!特别是他领导的国土上,人民长寿,年龄短者也有八百岁。《大荒东经》提到"帝俊生帝鸿",若如毕沅和杜预所言,帝鸿(帝江)即黄帝,那么,这个神性家族就更加庞大。黄帝神话群的形成,表明我国古典神话与原始思维的密切联系及我国神话结构的基本特色。

关于帝俊神话系统,我们在前面论及《山海经》的基本系统部分时已详述,此处省略。

次于黄帝神话群的庞大景观是颛顼神话群。颛顼在我国神话系统中也占据着十分重要的地位,直接影响着我国神话的基本内容和发展变化。在《山海经》中,关于颛顼的神话内容集中体现在《海外北经》《大荒经》和《海内经》中。如:

《海外北经》载:"务隅之山,帝颛顼葬于阳,九嫔葬于阴。一曰爰有熊、罴、文虎、离朱、鸱久、视肉。"

《大荒东经》载:"东海之外大壑,少昊之国。少昊孺帝颛顼于此,弃其琴瑟。"

《大荒南经》载:"又有成山,甘水穷焉。有季禺之国,颛顼之子,食黍。""有国曰伯服,颛顼生伯服,食黍。"

《大荒西经》载:"有国名曰淑士,颛顼之子。""有芒山。有桂山。有榣山,其上有人,号曰太子长琴。颛顼生老童,老童生祝融,祝融生太子长琴,是处榣山,始作乐风。""大荒之中,有山名曰日月山,天枢也。吴姖天门,日月所入。有神,人面无臂,两足反属于头上,名曰嘘。颛顼生老童,老童生重及黎，帝令重献上天，令黎邛下地。下地是生噎，处于西极，以行日月星辰之行次。""有池，名孟翼之攻颛顼之池。""大荒之中，有山，名曰大荒之山，日月所入。有人焉三面，是颛顼之子，三面一臂，三面之人不死。是谓大荒之野。""有鱼偏枯，名曰鱼妇。颛顼死即复苏。风道北来，天乃大水泉，蛇乃化为鱼，是为鱼妇。颛顼死即复苏。"

《大荒北经》载："东北海之外，大荒之中，河水之间，附禺之山，帝颛顼与九嫔葬焉。爰有鸱久、文贝、离俞、鸾鸟、皇鸟、大物、小物。有青鸟、琅鸟、玄鸟、黄鸟、虎、豹、熊、罴、黄蛇、视肉、璿瑰、瑶碧，皆出卫于山。丘方员三百里，丘南帝俊竹林在焉，大可为舟。竹南有赤泽水，名曰封渊。有三桑无枝。丘西有沈渊，颛顼所浴。""有叔歜国，颛顼之子，黍食，使四鸟：虎、豹、熊、罴。有黑虫如熊状，名曰猎猎。""西北海外，流沙之东，有国曰中辐，颛顼之子，食黍。""西北海外，黑水之北，有人有翼，名曰苗民。颛顼生驩头，驩头生苗民，苗民厘姓，食肉。"

《海内经》载："流沙之东，黑水之西，有朝云之国、司彘之国。黄帝妻雷祖，生昌意。昌意降处若水，生韩流。韩流……取淖子曰阿女，生帝颛顼。"

关于颛顼的神话传说，在历史的发展中明显少于黄帝族系。但不可否认的是，颛顼在我国神话系统中是一个承前启后、继往开来式的神话人物。从以上材料中，我们可以看到颛顼为黄帝之后，属昌意之孙。他在年幼时，曾被少昊抚养，在东海之外的大峡谷中扔过他玩的琴瑟，还曾在附禺山西侧的深渊中洗过澡。最后，他就葬在附禺山，有九位嫔妃伴他在这里长眠。他有巫的色彩，如化为鱼妇的一段描述，这在我国原始神话中具有一定代表性。更重要的是他生化出了许多子民，如"季禺之国""伯服""淑士""老童（延及祝融、长琴一系及重及黎一系）""三面之人""叔歜国""中辐""骧头（生苗民）"等。其中有不少族"食黍"，这是农耕文化在颛顼神话群中的反映。值得注意的是，在颛顼族系中，祝融是老童即颛顼之子所生，与《海内经》中"炎帝之妻，赤水之子听訞生炎居，炎居生节并，节并生戏器，戏器生祝融"相比，它使我们思索这样一个问题：祝融为炎帝之后，也为颛顼之后，而颛顼为黄帝之后，这种以祝融为交叉点的炎帝、黄帝两大族系是如何发生相互交融的联系呢？

与帝系神话群、黄帝神话群、帝俊神话群和颛顼神话群相比，《山海经》中有广大影响的神话群，我们还可以列举出禹神话群。

从某种程度上讲，禹神话群的出现和形成在我国神话发展史上意味着一种古典系统的终结。也就是说，从神话本身所包含的层次上来看，黄帝神话系统的出现，意味着我国神话体系的高度完善，而禹神话群则宣告了我国神话时代的结束。当然，这是历史发展的必然——殷商文明以文字为主要载体，无情地揭示出史前时期的最后一页，而掀开"有史"文明的第一章。这样，禹神话群就理所当然地标志着中国古典神话的最后一次辉煌。

禹神话群的范围限定在这样一个环境中：鲧神话成为其序幕，夏启神话则作为其结尾，中间包含着对禹——治水英雄与人间帝王身份合———的各种活动的述说。他们三代人在神话中的体现，我们应看作是一个不可分割的整体。这也是我国神话系统的一个重要特色。

鲧的出现，是一个悲剧英雄的神话性格的具体展现。《海内经》言："黄帝生骆明，骆明生白马，白马是为鲧。""禹、鲧是始布土，均定九州。"而后详述："洪水滔天。鲧窃帝之息壤以堙洪水，不待帝命。帝令祝融杀鲧于羽郊。鲧复生禹。帝乃命禹卒布土以定九州。"在《中次三经》中提到"青要之山，实惟帝之密都……南望墠渚，禹父之所化"。《大荒北经》中说："有榆山。有鲧攻程州之山。"由此我们可以看到，鲧属黄帝族系，其"布土""窃帝之息壤"等活动都是为了"治水"。应该说，其中蕴含着著名的神话类型之一的洪水神话。为了禹的治水事业得到成功，鲧被祝融杀于羽郊。鲧同样是一个英雄，尽管他是一个悲剧英雄；他为禹的治水事业积累了可贵的经验，如"布土"，就被后世推为筑城的先驱，蕴含着创造神话的许多重要内容。禹继承了父业，经过艰苦卓绝的奋斗，终于使洪水平息下来，实现了父愿，从而也使曾在一个时代占据重要位置的洪水神话、禅让的政治神话都宣告结束。

直接描写禹的神话内容，除了《海内经》所述的"布土""均定九州"和《中次三经》中所述的"青要之山"作为"帝之密都"是鲧所化之外，他的身世、业绩等内容在"海外诸经"和"大荒诸经"中都得到了详细的反映。其中我们可以看到征杀在禹神话系统中占据着突出位置，这表明禹族系在征服四野部落中经历了许多艰苦卓绝的搏杀，最后的治水成功在事实上标志着他对其他部落征伐的胜利。他杀的并不是某一个具体的神人，而是具体的部落氏族。这一点上，在许多神话与史实的联系中都普遍地表现出来。当然，禹神话与其他神话所不同的内容主要就在于，禹不但是一个治水英雄，而且是一位功勋卓著的部落首领、神坛领袖，还是一位识天辨地的文化英雄。从《山海经》中，我们可以相当清晰地看到这些内容。其相关的内容如下：

《海外北经》载："共工之臣曰相柳氏，九首，以食于九山。相柳之所抵，厥为泽溪。禹杀相柳，其血腥，不可以树五谷种。禹厥之，三仞三沮，乃以为众帝之台。""禹所积石之山在其东，河水所入。"

《海外东经》载:"帝令竖亥步……竖亥右手把算,左手指青丘北。(一曰禹令竖亥。)"

《大荒南经》载:"大荒之中,有山名朽涂之山,青水穷焉。有云雨之山,有木名曰栾。禹攻云雨,有赤石焉生栾,黄本,赤枝,青叶,群帝焉取药。"

《大荒西经》载:"西北海之外,大荒之隅,有山而不合,名曰不周负子,有两黄兽守之。有水曰寒暑之水。水西有湿山,水东有幕山。有禹攻共工国山。"

《大荒北经》载:"大荒之中,有山名曰先槛大逢之山,河济所入,海北注焉。其西有山,名曰禹所积石。""有毛民之国,依姓,食黍,使四鸟。禹生均国,均国生役采,役采生修鞈,修鞈杀绰人。帝念之,潜为之国,是此毛民。""共工臣名相繇,九首蛇身,自环,食于九土。其所欻所尼,即为源泽,不辛乃苦,百兽莫能处。禹湮洪水,杀相繇,其血腥臭,不可生谷;其地多水,不可居也。禹湮之,三仞三沮,乃以为池,群帝因是以为台。在昆仑之北。"

这里的禹神话群包含这样几种内容:杀相柳(即相繇),积石,令竖亥测地,攻共工国、云雨等山,生均国,等。除了湮水即治理洪水的伟大业绩外,这些内容构成禹神话群的存在氛围。诸如后世衍生的娶涂山氏女,杀无支祁,索(锁)蛟,三过家门而不入,化能(熊),会诸侯于会稽山,杀防风氏等传说,我们可以看到禹神话发展嬗变的轨迹及它与原始先民理想的有机联系。禹神话的道德品格即献身治水事业的伟大精神，成为整个大禹神话传说的核心；而在《山海经》中，禹的形象更重要的是作为神界的领袖、人间的帝王和英雄出现的，应该说，这才是它最为原始的面目。以此与《史记》等作品中关于禹神话的具体描述相联系，我们可以更清楚地看到我国古代神话对整个中国文化发展的具体的影响作用。关于这个问题，将在别处详述。

启在《山海经》中的地位与称呼颇特殊，明显地有别于他人，即称为"夏后启"。他和禹的血缘关系，《山海经》中并没有明确交代，但我们从相关的文献中可以看到这些内容。启的出现，在历史发展中是以结束尧、舜、禹相沿的禅让制而作为神话时代分水岭的。在一些神话传说中，启是禹的儿子，生于石阙，即涂山氏女弃禹而走，禹唤"还我子"所得。还有一些传说中讲，启荒淫无道，背离了大禹，如何如何。而在《山海经》中，启即开，是著名的文化大神。如，《大荒西经》载："西南海之外，赤水之南，流沙之西，有人珥两青蛇，乘两龙，名曰夏后开。开上三嫔于天，得《九辩》与《九歌》以下。"《海外西经》载："大乐之野，夏后启于此儛九代，乘两龙，云盖三层。左手操翳，右手操环，佩玉璜。在大运山北。一曰大遗之野。"之外还有关于"夏后启之臣"孟涂"司神于巴"的记述。辉煌、壮丽的启神话，在这里却处于支离破碎的状态，这究竟是何原因呢？

现代科学中有全息学说，以此来解释、分析我国古代神话群落是很有意义的。全息的一般意义为，从事物的一个极小部分可以看到整体的存在状态。禹神话群在我国远古文化发展中代表着神话的终结时代。这一时期的科学技术、文化、社会政治等内容已经相当完备，给我们传递出许多关于神话时代必然结束的信息。以鲧为端，以启为尾，显现出禹神话群的蔚为壮观的景象。更为重要的是，整个《山海经》中，禹的称呼没有像其他神人那样被尊称为帝，这从一个方面说明禹神话的产生时代与整个《山海经》的形成时期的复杂联系。所以，刘歆、杨慎、郝懿行等学者都认为这部神话经典始于夏代。运用全息学说观察禹神话群，使我们得出了上述的结论。

《山海经》的神话中心，在整体看来是以黄帝家族为核心内容的。在我国古代典籍中，存在着尊崇黄帝的历史传统，这里，已经很明显地存在着。炎帝族曾经是与黄帝族相抗衡的又一大部落，而在这里全退居于一种相对隐没的状态。这从另一个方面也说明炎帝族为黄帝族吞并后的压抑情状。相似的神话现象还有很多，如蚩尤、刑天、祝融、夔、相柳（相繇）等群神。这种现象我们同样不能忽视其存在的价值和意义。

与帝系神话群，帝俊神话群，黄帝神话群，颛顼神话群，禹神话群相对存在的古典神话群在《山海经》中还有尧、舜、喾、丹朱神话群，西王母神话群，昆仑神话群，共工神话群、蚩尤神话群，以及夸父神话、精卫神话、禺强神话、烛龙神话、祝融神话、相柳神话、刑天神话、应龙神话、蓐收神话、句芒神话、羲和神话、帝女神话、羿神话、日月神话，各山山神神话，以及曾经辉煌而在此褪色的炎帝神话、伏羲神话、女娲神话，更不用说那些神奇的山川草木和鸟兽鱼虫诸神了。在这里，我们可以看到神话中如潮水般汹涌澎湃而来的生命形象群体。我们如何能断言我们中国无神话或少神话呢？

帝尧、帝舜、帝喾、帝丹朱，他们在《山海经》中常常是连在一起的，如在一些地方提到"帝尧台、帝喾台、帝丹朱台、帝舜台，各二台，台四方"之类的内容。这里的台即神台，和共工之台的意义一样，是典型的灵魂崇拜，也可以称为灵台，它直接影响着后世的民间信仰的祭祀形式与行为。

昆仑崇拜在《山海经》的神话系统中具有非常特殊的意义。它不像上述的帝尧、帝舜、帝丹朱、帝喾等帝神的台那样令人畏惧"不敢向射"，而是作为一个巨大的神话载体，包容着我国古典神话的基本内容。这里，我们可以把这种现象称为昆仑神话群。

昆仑神话群包括"昆仑丘""昆仑虚"和"昆仑渊"等。《西次三经》载："……昆仑之丘，是实惟帝之下都，神陆吾司之。其神状虎身而九尾，人面而虎爪；是神也，司天之九部及帝之囿时。有兽焉，其状如羊而四角，名曰土蝼，是食人。有鸟焉，其状如蜂，大如鸳鸯，名曰钦原，蠚鸟兽则死，蠚木则枯。有鸟焉，其名曰鹑鸟，是司帝之百服。有木焉，其状如棠，黄华赤实，其味如李而无核，名曰沙棠，可以御水，食之使人不溺。有草焉，名曰薲草，其状如葵，其味如葱，食之已劳。河水出焉，而南流东注于无达。赤水出焉，而东南流注于汜天之水。洋水出焉，而西南流注于丑涂之水。黑水出焉，而西流注于大杅。是多怪鸟兽。"

"……钟山。其子曰鼓，其状如人面而龙身，是与钦䲹杀葆江于昆仑之阳……"

"……槐江之山……实惟帝之平圃，神英招司之，其状马身而人面，虎文而鸟翼，徇于四海，其音如榴。南望昆仑，其光熊熊，其气魂魂。"

《北山经》载："又北三百二十里，曰敦薨之山，其上多棕楠，其下多茈草。敦薨之水出焉，而西流注于泑泽。出于昆仑之东北隅，实惟河原。"

《海外南经》载："昆仑虚在其东，虚四方。一曰在岐舌东，为虚四方。""羿与凿齿战于寿华之野，羿射杀之。在昆仑虚东。"

《海内西经》载："流沙出钟山，西行又南行昆仑之虚，西南入海,黑水之山。""海内昆仑之虚,在西北,帝之下都。昆仑之虚,方八百里,高万仞。上有木禾,长五寻,大五围。面有九井,以玉为槛。面有九门,门有开明兽守之,百神之所在。在八隅之岩,赤水之际,非仁羿莫能上冈之岩。""昆仑南渊深三百仞。开明兽身大类虎而九首,皆人面,东向立昆仑上。"

《海内北经》载:"西王母梯几而戴胜杖。其南有三青鸟,为西王母取食。在昆仑虚北。""帝尧台、帝喾台、帝丹朱台、帝舜台,各二台,台四方,在昆仑东北。""蟜,其为人虎文,胫有䏿。在穷奇东。一曰状如人,昆仑虚北所有。""昆仑虚南所,有氾林方三百里。"

《海内东经》载:"国在流沙中者埻端、玺唤,在昆仑虚东南。""西胡白玉山在大夏东,苍梧在白玉山西南,皆在流沙西,昆仑虚东南。昆仑山在西胡西。皆在西北。"

《大荒西经》载:"西海之南,流沙之滨,赤水之后,黑水之前,有大山,名曰昆仑之丘。有神,人面虎身,有文有尾,皆白,处之。其下有弱水之渊环之,其外有炎火之山,投物辄然。有人戴胜,虎齿,有豹尾,穴处,名曰西王母。此山万物尽有。"

所谓昆仑,《尔雅》中有"三成为昆仑丘"之语,毕沅注道:"是昆仑者,高山皆得名之。"在《水经注》中也有"东海方丈,亦有昆仑之称"的释义。昆仑山在我国神话传说中的意义应该是指其崇高、神圣的一面，而非实指，在《山海经》中也应当是这样。在《西次三经》中，称其"西南四百里"，指明为"帝之下都"。显然，若我们一定要找出其具体位置，那将是徒劳的。因为这是一座瑰丽而险奇的神话山，集中表现出原始先民对天帝生存环境的神奇的想象。昆仑景观是东方文化中的奥林匹斯山，神人们在这里上下，演绎了许多动人的神话故事。所以，直到今天，我们还习惯于把我们的国家保障力量——人民军队称为"昆仑"，它是神话中神圣、崇高、坚强有力的意义喻指。

昆仑山上的神话内容异常丰富，有"虎身而九尾，人面而虎爪"，"司天之九部及帝之囿时"的陆吾，有"人面虎身，有文有尾，皆白"的山神，有"戴胜，虎齿，有豹尾，穴处"的西王母，还有"身大类虎而九首"的守护神开明兽。昆仑有崇山峻岭，也有"方八百里，高万仞"的神台，同样，又有深百仞的深渊。在这座神奇的山中，有高大的"木禾"，奔腾向四面八方的长河源头，有食人的土蝼，像鸳鸯一样大的蜂鸟钦原，为天帝服侍的鹑鸟，有黄色的花朵、红色的果实，"其味如李而无核"的沙棠，"食之已劳"的外表如葵味道如葱的神草薲草。这里有钦䲹杀葆江、羿射杀凿齿的战争，有帝尧、帝喾、帝丹朱、帝舜的神台。

尤其是开明神兽作为昆仑守护神，它的周围更加绚丽。

它有着九个脑袋,如虎的身躯,伫立在昆仑山上,面向东方。它的四周,东面有成群的巫,正操作着以不死之药救治神人的"仙术";西边是头上、头下、胸前都佩戴着蛇的凤凰和鸾鸟;南边有很多神奇的兽和树木,诸如有六个脑袋的树鸟,像蛇的身躯而生出四只脚的蛟及长尾猿;北边则有许多生长珍珠、美玉的神树,生长不死之药的灵树,结出果实的稻子树,高大的柏树,以及那些头上戴着盾的凤鸟和鸾鸟。这样令人眼花缭乱的昆仑盛景,却被一些学者视而不见,认识不到其丰富的神话意蕴。

昆仑山女神西王母的存在,在我国古典神话系统中是一个很典型的现象。我们可以将她的形象与帝俊、黄帝、颛顼、禹和尧、舜、喾、丹朱等帝王神相比照,与炎帝、伏羲那些隐没的帝王相比照,与共工、蚩尤、刑天、羿、祝融这些英雄神相比照,也可以与女娲、帝女、舜妻、羲和、精卫等神女相比照,从中看出她的独立性和特殊性。在她的身上,我们可以看到远古部落的酋长与神话女王双重身份的融合的痕迹。在一定程度上,我们可以把她看作昆仑山的灵魂。

《西次三经》载:"又西三百五十里,曰玉山,是西王母所居也。西王母其状如人,豹尾虎齿而善啸,蓬发戴胜,是司天之厉及五残。有兽焉,其状如犬而豹文,其角如牛,其名曰狡,其音如吠犬,见则其国大穰。有鸟焉,其状如翟而赤,名曰胜遇,是食鱼,其音如录,见则其国大水。"

《海内北经》载:"西王母梯几而戴胜杖。其南有三青鸟,为西王母取食。在昆仑虚北。"

《大荒西经》载:"西有王母之山、壑山、海山。""西海之南,流沙之滨,赤水之后,黑水之前,有大山,名曰昆仑之丘。有神,人面虎身,有文有尾,皆白,处之。其下有弱水之渊环之,其外有炎火之山,投物辄然。有人戴胜,虎齿,有豹尾,穴处,名曰西王母。此山万物尽有。"

郭璞对西王母居处不一如此解释道:"西王母虽以昆仑之宫,亦自有离宫别窟,游息之处,不专住一山也。故记事者各举所见而言之。"(《山海经传》)其实,这是神话流传中的普遍现象,即变异。玉山,昆仑山,王母山,都是神话中西王母的居处。西王母的形象主体是"戴胜""虎身"("虎齿"),与《西次三经》中的具"虎身""虎爪"的陆吾相似,一个是"司天之厉及五残",一个是"司天之九部及帝之囿时"。在他们的周围都有神异的生命,如一个周围有一出现即使国家丰收的吉祥神兽"狡",一出现即使国家发生大水灾的凶恶神鸟"胜遇";一个周围有食人的神兽"土蝼",能蠚死鸟兽和树木的神鸟"钦原",以及御水神木沙棠、疗饥的神草蕢草。神兽和神鸟都是他们的神使。这表现出更为原始的神话情结(complex),用神使统摄神界,显现出西王母神话的质朴特色。这是其他神话所不具备的内容和意义。

《山海经》神话中天帝、帝俊、黄帝、颛顼和禹构成了一个庞大的神性家族，在血脉上我们可以把他们看作一体。西王母为主体内容的昆仑神话是又一个体系。而在其中若隐若现的炎帝、伏羲、女娲则很明显是属于另外的体系。包括一些山神在内，我们可以从宏观上把他们看作"四大家族"。这"四大家族"在神话中因为不同的历史文化背景而具有不同的地位和意义。也就是说，整个《山海经》神话系统，是以黄帝家族（包括帝、帝俊、颛顼、禹，以及尧、舜、鲧、丹朱等神话形象）为主体，展示其生存状态和行为方式的。作者们着力推崇的也是这一家族，同时，自觉或不自觉地在排斥其他神性家族。特别是炎帝家族，在《山海经》中出场的次数相当少。如《北次三经》中提到"发鸠之山，其上多柘木。有鸟焉，其状如乌，文首、白喙、赤足，名曰精卫，其鸣自詨。是炎帝之少女名曰女娃"；《大荒西经》提到"炎帝之孙名曰灵恝，灵恝生互人，是能上下于天"；《海内经》提到"炎帝之孙伯陵，伯陵同吴权之妻阿女缘妇，缘妇孕三年，是生鼓、延、殳。殳始为侯，鼓、延是始为钟，为乐风"；"炎帝之妻，赤水之子听𫍯生炎居，炎居生节并，节并生戏器，戏器生祝融。祝融降处于江水，生共工。共工生术器，术器首方颠，是复土穰，以处江水。共工生后土，后土生噎鸣，噎鸣生岁十有二"。大体上就是这样一些材料。但由此也就不难理解祝融、共工他们为何被黄帝家族所征伐了。至于伏羲、女娲神话的隐没,除了年代的久远之外,更重要的原因恐怕还是由于他们在血缘上与黄帝家族离得较远。当然,《山海经》的整理者在信仰观念上对黄帝家族的尊崇,对于昆仑神话的厚爱,对于伏羲、女娲、炎帝家族和闲散在漫山遍野间各类山神水神的排斥,也是相当重要的原因。所以在先秦两汉乃至于魏晋时期的一些典籍中,随着社会发展和思想统治的相对松懈,除黄帝家族之外的神性集团的神话才逐渐恢复出丰富、系统、生动的具体面目。但古老的文化传统对后世的影响是很大的,以至于在漫长的岁月中,整个中国古典神话系统都是以黄帝家族为中心的。像女娲神话等著名神话,在《淮南子》中其面目才清晰起来,更不用说盘古等大神,在《山海经》中就没有明确提到,只在三国时期徐整编纂的《三五历纪》等著作中才有清晰的面目。甚至可以说,战国和秦汉时代的方士和学者对我国古代神话的这种倾向性较强的取舍,是我国古典神话材料大量流失的重要原因。

《山海经》的神话系统虽不是也不可能涵括全部中国古典神话系统,但它却表现了中国整个神话世界的核心部分与基本面貌,是我国乃至全世界古代神话的一种典型,系统地总结其基本内容是很有必要的。

2.《山海经》的神话文化类型

神话类型是依据于一定的神性角色及其活动而对其总体特征属性所做的概括总结。各个民族有着不同的生成和发展背景,反映在神话中,也就有着不同的神话文化类型。我国神话文化的基本类型,在《山海经》中大体上都得到了体现,总的来讲有这样几种:世界生成和部落起源神话、民族迁徙神话、战争神话、洪水神话、太阳神话、文化创造神话、英雄神话、山岳神话、海洋神话、巫术神话。其中,最生动的是英雄神话。当然,这些类型的划分是相对的,在它们之间许多地方是相混合的。这也反映出远古时期各部落集团间的复杂联系。

(1)世界生成和部落起源神话

世界生成的神话几乎遍布世界各个民族之中,反映出原始先民对其所处世界及各种现象的认识和阐释。这种神话类型在内容上具体包括天地形成及变化原因、人类起源等。我国古典神话中的世界生成神话内容丰富,在《山海经》的神话系统中虽没有十分明确的体现,却表现出一些端倪。如,《海外北经》载:"钟山之神,名曰烛阴,视为昼,瞑为夜,吹为冬,呼为夏,不饮,不食,不息,息为风。身长千里。在无䏿之东。其为物,人面,蛇身,赤色,居钟山下。"《大荒北经》载:"西北海之外,赤水之北,有章尾山。有神，人面蛇身而赤，直目正乘，其瞑乃晦，其视乃明，不食不寝不息，风雨是谒。是烛九阴，是谓烛龙。"这里形象地阐释了天地间关于白天、黑夜、风、冬天和夏天的形成原因。

部落起源神话常和世界生成神话连在一起。在《山海经》中，把部落与大自然的发展变化作为一个整体来描述的几乎没有，此书是以一种"××生××"的模式来说明部落起源的。当然，诸如具体的人类起源的神话，在《山海经》中也有表现，如《大荒西经》载："有神十人，名曰女娲之肠，化为神，处栗广之野；横道而处。"郭璞将"女娲之肠"解释为"或作女娲之腹"。也就是说，女娲生人的主题作为一种神话原型在这里已经出现，但关于女娲抟土造人和补天的神话在《淮南子》和《风俗通义》中才有更为系统、完整的解释。《山海经》中对部族起源的解释更多的表达方式为"××生××"。这里的"国"和某个具体的神人，我们都可以看作一个部落，此类内容之丰富是其他典籍所无法比拟的。如：

《大荒东经》写道："有中容之国。帝俊生中容，中容人食兽、木实，使四鸟：豹、虎、熊、罴。""有司幽之国。帝俊生晏龙，晏龙生司幽，司幽生思士，不妻；思女，不夫。食黍，食兽，是使四鸟。""有白民之国。帝俊生帝鸿，帝鸿生白民，白民销姓，黍食，使四鸟：虎、豹、熊、罴。""有黑齿之国。帝俊生黑齿，姜姓，黍食，使四鸟。""东海之渚中，有神，人面鸟身，珥两黄蛇，践两黄蛇，名曰禺虢。黄帝生禺虢，禺虢生禺京。""帝舜生戏，戏生摇民。"

《大荒南经》写道："大荒之中，有不庭之山，荣水穷焉。有人三身，帝俊妻娥皇，生此三身之国，姚姓，黍食，使四鸟。""又有成山，甘水穷焉。有季禺之国，颛顼之子，食黍。""有襄山。又有重阴之山。有人食兽，曰季釐。帝俊生季釐，故曰季釐之国。有缗渊。少昊生倍伐，倍伐降处缗渊。""有蜮民之国。帝舜生无淫，降蜮处，是谓巫蜮民。""有国曰颛顼，生伯服，食黍。""有人焉，鸟喙，有翼，方捕鱼于海。大荒之中，有人名曰䲂头。鲧妻士敬，士敬子曰炎融，生䲂头。"

《大荒西经》写道："有国名曰淑士，颛顼之子。""有西周之国，姬姓，食谷。有人方耕，名曰叔均。帝俊生后稷，稷降以百谷。稷之弟曰台玺，生叔均。叔均是代其父及稷播百谷，始作耕。""有北狄之国。黄帝之孙曰始均，始均生北狄。""有芒山。有桂山。有榣山，其上有人，号曰太子长琴。颛顼生老童，老童生祝融，祝融生太子长琴，是处榣山，始作乐风。""颛顼生老童，老童生重及黎，帝令重献上天，令黎邛下地。下地是生噎，处于西极，以行日月星辰之行次。""有互人之国。炎帝之孙名曰灵恝，灵恝生互人，是能上下于天。"

《大荒北经》写道:"有叔歜国,颛顼之子,黍食……""有毛民之国,依姓,食黍,使四鸟。禹生均国,均国生役采,役采生修鞈,修鞈杀绰人。帝念之,潜之为国,是此毛民。""大荒之中,有山名曰成都载天。有人珥两黄蛇,把两黄蛇,名曰夸父。后土生信,信生夸父。""大荒之中,有山名曰融父山,顺水入焉。有人名曰犬戎。黄帝生苗龙,苗龙生融吾,融吾生弄明,弄明生白犬,白犬有牝牡,是为犬戎,肉食。""有人一目,当面中生。一曰是威姓,少昊之子,食黍。""西北海外,流沙之东,有国曰中䡈,颛顼之子,食黍。""西北海外,黑水之北,有人有翼,名曰苗民。颛顼生驩头,驩头生苗民,苗民厘姓,食肉。"

《海内经》写道:"流沙之东,黑水之西,有朝云之国、司彘之国。黄帝妻雷祖,生昌意。昌意降处若水,生韩流。韩流……取淖子曰阿女,生帝颛顼。""西南有巴国。大皞生咸鸟,咸鸟生乘厘,乘厘生后照,后照是始为巴人。""伯夷父生西岳,西岳生先龙,先龙是始生氐羌,氐羌乞姓。""炎帝之孙伯陵,伯陵同吴权之妻阿女缘妇,缘妇孕三年,是生鼓、延、殳。殳始为侯,鼓、延是始为钟,为乐风。""黄帝生骆明,骆明生白马,白马是为鲧。""帝俊生禹号,禹号生淫梁,淫梁生番禺,是始为舟。番禺生奚仲,奚仲生吉光……""少皞生般,般是始为弓矢。""帝俊生晏龙,晏龙是为琴瑟。""帝俊生三身,三身生义均,义均是始为巧倕,是始作下民百巧。""炎帝之妻,赤水之子听訞生炎居,炎居生节并,节并生戏器,戏器生祝融。祝融降处于江水,生共工。共工生术器,术器首方颠,是复土穰,以处江水。共工生后土,后土生噎鸣,噎鸣生岁十有二。"

这里,我们可以看到帝俊、帝舜、颛顼、鲧、黄帝、炎帝、大皞、伯夷父、少皞他们所"生育"的特殊意义,即对更广大的部落的繁衍。部落起源在这里得到十分鲜明的显示;当然,每个被"生"的部落,肯定还有着绚丽多彩的神话故事,它们与《山海经》中所突出的黄帝族神话群、昆仑西王母神话群、炎帝等神话群、各山山神神话群,即所谓的神话"四大家族"相融为一体,使我们中华民族的神话显得格外的耀眼夺目,成为后世文化发展的重要源头。

(2)民族迁徙神话

在我国古典神话中,民族迁徙的主题常被人所忽视。它给人一种印象,即只有在边疆地区的兄弟民族的史诗中,才有这样的主题。其实,这在《山海经》中就已经有所表现,最典型的就是夸父族的追日。

夸父族是一个善于奔走的民族。《西次三经》中提到"有兽焉,其状如禺而文臂,豹虎而善投,名曰举父。(郭璞注'或作夸父')",《东山经》中提到"有兽焉,其状如夸父而彘毛,其音如呼,见则天下大水",《北次二经》提到"有鸟焉,其状如夸父,四翼、一目、犬尾,名曰嚣,其音如鹊,食之已腹痛,可以止衕",《中次六经》中提到"又西九十里,曰夸父之山,其木多棕楠,多竹箭,其兽多㸲牛、羬羊,其鸟多鷩,其阳多玉,其阴多铁。其北有林焉,名曰桃林,是广员三百里,其中多马"。夸父山,夸父兽,夸父鸟,都表明夸父族的非凡,透露出夸父族的坚毅、勇猛。《海外北经》载:"夸父与日逐走,入日。渴欲得饮,饮于河渭,河渭不足,北饮大泽。未至,道渴而死。弃其杖,化为邓林。"《大荒北经》载:"夸父不量力,欲追日景,逮之于禺谷。将饮河而不足也,将走大泽,未至,死于此。应龙已杀蚩尤,又杀夸父,及去南方处之,故南方多雨。"其中提到夸父追日的路线,河水、渭水是两个重要地点。大泽在何处?在《山海经》中有两处大泽。《海内西经》载:"大泽方百里,群鸟所生及所解。在雁门北。"《大荒北经》载:"有大泽方千里,群鸟所解。"毕沅在《山海经新校正》中讲,大泽即古之瀚海。显然,这样一处广阔的土地,与河水、渭水有相当远的距离。禺谷,郭璞注为"禺渊,日所入也"。这都是行进的地点。死于大泽并不重要,重要的在于"应龙已杀蚩尤,又杀夸父"。这表明夸父族为应龙部族所迫,进行艰难跋涉,逃亡奔向大泽的"长征"。《山海经》描述事物多为静止的陈述,即何处有何物,像这样描述迁徙进程的很少。应该说,一个民族的追日绝不是偶然的,它既不是少见多怪的嬉戏，也不是测量日影的文化创造，而是为了部族生存所进行的大迁徙。这样的内容在许多少数兄弟民族的神话和史诗中是相当普遍的现象。它是历史的折射。

（3）战争神话

在神话传说中，战争是常见的主题。不同的民族有不同的发展道路，其中，发展的过程常常就包含着战争的内容。《山海经》中的战争，内容异常丰富，反映出部族间的征杀，同时，从总体上看来，也反映出黄帝族统一世界的复杂进程。如：

《海外南经》载："羿与凿齿战于寿华之野，羿射杀之。在昆仑虚东。羿持弓矢，凿齿持盾。一曰戈。"

《海外西经》载："形（刑）天与帝至此争神，帝断其首，葬之常羊之山。乃以乳为目，以脐为口，操干戚以舞。"

《海外北经》载："共工之臣曰相柳氏，九首，以食于九山。相柳之所抵，厥为泽溪。禹杀相柳，其血腥，不可以树五谷种。禹厥之，三仞三沮，乃以为众帝之台。在昆仑之北，柔利之东。相柳者，九首人面，蛇身而青。不敢北射，畏共工之台。台在其东。台四方，隅有一蛇，虎色，首冲南方。"

《海内西经》载："贰负之臣曰危，危与贰负杀窫窳。

帝乃梏之疏属之山,桎其右足,反缚两手与发,系之山上木。在开题西北。"

《大荒东经》载:"有困民国,勾姓而食。有人曰王亥,两手操鸟,方食其头。王亥托于有易、河伯仆牛。有易杀王亥,取仆牛。河念有易,有易潜出,为国于兽,方食之,名曰摇民。帝舜生戏,戏生摇民。""大荒东北隅中,有山名曰凶犁土丘。应龙处南极,杀蚩尤与夸父,不得复上,故下数旱。旱而为应龙之状,乃得大雨。"

《大荒南经》载:"有人曰凿齿,羿杀之。"

《大荒西经》载:"有人无首,操戈盾立,名曰夏耕之尸。故成汤伐夏桀于章山,克之,斩耕厥前。耕既立,无首,走厥咎,乃降于巫山。"

《大荒北经》载:"共工臣名曰相繇,九首蛇身,自环,食于九土。其所欹所尼,即为源泽,不辛乃苦,百兽莫能处。禹湮洪水,杀相繇,其血腥臭,不可生谷;其地多水,不可居也。禹湮之,三仞三沮,乃以为池,群帝因是以为台。在昆仑之北。""有系昆之山者,有共工之台,射者不敢北乡。有人衣青衣,名曰黄帝女魃。蚩尤作兵伐黄帝,黄帝乃令应龙攻之冀州之野。应龙畜水。蚩尤请风伯雨师,纵大风雨。黄帝乃下天女曰魃,雨止,遂杀蚩尤。魃不得复上,所居不雨。"

《海内经》载:"洪水滔天。鲧窃帝之息壤以堙洪水,不待帝命。帝令祝融杀鲧于羽郊。鲧复生禹。帝乃命禹卒布土以定九州。"

《西次三经》载:"又西北四百二十里,曰钟山。其子曰鼓,其状如人面而龙身,是与钦䲹杀葆江于昆仑之阳,帝乃戮之钟山之东曰崾崖。"

其中,规模最大的战争为黄帝战蚩尤。黄帝联合了应龙和魃两支力量,才打败了蚩尤,可见战争经历的时间之久。其次是大禹部族与共工部族之间的战争。禹打败了相繇,血流成河,"其血腥臭,不可生谷",让人感觉到战争的残酷。再者为刑天与帝的争神。刑天失去首,仍然"以乳为目,以脐为口",继续进行殊死的斗争,可见其坚忍不拔的拼杀精神。其他像羿与凿齿之战,贰负与窫窳之战,有易与王亥之战,成汤与夏桀之战,祝融与鲧之战,钦䲹与葆江之战,这些战争都反映出部族间的攻伐。

战争孕育了英雄,许多战神都可以看作英雄神。这里我们应该重视的是,在《山海经》战争神话中,交战的双方只有力量的悬殊和具体的胜败,而没有明显的是非观念,没有对战争性质的评价。这是我国古典神话的重要特征。尽管其中因为有"帝"的参加,战争的格局得到改变,但仍然没有对失败者的谴责和诘难,从而显示出质朴的原始神话本色。这也正是《山海经》神话的特色。由此我们可以联想到古希腊神话中的战神阿瑞斯等神话的特点,其更多的是单枪匹马,或战争由双方的众神参与而让人具体交战;特别是《荷马史诗》中由金苹果所引发的战争,表现了对力量的崇尚。而以《山海经》为代表的中国古典神话,则没有崇尚,只有对胜败的描述,对征伐过程的描述。在一些篇章中,自然界的变化被描绘成战争引起的结果。虽然《山海经》神话有许多地方显得零乱,不像古希腊神话那样严谨细腻,但它的内涵同样是丰富的,它以独有的特色屹立于世界各民族神话之林,显现出自己的文化个性。

(4)洪水神话

原始先民对洪水的认识和表述,体现了他们自身的实际感受。在《山海经》中,洪水的内容并不是很多,主要有两大类:一是鲧禹神话中的战洪水,均定九州;一是许多神怪现象引起大水的阐释性揭示。这里,非常明显地表现出中国洪水神话的个性特征,即希伯来神话等天帝降水对人罚罪的情节在这里毫无踪影。它表现出我国原始先民的特有的思维方式和认识习惯。这里,典型的洪水神话当数两处:

一是《海内经》写道:"洪水滔天。鲧窃帝之息壤以堙洪水,不待帝命。帝令祝融杀鲧于羽郊。鲧复生禹。帝乃命禹卒布土以定九州。"

一是《大荒北经》写道:"共工臣名曰相繇,九首蛇身,自环,食于九土。其所欹所尼,即为源泽,不辛乃苦,百兽莫能处。禹湮洪水,杀相繇,其血腥臭,不可生谷;其地多水,不可居也。禹湮之,三仞三沮,乃以为池,群帝因是以为台。在昆仑之北。"

在《海内经》中的洪水和在《大荒北经》中的洪水是不尽相同的。前者洪水是作为一种背景存在,甚至直接威胁到了天帝,才有了帝命的情节而生发出鲧治水事业失败的悲剧,接着是禹继承父业,继续与洪水搏斗;后者的洪水却是由相繇造成的,这样,禹与洪水的战斗就是与相繇的战斗——相繇的血又成为毁坏五谷的灾难之源,于是,就有了禹"三仞三沮"的艰辛努力,最后"乃以为池",利用池泥为群帝造就神台而结束。洪水神话的主角在这两处材料中都是禹,结局也大致相同,一个是"卒布土以定九州",一个是"乃以为池,群帝因是以为台",总之,都是平息了洪水。

洪水是远古人民记忆中最深刻的大事件,大灾难。作为当时人们难以抵挡的大劫难,各民族的神话中常常把这劫难作为改天换地的转折,于是就有了借助于某种工具而留下幸存者,幸存者又继续造就人类的神话模式。这种模式在《山海经》中不存在的原因是多方面的,我们觉得最重要的原因是记录手段问题。经过许多神话学、民间文化学的学者努力,现在在中原地区和边疆地区都搜集到此类洪水神话,这绝不是偶然的,这一问题意义重大。此问题我们在其他章节中将继续论述。

在《山经》的许多章节中,我们把那些奇鸟怪兽所引发的大水现象,也看作洪水神话。如《西次四经》中的"嬴鱼,鱼身而鸟翼,音如鸳鸯,见则其邑大水",《东山经》中的"有兽焉,其状如夸父而彘毛,其音如呼,见则天下大水",《东次二经》中的"有兽焉,其状如牛而虎文,其音如钦,其名曰軨軨,其鸣自叫,见则天下大水",《东次三经》中的"是神也,见则风雨水为败",《东次四经》中的"是兽也,食人,亦食虫蛇,见则天下大水",《中次三经》中的"有兽焉,其状如白鹿而四角,名曰夫诸,见则其邑大水"等。这里的大水,其实就意味着洪水,它蕴含着这样一种因素,洪水就是这些神、神鱼、神兽所引发的。而它们为何能引发大水呢?显然,这与那些"见则其邑大旱"等现象一样,具有更为复杂的巫术意义。也正是这样众多的洪水神话类型,表现出中华民族远古神话的具体特色。

(5)太阳神话

太阳崇拜是远古人民精神生活中一个异常重要的内容。可以说,在所有的古老的部落中都有太阳崇拜的神话

存在。在《山海经》中,太阳神话的内容尤为丰富。如:

《海外西经》载:"女丑之尸,生而十日炙杀之。在丈夫北。以右手鄣其面。十日居上,女丑居山之上。"

《海外北经》载:"夸父与日逐走,入日。渴欲得饮,饮于河渭,河渭不足,北饮大泽。未至,道渴而死。弃其杖,化为邓林。"

《海外东经》载:"下有汤谷。汤谷上有扶桑,十日所浴,在黑齿北。居水中,有大木,九日居下枝,一日居上枝。"

《大荒东经》载:"大荒中有山,名曰明星,日月所出。""大荒之中,有山名曰鞠陵于天、东极、离瞀,日月所出。""大荒之中,有山名曰孽摇頵羝。上有扶木,柱三百里,其叶如芥。有谷曰温源谷。汤谷上有扶木,一日方至,一日方出,皆载于乌。""大荒之中,有山名曰猗天苏门,日月所生。""东荒之中,有山名曰壑明俊疾,日月所出。""有女和月母之国。有人名曰鹓——北方曰鹓,来之风曰狻——是处东极隅以止日月,使无相间出没,司其短长。"

《大荒南经》载:"东南海之外,甘水之间,有羲和之国。有女子名曰羲和,方日浴于甘渊。羲和者,帝俊之妻,生十日。"

《大荒西经》载:"有人名曰石夷,来风曰韦,处西北隅以司日月之长短。""西海之外,大荒之中,有方山者,上有青树，名曰柜格之松，日月所出入也。""大荒之中，有山名曰丰沮玉门，日月所入。""大荒之中，有龙山，日月所入。""有三泽水，名曰三淖，昆吾之所食也。""大荒之中，有山名曰日月山，天枢也。吴姖天门，日月所入。有神，人面无臂，两足反属于头上，名曰嘘。颛顼生老童，老童生重及黎，帝令重献上天，令黎邛下地。下地是生噎，处于西极，以行日月星辰之行次。""大荒之中，有山名曰鏖鏊钜，日月所入者。""大荒之中，有山名曰常阳之山，日月所入。""有寿麻之国。南岳娶州山女，名曰女虔。女虔生季格，季格生寿麻。寿麻正立无景，疾呼无响。爰有大暑，不可以往。""大荒之中，有山，名曰大荒之山，日月所入。有人焉三面，是颛顼之子，三面一臂，三面之人不死。是谓大荒之野。"

《大荒北经》载："大荒之中，有山名曰成都载天。有人珥两黄蛇，把两黄蛇，名曰夸父。后土生信，信生夸父。夸父不量力，欲追日景，逮之于禺谷。将饮河而不足也，将走大泽，未至，死于此。应龙已杀蚩尤，又杀夸父，乃去南方处之，故南方多雨。"

《海内经》中有"帝俊赐羿彤弓素矰，以扶下国，羿是始去恤下地之百艰"，羿曾射杀凿齿，也曾射日，这里是否包含有射日的隐喻，值得人去思索。当然，射凿齿是主要的，但也不排除射日的因素。

《山海经》中记述日月，主要是记述太阳神话的内容还有许多，如太皞本来就是太阳神，在《海内经》中有行动的踪迹，但却并没有点明。

《山海经》中的太阳神话，在内容上可以分为这样几大类：太阳的生成（如《大荒南经》中"羲和者，帝俊之妻，生十日"）；太阳的出入（如《大荒西经》中"柜格之松""日月所出入也"等句）；对太阳的测量（如《大荒西经》中"寿麻正立无景"）；管理太阳（如《大荒西经》中"石夷"的"司日月之长短"）；对太阳起居栖息的认识（如《海外东经》的"汤谷上有扶桑，十日所浴"）；追日（如《海外北经》中的"夸父与日逐走"）；太阳杀人（如《海外西经》的"女丑之尸，生而十日炙杀之"）；太阳鸟（如《大荒东经》中的"一日方至，一日方出，皆载于乌"）。这里的太阳神没有希腊神话中阿波罗那样恣肆，而是显得温和、朴实，成为帝俊家的小儿，而且有十位。这是我们的祖先对太阳崇拜的表述中所体现出的天体观念、方位观念、时空观念的综合，同时，它也反映出远古人民不畏艰难的追求和探索精神。尤其是其中的夸父追日神话，那种牺牲精神更突出地表现出其英雄无畏的本色。太阳神话的生活化即世俗化，成为我国太阳神话的重要特征——日可以生，也可以控制，既能探索太阳，又能掌握太阳，太阳成为神人家族普通的一员。其中的扶桑树和甘渊、汤谷，我们可以称为太阳神树、神水。这是包容了山、水、树木、鸟和人的一个庞大的太阳神家族。关于《山海经》中的太阳崇拜对后世文化的影响，将在别处述及。

（6）文化创造神话

神话的产生本身就是文明的象征，但它毕竟属于蒙昧的认知；在神话中融入大量的文化创造的内容，则标志着远古人民的认识能力、创造能力和思维能力、审美水平的不断提高。在《山海经》中，文化创造神话集中体现在《海内经》中，如："炎帝之孙伯陵，伯陵同吴权之妻阿女缘妇，缘妇孕三年，是生鼓、延、殳。殳始为侯，鼓、延是始为钟，为乐风。""帝俊生禺号，禺号生淫梁，淫梁生番禺，是始为舟。番禺生奚仲，奚仲生吉光，吉光是始以木为车。""少暤生般，般是始为弓矢。""帝俊生晏龙，晏龙是为琴瑟。""帝俊有子八人，是始为歌舞。""帝俊生三身，三身生义均，义均是始为巧倕，是始作下民百巧。后稷是播百谷。稷之孙曰叔均，是始作牛耕。大比赤阴，是始为国。禹、鲧是始布土，均定九州。""共工生后土，后土生噎鸣，噎鸣生岁十有二。"

其他如《大荒西经》中所述："有芒山。有桂山。有榣山，其上有人，号曰太子长琴。颛顼生老童，老童生祝融，祝融生太子长琴，是处榣山，始作乐风。""寿麻正立无景，疾呼无响。""西南海之外,赤水之南,流沙之西,有人珥两青蛇,乘两龙,名曰夏后开。开上三嫔于天,得《九辩》与《九歌》以下。此天穆之野,高二千仞,开焉得始歌《九招》。"

《海外东经》中所述:"帝命竖亥步,自东极至于西极,五亿十选九千八百步。竖亥右手把算,左手指青丘北。一曰禹令竖亥。一曰五亿十万九千八百步。"

《海外西经》中所述:"大乐之野,夏后启于此儛九代,乘两龙,云盖三层。左手操翳,右手操环,佩玉璜。在大运山北。一曰大遗之野。"

在这些文化创造活动中,我们可以看到相当广泛的文化创造内容,既有物质文化,又有精神文化。如,其中的"钟""乐风""琴瑟""歌舞"《九辩》与《九招》和"儛九代",是一套详备的艺术,我们可以把这些内容称作音乐文明,而"舟""车""弓矢""百巧"属于生产工具文明(生产工具的发明代表着科学技术的萌动),寿麻测日影和噎鸣生岁十有二(即发明一年有十二个月的历法)属于天文文化,后稷"播百谷"、叔均"作牛耕",是典型的农业文明,而大比赤阴的建立国家和鲧、禹的"布土""均定九州",代表着制度文化和政治文明,竖亥"步""算",测量山河,我们可以看作地理学的萌动。这些文化创造的意义在于它们表现出远古人民在长期的生活、生产实践中的勤奋探索，它们孕育了后世更为发达的科学文化事业。因此，我们可以说《山海经》是神话之源，也是文化之源、科学之源。当然，其中的音乐文化、农耕文化、天文文化等文明现象的创造绝不是神话中所说的某一个人所能完成的，而是千百万劳动者共同的心血结晶，当然我们并不否认某些杰出的历史人物所作出的特殊贡献。在古代的神话传说和历史描述中，文化创造常属于圣贤的专利，这一方面表现出对杰出人物的肯定——对其劳动的认可；另一方面更突出地表现出我们中华民族对文化创造的神圣的情感态度。

（7）英雄神话

英雄崇拜和太阳崇拜一样，是世界各民族神话中最为普遍的信仰现象，甚至可以说，离开了英雄的活动，神话就不再存在。英雄即神性英雄是神话中最动人的内容，它不像神性帝王那样给人以威严无比的感觉，而是独具鲜明的个性，以某种功勋成为自己的神性标志。英雄神的个性也就时常在那些惊心动魄的事件中展现出来。所谓英雄，一方面在于个性的突出；另一方面，其更重要的意义在于有无畏的品格。无畏、勇敢地拼搏、抗争，是英雄神的个性形成的核心内容，当然，英雄还要代表着正义、公平，不能为患于人间。事实上，判断神话中的英雄的思维活动，往往融合了人们审美分析和道德评价的双重因素。在《山海经》中，英雄神的形象主要在人与自然、人与人的交往中表现出坚忍不拔、无畏抗争、敢于牺牲、宁死不屈等个性特征。如：

《海外西经》所述："形(刑)天与帝至此争神,帝断其首,葬之常羊之山。乃以乳为目,以脐为口,操干戚以舞。"

《海外北经》所述："夸父与日逐走,入日。渴欲得饮,饮于河渭,河渭不足,北饮大泽。未至,道渴而死。弃其杖,化为邓林。"

《大荒北经》所述："蚩尤作兵伐黄帝,黄帝乃令应龙攻之冀州之野。应龙畜水。蚩尤请风伯雨师,纵大风雨。黄帝乃下天女曰魃,雨止,遂杀蚩尤。"

《海内经》所述："洪水滔天。鲧窃帝之息壤以堙洪水,不待帝命。帝令祝融杀鲧于羽郊。鲧复生禹。帝乃命禹卒布土以定九州。"

《北次三经》所述："又北二百里,曰发鸠之山,其上多柘木。有鸟焉,其状如乌,文首、白喙、赤足,名曰精卫,其鸣自詨。是炎帝之少女名曰女娃,女娃游于东海,溺而不返,故为精卫。常衔西山之木石,以堙于东海。"

《大荒东经》所述："东海中有流波山,入海七千里。其上有兽,状如牛,苍身而无角,一足,出入水则必风雨,其光如日月,其声如雷,其名曰夔。黄帝得之,以其皮为鼓,橛以雷兽之骨，声闻五百里，以威天下。"

从以上描述我们可以看到，英雄神的类型又可分为战争英雄（如刑天、蚩尤）、治水英雄（鲧、禹）、性格英雄（夸父、精卫、夔等）三类，其绝大部分的英雄神都以悲剧形成自己的具体个性。刑天的悲剧是为天帝所杀，但他"以乳为目，以脐为口"，则显示出不屈的个性；蚩尤虽为魃所杀，却不是黄帝和应龙所能够征服的，同样具有坚韧的个性；鲧因窃帝之息壤而为祝融所杀，他也没有屈服，其"腹"生禹，使治水事业继续进行，更显其无私无畏的刚毅品质；夸父要与太阳竞走，是人类生命的悲壮的展示，虽渴死于路途，终究以邓林的葱茏显示其不息的生机；精卫以微弱的力量担负起堙平大海的重任，当是不畏惧强大，勇敢的挑战者形象；夔的力量是雄壮的，虽然被黄帝所"得"，即杀伐，但它的灵魂仍然发出昂扬的声音，能震撼天下。所有这些英雄神都以悲壮和崇高来张扬自己的个性，都具有虽死犹生的不屈志气和品格，都有各自神圣不可侵犯、不能辱没的尊严。这些神话之所以能在后世流传，最重要的原因恐怕还是这些英雄神所体现出的民族气节，不断激励和鼓舞着后世人民去拼搏进取。特别是在民族危亡的关头，它成为民族抗争强暴、驱逐邪恶的精神支柱。更不用说一些仁人志士常以这类英雄神自喻，以陶冶自己的品格和情操了。如陶渊明就有"刑天舞干戚，猛志固常在"的诗句（《读

〈山海经〉十三首》,《陶渊明集》,中华书局1979年版),更有秋瑾等近代爱国英雄以精卫自比的《精卫石》等光辉篇章。而在《山海经》中被羿射杀的凿齿、被禹杀的相柳（相繇）、被太阳炙杀的女丑、被有易所杀的王亥等神性角色,虽然也有抗争的成分,但没有成为英雄神,这就是我们在前面所讲的,英雄神不但要有突出的性格,而且要有品格,既是力量的代表,又是品格的代表,有美的理想的形象化的个性,能引起人情感上的共鸣。也就是说,《山海经》不但影响到中华民族的思维格局,而且深刻地影响到审美的道德的个性塑造方式,使中华民族具有崇尚正义和力量的光荣传统。

（8）山岳神话

《山海经》中的山岳处处都闪烁着神话的灵光,在崇山峻岭间,充斥着神性的光辉。仅以《山经》为例,《南山经》"大小凡四十山,万六千三百八十里",《西山经》"凡七十七山,一万七千五百一十七里",《北山经》"凡八十七山,二万三千二百三十里",《东山经》"凡四十六山,万八千八百六十里",《中山经》"大凡百九十七山,二万一千三百七十一里",总计447座。又如《中山经》末所举"禹曰：天下名山,经五千三百七十山,六万四千五十六里,居地也……天地之东西二万八千里,南北二万六千里，出水之山者八千里，受水者八千里"，以及"出铜""出铁"者等。这些内容都体现出古代神话的方位观念和灵魂观念。我们可以把这些大大小小的神山及其山间奔腾的河流、奔跑的鸟兽鱼虫、挺立的草木等大大小小的精灵，统称为山岳神话。

《山海经》中，纵横的山岳里，几乎每一座山都有神灵守护，而每一条河流又都源于这些山岳，同样，那些神树、神鸟、神虫、神鱼、神兽、神人、神草、神实、神龟等神灵都以特有的生命形态放射出远古神话瑰丽的光芒。这片天地的神灵又由帝所统摄而各司其职，各尽其责，展示出密密麻麻的神话群。在这些神话群中，我们可以看到这样一些特点：方位观念成为维系神话的基本结构；图腾形态的多样化成为神话的外部特征；如歌谣般的行板式旋律成为其特有的神话叙述方式。

第一，方位观念成为维系神话的基本结构。

《山海经》中的方位观念体现在东西南北四方神上，如：

《海外南经》写道："南方祝融，兽身人面，乘两龙。"

《海外西经》写道："西方蓐收，左耳有蛇，乘两龙。"

《海外北经》写道："北方禺强，人面鸟身，珥两青蛇，践两青蛇。"

《海外东经》写道："东方句芒，鸟身人面，乘两龙。"

最为典型的是昆仑山在《山海经》中的方位描述。以昆仑为中心,集中了许多重要的神话群或称为神性部落、神性集团。如《海内西经》中的昆仑之虚,为"帝之下都",其"方八百里,高万仞。上有木禾,长五寻,大五围。面有九井,以玉为槛。面有九门,门有开明兽守之,百神之所在。在八隅之岩,赤水之际,非仁羿莫能上冈之岩"。在开明兽的东西南北,又分别有凤、玉树、巫彭、树鸟等物,形成一个繁华无比的神界天地。这里不但有东南西北四方位,还有"西北""西南"等方位,以及"东之东""西之西"等方位。如"赤水出东南隅,以行其东北""海内昆仑之虚,在西北""弱水、青水出西南隅,以东,又北,又西南,过毕方鸟东"和"开明兽身大类虎而九首,皆人面,东向立昆仑上"等。

此外,还有上、下的方位,如《大荒东经》写道:"东海之外大壑,少昊之国。少昊孺帝颛顼于此,弃其琴瑟。""大荒之中,有山名曰孽摇頵羝。上有扶木,柱三百里,其叶如芥。有谷曰温源谷。汤谷上有扶木,一日方至,一日方出,皆载于乌。""有五采之鸟,相乡弃沙。惟帝俊下友。帝下两坛,采鸟是司。"

这里的空间方位是由上下组成的,从而将上方的天帝等神(如帝俊)与世间或下界的神联系在一起。其实,它反映出天、地、人三界相连的方位观念。此类材料还有《大荒北经》中禹杀相繇"三仞三沮,乃以为池,群帝因是以为台"等,让我们看到在整个神话世界中各种神性角色的具体位置。

在《大荒西经》中有"炎帝之孙名曰灵恝,灵恝生互人,是能上下于天",及"日月所入"的山峦,"寿麻正立无景","有轩辕之台,射者不敢西向射,畏轩辕之台"等,表明神使"互人"将天界与地界相连接,并反映人对太阳、神台的动态观察等内容。将此与舜等帝王葬之山之"阴"或"阳"等材料相联系,我们可以说,这种方位观念与战国两汉时代的五行观念应该是有着一定联系的。也就是说,《山海经》不但是神话之源,而且是哲学之源,它包含着远古人民朴素的哲理观念,并孕育了后世人文哲学的基本内容。

第二,图腾形态的多样化成为神话的外部特征。

图腾(totem)是外来语,《简明不列颠百科全书》解释为:"图腾是标志或象征某一群体或个人的一种动物、植物或其他物件。"图腾崇拜(totemism)则是:"相信人与某一图腾有亲缘关系;或相信一个群体或个人与某一图腾有神秘关系的信仰。"我们中华民族是融合了许多民族的大家庭,在历史的发展中,包含着许多图腾文化。人们通常以为,龙是我们中华民族的总图腾,故中华民族有龙的子孙之称。事实上,龙的形状本身就包蕴着许多更为细微的图腾单位,例如豕(猪)、鹿、马、鸡等动物图腾符号,综合成为龙图腾的典型形象。在《山海经》中，所有具有生命的动物，包括神人，都有多种动物的特征，这是图腾形态多样化的具体表现。它体现出在社会发展中，各部落间的生存状况及其相互间的联系。应该指出的是，各种具有神话意义的山神、水神、树木之神，以及各国之民，他们常以怪异的形状出现，每一种形状在事实上我们都可以看作一个生命符号，是一个图腾单位。在每一种怪异的形状背后，都蕴含着一个部落氏族的文化。

首先是四方之神，他们或践蛇，或乘龙，若我们把他们看作四方的部落，那么这些部落的图腾徽帜就是龙或蛇。图腾崇拜离不开灵魂不灭这个思想基础，即在先民信仰中，泛神信仰是一种普遍现象。由此，远古人民以为每一种事物即自然物的存在，都是由神性操纵的，所以就有大大小小的山神、树神、水神、鸟神、人神等神性角色。以《山海经》的《中山经》为例，我们可以清楚地看到，甘枣之山的山神为䰠，"其状如㺿鼠而文题"；渠猪之山和渠猪之水有神鱼"毫鱼"，"状如鲔，而赤喙赤尾赤羽"；霍山山神"其状如狸，而白尾有鬣"；鲜山鸣蛇之神"其状如蛇而四翼，其音如磬"；阳山之神"化蛇"，"其状如人面而豺身，鸟翼而蛇行"；蔓渠之山神马腹，"其状如人面虎身，其音如婴儿"；烰（辉）诸之山至蔓渠之山"凡九山"，"其神皆人面而鸟身"；敖岸之山神夫诸，"其状如白鹿而四角";青要之山神魃武罗,"其状人面而豹文,小要而白齿,而穿耳以镰,其鸣如鸣玉";騩山正回之水有神鱼"其状如豚而赤文";和山之神泰逢,"其状如人而虎尾……出入有光";厘山之神犀渠,"其状如牛,苍身,其音如婴儿";滽滽之水神獭,"其状如獳犬而有鳞,其毛如彘鬣";自鹿蹄之山至玄扈之山"凡九山","其神状皆人面兽身";首山神駀鸟,"其状如枭而三目,有耳,其音如录";平逢之山神骄虫,"其状如人而二首";密山豪水神龟,"其状鸟首而鳖尾,其音如判木";傅山厌染之水"其中多人鱼";休与之山至大騩之山"凡十有九山",十六山神"皆豕身而人面";骄山神蛊围处之,"其状如人面,羊角虎爪";岐山神涉蠱,"其状人身而方面三足";景山至琴鼓之山,"凡二十三山","其神状皆鸟身而人面";女几山至贾超之山神,"皆马身而龙首";首山至丙山"凡九山",山神"状皆龙身而人面";翼望之山至几山,"凡四十八山","其神状皆彘身人首";夫夫之山神于儿,"其状人身而身操两蛇,常游于江渊,出入有光";篇遇之山至荣余之山,"凡十五山","其神状皆鸟身而龙首";等等。

各山之神在图腾上具体表现为"人面鸟身""人面虎身""人面豹文""人身虎尾""人面兽身""人面豕身""人面而羊角虎爪""人面龙身""人面彘身""马身而龙首""人身而方面三足""鸟身而龙首""如人而二首""如枭而三

目""鸟首而鳖尾""人鱼"等。应该说,这里的虎、龙、鸟、豕、羊、豹、蛇、鳖等动物就是居于山地部族的图腾徽帜。这些动物的图腾形状就是神话的一部分,从而构成神话的外部特征。而更为典型的山岳神图腾现象,还有昆仑山。

第三,如歌谣般的行板式旋律成为其特有的神话叙述方式。

山岳神话的叙述语言有着内在的旋律,如行板一般,表现出音乐美感。这种叙述方式形成整个《山海经》的语言特色。如整个《山经》分为五个部分,按东西南北中排列。每一部分的开头一般为"×山经之首曰×山",然后分述其他山时,语句多为"又×(方向)×百里",即以百里为基本单位。语句多短而整齐,中间为"其中多×(兽或树)","有×焉,其状如×而××"。若我们与《诗经》中的诗歌相比较,就会看到两者都有对称、节奏明快等共同的乐感特征。甚至我们还可以想象,古代的巫师或方士是在怎样演唱《山海经》这部神话经典的。这种抑扬顿挫、铿锵有力的句式,十分整齐的节拍,是典型的诗歌语言形式,只不过还糅合进诵式的述说罢了,它与《江格尔》《格萨尔》《玛纳斯》等民族史诗的结构方式有着惊人的相似之处。所以,我们再一次断言,《山海经》应该是我国上古时代的史诗汇编。从其内容和句式上,我们都可看到这些痕迹。

（9）海洋神话

对海洋的认识和表现，在我国古代神话典籍中唯《山海经》最为突出。这不仅是因为该书本身就是山地与海域的有关内容的融会之作，而更重要的还在于它典型地表现出我们的远古祖先独特的海洋观念。我们把这些以海神面目出现，生存在海域或以海为背景的神性角色内容称为海洋神话。特别需要指出的是，《山海经》中的海并非全是现代地理学意义上的海，而是生命存在的一种环境，既有真实的海，又有虚幻的海，还有特殊的海——远方的土地。当然，海洋神话的实质在于表现出远古人民的海洋观念。

海的存在，在《山海经》中集中在除《山经》之外的各篇章中，它细分为海外、海内两大部分。海上各种现象的变化，都是由天神、海神等神灵所操纵的。这种神话特色，也是我国古代神话区别于欧洲、美洲等民族神话的重要方面。尤其是以陆地为海的神话内容，更显现出中国古典神话的独特个性。这就是说，如果我们从《山经》中还可以看到与今天许多山地名称相一致的现象的话，那么，《海经》和《大荒经》中的海名、国名就更多是虚无缥缈的了。如，《南山经》中提到的"会稽山""丹穴山"，《西山经》中提到的"华山""黄山""中皇山""天山"，《北山经》中提到的"太行山""王屋山""燕山""雁门山"，《东山经》中提到的"泰山",《中山经》中提到的"熊耳山""首山""历山""密山""夸父山""少室山""泰室山""大騩山""荆山""衡山""岷山""岐山""首阳山"等山名,在今天都有相对应的具体存在,而《海经》《大荒经》中的"羽民国""贯胸国""三首国""三身国""一臂国""奇肱国""女子国""白民国""一目国""无肠国""君子国""毛民国""犬封国""卵民国""不死国"等奇异的国度,我们到哪里去寻找呢?神话学告诉我们,神话中的地名人名可以在后世的实际生活中存在,而更多的可以不存在——神话只能看作历史曲折的反映和表现。神话中的海的意义,也就异常丰富而显得虚幻、神奇、迷离了。

在《山海经》中,海的方位得到具体的描绘。如《海外南经》包括"海外自西南陬至东南陬",《海外西经》包括"海外西南陬至西北陬",《海外北经》包括"海外西北陬至东北陬",《海外东经》包括"海外东南陬至东北陬",《海内南经》包括"海内东南陬以西",《海内西经》包括"海内西南陬以北",《海内北经》包括"海内西北陬以东",《海内东经》则包括"海内东北陬以南",而《大荒经》则指"东海之外""南海之外""西北海之外"和"东北海之外"。《海内经》的方位更为特殊,所言东西南北四方之海内外,可看作与今天的国土大致相符的一部分地区。其中的"海"更多的是指一片神秘的大野。

如《海内南经》写道:"瓯居海中。闽在海中,其西北有山。一曰闽中山在海中。""三天子鄣山在闽西海北。一曰在海中。""郁水出湘陵南海。"

《海内西经》写道:"海内昆仑之虚,在西北,帝之下都。"

《海内北经》写道:"朝鲜在列阳东,海北山南。列阳属燕。""列姑射在海河洲中。""姑射国在海中,属列姑射。""大蟹在海中。""陵鱼人面,手足,鱼身,在海中。""大鲠居海中。""明组邑居海中。""蓬莱山在海中。""大人之市在海中。"

《海外北经》写道:"北海内有兽,其状如马,名曰騊駼。有兽焉,其名曰驳,状如白马,锯牙,食虎豹。有素兽焉,状如马,名曰蛩蛩。有青兽焉,状如虎,名曰罗罗。"

《大荒东经》写道:"东海之外大壑,少昊之国。少昊孺帝颛顼于此,弃其琴瑟。""东海之外,大荒之中,有山名曰大言,日月所出。""东海之渚中,有神,人面鸟身,珥两黄蛇,践两黄蛇,名曰禺貌。黄帝生禺貌,禺貌生禺京。禺京处北海,禺貌处东海,是惟海神。""东海中有流波山,入海七千里。其上有兽,状如牛,苍身而无角,一足,出入水则必风雨,其光如日月,其声如雷,其名曰夔。黄帝得之,以其皮为鼓,橛以雷兽之骨,声闻五百里,以威天下。"

《大荒南经》写道:"南海之外,赤水之西,流沙之东,有兽,左右有首,名曰跊踢。有三青兽相并,名曰双双。""有阿山者。南海之中,有氾天之山,赤水穷焉。""赤水之东,有苍梧之野,舜与叔均之所葬也。爰有文贝、离俞、鸱久……""南海渚中,有神,人面,珥两青蛇,践两赤蛇,曰不廷胡余。""大荒之中,有山名曰融天,海水南入焉。""有人名曰张弘,在海上捕鱼。海中有张弘之国,食鱼,使四鸟。""有人焉,鸟喙,有翼,方捕鱼于海。大荒之中,有人名曰驩头。鲧妻士敬,士敬子曰炎融,生驩头。驩头人面鸟喙,有翼,食海中鱼,杖翼而行。""大荒之中,有山名曰天台高山,海水入焉。""东南海之外,甘水之间,有羲和之国。有女子名曰羲和,方日浴于甘渊。"

《大荒西经》写道:"西北海之外,大荒之隅,有山而不合,名曰不周负子,有两黄兽守之。有水曰寒暑之水。水西有湿山,水东有幕山。有禹攻共工国山。""西北海之外,赤水之东,有长胫之国。""西海之外,大荒之中,有方山者,上有青树,名曰柜格之松,日月所出入也。""西北海之外,赤水之西,有先民之国,食谷,使四鸟。""西南海之外,赤水之南,流沙之西,有人珥两青蛇,乘两龙,名曰夏后开。开上三嫔于天,得《九辩》与《九歌》以下。此天穆之野,高二千仞,开焉得始歌《九招》。"

《大荒北经》写道:"东北海之外,大荒之中,河水之间,附禺之山,帝颛顼与九嫔葬焉。""有儋耳之国,任姓,禺号子,食谷。北海之渚中,有神,人面鸟身,珥两青蛇，践两赤蛇，名曰禺强。""大荒之中，有山名曰北极天柜，海水北注焉。有神，九首人面鸟身，名曰九凤。又有神，衔蛇操蛇，其状虎首人身，四蹄长肘，名曰强良。""大荒之中，有山名曰不句，海水入焉。""西北海外，流沙之东，有国曰中䗩，颛顼之子，食黍。""西北海外，黑水之北，有人有翼，名曰苗民……有山名曰章山。""西北海之外，赤水之北，有章尾山。有神，人面蛇身而赤，直目正乘，其瞑乃晦，其视乃明，不食不寝不息，风雨是谒。是烛九阴，是谓烛龙。"

《海内经》写道："东海之内，北海之隅，有国名曰朝鲜、天毒，其人水居，偎人爱之。""西海之内，流沙之中，有国名曰壑市。""西海之内，流沙之西，有国名曰氾叶。""南海之内，有衡山，有菌山，有桂山。有山名三天子之都。""北海之内，有蛇山者，蛇水出焉，东入于海。有五采之鸟，飞蔽一乡，名曰翳鸟。""北海之内，有反缚盗械、带戈常倍之佐，名曰相顾之尸。""北海之内，有山，名曰幽都之山，黑水出焉。其上有玄鸟、玄蛇、玄豹、玄虎、玄狐蓬尾。有大玄之山。有玄丘之民。有大幽之国。有赤胫之民。"

若从目前的地理状况来看，南方、东方有海，而西方、北方又如何有海？事实上，即使是东海、南海，在《山海经》之中的具体描绘的内容也是不尽相同的。神话中的海，即原始人视野中的海，常是居有奇异的鸟兽鱼虫的一片特殊的土地。这种思维方式深深地影响到后世文学中的神仙文化。例如东海龙王家族，在《西游记》中成为神仙世界的重要内容，我们说，这和原始先民对海洋认识的观念是有着密切联系的。也正因为如此，《山海经》的海域极其宽广，以至于美国等国家的学者在其中看到他们所熟悉的地理状况，乃断言《山海经》反映了他们的国家的环境。甚至有人据此而声称居住在美洲大陆上的印第安人就是从中国大陆上迁徙去的。推测总归是推测，科学所依据的是大量的事实的真实存在。我们不能妄加断言我们的祖先曾征服过全世界，但我们可以这样有把握地说，《山海经》中的海洋虽是神话中的存在，却并不是完全虚幻的东西，它是有一定根据的。其中的神话内容，是原始先民所创造的海洋文化的反映——表现远古人民的视野和胸怀，以及他们顽强的探索，这些是我们民族文化中非常宝贵的精神资源。

（10）巫术神话

巫术信仰几乎是每一个远古部落的重要内容。古代神话表现出远古人民对各种现象的理解认识和征服的愿望及其具体思维方式。在《山海经》中，巫术神话的主要内容有两大类：一是巫术在神灵崇拜中的具体运用，一是神话中巫神的具体活动。

神话和巫术都存在于远古时代的民间信仰之中，它们之间的界限是很难划分得很精确的。尤其是在瀚海般的民间文化中，它们在一定意义上是互生互长的。在神话的具体内容中充满了巫术的成分，如颛顼的死而复生，巫咸和重黎等"绝地天通"。所以，以汉代王充为代表的学者们用理性的认识来理解神话，就斥之为荒诞。但人们应该知道，在巫术的具体表现中，其内涵是以神话传说故事为基础的。例如，在今天仍然存在着远古大神信仰崇拜的庙会上，一些巫术形式，诸如拴娃娃、跳花篮舞、食灵药等现象，在民间信仰中就是以神话传说为底蕴并且在神话传说的背景上进行合理的阐释的，即民间文化理论研究中的"民间阐释系统"的具体表现。因此，鲁迅等学者把《山海经》称为"古之巫书"，认为"中国之神话与传说，今尚无集录为专书者，仅散见于古籍，而《山海经》中特多"。

《山海经》中的巫术信仰如上所言，一是祭祀的礼仪，一是神话中的巫神形象。一言以蔽之，在于两方面：巫的形状和巫的行为。

在《五臧山经》中集中表现出祭祀仪礼的内容，它具体包含三个方面的内容：一是对巫的"疗效"的认识，如"食之不×"；二是对神灵形状的具体描绘；三是祭物的具体运用。这三种内容同样是不可分割的整体存在。如：

《南山经》写道："南山经之首曰䧿山。其首曰招摇之山,临于西海之上,多桂,多金玉。有草焉,其状如韭而青华,其名曰祝余,食之不饥。有木焉,其状如榖而黑理,其华四照,其名曰迷榖,佩之不迷。有兽焉,其状如禺而白耳,伏行人走,其名曰狌狌,食之善走。丽麐之水出焉,而西流注于海,其中多育沛,佩之无瘕疾。""又东三百里柢山,多水,无草木。有鱼焉,其状如牛,陵居,蛇尾有翼,其羽在魼下,其音如留牛,其名曰鯥,冬死而夏生,食之无肿疾。""凡䧿山之首,自招摇之山,以至箕尾之山,凡十山,二千九百五十里。其神状皆鸟身而龙首。其祠之礼:毛用一璋玉瘗,糈用稌米,一璧,稻米,白菅为席。"

诸如此类的"食之不×","其神状皆×而×","其祠之礼:毛用×瘗,糈用××,白菅为席"或"瘗而不糈""投而不糈""皆玉""聊用鱼"等,遍布《五藏山经》诸篇。巫的意义在佩戴某物或以食为药的效应上表现为对饥饿、迷茫的治疗,还有对忌妒等不良品性的治疗,它又能消除肿痛、疥疮等病痛,特别是能极大地增强体力使之"善走"。这些信仰十分广泛地影响到后世的食、饮、服饰等民俗生活,它们作为一种独特的文化内容体现出民间思维的哲学品性。祠礼即祭祀的礼仪内容,在各个章节或烦琐,或简约。简约者如《南次三经》中的"其祠皆一白狗祈,糈用稌",烦琐者如《西山经》中的"太牢。羭山神也,祠之用烛,斋百日以百牺,瘗用百瑜,汤其酒百樽,婴以百珪百璧。其余十七山之属，皆毛牷用一羊祠之。烛者，百草之未灰，白蓆采等纯之"。具体的"牺牲"有玉、米、白菅和狗、鸡、羊、猪、鱼、牛（猪、牛、羊三牲具备为太牢）等动物，以及酒、烛和舞蹈。其中，玉的使用有陈（摆设）、投、埋等多种。米有薆、糈、稷等精细、粗糙之分，鸡和羊又有雌、雄、纯色和杂色之分，黑色的太牢、少牢与一般的太牢、少牢之分，舞蹈中又有干舞（兵器为舞具）和璆冕舞（玉等饰物为舞具）之分。我们认为，这就是庙会的雏形。

巫术在文化发展中有着很独特的地位和意义，弗雷泽在其《金枝》中对此做了独到的探索。他曾提出相似巫术和交叉巫术概念，这些在《山海经》中都有具体表现。在《山海经》中，巫术更多地在"祠"中表现为相似巫术。应该说，《山海经》中的巫文化同样表现出中国特色。尤其是神灵形状的巫化表现，构成我国远古神话的重要内容，这在后世的民间古庙会上仍然有明显体现。如，中原地区的淮阳太昊伏羲陵庙会上的泥泥狗，就是这种变形神话内容的遗存形式。图腾的意义更为复杂，巫术神话只是其一部分表现。此问题另有详述，此处省略。

神话中的巫神形象集中体现在《山海经》中的《海经》和《荒经》诸篇中。群巫与群神相处在同一个空间,而颛顼、重、黎等神事实上就承担着巫的角色，更不用说巫咸等神巫了。这和前面所提到的祭祀行为一起构成巫术神话的重要内容，是整个《山海经》神话体系中一个独特的类型。《山海经》对神巫做直接描述的主要有：

《海外西经》写道："巫咸国在女丑北，右手操青蛇，左手操赤蛇。在登葆山，群巫所从上下也。""女祭、女戚在其北，居两水间，戚操鱼魼，祭操俎。"

《海内南经》写道："夏后启之臣曰孟涂，是司神于巴。人请讼于孟涂之所，其衣有血者乃执之。是请生，居山上，在丹山西。丹山在丹阳南，丹阳居属也。"

《海内西经》写道："开明东有巫彭、巫抵、巫阳、巫履、巫凡、巫相，夹窫窳之尸，皆操不死之药以距之。窫窳者，蛇身人面，贰负臣所杀也。"

《大荒南经》写道："有巫山者，西有黄鸟。帝药，八斋。黄鸟于巫山，司此玄蛇。""有载民之国。帝舜生无淫，降载处，是谓巫载民。巫载民朌姓，食谷，不绩不经，服也；不稼不穑，食也。爰有歌舞之鸟，鸾鸟自歌，凤鸟自舞。爰有百兽，相群爰处。百谷所聚。"

《大荒西经》写道："有灵山，巫咸、巫即、巫朌、巫彭、巫姑、巫真、巫礼、巫抵、巫谢、巫罗十巫，从此升降，百药爰在。"

这些神巫居于登葆山，以蛇为徽帜号，或手持不死之药；他们"不绩不经，服也；不稼不穑，食也"，和后世的神仙相似，甚至可以看作后世神仙文化的源头。神巫将天与地、神与人联结成一个文化整体。巫术神话在《山海经》中的位置是十分重要的，它既包容着图腾的内容，如各种神灵的变形（鸟身人面、龙首人身、虎身人首等形状），是图腾的融合反映，又具有神使的意义，这是中国神话区别于西方神话的一个重要方面。

在巫术神话中，我们可以看到"蛇"和"不死之药"的特殊意义，这是典型的东方蛇崇拜的文化内涵的表现。除了以上这些内容之外，其中的一些"×兽"（或其他的鸟、虫等动物形象），用"其国有×（旱、水、兵、疫等灾难）"句式，以及"有××台，不敢×向射"的句式来表现，我们可以把它们看作巫师的咒语。这些语言模式并不是简单地将神灵与天地和人联结在一起，而是包容着相当丰富的内容。没有这些内容，可以说《山海经》就不会像现在这样完整系统地存留于世。也就是说，神话中的各种巫术表现，使神话的民间信仰功能得到强化，使神话作为文化的复杂载体被广大的民众所接受。没有巫的活动，就没有神话的流传和保存。巫术是中国文化中异常复杂的一部分内容。巫术与中国文化发展的联系更为复杂，在某种程度上，我们可以把巫术在神话中的表现看作中国传统文化、文化哲学的思想资源。

《山海经》的神话类型仅粗略地梳理出这些内容，就可以让人清楚地看到《山海经》作为神话之源、文化之源的意义所在。当然，这只是粗略地划分，若我们更精细地划分下去，还能分得更细致。像英国学者斯宾塞在其《神话学绪论》中就将整个国际上所保存的神话分成20多种，如，创造神话、人类起源神话、洪水神话、报答神话、惩罚神话、太阳神话、月亮神话、英雄神话、野兽神话、习俗或祭礼的解释神话、对阴曹地府的历险神话、神灵诞生神话、火起源神话、星辰神话、死亡神话、向死者供祭神话、禁忌神话、化生神话、善恶两元论神话、生活用具起源神话和灵魂神话等类型。但他更多的是依据欧洲文化而对整个人类神话所做的判断，这就难免偏颇。不同的民族对神话的态度及看法是不尽相同的，我们中华民族的神话更多地融注于历史、哲学、宗教、文学（人文）等内容之中，成为人们阐释自己的生活依据的文化之源。《山海经》中的神话类型个性特色很突出，为我们认识整个文化发展的轨迹提供了可喜的借鉴，让我们能够看到源远流长、浩如烟海的文化发展中神话所起到的巨大作用。当然，我们也不能因此就将神话类型中所表现的民族个性完全看作千百年间整个中华民族的文化个性，时代的变化发展深刻地影响着包括神话在内的各种文化现象。神话只能属于历史性的内容，它所反映的民族文化性格虽然对后世文化产生了异常重要的影响，却只能是在某一个方面，我们不能过高地估计这种影响和作用。

三 《山海经》与中国文化

1.《山海经》对中国文化的多层次影响

中国文化的主流,学者们多以经典作家的作品为主要内容。最为典型的是汉代以来的经学,他们认为世界万物变化的道理在孔孟那里已经穷尽,后人的任务就当然是对孔孟学说中奥义的阐释、演绎,后世的学说也多是万变不离其宗。这种学术思想影响甚远,甚至可以说,虽然有"五四"学者高举的科学和民主思想的旗帜在整个20世纪飘扬,尤其是他们打倒孔家店的思想解放运动深刻影响着新文化的发展,但这种经学思维至今仍存在着。究其实质,即对学科的理论探讨,不是从事物的实际出发,而是从某种教条出发,似乎世间的一切存在都是对某种教条的验证、说明。随着改革开放的不断深入,人们的观念发生了重大变化，20世纪80年代以来，越来越多的人把注意力转向了与经典相对应的另一个空间——民间的文化。著名学者钟敬文在《民俗文化学：梗概与兴起》中，系统地把文化分为三个层次，即以经典作家为主体的上层文化、以下层民众为主体的下层文化（也叫民间文化或民俗文化）、以市民为主体的中层文化。早在20世纪之初，就有学者对民间文化给予了关注，如"五四"歌谣学运动学者们提出以歌谣作为新文艺、新学术的材料，但在实践中，在文学的发展中，民间文化实际上是不断被压抑的。当然，经典作家的思想也是极其宝贵的，曾经代表着一个时代的高峰，这是民间文化所不能比拟的，但我们不能忘掉民间文化是整个文化的底色。必须关注到连同民间文化在内的所有的文化现象，我们才能够全面、深入地理解民族文化。

理解《山海经》对中国文化的影响，我们同样要多层次、多角度地看待其发展变化的轨迹。也就是说，《山海经》是上古神话的最为丰富的汇聚，但它并不能代表我国古代神话的全部内容，而且，它对不同文化的发展的影响程度也是不均衡的。在浩如烟海的文化世界中，一部《山海经》只是源头的一朵浪花，一股清流，它和先秦时期许多文化经典一样源自远古时代的社会生活，并一起汇合成文化大潮，流淌进后世千百年的岁月中。作为神话之源的《山海经》，对整个中国文化的发展的影响是相当有限的；然而，这种影响却是十分重要的。

首先是《山海经》的神话内容在历史的发展中与其他典籍一同构成整个中国神话的基本系统,先秦时期尤为显著。

先秦时期保存神话内容较多的典籍相当丰富,如《诗经》《楚辞》《礼记》《尚书》《易经》《国语》《左传》《庄子》《韩非子》《穆天子传》《竹书纪年》等。在时代上,它们的形成当然都晚于《山海经》。它们或多或少都受到《山海经》的影响,而更重要的是它们在神话保存方面对《山海经》起到了补充和丰富的作用。可以这样讲,若典籍中只有这部记载神话的《山海经》,我们对我国许多神话将难以理解。郭璞对于《山海经》的注释在文化发展上很有价值,而他最大的贡献就在于以他所熟识的神话来阐释、疏证《山海经》中的神话。郭璞所借用的工具,基本上都是先秦时期的这类典籍。

总的来看,《山海经》对先秦文化的重要影响表现在哲学、文学、历史等方面。其中,对文学的影响,诸如其与《诗经》《楚辞》等作品的联系,我们将另作详述。这里,我们把《尚书》《易经》《庄子》《论语》《韩非子》等作品看作哲学类,而把《国语》《左传》《礼记》《竹书纪年》《穆天子传》等作品看作历史类。

《尚书》《易经》《庄子》《韩非子》等作品是《山海经》

之后蔚为壮观的文化典籍，对后世的影响尤为深广，成为后人认识先秦文化必不可少的经典。如《尚书》，它对《山海经》的继承主要表现在对神话的描述上。鲧禹治水神话在《山海经》中只是以洪水滔天为背景，由窃帝息壤而引发鲧悲剧。在《尚书》中，则具体描绘成这样一幅画面：帝尧之时，洪水滔天，下民昏垫，帝尧询于四岳，举鲧治之。鲧堙洪水，大兴徒役，作九仞之城，九载，讫无成功。舜摄政，殛鲧于羽山，以其子禹为司空，使代父业，以益、稷佐之。禹吸取鲧的教训，劳身焦思，菲衣恶食，居外十三年，乘舟、车、辇、樏，跋山涉水，自北而南完成治水大业，先后治理黄河、济水、淮河、江水而告功成。另外还有《荀子》《管子》《孟子》等作品，我们可以看作先秦时期重要的文化哲学著作。它们在思维方式上与《山海经》是一脉相承的，都以万物有灵的原始信仰作为思想基础。如《易经》，传说是伏羲或周公或文王或孔子所作，这是一种附会，但它确实保存了不少与《山海经》相关的神话内容。如《系辞下传》载：

> 古者包牺氏之王天下也……作结绳而为网罟，以佃以渔，盖取诸《离》。包牺氏没，神农氏作，斫木为耜，揉木为耒，耒耨之利，以教天下，盖取诸《益》。日中为市，致天下之民，聚天下之货，交易而退，各得

其所,盖取诸《噬嗑》。神农氏没,黄帝、尧、舜氏作……垂衣裳而天下治……刳木为舟,剡木为楫,舟楫之利,以济不通,致远,以利天下,盖取诸《涣》。服牛乘马,引重致远,以利天下,盖取诸《随》……断木为杵,掘地为臼,臼杵之利,万民以济……弦木为弧,剡木为矢,弧矢之利,以威天下……上古穴居而野处,后世圣人易之以宫室,上栋下宇,以待风雨……古之葬者,厚衣之以薪,葬之中野,不封不树,丧期无数,后世圣人易之以棺椁……上古结绳而治,后世圣人易之以书契……

《易经》的主要用途在于卜,其成书时代当在周代。《易经》由卦画、卦题和卦辞三部分组成,八卦分别为天(乾)、地(坤)、雷(震)、风(巽)、水(坎)、火(离)、山(艮)、泽(兑)。这种象征性思维方式,我们可以把它同《山海经》中的各种自然崇拜相联系,可以看出其思维方式受《山海经》的影响。在神话时代的描述上,它基本上沿袭了《山海经》中的神话体系。如,"神农氏没,黄帝、尧、舜氏作"。这里,同样提到了舟、矢等劳动生产工具的发明,只是未像《海内经》中那样明确指出其为何人所创造。其中的葬礼,"葬之中野",使我们联想到《大荒经》等章节中所提的"赤水之东,有苍梧之野,舜与叔均之所葬也""东北海之外，大荒之中，河水之间，附禺之山，帝颛顼与九嫔葬焉"，以及《海外北经》等处所提到的"不敢北射，畏共工之台"等材料。神话对历史的曲折反映，无论是在战争、文化创造方面，还是在生活制度方面，都充满了灵魂不灭的观念。《易经》与《山海经》在继承的意义上因明显地表现出图腾观念淡化的特征而更为世俗化。同是伏羲，在《山海经》中只是形影萍踪，有"建木""大皞爰过"之类的内容，而在《易经》中，就有了更为详细也更为世俗化的记述，如《系辞下传》："古者包牺氏之王天下也，仰则观象于天，俯则观法于地，观鸟兽之文，与地之宜，近取诸身，远取诸物，于是始作八卦，以通神明之德，以类万物之情。"又如，《易经》中有"雷泽归妹"，雷泽早在《海内东经》中出现："雷泽中有雷神，龙身而人头，鼓其腹。在吴西。"吴承志在《山海经地理今释》中说："雷泽即震泽。"可知雷泽作为神话概念在《易经》中已变成地理（方向）概念，但其意义仍是与神话密切相连的。这是一种文化趋势。

又如《论语》中孔子提出的"敬鬼神而远之"（《雍也》），"不语怪力乱神"（《述而》），"祭如在，祭神如神在"（《八佾》）等，表明了淡化神灵的文化趋势。《韩非子·外储说左下》表现孔子对神话的态度：

> 哀公问于孔子曰:"吾闻夔一足,信乎?"曰:"夔,人也,何故一足?彼其无他异,而独通于声。尧曰:'夔一而足矣。'使为乐正。故君子曰:'夔有一,足。'非一足也。"

这种对神话的态度说明,在《山海经》中以夔为典型的神话在后世文化哲学发展中已逐渐被消解或曲解,这已成为一种普遍现象。

《山海经》对先秦文化哲学影响最深刻的要数《庄子》。有人称庄子是"中国历史上最有特色的哲人"(任继愈《中国哲学发展史:先秦》,人民出版社 1983 年版)。在《庄子》中我们更为清晰地看到《山海经》神话的影踪。尤其是其中的寓言,常常自觉或不自觉地以神话为例,借用神话的想象、夸张、象征、拟人等方法来述说一种道理,显示出典型的神话哲学化的文化个性。

庄子继承发展了老子的天道观,形成著名的老庄学派,提出"自本自根,未有天地,自古以固存;神鬼神帝,生天生地"(《大宗师》)的文化哲学思想。一方面,他在文学实践中自觉借用《山海经》的语言模式,如《逍遥游》写道:

> 穷发之北有冥海者,天池也。有鱼焉,其广数千里,未有知其修者,其名为鲲。有鸟焉,其名为鹏,背若

> 太山，翼若垂天之云，抟扶摇羊角而上者九万里，绝云气，负青天，然后图南，且适南冥也。
>
> ……………
>
> 藐姑射之山，有神人居焉。肌肤若冰雪，淖约若处子。不食五谷，吸风饮露。乘云气，御飞龙，而游乎四海之外。其神凝，使物不疵疠而年谷熟。

其中的冥海之鸟、鱼和姑射之山神人，在取材和思维形式上，都与《山海经》有着密切联系。另一方面，更典型的是庄子对神话的自由运用，形成了非常突出的哲学风格，我们可称这种理论为我国最早的神话哲学。而这些，又都与《山海经》中的神话类型有着千丝万缕的联系。如他在《大宗师》中对"道"的神话阐释：

> 夫道，有情有信，无为无形；可传而不可受，可得而不可见；自本自根，未有天地，自古以固存；神鬼神帝，生天生地；在太极之先而不为高，在六极之下而不为深，先天地生而不为久，长于上古而不为老。狶韦氏得之，以挈天地；伏羲氏得之，以袭气母；维斗得之，终古不忒；日月得之，终古不息；堪坏得之，以袭昆仑；冯夷得之，以游大川；肩吾得之，以处大山；黄帝得之，以登云天；颛顼得之，以处玄宫；禺强得之，立乎北极；西王母得之，坐乎少广，莫知其始，

莫知其终;彭祖得之,上及有虞,下及五伯;傅说得之,以相武丁,奄有天下,乘东维,骑箕尾,而比于列星。

又如《应帝王》写道:

> 南海之帝为儵,北海之帝为忽,中央之帝为混沌。儵与忽时相与遇于混沌之地,混沌待之甚善。儵与忽谋报混沌之德,曰:人皆有七窍以视听食息,此独无有。尝试凿之。日凿一窍,七日而混沌死。

他所举的伏羲、日月、冯夷、肩吾、黄帝、颛顼、禺强、西王母和混沌等神,在《山海经》中都有呈现。这些神话人物在他的笔下显得辉煌壮丽,绚丽多彩,气势磅礴。所以,闻一多称赞庄子"是一个抒情的天才","一位写生的妙手"(《闻一多全集》卷二《古典新义·庄子》)。鲁迅也说过"其文则汪洋辟阖,仪态万方,晚周诸子之作,莫能先也"(《鲁迅全集·汉文学史纲要》)。《庄子》对中国神话的保存有着重要贡献,这是和他在自己的作品中大量运用神话尤其是《山海经》神话分不开的。一方面,这说明在当时,《山海经》神话可能已十分丰富,并广泛流传;另一方面,这说明了当时的一种文化风尚,即借用古老的神话来阐述一种新颖的道理,使文化的发展充满生命活力。又如《庄子·天地》篇写道:

> 黄帝游乎赤水之北,登乎昆仑之丘而南望,还归。

遗其玄珠。使知索之而不得，使离朱索之而不得，使喫诟索之而不得也，乃使象罔，象罔得之。黄帝曰："异哉！象罔乃可以得之乎？"

庄子将黄帝变作自己的传声筒，从而使自己的学说充满神秘的意蕴。这种文化传统在后来不断被发扬光大，尤其是在中国现代文学即新文学的建设中，鲁迅、郭沫若、茅盾等新文化运动的旗手或帅将都借用远古神话发新思，铸新词，为新文化的发展作贡献。

先秦历史文化著作中，《国语》《左传》《竹书纪年》和《战国策》是历史的直接记述，《礼记》和《穆天子传》更多的是文化发展的记述，它们对神话的保存不像文化哲学著作那样较为随便，而是从历史和制度两个方面来述说的。如，对黄帝的记述，《山海经》并没有对黄帝的出身、经历做详尽介绍，而主要是描写他与其他神的交往，突出他的神坛地位。而在《国语》中，黄帝"姬姓"，明确了其"少典之子"的身份。《大戴礼记》说："黄帝……曰轩辕"，"黄帝居轩辕之丘"。《战国策》有"黄帝伐涿鹿而擒蚩尤"，《国语·晋语》有"少典娶于有蛴氏生黄帝炎帝"，《左传·昭公十七年》有"黄帝氏以云纪，故为云师而云名；炎帝氏以火纪，故为火师而火名"等记载。这些并不是《山海经》的原始材料，而是对《山海经》的补充说明，使黄帝形象更加丰富。又如颛顼，在《国语·楚语》中是这样记述的：

> 古者民神不杂……及少暤之衰也，九黎乱德，民神杂糅，不可方物。夫人作享，家为巫史，无有要质……颛顼受之，乃命南正重，司天以属神，命火正黎，司地以属民，使复旧常，无相侵渎，是谓"绝地天通"。

在《左传》中，祝融为颛顼之子。颛顼的神性家族更多地纳入维护宗法秩序、保护道德的世界之中，而渐脱《山海经》中的质朴的原始氏族部落神的面目。同样，帝喾在《山海经》中作为神性显示不多，在《国语·鲁语上》中却变成了"能序三辰以固民"的守护神。如《国语·鲁语上》写道：

> 海鸟曰爰居，止于鲁东门之外三日，臧文仲使国人祭之。展禽（即柳下惠）曰："……夫圣王之制祀也，法施于民则祀之，以死勤事则祀之，以劳定国则祀之，能御大灾则祀之，能捍大患则祀之。非是族也，不在祀典。昔烈山氏之有天下也，其子曰柱，能殖百谷百蔬。夏之兴也，周弃继之，故祀以为稷。共工氏之伯九有也，其子曰后土，能平九土，故祀以为社。黄帝能成命百物，以明民共财，颛顼能修之。帝喾能序三辰以固民，尧能单均刑法以仪民，舜勤民事而野死，鲧鄣洪水而殛死，禹能以德修鲧之功，契为司徒而民辑，冥勤其官

而水死，汤以宽治民而除其邪，稷勤百谷而山死，文王以文昭，武王去民之秽……今海鸟至……无功而祀之，非仁也……非智也。"

这里所展示的祭祀意义体现出神话的图腾观念对人们的信仰观念的具体的影响作用。展禽在臧文仲的政治格局中掌管刑狱，出于对历史的熟悉和对国家安宁的负责，用黄帝、颛顼、喾、尧、舜、鲧、禹、契、稷等在民间信仰中的威望及历史背景，来说服臧文仲不祀那些平凡的海鸟。这从另一个方面也表现出《山海经》中的群神形象，已融进后世民间生活的内容之中。《国语》所反映的这种史实，让我们具体看到《山海经》对先秦文化的影响。应该说，这种影响是文化传承的一种必然趋势。再者如炎帝，《山海经》中提到的很少，只有炎帝之女女娃"精卫"和炎帝之孙"灵恝"等材料的述说。《战国策》中有"神农伐补遂，黄帝伐涿鹿而擒蚩尤"，《国语·晋语》中有"黄帝以姬水成，炎帝以姜水成"，《春秋传》有"炎帝为火师，姜姓其后也"的记载。为何《国语》《春秋传》没有提神农而只提炎帝？有学者解释为是刘歆等人比附五行说的结果。又如共工，在《山海经》中提及的材料也不是很多，如"共工之臣曰相柳（繇）"为禹所杀等，而在《左传·昭公十七年》中更进一步明确其"以水纪，故为水师而水名"

的身份。《国语·周语下》载："共工……虞于湛乐，淫失其身，欲壅防百川，堕高堙庳，以害天下；皇天弗福，庶民弗助，祸乱并兴，共工用灭。"《国语·鲁语上》载"共工氏之伯九有也，其子曰后土，能平九土"，比在《山海经》中的形象更加丰满，为何被别的部族所杀的原因也更加明晰。事实上，这是典型的历史化结果，也是伦理化的悲剧结局。神话一旦历史化，就纳入了传统的宗法制之中，即以某一种权力为中心，顺之者昌，逆之者亡。这种历史化的影响非常久而广，直到近代神话学的建立，它一直处于文化史上的主导地位。此类材料相当丰富，不仅黄帝、共工等是这样，颛顼、帝喾、尧、舜和禹也是这样。《礼记》《穆天子传》和以史书面目出现的《竹书纪年》《国语》《左传》《战国策》，这些典籍不尽相同，同样述说历史，《礼记》等典籍更多的是记述民间信仰的内容。如《礼记》中的《月令》《乐记》等篇记述了相当多的民俗资料，尤其是《郊特牲》篇对祭祀礼仪的记述，我们可以看到与《山海经》中的祭祀内容在许多方面有相似之处，如太牢、少牢之祭。又如一些咒语，在《山海经》的《大荒北经》中有这样一段内容：

> 蚩尤作兵伐黄帝，黄帝乃令应龙攻之冀州之野。应龙畜水。蚩尤请风伯雨师，纵大风雨。黄帝乃下天

女曰魃，雨止，遂杀蚩尤。魃不得复上，所居不雨。叔均言之帝，后置之赤水之北。叔均乃为田祖。魃时亡之。所欲逐之者，令曰："神北行！"先除水道，决通沟渎。

在《礼记·郊特牲》中记述了"大蜡八，伊耆氏始为蜡"，又有蜡辞：

> 土反其宅，
> 水归其壑，
> 昆虫毋作，
> 草木归其泽！

"神北行"和"昆虫毋作，草木归其泽"的背景与意义基本相同。

《礼记》与《山海经》的联系，在一定程度上我们也可以看作流与源的关系，在形制上，它们有很多相似之处。如，《大戴礼记·帝系篇》继承了《山海经》中的黄帝神谱，而在这里更加系统化，乃至深刻影响到后世的史传：

> 黄帝产玄嚣，玄嚣产蟜极，蟜极产高辛……
>
> 黄帝产昌意，昌意产高阳，是为帝颛顼。颛顼产穷蝉，穷蝉产敬康，敬康产句芒，句芒产蟜牛，蟜牛产瞽瞍，瞽瞍产重华，是为帝舜……

> 黄帝居轩辕之丘，娶于西陵氏之子，谓之嫘祖氏，产青阳及昌意。青阳降居泜水，昌意降居若水。昌意娶于蜀山氏，蜀山氏之子谓之昌濮氏，产颛顼。颛顼娶于滕氏，滕氏奔之子谓之女禄氏，产老童。老童娶于竭水氏，竭水氏之子谓之高纲氏，产重黎及吴回。

又如帝喾、后稷、尧等神人之间的关系，《山海经》中同样是模糊的，而在《大戴礼记·帝系篇》中却使之明朗化：帝喾上妃姜嫄氏产后稷，次妃简狄氏产契，次妃陈隆氏产帝尧，次妃娵訾氏产帝挚。由此可见，后稷、契、尧、挚同属帝喾之子。这种谱系的传承意义在后世不断丰富，于是就有了我们看到的神话时代及其在民间活形态保存中相对完整的反映。《礼记》成为后世祭祀等文化行为的理论依据。应该说，《山海经》神话对后世文化的影响正是通过《礼记》这样的典籍而一代代传承下来的。这种传承有直接的传承，也有间接的传承，间接性的传承使《山海经》神话融入博大精深的中国文化之中。

《穆天子传》在战国初年形成，共六卷，为晋太康二年（281年）汲县（今河南卫辉）人盗墓所得书（竹书）。其主要内容描述"周穆王游行四海见帝台、西王母"，其中的帝台、西王母、"河伯无夷（冯夷）"、昆仑之丘等内容是直接承袭了《山海经》的神话概念。重要的是西王母形象在这里得到了变异,"虎豹为群,于鹊与处"而为人王。它受《山海经》的影响更为典型。

先秦时期是中国经典的重要形成阶段,作为神话之源的《山海经》融入这些经典,使得中国数千年文化深受其影响。之后,进入中国历史的大统一、大变化、大发展的历史时期,《山海经》不仅影响了以司马迁为代表的史学,而且影响了魏晋南北朝时期典型的神异志怪文学,乃至深刻影响了以道教文化为典型的宗教文化。《山海经》犹如一块光芒四射的瑰宝,在中国文化的夜空显得格外明亮。更为重要的是,《山海经》的图腾崇拜、动植物崇拜、祖先崇拜、英雄崇拜、太阳崇拜等原始信仰观念,渗透在整个文化发展的各个方面。这里,我们应该强调的是,理解《山海经》对中国文化的影响,必须有一个前提,那就是要认识到《山海经》是上古神话的集大成者,没有《山海经》作为典籍对中国古代神话等内容的保存,中国神话的流传会遭受难以想象的重大损失。从中国文化发展来看,《山海经》一直作为神巫之典、神异之源流传着,这是毋庸置疑的。当然,中国文化发展中所受神话、巫术等因素的影响,绝不是仅仅秉承着《山海经》一部经典的思想,但是,中国文化受神话、巫术等原始文化的影响作用是以《山海经》为主要途径来具体实现的。这是一条重要的道路,它相当于连接两个世界的桥梁。

《山海经》对中国文化的影响的多层次意义表现在：

第一，对后世文学创作有较大影响，诸如《楚辞》以及陶渊明和李白等人的诗篇、志怪小说和宋元话本小说、明清小说，乃至秋瑾、鲁迅等近现代革命作家以至毛泽东的诗篇等。

第二，以经学为代表的学问家在学术实践中，自觉地把《山海经》作为文化之源，深刻地影响到千百年间的学术文化传统。

第三，宗教文化的吸收和宣扬，使《山海经》与中国文化的联系更为密切。以道教文化为主要内容的宗教文化的形成和发展，都有《山海经》的影踪。

第四，中国民间文化是一种个性色彩异常鲜明、内容异常丰富的文化。《山海经》对民间文化的思维机制有重大影响，最为典型的就是与《山海经》内容相关的民间信仰崇拜活动，至今还广布民间，成为民众的一些重要生活内容。主要表现为以下内容：神话传说的民间流传；图案的形象显示成为物化的信仰；庙会和节日等民俗生活的集中体现。

其中，文学的内容和民间文化的内容是中国文化中最为突出的部分，也是最为重要的内容。在这里集中展示了中华民族文化个性在千百年间所发生的变化及其实质。在这种意义上讲,我们认识《山海经》对中国文化的影响,不但要遍查古代典籍等文献,而且要进行以民间社会为主要考察对象的田野作业,同时,还要运用考古文物,在动态的、多方面多层次的范围内来认识这种内容。因而,这种综合性探索不但是我们认识文化发展的一面镜子,也是我们理解国情民情的一把钥匙。

2.《山海经》与中国民间文化

《山海经》是神巫之书,是原始信仰的集大成者,是中国神话之源。它影响了中华民族的人文文化,更影响了后世浩如烟海的民间文化。从某种程度上讲,民间文化与《山海经》有着更为直接的继承意义上的联系。直到今天,当我们亲临民间文化的世界时,就会自然而然地看到,在我们的民间文化生活中,相当完整地保存着一部《山海经》的"原始版本",有许多民间文化现象和远古时代的《山海经》在内容上惊人地吻合。正是在这种意义上,许多人把今天的一些民间文化称作民族文化的活化石。

这首先表现在我们的神州大地上,至今还有许多与《山海经》神话相一致的神话传说,诸如黄帝神话、大禹神话、颛顼神话、昆仑神话、西王母神话、炎帝神话、女娲神话、共工神话、蚩尤神话、夸父神话,更不用说尧、舜、鲧、丹朱这些帝王,伏羲曾经看到的建木、日月所出入的扶桑,以及祝融、蓐收、禺虢、禺强、句芒等四方之神，河伯冯夷和风伯、雨师、烛龙、各山之神等自然神。在民间文化生活中它们都有一个能自圆其说的神话阐释系统，形成了一个个神话群。它们经过广大民间文化学者和社会学、人类学等学科学者的田野作业，显示出其丰赡的具有民族文化特色的朴实面貌，从而震撼了神话学坛，尤其是国际神话学界。这些神话在我国人民生活中的活性形态的存在，用事实打破了国际上一些学者对中华民族的偏见和歧视。在过去的岁月中，英国和日本都有一些学者说中华民族没有神话，称我们的祖先没有足够的智慧去创造像希腊神话那样瑰丽的神话文化；甚至一些中国学者，也嫌我们的祖先愚笨，断言黄河流域的先民缺乏想象力，所以没有丰富的神话流传。无论是谁曾经这样说过，就中国文化的实际而言，这都是谎言。事实证明，中国存在着大量的内容具有丰富性、系统性、典型性特征的民间神话。近一个世纪以来，我国学者经过各种努力，在包括汉族在内的各民族中，发掘出许多珍贵的神话传说，能与《山海经》等神话典籍相对照，显现出远古人民杰出的文化创造力及远古神话流传至今的具体历程。诚如俄罗斯神话学家、汉学家李福清对我国中原神话的评价那样，他认为这些神话的被发现，"代表着国际神话学的新方向"（《中国的神话与传说》，台湾正中书局1988年版）。著名学者钟敬文也曾称中原神话的发现是"文化史上的奇迹"(《中原古典神话流变论考·序》,上海文艺出版社1991年版)。这些评价是十分中肯的。中原神话只是中华民族神话的一个重要组成部分,而由此也表明我国民间文化中的活性形态的神话群与《山海经》这些先秦神话典籍联系密切,它在世界文化史上占据着重要的地位。同时,它也体现出中华民族卓越的文化创造力。

最为典型的是,这些源自《山海经》的神话传说不仅被民间口头传诵,而且依附于一定的"遗址"即祭祀活动中的庙宇、神台,形成诸如庙会之类的信仰活动中心。我们可以把这些庙宇、神台称为古典神话遗址;通过具体的民间信仰活动,我们可以考察到《山海经》神话对后世民间文化的广泛影响,尤其是能清晰地看到神话原型的嬗变轨迹,从而更为准确地把握住文化发展的基本规律。

古典神话遗址的分布,集中在陕西、山西、河南、甘肃、河北、山东、湖北、湖南、四川、浙江、安徽、江苏、广东等地。这是由于我国文化发展主要集中在长江、黄河两大流域,并形成全国的文化中心。

民间神庙是民间神灵信仰的物化形态,它所依据的信仰基础在于相应的民间神话传说故事。这些神庙常常在物质形式上增强了一定的神灵信仰的辐射力,形成民间文化的中心,或者可以称为神话群的文化源地。当然,民间神庙除以广泛的信仰崇拜作为其文化基础之外，更多的是依靠历史的继承。在千百年间的各种文化碰撞中，如大浪淘沙般存留下来的古典神话遗址，它们是中华民族文化的一大景观。

神庙的历史至少有五千年。20世纪80年代初，我国考古学取得的一个重要成果，就是在辽宁牛河梁红山文化遗址发现有多个裸体彩绘女神泥塑的大型神庙（《辽宁牛河梁红山文化"女神庙"与积石冢群发掘简报》，《文物》1986年第8期）。我们将其与《山海经》中的"祠"礼相对照，如《中次九经》所说的"熊山，席也，其祠：羞酒，太牢具，婴毛一璧。干儛，用兵以禳；祈，璆冕舞"，可以设想在远古时代，围绕着神庙所举行的是何等壮观的民间盛会。这种情形随着奴隶制国家的形成和发展，在商周时期具有了更完备的文化规模。如，《尚书·商书·太甲上》所载，商先王"顾諟天之明命，以承上下神祇"，而"社稷宗庙，罔不祇肃"。同其相对的是"民有寝庙"（《左传·襄公四年》），"庶人祭于寝"（《礼记·王制》）。在商周时代的卜辞中，宗庙有宗、升、室、亚等形式，结合氏族、宗族、家族而形成了宗庙、祖庙、祢庙体系。这种形制影响到整个秦汉时代的文化发展中的神灵信仰。在国家统一的政治推进进程中，神灵崇拜及神庙制度得到了秩序化发展。如，春秋时代的秦国，曾以西畤、鄜畤、武畤、好畤、密畤等神庙形制祭祀青帝、白帝、黄帝、赤帝等神灵。尤其是秦汉时代,由于政府干预,各种神庙的具体规模(规格)、祭祀时日等内容,都确定成制度。这种内容成为后世许多庙会活动的直接缘起,也就是说,将《山海经》神话融进社会政治之中,庙会得到政府的有效管理而出现许多新的文化风尚。如《史记·封禅书》写道:

> 自殽以东,名山五,大川祠二。曰太室……恒山、泰山、会稽、湘山。水曰济、曰淮……自华以西,名山七,名川四。曰华山、薄山……岳山、岐山、吴岳、鸿冢、渎山……水曰河,祠临晋……而雍有日月、参辰、南北斗、荧惑、太白、岁星、填星、二十八宿、风伯、雨师、四海、九臣、十四臣、诸布、诸严、诸逑之属,百有余庙……各以岁时奉祠。

另外,我们再以《风俗通义》相佐证,更不难看到汉代社会民间文化生活、政治生活中广泛存在的信仰活动对远古文化的继承和发展。以民间神庙为基本标志,《山海经》神话在民间生活中一代代传承下来,自然形成我们今日还能看到的众多的古典神话遗址,以及环绕在这些遗址周围存在着的神话群现象。

魏晋南北朝时期在中国民间文化发展史上有着非常重要的地位,它是各种文化的一次空前剧烈、频繁、大规模的全方位碰撞与交融。一方面是道教的兴起和繁荣、佛教的传入和崛起，打破了固有的民族文化的相对稳定局面，改变了民族文化成分相对纯朴的状况，融入了新的文化内容；另一方面使得远古文化继续保持其完整面目，同时融入了许多新的具有浓郁的时代特色的人文精神；最后一方面是源自远古时代的神话思维与时代相结合，生发出更多的神灵崇拜。在这种背景下，《山海经》神话原型失去了以往的主导地位而逐渐被新的民间文化生活所淹没。这里，我们从《水经注》所录的神庙名称来窥视上述现象：

河水神庙：

禹庙（禹）、风伯祠（风伯）、土楼神祠（土地神）、天封苑火井庙（火神）、子夏庙（子夏）、司马子长庙（司马子长）、后土祠（后土）、文母庙（文母）、舜庙（舜）、尧祠（尧）、夷齐庙（伯夷、叔齐）、北君祠（华山神）、周天子祠（周武王）、石隉祠（石隉山神）、天子庙、虞公庙（虞仲）、五户神祠（五户将军）、河平侯祠（河神）、周公庙（周公）、五龙祠、伍子胥庙（伍子胥）、邓艾庙（邓艾）

漯水神庙：

二子庙（臧洪、陈容）

汾水神庙：

介子推祠（介子推）、岳庙（霍太山神）、三神祠（霍太山山阳侯天使）、尧庙（尧）

浍水神庙：

巫咸祠（巫咸）

晋水神庙：

唐叔虞祠（唐叔虞）

济水神庙：

赞皇山庙（赞皇山神）、陈平祠（陈平）、女郎祠（女郎山神）、朱鲔庙（朱鲔）、李刚祠（李刚）、鲁恭祠（鲁恭）、范巨卿祠（范式）、高祖庙（刘邦）、张良庙（张良）

清水神庙：

七贤祠（阮籍等竹林七贤）、太公庙（姜尚）

沁水神庙：

孔子庙（孔子）、华岳庙（华岳神）、张禹祠（张禹）

漳水神庙：

西门豹祠（西门豹）、铜马祠（刘秀）、董仲舒庙（董仲舒）

易水神庙：

白杨寺（白杨山神）

滱水神庙：

尧庙（尧）、恒岳庙（恒山神）、百祠、广南庙（广南）

湿水神庙：

白狼庙（白狼）、二陵庙（文明太后、高祖）、女郎祠（随山神）、代夫人祠、翮神庙（翮神）

濡水神庙：

孤竹君祠（孤竹君）

洛水神庙：

周灵王祠（周灵王）、九山庙（九山府君）、百虫将军庙（伊益）

渭水神庙：

女娲祠（女娲）、老子庙（老子）、怒特祠（梓树神）、宝鸡鸣祠（鸡神）、汧水祠（汧水神）、谷春祠（谷春）、邓艾祠（邓艾）、五畤祠（五帝）、凤台凤女祠（萧史、弄玉）、太公庙（姜尚）、白起祠（白起）、阳侯祠（水神）、五部神庙、华岳庙（华岳神）、恭王庙（汉恭王）、汉武帝祠（刘彻）、九庙（汉代诸帝王）

丹水神庙：

四皓庙（商山四皓）

汝水神庙：

叶君祠（王乔）、张明府祠（张熹）、青陂庙（青陂神）

颍水神庙：

许由庙（许由）、九山祠、柏祠、贾逵祠（贾逵）

洧水神庙：

张伯雅庙（张伯雅）、卓茂祠（卓茂）、子产庙（子产）

澬水神庙：

田丰祠（田丰）、翟义祠（翟义）

阴沟水神庙：

老子庙（老子）、孔子庙（孔子）、老君庙（老子）、李老母庙（老子母）、曹嵩庙（曹嵩）

汲水神庙：

灵庙（王子乔）、盛允庙（盛允）、梁孝王祠（梁孝王）

睢水神庙：

广野君庙、桥玄庙（桥玄）

瓠子水神庙：

尧庙（尧）、庆都庙（尧母）、中山夫人庙（尧妃）、仲山甫祠（仲山甫）

汶水神庙：

太山庙（太山神）、巢父庙（巢父）、亭亭山庙（亭亭山神）

泗水神庙：

原泉祠（原泉神）、颜母庙（孔子母）、孔庙（孔子）、华元祠（华元）、汉高祖庙（刘邦）、亚父祠（范增）、徐庙

淄水神庙：

尧山祠（尧）、景王祠（景公）

潍水神庙：

三石山祠（三石山神）

沔水神庙：

诸葛亮庙（诸葛亮）、女郎庙（张鲁女）、汉庙（汉女）、唐公祠（唐公房）、舜祠（舜）、汉高帝庙（刘邦）、刘表祠（刘表）、太山庙（太山神）、丞山庙（畴无余）、胥山庙（沤阳）、美人庙（秦始皇妃）

沘水神庙：

胡著庙（胡著）、樊重庙（樊重）

淮水神庙：

淮源庙（淮水神）、贾彪庙（贾彪）、子相庙（子相）、老子庙（老子）、江水祠（江水神）

潕水神庙：

尧祠（尧）、彭山庙（彭山神）、尹俭庙（尹俭）

淯水神庙：

独山庙（独山神）、范蠡祠（范蠡）

肥水神庙：

刘安庙（刘安）、刘勋庙（刘勋）

江水神庙：

汉武帝祠（刘彻）、贵儿祠（贵儿）、夏禹庙（禹）、朝云庙（巫山神女）、南岳庙（霍山神）

温水神庙：

竹王祠（竹王）

湘水神庙：

舜庙（舜）、二妃庙（娥皇、女英）、屈原庙（屈原）

耒水神庙：

苏耽祠（苏耽）

赣水神庙：

贾萌庙（贾萌）

庐水神庙：

宫亭庙（庐山神）

渐江水神庙：

乌山庙（乌山神）、赵昺祠（赵昺）、胥山庙（伍员）、禹庙（禹）、崿浦庙（土地神）、渔浦王庙（渔浦水神）

（此材料参考段玉明所绘图表）

从以上材料可以看出，《山海经》神话中的神格所存留者仅限于尧、舜、禹、巫咸和女娲等少数几个，像帝俊、黄帝、颛顼、王母等大神却没有被列入。当然，这里可能因技术问题而导致遗漏现象的发生，但是它从一个方面表明新的神灵不断涌现，极有力地冲击了民间文化中的神话的淳朴性特征。顺着这种趋势发展，在后来的社会生活中远古大神的神庙越来越少。尤其是元、清两代，汉族的三皇五帝作为民族象征的意义被淡化处理时，那些曾经被视为异端的大神，像蚩尤、共工、祝融等神的神庙则崛起于民间，为远古非主流神的神话的复原提供了便利。特别是宗教力量的崛起，除道教对黄帝、西王母、大禹的利用之外，《山海经》神话基本上被赶下社会上层政治的祭坛，却为民间文化所容纳，大量保存于民间故事与民俗活动中。这就形成了今天神话学通过田野作业而获得新资料、大飞跃的局面；在民间文化中，几乎保存了《山海经》神话的所有信息。

就目前所发掘到的材料来看，古典神话遗址所反映的《山海经》神话原型内容，一般限于黄河中下游地区、长江中下游地区，其中以黄河中下游地区最为密集。其中，又极为密集地分布在以河南为中心的中原地带，形成了独具特色的中原神话群。

与《山海经》神话原型相关的中原神话群主要有如下几种：黄帝神话群、女娲神话群、伏羲神话群、王母神话群、颛顼神话群、尧神话群、舜神话群、大禹神话群、夸父神话群、炎帝神话群等。

其中，内容最丰富、影响最大的为黄帝神话群和大禹神话群。构成这种状况的重要因素不是别的，是河南所处的特殊的地理位置和历史文化的特殊地位。一方面是河南在历史上长期为政治经济文化的中心，"三代之居皆在河洛之间"（《史记·封禅书》），黄帝族、大禹族在这一地区形成强大的政治集团，所以存留下许多神话故事和传说中的神话遗址。另一方面是，这些神话主要保存在中原偏僻的民间，与大都市的车水马龙相比，这里相对稳定，较少有外来文化的冲击，所以保存下较为朴实的神话故事，而且有许多神话故事是由民间巫婆神汉所讲述的，更见其原始色彩的浓郁。同时，这也更显现出中原地区古典神话的非凡价值和意义。

首先是黄帝神话群。

《山海经》中的黄帝是一位显赫的部落联盟领袖。轩辕之山、轩辕之国、轩辕之台和轩辕之神与这位黄帝相联系，具有神圣而不可侵犯的特殊地位。如，《海外西经》中有"轩辕之国在此穷山之际"，"穷山在其北，不敢西射，畏轩辕之丘"，《大荒西经》中有"射者不敢西向射，畏轩辕之台"。黄帝的生命力异常旺盛，如《大荒西经》中有轩辕之国"不寿者乃八百岁"。黄帝的子孙众多，集团力量异常庞大。如《大荒东经》中有"黄帝生禺猇"，海神是他的子孙。《大荒北经》中有"黄帝生苗龙"，融吾、弄明、白犬都是他的后代。《海内经》中的昌意、韩流和骆明、白马、鲧，也都是他的子孙。可见其影响时代之久远、范围之广阔。黄帝还是不可战胜的，如在《大荒东经》中有他得夔，"以其皮为鼓"而"威震天下"，《大荒北经》有他战胜蚩尤的故事，都充满征服者的胜利姿态。在更多的文献典籍之中，黄帝征服了四野，合并了炎帝部族，定鼎于中原，祭祀于河洛，成为中华民族的始祖。《史记》等历史文献也都是从黄帝算起。

在中原地区，黄帝神话群主要分布在豫西地区。

民间关于黄帝的传说主要有炎黄之战、涿鹿之战、创造发明、建立国家、与王母斗智、练兵讲武、访仙得道、炼丹、升天等，集中在河南的新郑、新密、灵宝等地。

传说依附于一定的自然景观，就成为我们所说的古典神话遗址。如，新郑称为"轩辕故里"，传说黄帝生于新郑寿丘，此地原来建有轩辕观。民间传说黄帝的父母即公孙少典和附宝，居住在具茨山姬水河边的一个山洞里。附宝在野外感白光而孕，后生下肉团，轩辕黄帝从肉团中出世。后来，人们将具茨山改名"轩辕丘"，在上面修了一座祖师庙，也叫轩辕黄帝庙。附宝感光受孕处有一块石头，人称"天心石"。黄帝成年后，四处寻找猛将良相，如力牧、大鸿、风后、常先、大隗等，这些人的名字成为今天这一地区的地名（或山名）。如，大鸿就在新郑、禹州、新密交界处，新密则有力牧台、大隗镇。在新郑的风后岭极顶东侧，有王母洞，传说黄帝曾和王母有交往。在新郑县城南关外，有一条双洎河，传说黄帝曾在这条河边试才，选出一个孩子主王位，一个辅政。

在新密同样有许多黄帝神话遗址，如云岩宫是传说中黄帝的行宫、寝宫。当地百姓讲，黄帝曾在此处担土修城，被人道破天机，留下"庙岗""大岗"两堆土成为今天的山岗。"破鞋岗"则是传说黄帝将鞋子扔在此处变成的，也有人说是鞋子中的泥土堆成的。云岩宫景色秀美，当地有一首歌谣唱道：

> 南京到北京，
>
> 比不过云岩宫。
>
> 三百（柏）二十（石）一座庙，
>
> 王母娘娘坐空中。
>
> 石头缝里长柏树，
>
> 老龙叫唤不绝声。

所谓的"三百"是"三柏"的谐音，"二十"是"二石"的谐音。三柏二石都是河水中的树木和石块，庙即云岩宫神庙。王母神洞在峭壁上，王母离地而居，所以叫"王母娘娘坐空中"。"老龙叫唤不绝声"是指云岩宫院内的大峡谷中有一条激流穿过，发出激越的声响，犹如龙鸣。在云岩宫附近还有许多地名传说都与黄帝的活动相关，如养马庄（养马处）、仓王庄（储粮处）、饮马河、马脊岭。大鸿山上还有传说中的避暑宫、御花园、梳妆台、擂鼓台。云岩宫存有唐独孤及的《云岩宫风后八阵图记》碑文，从另一方面说明黄帝传说历史的悠远，在神话与史实之间并非全凭人们去妄言假想而成。在大隗镇有明代碑文记载，黄帝曾在此访广成子。又有奶头山，传说流出的玉奶不尽。所有这些，若我们比照《山海经·西次三经》中的"峚山"有玉，"是有玉膏，其原沸沸汤汤，黄帝是食是飨"等内容，便不会有太多奇怪的感觉。

在灵宝阌乡东南荆山铸鼎原上，有传说中的黄帝陵。这里原有黄帝庙。传说黄帝当年在此铸鼎立国，此庙保存有唐虢州刺史王颜撰文的《轩辕黄帝铸鼎碑铭》。碑文序中，有"黄帝守一气衍三坟，以治人之性命，乃铸鼎兹原，鼎成上升"的内容。据载，汉武帝时，荆山铸鼎原就有黄陵神庙，配祀香火以祭黄帝。可以设想这就是汉代的黄帝陵会。至今每年冬天，当地百姓在此祭祀黄帝，应是庙会遗俗。这一地区的神话传说中，黄帝是朴素的人间君主，骑龙升天时，被百姓拦扯住。有九孔莲藕的遗址，相传它就是黄帝所骑龙须所化生。黄帝陵在这里还叫葬靴冢，据说和陕西桥山及甘肃、河北等处的黄帝陵一样，都是黄帝的衣冠冢。当然，由于特殊的历史、地理因素，陕西黄陵名扬中外，人们就忽略了其他处的黄陵神话遗址。

在巩义一带还有黄帝得河图洛书的"遗址"。传说当年"黄帝东巡河过洛，修坛沉璧，受龙图于河，龟书于洛"，在此发明历法、房屋，令仓颉造出文字，祭祀天帝。至今，洛口村北寨门还有对联"休气荣光连北阙，赤文绿字焕东周"，歌唱黄帝在洛河畔祭天、沉璧的文化盛事。

与《山海经》相比,黄帝神话在这里有了更多的仙味。应该说,关于黄帝的神话,源自《山海经》,在后来的历史发展中,渐渐融入其他的文化因素。这正是一般古典神话嬗变的基本规律。

其次是女娲神话群。

《山海经》中的女娲神话内容很简单,只有《大荒西经》中"有国名曰淑士,颛顼之子。有神十人,名曰女娲之肠,化为神,处栗广之野;横道而处"的内容。关于她炼石补天、抟土造人的故事,见于《风俗通义》《淮南子》,至于她与伏羲结为夫妻的内容,则见于唐卢仝的诗歌等文献。这些内容是《山海经》女娲神话的嬗变、衍生形态的具体表现。它在中原地区的神话遗址主要分布在淮阳、西华、孟州、太行山、陕州、晋州、涉县等地。再者就是甘肃天水等地。在民间文化中,她的身份称呼是多种多样的,如"人祖奶奶""人祖姑娘""女娲娘娘""老奶奶""娲皇老母"等,体现出民间信仰的丰富性。

在一些古代文献典籍中,女娲和伏羲、神农并称为"三皇"。"皇者,天。天不言,四时行焉,百物生焉。"(《风俗通义》)这是民族女神"女皇"(《世本·氏姓篇》)的神圣角色。她在中原地区,不但是生化万物的创造大神,而且是一定地区的民间保护神,许多神话遗址相传都是她留传给人间的,具有神秘性。如西华县聂堆镇思都岗,有传说中的女娲陵、女娲神庙,这个村庄就是女娲城的一部分。当地百姓每逢初一、十五就来朝拜他们这位人祖奶奶,在腊月和正月举办庙会,唱神戏,祭祀这位"天地全神"的统领。传说是女娲教民间识别运用黄芪这一药材的,所以当地称黄芪为娲芪。在一些民间节日中,还有烙面饼抛在房顶上"补天"的习俗(不仅河南有,陕西、甘肃、山西等地也有,参见一些地方志中的民俗资料)。更为典型的是民间经歌中对女娲开辟世界、创造人类和文明的礼赞,表现出虔诚的信仰。天下雨太久,有"雨不霁,祭女娲"(《论衡·顺鼓篇》);天大旱,也要祭女娲,民间百姓在神庙前让烈日曝晒自己,以期得到女娲感动而降甘露。这种信仰汉代典籍中有记载,明代如杨慎在《词品》中也有记载。西华民间传说中,女娲不但炼出了五彩石,补得苍天,而且多次托梦救人,用魔法击退偷袭的敌兵而避免了灾难。人们传说天边的彩霞之所以那样美,是因为女娲补天用尽了五彩石,将自己的血肉糊在了天上,因此才那么壮烈绚丽。女娲作为人间正义、道德的代表,无处不在,无时不在,伴随着人们世世代代生活在这片土地上。这也表现出中华民族普遍的信仰观念,即传统的人杰地灵观,在一个地方若生存过一位具有历史影响意义的大人物,这里的人就会感到无上的自豪。当然,这也包含着人们对自己的家乡的热爱,对生活的热爱,对英雄的崇尚,对美好的生活前景的向往。所以，女娲信仰在广大中原农村曾表现为每一个乡村都有奶奶庙，人们坚信有了女娲这位人祖奶奶在自己的身边，就有了安全感、幸福感。

在孟州一带，有女娲山的传说。这在《太平寰宇记》《通鉴地理通释》等典籍中就有过记载，即"太行山，一名皇母，一名女娲"。太行山上有多处女娲祠，陕州的女娲陵、晋州的女娲庙、商丘的娘娘庙和涉县的娲皇宫、安阳的清凉山，都是女娲信仰的重要表现。尤其是涉县的娲皇宫，每年都举办大型庙会，四面八方的香客会聚此地，载歌载舞，遍设香烛，祭祀这位传说中的人祖女神。宋衷注《世本》中曾提到"天皇封弟娲于汝水之阳"。由此，我们可知，黄河中下游地区的河南中部、北部，河北的南部，山东的西部，以及陕西、甘肃等地，作为女娲的封地，其神话遗址之多是可想而知的。宋崔伯易在《感山赋》中说："客有为予言太行之富，其山一名皇母，一名女娲。或于此炼石补天，今其上有女娲祠。"他盛赞"仁知（智）所依，仙圣所迹"，"服皇娲之妙道，藏补天之神石"。太行山系千里绵绵，女娲神庙兴兴灭灭，灭灭兴兴，体现出女娲神话在这广大地区的深厚基础。人们对一片碎石寄予深情，以为是当年女娲补天所剩下的。这些信仰行为远远超出了《山海经》神话中"处栗广之野"的原型，但不可否认的是，这些神话的思维机制和《山海经》是相同的。它从另一方面说明《山海经》神话思维对我国民间文化的广泛影响。

在更多的神话传说中，女娲和另一个大神伏羲结成夫妇，而且是兄妹婚，加入了洪水神话的内容。在豫东、豫东南、皖西、鄂北等地区的黄淮平原和大别山系，有许多洪水神话故事的流传。其情节为：一个孩子外出，遇见一个神灵的化身（或为兽，或为人，或为树），告诉这个孩子说天地要毁灭，要他带一些食物来，以便躲进一个地方，逃过这场大劫难。这个孩子一般是男孩，又带上姐姐或妹妹一同来到这里。灾难过后，世界又是一片洪荒，神灵要两个孩子成婚，继续繁衍人类。经过一系列的验婚，两人终于结合成夫妇，重新造就人类和文明。毁灭世界的灾难一般都是洪水。这个女孩子一般都是女娲，她的同伴是伏羲。这种神话故事若我们掩去人名和地名，就会发现和南方一些兄弟民族中的洪水神话完全相同，和阿拉伯、希腊的洪水神话也有相同之处。应该说这是整个人类共有的神话思维的表现。作为洪水神话中的女娲，和《山海经》中处于栗广之野的女娲绝不是毫不相干的。在千百年的人类社会发展中，两种内容都依据于远古时代的原始思维即神话思维，使女娲神话系统日益丰富起来。同时，在民间神话的流传中，我们也可看到不同神话系统的混生混合现象。

第三是伏羲神话群。

伏羲在《山海经》中出现的场次很少，仅见于《海内经》的两段。一是"有九丘,以水络之……有木,青叶紫茎,玄华黄实,名曰建木,百仞无枝,有九欘,下有九枸,其实如麻,其叶如芒。大皞爰过,黄帝所为"。一是"西南有巴国。大皞生咸鸟,咸鸟生乘厘,乘厘生后照,后照是始为巴人"。这位大皞,郭璞、吴任臣、郝懿行等学者都释为伏羲。大皞或太昊,在成书于秦末汉初时代的《世本》中,称太昊伏羲。《吕氏春秋·孟春纪》中说"其帝太皞",高诱注为"太皞,伏羲氏"。在今天民间神话传说中,太昊伏羲仍是一体的。如淮阳太昊陵就称为太昊伏羲陵。中原地区的伏羲神话群集中在豫东、豫东南一带,如淮阳的伏羲陵和神庙群,上蔡、新蔡、汝南、正阳等地也都曾有伏羲神庙。其中,以淮阳的伏羲神庙的影响为最大:在这片土地上形成了甘肃天水和陕西宝鸡等地所无法相比的一个规模庞大、仪式浩繁的神话群,最典型的就是每年农历二月二到三月三的淮阳太昊伏羲陵庙会。此外,孟津也有伏羲神庙。我们不必再一一详数伏羲的各种神迹,诸如伏羲创制八卦、教人渔猎、教人制簧做笙、织衣、教人游戏等神话故事。伏羲信仰与《山海经》神话联系最为紧密的是庙会上的神兽和祭木。在这里,我们几乎可以把这些内容作为《山海经》的某种翻版。

庙会上的神兽被俗称为皮老虎、泥泥狗、小叫吹。如五颜六色的老虎,有的是用红布或黄布缝制的,眼睛、嘴或用布缀成轮廓，或用彩墨绘出，有的是用皮做成的，有的则是用布料和牛皮纸做成的。这些虎可用来做儿童的玩具，也可以用来观赏，而更重要的用途在于镇邪。其源头我们可以追溯到《山海经》中的一些神话内容。如，西王母形象在《西次三经》和《大荒西经》中都以"虎齿"而名，"有神，人面虎身，有文有尾"。在《大荒东经》中，有许多以"虎"为图腾的部族，如说有神人名曰天吴"八首人面，虎身十尾"。《海内北经》中有"穷奇状如虎，有翼，食人从首始"，"林氏国有珍兽，大若虎，五采毕具，尾长于身，名曰驺吾，乘之日行千里"。在《海内西经》中，昆仑神山的守护者开明兽"身大类虎而九首"。从这里我们可以看到远古人民对虎的迅猛、威严、勇敢有力的性格的尊崇。虎崇拜在事实上就是图腾崇拜。它在民间文化中的广泛出现，我们可以从《山海经》中找到本源。应该说，民间文化中以虎镇邪、驱邪的意义即源于《山海经》中的内容。

泥泥狗又俗称灵狗、陵狗，传说是人祖爷伏羲的守护者、使者。一般有虎、猴、狗、马、蛙、燕、斑鸠等形状，多黑底绘彩，既可用作玩具，又可作为"巫药"。

泥泥狗最突出的特点就是变形。变形的方式有两种：一是独体变形，一是连体变形。独体变形如虎首狗身，或狗首虎身、狗头猴身、猴首虎身等，为兽与兽的部位综合。

这使我们联想到在《山经》中普遍存在的各山之神的形状。如《南山经》中的"（招摇之山）有兽焉，其状如禺而白耳，伏行人走，其名曰狌狌，食之善走"；"（基山）有鸟焉，其状如鸡而三首、六目、六足、三翼"；自招摇之山以至箕尾之山，"其神状皆鸟身而龙首"。在《南次二经》中，浮玉之山山神"其状如虎而牛尾"；自柜山至于漆吴之山，"其神状皆龙身而鸟首"。各山山神的变形，在原始信仰的意义上我们可以有两种解释：一是图腾的徽帜的重合现象，一是生殖崇拜的象征。特别是在一些泥泥狗的阴部，民间艺人用红、白两种醒目的色彩绘成花卉或太阳放出光芒等形状，其意义就在于对性的夸张显示。连体变形的内容更加丰富，一般分为鸟与鸟、兽与兽两大类。鸟与鸟的相叠相交有多种，一是两只鸟的尾部相连，即一只鸟身的两头都是鸟头形，这是明显的交尾。二是在一只大鸟的身上，堆满了小鸟，民间称为"咕咕堆"，也有称为"娃娃山"的。这同样是生殖意义的显示，取意于"多子"。兽与兽有同类相连与异类相连两种。同类相连的意义在于生殖崇拜，异类相连的意义也是生殖崇拜。异类相连的有八大高、四不像、猴背虎、猴骑虎。这自然使我们联想起《中山经》中的"有神焉，其状如人而二首""其神状皆人面兽身""其神皆人面而鸟身""其神状皆马身而龙首""其神状皆彘身人首""其神状皆鸟身而龙首"等。这里的人面和猴面并无太大的分别，可以说泥泥狗中的猴就是人，虎也是人，猴与虎相交就是人与人相交。假若我们再联系到汉画像石中的伏羲与女娲的交尾，联系到庙会的日期农历二月二到三月三，正是"仲春之月"，与古代上巳节高禖崇拜相联系，以及庙会上至今尚存有的扣子孙窑的女阴崇拜、野合与拴娃娃习俗，我们就不难想象这些泥泥狗与生殖崇拜、图腾崇拜的密切联系。

小叫吹类似于古代的埙这种乐器，有的是一只葫芦，有的是一只猴或虎或鸟的头，更多的是独体的鸟蛋形。其意义应该说是与《山海经》中的鸟崇拜意义相联系的，鸟或者象征着男性生殖器，或者象征着女性生殖器。当然，所有的这些器物与前面所提到的虎和泥泥狗，在具体运用上全然没有淫秽色彩，这正体现出我国古代文化中生殖崇拜的自然特色。因为这些器物的使用有一种前提，或者说是一种深厚的民间信仰内容构成了生活氛围，那就是所有的神兽都是伏羲施舍给人间的。

祭木在庙会上的使用有两种：一是木质结构而糊以彩纸装饰，正中贴有伏羲神像的"彩楼"；一是全为木质结构，在一根红色木棍的上端装上一具斗形木盆的"神楼"。它们所蕴含的意义，我们可以追溯至《山海经·海内经》的"大皞爰过，黄帝所为"的"建木"。建木的意义和扶桑是一样的，是联结着天与地的神树，日月可以栖居在这里，巫咸、巫彭他们可以带着不死之药由此升降，即我们常说的"绝地天通"。庙会上祭木的意义就在于媚神娱神，一方面向伏羲表白自己的良苦用心，虔诚敬拜；另一方面以祭木代替神树，为神灵上下来往于天地之间提供方便。同时，我们也可以把这种和建木一样的无枝无叶的神楼看作是男性生殖器崇拜的物化表现。

正由于在淮阳太昊伏羲陵会上有如此众多的伏羲崇拜、原始信仰的文化内容，所以，伏羲陵、伏羲神庙，以及与伏羲神话相关的蓍草园、画卦台、白龟池等景观，就自然成为古典神话遗址。

在孟津老城乡（今会盟镇）雷河村，至今还保存着传说为伏羲"受龙马图于河"的神话遗址，有伏羲殿和"龙马负图处""龙马记"等碑文，以往曾有隆重的香火会。

第四是王母神话群。

《山海经》中的西王母是玉山之神、昆仑女神、王母山神，虽和黄帝、颛顼、大禹等帝王神话不一样，有自己的集团成员，但她更有神威，尤其是她"蓬发戴胜""司天之厉及五残"（《西次三经》），有三青鸟为其取食（《海内北经》）。这是一个身处神山，"戴胜，虎齿，有豹尾"（《大荒西经》），威风凛凛的女皇。我们可以想象，她应该是一个独处神国的帝王，是一个更原始、更自然、更神秘的氏族首领。遍查《山海经》，西王母和其他的帝王神没有任何往来,不像其他帝王那样去征杀四野、平息动荡,虽然身有重职,却不见任何杀机。不论她怎样"豹尾虎齿而善啸"(《西次三经》),却并不令人可怕,相比起来,她倒显得是那样的可爱。她不怒自威,处于一种令人景仰的神圣地位。如《大荒西经》中所言,西王母所处的"昆仑之丘","其下有弱水之渊环之,其外有炎火之山,投物辄然","此山万物尽有"。在神国之中,她是威严的象征,也是富贵华丽的象征,比那些帝王神更具有神性的崇高的尊严,所以,后世的许多文学作品都把她作为景仰的对象,无论是哪一位帝王,若能与王母交游、相会,就会身价百倍。如《穆天子传》中有"天子宾于西王母,乃执白圭玄璧以见西王母";《竹书纪年》也谈及穆王面见西王母;《西游记》中的王母娘娘种下蟠桃园,引发出孙悟空故事;民间传说经典作品《牛郎织女》有王母拔簪划天河留下人间千古恨的故事……关于王母的传说数不胜数,家喻户晓。

中原民间关于西王母的神话更为丰富。有许多西王母神话遗址成为风光秀丽的旅游胜地。如新密云岩宫的峡谷峭壁上有王母洞,在日暮时分,晚霞映在谷底的河水,经反射,再照到王母洞的岩石上,犹如仙云闪动,格外奇丽。这里的王母洞传说是自然生成的。有人讲,在风高月黑时,黄帝驾云来到这里和王母约会,共话修仙之事。据说,阳春三月草长花开时,人还能听得见洞内传出的琴声。在新郑的千户寨乡风后岭的东顶峭壁上，也有一个王母洞。洞内塑有伏羲、神农和有巢氏的神像。依洞口向外看时，上有险峰，下有深谷，给人以清凉幽静的感觉。当地有人讲，这个王母洞在桃花盛开时，有彩蝶飞来飞去，是王母娘娘向人间派出的神使。黄帝建造了这个神洞，是为了感谢王母。传说当年黄帝铸鼎中原，祭祀河洛，到处寻访治国安民之道。他跋山涉水，被一位神仙指点，在翠妫河边遇到仙鹤衔走《神芝图》，于是，他就奋力追赶。到风后岭时，不见了仙鹤，却遇到一位仙人——鹤发童颜的老者。老者自称是华盖童子，受王母娘娘之命，将《神芝图》送给黄帝来帮助他安邦定国。黄帝得到宝图后，国家治理得非常好。显然，新密云岩宫、新郑风后岭两处的王母洞都掺入了道教的神仙思想。但我们从这里可以看到民间信仰中王母神话的衍生状态。

在三门峡南岸的煤矿，关于王母的传说是另一种情况，即梳妆台上的"娘娘鞋"和煤的故事。当地老百姓讲，三门峡是一块宝地，李老君选中了此地，想在这里修上宫殿住下。王母也看中了这个地方，就和李老君争起来。李老君悄悄将金手杖埋在地下，王母娘娘则运用法术，在金手杖下埋上自己的绣花鞋。李老君受骗后，一怒之下，挑起两座煤山去了河北岸的山西。王母娘娘舍不得煤被带走，就又拉又扯的，鞋子也弄脏了，也没有拦住。结果，山西的煤很好很多，而三门峡的煤只有地表上面很少的一些。王母娘娘在河边洗了脸，就有了梳妆台；她将弄脏的鞋子塞进石缝，就有了这娘娘鞋。娘娘鞋和梳妆台都是传说中王母娘娘留下的石头，这和《山海经》相去甚远，但它同样包含有《山海经》的神话思维成分。

在中原农村，新中国成立前许多地方建有规模大小不等的王母神庙。在每年的农历三月初三，传说中的王母娘娘生日，人们来到庙里供奉上香火。甚至有民间巫婆"坐坛"，在神庙中大唱大跳，称自己是王母附体，代神立言，蛊惑人心。应该说，这是愚昧的土壤所培育的这种王母信仰。

第五是颛顼神话群。

在《山海经》中，颛顼是黄帝的子孙。如《海内经》所言，"黄帝妻雷祖，生昌意。昌意降处若水，生韩流"，韩流"取淖子曰阿女，生帝颛顼"。《大荒北经》称，"东北海之外，大荒之中，河水之间，附禺之山，帝颛顼与九嫔葬焉"。"丘西有沈渊，颛顼所浴"。颛顼家族同样很庞大，如叔歜国、中𨎥国、骥头、苗民、淑士国、老童、祝融、重、黎、伯服、季禺之国等，都是他的子孙。再者，颛顼是人间的帝王，又是巫。如《大荒西经》中有"颛顼死即复苏"，"风道北来，天乃大水泉，蛇乃化为鱼，是为鱼妇"。

颛顼族和猪图腾密切相关。他绝地天通，使人间和天上分开。正是他集中了神巫的成分，所以，关于他的传说多是亦神亦鬼之类的民间祸害之源。如《搜神记》所载"昔颛顼氏有三子，死而为疫鬼"，疟疾鬼、魍魉鬼、小儿鬼。中原民间打傩，常打此三鬼。中原民间还有夜晚不在户外晾小儿衣服的习俗，传说是惧怕颛顼的小女儿会将血污染在小儿衣服上而掠走小儿的灵魂。在《玄中记》和《齐东野语》中均有此类记述。至今，许多地方为了驱除颛顼小女儿化生的九头恶鸟，流传着以柏枝火熏室内、放爆竹驱鸟等习俗。颛顼的身份在《山海经》中更多的是具有神巫色彩的帝王。他的继承者是喾，曾娶姜嫄生后稷，娶简狄生契，娶陈锋氏女生尧，娶常仪生帝挚（《世本·王侯大夫谱》）。他们二人合称为二帝，在河南省内黄县梁庄镇三杨庄村西北的硝河西岸，至今仍有他们的陵墓，俗称为二帝陵。陵有神庙，据考，为唐代大和四年（830年）所建。之后多次修葺。当地百姓称颛顼为高王爷，每年举办庙会，纪念这位远古帝王。

1986年，有关部门曾组织清除淹没二帝陵的沙土，清出大殿、山门、厢房、宋砖砌井、陵墓围墙，以及"颛顼陵""颛顼帝陵"等石碑，使民间传说具有更耐人寻味的神秘性。这使我们联想到《大荒北经》中的附禺山。三杨庄村风沙居多，处于黄河故道，其环境与"河水之间，附禺之山"基本相同。应该说这并非全出于偶然。

当地百姓讲,颛顼之所以葬在这里,与一个黄水怪的故事有关。传说当年黄水怪经常来这一带危害百姓,颛顼受民之托,在女娲的帮助下得到天王宝剑,赶走了黄水怪。颛顼又用天王剑砍了一座附禺山,划了一条硝河,让这里的百姓过上了山清水秀、草茂粮丰的幸福日子。后来,黄水怪又作怪,一口气喝干硝河水,一尾巴打碎附禺山,这里又变成了贫瘠的荒原。颛顼年纪大了,就问卜,想知道自己怎样死,死在何处。有人对他讲,他死的地方为一寇姓之地。经过很长一段时间搏杀,颛顼杀死了黄水怪,自己也精疲力尽了,一问人这是什么地方,人说是寇家的地面,于是,他就笑着死在这片土地上。这是这里地势形成的传说。

颛顼葬在这里的附禺山即民间传说的鲋鱼山,颛顼常化作神鱼出来巡视人间,抚慰善良,惩除邪恶。他退去洪水救得百姓脱险,由此更受民间拥戴,这恰好和"颛顼死即复苏"、蛇化鱼妇的灵魂再生神话相吻合。又有传说颛顼教化百姓,教会民间百姓制衣、垦荒种谷、编订历法、养殖猪羊牛马,似乎是又一位人祖。这都反映出民间百姓美好的向往,也体现出民间文化对远古文化、对《山海经》神话的自觉继承。

第六是尧神话群。

《山海经》中的尧是位天帝,涉及他的内容更多的不是他个人的活动,而是他的葬所。如《海外南经》说他葬于"狄山"之"阳",《海内北经》说他的灵台在"昆仑东北",《大荒南经》说他"葬于岳山",《海外东经》则说他葬于"醝丘"之西。后世的典籍中称他是位好君主,善良,俭朴,谦逊,敢于承担责任,是难得的"仁君"(《述异记》)。在他的传说中充满神奇色彩。如,传说"赤龙与庆都合,有娠而生尧"(《绎史》引《春秋合诚图》),"尧为仁君,一日十瑞"(《述异记》),"尧时有草夹阶而生"成为较早的历法(《帝王世纪》),"尧在位七十年"有神鸟纳福驱邪(《拾遗记》)等。流行较广的传说是他诚恳地四处访贤。在河南登封箕山,传说还有他访问过的贤人许由的墓,山下有牵牛墟,颖水边还有犊泉、犊蹄印。尧帮助山民找水,于是,在太行山有尧王池、尧河、捏掌村,成为民间神话传说的"圣迹"。尧后来将王位传给贤能的舜,除去了居心不良的丹朱(单珠)。在河南范县濮城东黄河北岸有单珠堌堆和单珠墓,流传着的这些远古神话传说,其内容丰富了《山海经》中的尧的神话形象。

第七是舜神话群。

舜在《山海经》中的出现,情况和尧差不多。《海内南经》和《大荒南经》都说他葬于苍梧,《海内经》说他葬于九嶷山。他的灵台和尧、喾、丹朱并位于昆仑。与尧所不同的是,舜的家族更为庞大。如,在《大荒东经》中有"帝舜生戏,戏生摇民",在《大荒南经》中有"帝舜生无淫"。在《山海经》中,帝舜的具体身份同样没有明确交代,只是依据先秦其他典籍,我们可以了解到他有两个妻子,即娥皇、女英。而《大荒南经》中,又有"帝俊妻娥皇,生此三身之国,姚姓,黍食,使四鸟"的记载。若帝俊即帝舜,那么帝舜家族就异常庞大了。但就目前而言,我们还不能断言帝俊就是帝舜。

中原民间舜神话传说集中述说三个方面的内容:一是孝待父母,二是宽待他人,三是驯象耕田。孝待父母的故事流传最广,其基本情节是:舜的父亲后又娶了妻子,共同虐待舜。先是让舜把炒熟的麻籽种上,继而让舜到井下淘井把舜掩埋在井里,又让舜到房顶上修房时将房点燃;但是,这些都没有害死舜,舜也不计前嫌,仍宽厚对待父母兄弟。这是民间孝道化的故事附会,是民间百姓在舜的身上所给予的理想化、道德化的美化。因而,舜被列入传统的《孝子图》,千古传颂。孝敬父母,宽待他人,既有孝的意义,又有仁的意义。宽待他人的故事作了更多的生活化处理,如尧夸奖舜所驾驭的耕牛好,舜就说不要随便夸奖,而要顾及其他的牛。尧看舜很贤能,将自己的两个女儿即娥皇、女英都嫁给舜,舜待她们都很好,二妃从未有争风吃醋的俗举。舜驯象耕田的故事流传也很广,问题在于"历山"究竟在何处,多少年来争执不下。山东的济南千佛山、菏泽（雷泽），山西的垣曲舜王坪、永济东南历山，浙江、湖南、河北等地，都有相关记载。应该说，这是民间神话对农耕文明开创的阐释。驯象在中原一些地方传说为象为猪所生，猪与象同生。这给我们提供了关于原始信仰中猪图腾研究的新课题。舜耕在中原，中原图腾为象，象与猪同生，包括颛顼族也有猪的图腾，这些内容都表明，中原农耕神话中所包含的猪图腾是一个不可忽视的文化现象。

舜神庙在中原地区较为典型的是偃师邙山岭上的舜王庙，每年都有庙会。四面八方的百姓赶来，祭祀舜王。周围地区还有舜王治水、舜王赶鱼、舜王退敌和娥皇、女英骑牛骑骡而骡不生驹的传说故事。此外，在这里关于舜的出生故事颇类似于姜嫄神话，即瞽瞍梦见凤凰而得舜，也有传说梦见朝阳而得舜的。这类神话原型应引起我们的多重含义的文化思索。

第八是大禹神话群。

大禹是民间文化中流传最广的大神，其主要身份是治水英雄，被后世尊崇为人间帝王、天国神使、宗教领袖、科学大神、战争之神等多种身份。他的影响几乎是其他神无法相比的。

在《山海经》中，概括起来讲，禹的神话形象还是一位相当朴素的治水英雄，其事迹主要有"杀相柳"（《海外北经》)、令竖亥测算东西两极距离(《海外东经》)、"攻共工国山"(《大荒西经》)、"攻云雨"(《大荒南经》)、"积石"(《大荒北经》)、"生均国"(《大荒北经》)、"湮洪水"(《大荒北经》)、为群帝造神台(《大荒北经》)、"布土以定九州"(《海内经》)。其生存背景是鲧治水事业失败为天帝所杀,显示出悲壮的文化氛围。

在后世的文化典籍中,如《史记》在《夏本纪》《五帝本纪》中,称"唯禹之功为大,披九山,通九泽,决九河,定九州","成美尧之事者"。在一些神怪小说中,禹的形象更是洋溢着不凡的仙气,其事迹演绎成许许多多的离奇故事。禹的"足迹"分布最为广泛,大江南北,黄河上下,江河济淮之间无不留下有关禹的神话遗址。诸如河精授禹以"河图",逐防风氏,捉拿无支祁,克三苗,导积石,劈开龙门山,化熊打通轩辕山,喝令涂山氏还子,三过家门而不入,锁蛟,大会群神于会稽山等,均成为千古绝唱。总观神州大地,禹神话遗址的分布呈西北向东南线条状,即从东南的会稽山到西北的积石山,间以中原地区的河洛为中心,形成一条线。其中,河洛地区的禹神话信息量最为密集,神话遗址也最多。这一方面和"昔三代居于河洛之间"分不开,另一方面也和历史上的治水事业集中在黄河中下游分不开。当然,四川、湖北、湖南等地也有数量相当可观的禹神话遗址。

正如戴逸等学者所言，河洛的地望在今天看来基本上是以嵩岳为中心，除河南地域之外，还包括山西、陕西和山东、河北、甘肃等地的一部分。若这样说，那么河洛就是历史上的大中原，以黄河的中游为主包括下游一部分地区。从史实和考古发掘来看，虽然中华民族是多源头的，但这片土地也确实是中华民族的主要发源地，这是无可争议的。也就是说，在河洛地区形成禹神话遗址的大面积分布，绝不是偶然的。它以雄厚坚实的历史积淀深刻地影响着民间信仰这一民间文化的主体内容。神话遗址中很多民间文化内容虽然有许多夸张、虚妄、神秘的成分，但绝不全是杜撰。

河洛的中心在嵩岳。这和大禹建都阳城的历史传说有着密切联系，而其中最突出的神话遗址就是启母石、启母阙、启母庙等处。关于启母传说，不见于《山海经》，详见于《淮南鸿烈集解》卷十九《修务训》之注文：

> 启母，涂山氏之女。禹治洪水，通轩辕山，化为熊。谓涂山氏曰：欲饷，闻鼓声乃来。禹跳石，误中鼓，涂山氏往。见禹方作熊，惭而去。至嵩高山下，化为石，方生启。禹曰："归我子！"石破北方而启生。

这段记载和今天的民间传说是一致的。当地百姓对此解释道：嵩山脚下所立启母石，就是传说中的禹得涂山氏裂腹生子处。启母石附近有启母阙,是传说中大禹的家门,上绘有农耕、狩猎的浮雕,是当时社会生活的记载。传说当年禹治水时,嵩山之南,东自禹州,西至龙门,颍水两岸,一片汪洋。禹为了泄洪,在登封西北萼岭口(轩辕山)凿山治水,想把嵩山南面的洪水引入北面的洛河,归于黄河。在凿萼岭口时,他化作了巨熊以推倒山岩,涂山氏送饭至此见到丈夫化身,不由气急交加,在启母石这里化成石人。禹看到巨石,想起妻子怀胎尚未分娩,大喊:"还我儿子!"此时"轰"的一声,石破,跳出一子即为启。禹得子叫"启",就是取从石头中得来之意。

启母石还引发了许多传说,如穆王观夏后启之于太室等,清代景冬旸在《说嵩》中对此有详述。今启母阙和太室山、少室山两处的石阙并称"中岳汉三阙"。启母石、启母阙相距约半里许,启母庙在二者之间,但此庙今已不存。

启母阙浮雕画的内容,我们可看作《山海经》神话内容的再现,主要有这样几类:第一,大禹治水,重点突出禹化熊等事迹和三过家门而不入的忘我精神;第二,动物图腾,诸如龙、虎、鹿、天马、大象等;第三,狩猎生活,诸如放虎逐鹿、骑马等;第四,各种仙术,诸如幻术、杂技、玉兔造药等内容;第五,孝道故事,如郭巨埋儿等;第六,星辰崇拜,如太阳等。

这些浮雕画所表现的内容超越了《山海经》的时代，明显具有汉代封建统治的思想。但正因为有了这些画面的内容，才进一步促使禹治水等神话传说一代又一代作为口碑继承下来。我们同样可以把这些石阙画看作远古文化的痕迹，从某一方面看到《山海经》对后世文化的影响。

在嵩山周围，广泛分布着有关大禹治水的神话遗迹。如太室祠、少室庙（少姨庙），传说是涂山娇、涂山姚姐妹俩相随大禹来到嵩山，当涂山娇变成石头时，禹抱起从石头中得来的启去找涂山姚，涂山姚就嫁给了大禹。后人把涂山娇住的崇山叫作太室山，把涂山姚住的季山叫作少室山。这颇有娥皇、女英嫁与大舜的意味。若我们引申开来，却能发现群婚制的野合或对偶婚形态的痕迹，这种太室、少室的划分方法是后人受伦理道德观念的影响对前人野合等生活内容的合理化解释。在神话流变史上，后人按照自己的生活方式去理解远古神话，这是一种普遍现象。

嵩山北面的五指岭，传说是大禹的五指所化。当地人讲，禹凿龙门，涂山氏带着儿子启去迎接大禹回家。此时，禹化作巨熊，正用左手推倒拦住水流的山头以便让龙门水东流，这五指被涂山氏所看见，并喊出声，所以，大禹恢复原形时，左手就化作了石头而不能复原了。这里的禹指化为石和涂山氏化为石，都体现出在《山海经》中作为重要内容的巫术文化的特殊意义。这种现象在我国民间文化中相当普遍，如著名的望夫石，也是对远古巫术自然继承的映现。

嵩山周围地区的禹庙相当多，甚至一些村庄就以禹王庙作为村庄的名字，更不用说在日常生活中对禹的敬祀，举行庙会以及各种歌谣的演唱了。其中，嵩山东南方向的近邻禹州，取此地名就是为了纪念禹的治水神功。在这里流传着丰富的禹神话，诸如著名的锁蛟井、诸侯山、坐窝、汗沟等传说中的禹神话遗迹，饱含着民间百姓对大禹的景仰之情。最为著名的是锁蛟井。

锁蛟井在禹州城内禹王庙前古钧台街。此井用砖圈成，井口有大石圈，井的外侧立了一根石柱，系着一条大铁链子，连接着井下，即传说中的锁蛟绳。蛟的形状传说不一，有人说像一头野猪，有人说像一头牛，有人说像一只野猫。锁蛟井不独禹州有，但这里的锁蛟井却更具特色。井上方建有高大的亭榭，亭榭外壁上绘着几十幅大禹治水的图画，诸如斗蛟、泄洪、三过家门而不入、劈开龙门山等，异常生动，惟妙惟肖，意味深长。面对这些神话内容，人们浮想联翩，犹如到了远古时代正亲睹大禹治水的动人场景。

禹王锁蛟的传说流传甚广，河南的禹州、桐柏及四川、浙江、江苏、山东、山西、陕西等地的传说情节大致相同，同时，它又与各地的具体风物相结合。20世纪30年代，我国著名神话学家黄芝岗在他的《中国的水神》中作过详细描述。故事的背景一般在大禹治水过程的中间阶段，角色的主要人物即禹和蛟。蛟是被水冲到某地的孤儿，被一对老夫妇收养作为义子。蛟到河水（或江水）中玩耍，而且异常任性，不受父母管制。大禹微服访蛟，发现了它的行踪，就扮作一个要饭的老人，在蛟的家中等候。原来禹多次捉拿蛟，蛟都逃脱，扮作孤儿来到这里藏身。禹的真实身份被蛟发现后，蛟急忙逃窜。后来，蛟疲于奔命，在一条小河旁稍作休息，吃下一碗面条（或米饭），而这碗中的食物就是大禹设计伪装成的铁锁链，一下子锁住了蛟的心脏。禹把蛟压在井中，不准它出来。蛟不服，问何时能出来。大禹说：铁树（或石头）开花时才能出来。后来有人来这里玩，无意间把带有红色的装饰品的帽子挂在井旁石柱上，结果，蛟就腾身将水涌出井口，它以为是铁树（或石头）开了花。当人取走那顶帽子时，蛟又回到了井中。

锁蛟的情节虽然不见于《山海经》，但作为一种凶猛的水怪，在《山海经》产生的时代，民间信仰中肯定会有这种动物图腾观念的。也就是说，蛟的出现是《山海经》神话的"遗留物"即远古文化的痕迹。后面的铁树（或石头）开花的语言契约，显然又是对原始巫术的意义的延伸、继承。整个故事都可看作大禹神话的世俗化的典型体现。世俗化的实质就是神话思维在原始社会之后，当社会生产相对发达时，它所继续发生的影响作用。

禹州东北的诸侯山，传说大禹曾在这里率领各路诸侯，挖开此山（原名蜘蛛山）与灵山之间的山岗，使水流畅通。所以，此山得名为诸侯山。诸侯山的山顶有一块巨石，上面有一处呈凹形，传说大禹在上面坐过，所以叫"坐窝"。坐窝向南的山下有一条沟，相传是大禹挖山时流了许多汗，将土地冲成沟状，所以叫"汗沟"。

此外，禹州百姓敬仰大禹，把大禹当成地方保护神，流传着许多禹王爷显灵，捉妖拿怪的故事。这和伏羲、黄帝等远古帝王在民间的显灵的文化意义是一样的，都表达出千百年来流传不息的祖先崇拜、道德崇拜思想。

洛阳龙门,传说是禹劈开山石,使河水通畅的地方（"大禹疏龙门，伊水出其间"），至今这里仍有禹王池遗址。在龙门庙会时，有人敬祀大禹，在这里洗神羊，掷钱币。《拾遗记》中曾载有大禹凿龙门时，在山洞中遇到猪和狗变成的黑衣仙人带领他去见伏羲，得到伏羲给他的能量天地的玉简。今天，这个故事仍在流传。这个山洞传说就在禹王池下面，但被石头泥沙所覆盖着。凭着这一尺二寸长的玉简，大禹平水患，除妖怪，劈开龙门。在传说中，大禹用玉简杀死蛤蟆精，留下龙门山脚下的蛤蟆泉。还有人说，龙门以上是很大的湖，大禹听从一个放羊娃的"龙门开"歌谣，劈开龙门山，形成龙门口，泄去洪水，造福于民。

关于龙门的传说不仅洛阳有，山西的河津和陕西的韩城之间，也有龙门阙。我们不必强求认定哪一个地方才是真正的禹所开的龙门，这像远古神话中的"禹所导积石""禹攻云雨"一样，都体现出人民朴素的感情，既是表达对自己的家乡的热爱，又是对圣贤、英雄的高尚品格的讴歌。

　　黄河三门峡的禹神话遗迹为三个豁口——三门。这种传说的历史甚为久远。如《水经》所载："（河水）东过砥柱。"郦道元注："昔禹治洪水，山陵当水者凿之，故破山以通河。河水分流，包山而过。山见水中若柱然，故曰砥柱也。三穿既决，水流疏分，指状表目，亦谓之三门矣。"三门峡的三门即神门、人门、鬼门，在传说中为禹用巨斧劈开而成，可想见这种神话的壮丽宏伟。这里的山石草木都有大禹的神迹，形成又一个庞大的禹神话群。如娘娘山，也叫梳妆台，有的传说描述此山是王母娘娘留下的，有的传说则与禹治水连在一起。在传说中，禹化作黑猪拱开河道，结果，他的妻子看见之后大声喊叫，破了他的法术，大禹很生气，打掉了妻子的头，妻子就化成石柱立在那里成为娘娘山。在米汤沟，传说是禹的妻子送来米汤，看见禹的化身受惊之后摔碎米罐留下了这些像米汤一样的沟水。河水中的砥柱峰，传说是大禹留下的镇河宝剑。三门峡的三个石柱，传说是当年大禹造桥时，法术被妻子惊破，桥腿才朝上。其他传说还有大禹跃马过黄河时留下了"马蹄窝"，站立在山石上劈山时留下了"神脚掌"等。这里值得我们注意的是,禹神话传说中增强了法术即巫文化的意义,有了猪图腾的内容,以及杀妻的情节,其中所蕴含的意义更为复杂。同时,我们也可以看见其在继承《山海经》神话的原始思维时所表现的泛神信仰,与后世宗教思想、伦理观念、宗法意识的结合。

西行至灵宝,北行至太行、王屋,南行至桐柏,东行至开封,东北行至浚县大伾山、浮丘山,中原大地只要是有水的地方,我们几乎都可以找到禹的神庙。尤其是桐柏,这里的锁蛟井是用汉白玉砌成的,蛟变成了无支祁。这里的禹王庙处于淮源,石柱山的"禹舟铁环"和三家河的有关传说更显出民间想象的奇特。在开封的禹王台,大禹的形象有了更浓郁的帝王色彩,这和千年古都的文化氛围形成了一个整体。更不用说许多城市为了弘扬民族文化,塑起了大禹治水的雕像,形成现代文明与古代神话融为一体的景观,显现出禹神话的现代风采。特别是在一些民间庙会上,至今还有传说源自禹的巫步,它象征大禹跋涉奔波的艰辛,这是更典型的野性艺术。若我们追溯其源头,可直指《山海经》中的巫彭和巫咸他们的"不绩而服"等行为。在很多地方,道教力量极力渲染大禹奉天命及其与鱼精水怪的交往,这些内容深刻地影响着一些民间文化的具体生成。

第九是夸父神话群。

夸父在《山海经》中是追日的英雄。其主要事迹如《海外北经》所载：

> 夸父与日逐走，入日。渴欲得饮，饮于河渭，河渭不足，北饮大泽。未至，道渴而死。弃其杖，化为邓林。

这是夸父神话的原型内容之一，一为追日，二为弃杖为林。追日的目的和原因，我们都难以从字面上得到答案。仅仅是为了好奇，或者是追求探索太阳运行规律，这些猜想都不能令人信服。我们可以将此解释为太阳崇拜在原始神话中的具体表现，但又未免过于空泛。只有在联系之中，我们才能理解问题的实质，或者是更接近事实。

首先是我们可以看到夸父族以蛇为图腾的神话内容。《山海经·大荒北经》载：

> 大荒之中，有山名曰成都载天。有人珥两黄蛇，把两黄蛇，名曰夸父。后土生信，信生夸父。夸父不量力，欲追日景，逮之于禺谷。将饮河而不足也，将走大泽，未至，死于此。应龙已杀蚩尤，又杀夸父，乃去南方处之，故南方多雨。

这则材料，我们可以看作是《海外北经》的补充、丰富。

"后土",郝懿行释为"共工氏之子句龙也"(《山海经笺疏》)。关于共工生后土,《国语·鲁语》释为:"共工氏之霸九有也,其子曰后土,能平九土。"《海内经》又有"炎帝之妻……生炎居……生祝融……生共工……共工生后土……"句,可知夸父是炎帝族的一支。应龙既杀蚩尤,又杀夸父的内容还见于《大荒东经》。这都说明夸父和蚩尤都是炎帝集团的力量,在和黄帝集团发生战争时失败,为了求得生存才奔向北方大泽方向的。《大荒东经》中有"应龙处南极",南方旱的原因在于应龙。那么,黄帝的统治区域在中原,为何夸父逃离他方之后,又要奔向黄帝的辖区呢?我们可以设想,此时的中原可能由于黄帝征伐四野而处于空虚状态,且夸父的家乡也可能先前就在中原。

《中山经》有夸父之山及"其北有林焉,名曰桃林"的记载。因为从图腾神话来看,《海外经》中,南方祝融和东方句芒都乘龙,一个"兽身人面",一个"鸟身人面",而只有北方禺强"人面鸟身,珥两青蛇,践两青蛇",西方蓐收"左耳有蛇,乘两龙",夸父族的家乡一般被认为靠近北方和西方。很有可能夸父族到南方参加炎黄战争,失败之后逃回家乡。《海外北经》中所提到的"博父国",有学者认为就是夸父国,"其为人大,右手操青蛇,左手操黄蛇。邓林在其东、二树木",更进一步说明夸父族以蛇为图腾。夸父向西北方奔去,更大的可能是由于战争失败，为了生存才离开南方的。正是在民族迁徙的艰难跋涉之中，才有如此惨烈的"道渴而死"的情况发生。我们把此神话看作氏族迁徙的悲壮史诗，是不为过的。

夸父是巨人族，从人类学意义上来讲，也应该是北方或西方的氏族。夸父之山传说在南方也流传，如湖南沅陵县的夸父山传说，但从内容上看明显属于行进途中经过之地而非居民之邦。《山海经》中所提到的"夸父之山"，郝懿行注为"一名秦山，与太华相连，在今河南灵宝县东南""其北有林焉，名曰桃林"，郭璞注为"今宏农湖县阌乡南谷中是也"。这与今天的灵宝市的历史、文化、地理等内容是基本吻合的。在中原地区灵宝一带所流传的夸父神话传说及其遗址，与其他神话相比，与《山海经》联系得更为紧密。

据考，灵宝包括旧时阌乡，在历史上曾称作桃林，唐代才改为灵宝，《地理通释》《阌乡县志》等典籍和方志都载有这里古代多桃林的内容。从今天的地势上看，夸父山和《山海经》中所载"夸父之山"大致相同。夸父山在灵宝的阳平镇东南处，其形状为仰卧在灵湖峪和池峪之间，有头、肩、腹、腿等部位。北临黄河、渭水。山北有夸父营，相传这里的居民是夸父的后裔，至今有将夸父祀为山神，八大社山民轮流主持迎夸父、送夸父的习俗。夸父营和夸父峪是两回事，夸父峪是夸父山北一处长 20 里许、宽 10

里许的山地,有8个村庄。历史上,夸父营、夸父峪、狼寨屯曾发生地界纠纷,后于道光年间,由县邑令出面裁决而立下了《夸父峪碑记》,碑中载下"东海之滨,有夸父其人者,疾行善走,知太阳之出,不知其入,爰策杖追日,至此山下,渴而死,山因以名焉"一段话。这里的山民曾建有夸父神庙,把夸父作为自己的祖先敬祀,作为山神、地方保护神来信奉,并且把桃树画在夸父神庙会的彩旗上面作为自己宗族的重要标志。在祀神的花馍上他们也做桃来教育子孙、寄托自己的意志,形成形象化的教材。诚如《夸父峪碑记》所载:"此山之神,镇佑一方,民咸受其福,理合血食,兹故土八社士庶人等,每岁享祀,周而复始,昭其崇也。"神庙会一代代传承着,引来三省(河南、山西、陕西)相邻的村民观看如此热烈的盛会。这山,这神庙,就是最生动的神话,最有意义的神话遗址。从这里,我们可以看到源自《山海经》的那些熠熠闪烁的文化的光辉。

最后是炎帝神话群。

炎帝集团在《山海经》中是备受压抑的部落联盟,诸如共工、蚩尤、夸父、祝融等,都是这个联盟的重要成员。但是,我们从另一个方面可以看到,炎帝集团在同黄帝集团进行激烈搏杀时,那非凡的斗争勇气是异常可贵的。像禹杀相柳,相柳的血竟有那么深,这事实上传达了一个远古战争信息,即相柳的战士们前仆后继,宁死不屈,具有特别坚强的意志；又像蚩尤伐黄帝，黄帝费了那么大的气力才结束战争，是以应龙和女魃"不得复上"的悲剧作为代价的。蚩尤和相柳都属于炎帝集团的力量，他们的意志代表着炎帝集团的精神。

炎帝是一位被掩盖去许多事迹的军事领袖，是农耕文明的重要代表者。见于《山海经》的炎帝神话内容更多的是他的妻子、儿女、子孙的情况，如《北次三经》中的"精卫"，《大荒西经》中的"灵恝"，《海内经》中的"伯陵"和"赤水之子听䛎"等，只有《中山经》，虽然有"神耕父"出现，却是一个"见则其国为败"的倒霉的凶神。真正使炎帝形象得到恢复的是《山海经》之后的《淮南子》《搜神记》和《史记·补三皇本纪》等典籍。如唐代司马贞所作《史记·补三皇本纪》说：

> 炎帝神农氏，姜姓。母曰女登，有娲氏之女，为少典妃，感神龙而生炎帝，人身牛首。长于姜水，因以为姓。火德王，故曰炎帝，以火名官。斫木为耜，揉木为耒。耒耨之用，以教万人。始教耕，故号神农氏。于是作蜡祭，以赭鞭鞭草木，始尝百草，始有医药。又作五弦之瑟，教人日中为市，交易而退，各得其所。

神农的形象在这里才清晰起来。首先是他和黄帝一样为少典之子，龙的后代，以牛为图腾。他是农耕文明的文化大神，前面所引《山海经》曾提到他的子孙为钟为乐（如《海内经》有伯陵与阿女生"鼓、延、殳"，"始为侯"，"始为钟，为乐风"），但没有地位，只有唐人司马贞所作的《史记·补三皇本纪》记载他进行了各种创造活动，成为神农、医药之神、音乐之神、商贸之神。在《水经注》中，他的身份更了不起，甚至可奉为井神。炎帝的形象对后世民间文化影响深远。《山海经》成书过程中扬黄抑炎而形成的冤案，被司马贞和干宝平反了。炎帝形象除了农神之外，还有医药之神和音乐之神、商贸之神等内容，而流传至今的主要角色，则是农神和医药之神。《淮南子》说炎帝"尝百草之滋味……一日而遇七十毒"，《搜神记》说他"以赭鞭鞭百草，尽知其平毒寒温之性，臭味所主，以播百谷，故天下号神农也"，我们既可把它们看作是对《山海经》炎帝神话的平反昭雪，又可看作是对炎帝神话形象的复原、补充、丰富。

神农神话广泛分布于浙江、江苏、四川、湖南、湖北、山东、河北、山西、陕西和北京等地。作为神话遗址，分布表现最典型的就是各地的神农庙、神农坛和五谷台。其中，湖北神农架、湖南炎帝陵影响最大。其次就是遍布中原的神农神话遗址，及其所包含的神话传说（特别是其中流传的神农为药王菩萨的意义更为特殊）。

中原地区首屈一指的神农神话遗址当推黄河游览区

（郑州）的炎黄二帝像。这是为全国所瞩目，为全世界中华儿女所关注的炎黄文化工程。我们称其为神话遗址，主要是指此工程凝结着中华民族的文化传统精神，它以神话历史为基本内容，体现民族大团结的思想和对美好前途赞美之情。之外，较为典型的就是淮阳的五谷台、商丘的神农墓、温县的神农涧、太行山上的神农庙等。

淮阳的五谷台，是为了纪念传说中的神农炎帝而立的。传说神农在这里教会人们种植五谷，告别了茹毛饮血的历史时代。又有传说神农在这里教会百姓收割、收藏粮食，而且让粮食生虫，不独为人所拥有，使五谷养活世上所有的生命。神农受到民间百姓爱戴，在每年的农历二月二至三月三的太昊陵会上，许多斋公（即善男信女）都要去拜神农，一来请求保佑家中无灾无病，二来请求保佑粮食丰收。说到底，还是把神农作为农神和医药之神来祭祀的。

温县神农涧，涧有2丈多深，10丈多宽，两岸生长着许多名贵药草。人们传说，这是当年神农路过这里，遇见许多百姓病亡，就带人爬山越岭，四处寻找药草，帮助百姓治好了病。为了改变这里阴气太浓易使人患病的地理环境，也为了方便百姓取药，于是，神农就拔剑而起，看准地势，划开地表，种下百样药草，这里就有了这条神农涧。

在中原民间，和其他地方一样，炎帝神农神话形成两种影响层面，即一层是上层文化，其意义在于弘扬炎黄团结的精神，把炎帝当作民族的祖先神；而另一层是下层文化，其意义在于把神农作为保护神，无论是农神还是药神，都为了求得对生命的保护。当然，有时这两种层面的文化又相互交融，共同影响着民族文化的发展。但我们不能不承认，上层文化越来越成为主流，而下层文化正被上层文化所改造、同化。也就是说，民间文化正被飞速发展的现代科学文化所冲击，其神秘性意义正渐渐淡化，民间神话被进行以科学文化为基本内容的审美化处理。

神话遗址的巫的文化成分和意义正越来越淡，以远古文化为内容的人文自然景点，被纳入旅游文化的建设之中。当现代工业文化成为神话遗址的一部分内容时，一些神话故事就被现代技术演绎成新的图像景观，有些神庙中的神像借助现代雕塑技术加工完成。神话虽依然存在，但不可避免的是，《山海经》中沿袭了数千年的神巫之气，会越来越多地被现代工业文化所过滤。目前在这一方面出现了一些误区，即大量的人造景点的涌现，尤其是部分设计者严重缺乏原始文化等古代文化知识，造成了一些不伦不类的文化垃圾。

在某种意义上来讲，不读《山海经》就不能全面理解中国神话及其与中国文化的联系，这绝不是空话。只有在与社会历史相结合的文化比较分析中，我们才能更深切地理解中国文化的意义。

《山海经》神话与中国民间文化的联系，除了上述的神话遗址或神话遗迹之外，还表现在民族文化的图腾艺术与民间巫术上。

图腾属于古老的民间文化，在《山海经》中得到广泛表现，流传到了今天，它的内容更多被消解到生活的世俗信仰之中。所谓世俗信仰，即是与宗教行为相对的，存留在普通民众的生活之中而表现出的信仰观念。诸如祭祀神灵的民间仪礼、仪式，服饰，生活环境和生产、生活用具的装饰，一举一动，一草一木，都充满了图腾意识。当然也包括语言文化中对图腾内容的自觉运用，作为审美机制的图腾艺术的具体表现。图腾的消解，其从神话到世俗的嬗变，是世界各民族的共有现象。正是这些图腾艺术的具体表现，才构成各民族的文化个性的具体内容。在现代国际争端中，除了表面上的政治、经济纷争，重要的还是文化的冲突与碰撞。图腾文化作为民族文化的重要组成部分，有着悠久的历史，图腾在远古文化中是不同的氏族的徽帜，在今天表现为一些崇尚或禁忌行为，它一方面是文化个性、审美风尚、生活态度取向的具体内容，一方面是一个民族远古文化的回响、残存。无论现代化对民族生活有多么强烈的冲击，图腾都不会完全消失。在美国、日本和德国、法国，以及新加坡、马来西亚、澳大利亚的现代化建设中，都充满了图腾文化。尤其是西亚一些古代文明国家的消失历史，使我们看到，民族可能因为多种原因会消失，但民族文化的内容包括图腾绝不会随之而完全消失。在某种程度上讲，对图腾的认识，就是对一个民族的文化和历史的认识。

在《山海经》中，图腾的表现主要是各种动物，鸟、兽、鱼、虫等生命个体，也有一些植物、山、水、日、月具有图腾的意义，尤其是扶桑树、昆仑山，我们都可看作图腾的表现。同时，我们也可以看到，图腾常常表现出个体的独立性，也表现出相互交融，诸如"×首×身"的句式。图腾的影响范围、表现范围，有大有小，具有地区性、氏族性的多种差异。图腾内容的差异，实质就是文化性质的差异。它反映出不同氏族、地区的生存环境、生活内容与文化的具体联系。

首先是龙图腾成为《山海经》最具影响力而且最丰富的图腾内容。今天我们常讲中华民族是龙的传人，从远古文化中我们能更深刻地理解这一内容及其意义。龙的图腾，使中华民族具有很强的凝聚力、向心力和团结、创造精神。

龙在《山海经》中的表现，如《南山经》中的"凡䧿山之首，自招摇之山，以至箕尾之山，凡十山，二千九百五十里。其神状皆鸟身而龙首""自柜山至于漆吴之山，凡十七山，七千二百里。其神状皆龙身而鸟首""自天虞之山以至南禺之山，凡一十四山，六千五百三十里。

其神皆龙身而人面",《东山经》中的"自樕螽之山以至于竹山,凡十二山,三千六百里。其神状皆人身龙首",《中山经》中的"(光山)神计蒙处之,其状人身而龙首,恒游于漳渊,出入必有飘风暴雨""自女几山至于贾超之山,凡十六山,三千五百里。其神状皆马身而龙首""自首山至于丙山,凡九山,二百六十七里。其神状皆龙身而人面""凡洞庭山之首,自篇遇之山至于荣余之山,凡十五山,二千八百里。其神状皆鸟身而龙首"等。各山神的龙身或龙首,就是一种图腾合体。在《海外经》各经中,龙图腾表现为"南方祝融,兽身人面,乘两龙","大乐之野,夏后启于此儛九代,乘两龙,云盖三层","西方蓐收,左耳有蛇,乘两龙","东方句芒,鸟身人面,乘两龙"。《海内经》各篇中,龙图腾表现为"窦窳龙首,居弱水中,在狌狌知人名之西,其状如龙首,食人","雷泽中有雷神,龙身而人头"。《大荒经》各篇中龙的图腾有"应龙"本身,再提到夏后启"珥两青蛇,乘两龙",以及"烛龙"等。他们佩龙、乘龙,或龙首,或作为龙的一种,在图腾意义上都是把龙作为自己氏族部落的徽帜,以区别于其他的氏族部落。黄帝集团统一了各氏族之后,龙的图腾也得到了统一,自此,龙就在更广泛的意义上成为华夏子孙的图腾。这种图腾体现在上层政治文化中,出现了黄帝出入乘龙的神话内容。历朝的封建皇帝也自称为龙,衣服被称为龙袍。体现在民间文化中,龙是神灵的象征,皇权的象征,尊贵的象征,图腾的意义才真正在世俗生活中消解。

龙神信仰是龙图腾世俗化的具体表现。如,民间百姓既畏龙惧龙,又敬龙爱龙,向往龙,同时,把龙分为几等,以龙比照世间的人等。龙成为民间百姓生活的一部分,衣、食、住、行,各方面都有龙的身影。

首先是民间文化中的风水观念,表现出对龙的尊崇。人们向往富贵,希望生在龙地,葬在龙穴,养出龙子龙孙。民间百姓把自己周围的生存环境看作龙虎气象的体现,讲究龙骨、龙须、龙首、龙尾、龙脉的地形及其运用。于是演绎出了许多龙的传说,诸如各地的金龙、银龙、玉龙、石龙、土龙、黑龙、白龙、恶龙和蛟龙的故事,并附会在一定的自然物上,像黑龙潭、白龙潭、九龙山、五龙口、龙水等具体的地名。更不用说在各地的古典建筑中所体现的龙神信仰,如开封有龙亭、繁塔传说与黑尾巴老李的故事。许多地方的河流,在传说中就是龙的化身。如,河南项城有一条小汾河,起源于嵩岳地区,汇聚于淮河。项城父老解释小汾河之所以有很多湾,就说是由于老龙东去,不忘娘亲,一步一回首,形成了这九九八十一条河湾。新中国成立前许多村镇都建有龙王神庙,一方面是为了镇水患,坚定人们治水的信念;另一方面是为了求雨解旱,把龙作为家乡的保护神,使家乡保持安宁、康福、和谐。从而,龙图腾不但融入民间传说故事、歌谣之中，而且融于民间游戏、舞蹈，成为民间艺术的重要内容。人们不但把龙作为居住环境的一部分，而且把龙作为自身的一部分。如，民间盖房时，常把檩、梁称作龙，举行典礼时要为它拴上红布条，贴上红彩纸，以求坚实、吉利。房舍布局上讲究左青龙，右白虎，即庭堂为坐北朝南，东侧房为龙，西侧房为虎，龙可高于虎，而虎不能高于龙，形成一种民间规则。逢初一、十五，民间举行跳龙舞、点龙灯、赛龙舟，献媚于龙王。天旱时，民间又有晒土龙、打龙王的游戏，事实上这是一种巫术与图腾信仰的结合。人们与龙共舞，与龙共居，与龙共存。在俗语中，龙的信仰表现更多。诸如"龙生龙，凤生凤，老鼠生儿会打洞"，讲龙族与人出身的联系；"种下龙种，生下跳蚤"，讲的是以龙为代表的希望与失望；"大水冲了龙王庙"，意为一家人不相识，自相欺侮。龙的图腾意义转化为人的生存方式、生存环境的具体内容。又如民间百姓敬龙、祀龙，梦想成为龙，摆脱贫穷和低贱。在吃饭、穿衣上，都体现出这种意义，如人们认为龙为灵物，在祝寿等喜庆时日吃龙须面，也吃鲤鱼宴，以为鲤鱼是龙的化身，吃了鲤鱼，可以变得尊贵、健康、美丽、聪明。在雷雨天气，一棵古树被雷电击中后，民间百姓认为是龙王抓妖怪，那些被击落的树枝或被击焦的树皮，就成了灵药，传说食后能治百病。农历二月二，龙抬头——这是非常古老的民间节日。在这一天,中原民间百姓崇尚吃油炸的花豆,油煎的烙饼,把春节后剩下的最后一块花馍吃掉。吃花豆意味着为当年的黑尾巴老李那个传说的土龙王东去而送行;吃花馍则意味着有龙在身而百鬼皆退,百病自消。花馍是春节的供品,祭祀神灵和祖先的祭物,在一块直径约一尺许的面饼上,四周做成尾成一体的两条龙,并用枣或其他物品做成龙眼,用面做成龙须、龙角、龙鳞和龙爪,栩栩如生。花馍以龙为饰,这是民间百姓朴素的理想愿望的具体表现,更重要的是对龙的信仰、敬仰,体现出图腾的内容。从民间庭院中在雕梁画栋中饰以龙,垒成的院墙饰以龙,到民间儿童服饰上绘以龙,以及民间儿童的姓名中取龙字,有大龙、小龙、龙生、海龙、天龙、玉龙、龙娃等,我们可以想见,龙的图腾意义与世俗生活的密切结合。这是中国民间文化相当普遍的一种存在形式,是中国文化的一个缩影。

  典型的例子还有民间丧葬文化中龙图腾的意义的体现。我们在《山海经》中可看到"乘两龙",以及飞仙乘龙的许多传说故事。与此相应的是,丧葬文化中整个程序都有类似的内容。如,葬穴要点明,就是俗称的"点龙穴";死者的花裙图案上,男的绘上龙,女的绘上凤;棺椁启动时,所用的"龙驾"当然是龙的形状,即用红、黄、绿等彩布做成龙衣覆盖住棺椁,棺椁前方是高大的龙首,昂扬雄视前方。在吊唁的民间文书上，也常有"某某乘龙而去"的字样。应该说，这种文化的渊源就在以《山海经》为代表的图腾崇拜。

《山海经》的图腾异常丰富，龙图腾仅仅是其中很小的一部分。其他图腾，诸如常在各经中出现的使四鸟或四兽"虎豹熊罴"。特别是蛇的出现尤其多，在《山经》《大荒经》《海经》和《海内经》中，几乎无处不在。在后世的民间文化中，蛇崇拜仍然是非常重要的内容。我们甚至可以这样讲，龙图腾的影响范围主要在上层文化中，而蛇图腾的影响范围则主要在民间下层文化中。民间乡野中蛇所出没的环境，民间百姓称之为和龙一样的神居，称蛇为小龙。最典型的就是乡村神戏演出时，戏班主要虔诚地敬蛇，请蛇点戏（黄芝岗《中国的水神》）。很多地方称蛇为"大王爷"，大王庙就是蛇神庙。更不用说流传千百年的《白蛇传》和民间蛇郎故事等，其生成背景我们一方面可追溯至以《山海经》为代表的原始神话思维，另一方面则可追溯到以《山海经》为典型的蛇图腾。蛇的身份在医药文化中常常作为仙而出入变幻，在农耕文化中常常是财神的象征，在渔文化中蛇是渔民的保护神，在宗教文化中蛇常常作为神使存在。《山海经》图腾还有凤凰、鹊、牛、马、羊、猪、鱼、犬、狐、鹤、鸡、毕方、狌狌、鸳鸯、猿、鼠、鹿、鹔、龟、虫和蜂等动物。这在民间生活的衣食住行诸方面都有不同程度的表现，体现出图腾文化的遗留意义。其他像玉、扶木、建木、铜、柏、草、磐石、火、鼓、韭、葱、桃、李、葵、棕楠、金、芍药、桑、蒲、樗、河、海、风、云等自然物，我们也可看到它们在《山海经》中所体现出的图腾意义。这些图腾文化的内容融入后世的民间文化生活中，从而产生许多具有特殊意义的崇尚或禁忌习俗，使普通的树木花草山石水火都具有鲜明的尊卑、吉祥凶恶的含义，影响着人们的思想、行为。这是我国文化中不可忽视的一部分。它们与《山海经》图腾的具体联系更为复杂。

《山海经》中的巫术常常是和图腾联系在一起而构成神话的基本内容的。如《海外西经》所提到的"巫咸国"，在登葆山上有"群巫"上下，神巫们"右手操青蛇，左手操赤蛇"，"夹窫窳之尸"，"操不死之药以距之"。神巫的基本职能即在于"上下"于天地之间，为神代言。又如，《大荒北经》中有"有共工之台，射者不敢北乡"和"魃不得复上，所居不雨"，这种"不敢"禁忌，"不得"悲剧，都是典型的巫术意义体现。再如，《五藏山经》中各篇结尾部分所列的"祠"礼，即巫术仪式和"珪""糈""婴""瘗""烛"及太牢、少牢等内容。这些巫术表现为神巫人三者之间的联系，对后世文化的影响主要是作为一种神巫思维而融入后世巫文化之中。

巫表现在后世的社会生活中，一是巫的行为、职业作为一种个体存在，影响着周围的社会生活；一是巫的思想、观念漫布在民间文化和更广泛的社会生活中。前一部分以"操不死之药"为典型，后一部分以"射者不敢北乡"为典型。

民间巫师在一些偏僻的乡村还相当流行，他们的主要任务是"驱鬼"。"驱鬼"的形式有两种：一是用所谓的"神药"或配合假想的擒拿鬼怪的动作为病人驱除身上带来病痛的"鬼怪"；二是语言巫术，即一些歌诀对病魔或不祥之物的诅咒。此外，还有一种媚神的舞蹈，或伴有歌乐，主要表现在庙会上，以及"拴娃娃""扣子孙窑"等行为和心理上，体现为巫术文化对《山海经》神巫思维的具体继承。造神药者有时和传统的中医疗法连在一起。如，中原地区还有拔火罐治病的习俗，即用面皮敷在病人的痛处（一般为穴位），然后在特制的陶罐中放上点燃的火球（团），使空气产生压缩的力量，挤迫病毒排出。有人使用这种方式时，还念叨着求神灵保佑的词语。应该承认，这种方式还是有效的，只不过具有蒙昧的思想色彩。这使我们联想起中草药的炮制、服用，与《山海经》中关于一些兽或鸟"食之不×"的记载。"食之不×"句式中，常充满按照某种动物习性或特征补充或祛除某种人体功能的道理。民间有吃什么补什么的食物疗法，我们也可将其看作一种巫术表现。用一句形象的话来概括这种巫术，就是用魔鬼的外衣来包裹科学。所以,著名的文化人类学、民俗学家弗雷泽为巫术辩解,并将自己的著作取名为《魔鬼的律师》。正是这位学者,在他的《金枝》中提出了接触巫术和相似巫术的概念,论述了巫术的双重意义,即它既作为科学的载体,也作为愚昧的载体,影响着人们的生活。这种"食"的疗法或"驱鬼"疗法,就是典型的接触巫术。语言巫术是典型的相似巫术。这些歌诀的内容一般为驱鬼,可以用在治病的场所,也可以用在祝愿的场所。当然,这是很不科学的,治病绝对不能依靠"驱鬼"。如,在许多地方流传着治小儿夜哭的"贴帖",即在红纸上写上几句话,贴在路口,若行人按照帖上的话做了,小儿夜哭就会治好。歌诀为:

> 天黄黄,地黄黄,
> 我家有个夜哭郎,
> 行路君子念三遍,
> 一觉睡到大天光。

还有非常流行的治疟疾的歌诀。这是相传源自先秦时代的巫术疗法,即疟疾患者在太阳未出来时,将一只煮熟的鸡蛋剥去外壳,并写上一行歌诀,站在自家门口,面朝东,边吃边念,念上五遍就可将疟疾鬼赶走。歌诀是这样写的:

> 我从东方来,
> 路遇一池水,

> 水中一条龙,
>
> 九头十八尾,
>
> 问尔食的甚?
>
> 吾食疟疾鬼。

在河南林州——红旗渠的故乡,我们曾搜集到一首咒噩梦的歌诀。即人在夜晚做了噩梦,神志受到伤害,就以为是噩梦神在作祟,在太阳未出来时,在心中默念三遍,一天之中就平安无事了。歌诀为:

> 此梦不祥,
>
> 贴在东墙,
>
> 太阳一出,
>
> 照个精光。

民间的招魂曲实际上也是这类巫术。巫术的思想基础在于泛神论,即一切事物的发展变化都是由一种特殊的灵魂所控制的,人们借助于一定的行为和语言,可以改变这种不利的控制。歌诀是一种表达方式,还有一种非歌诀的祝愿、祈祷语与一定仪式相结合的方式,即相当于《山海经》中的"祠"。只不过这里是一种依据现代生活的方式而制作的祭品,且多为纸、木质制品。诸如祭祀神灵和亡灵的明器,有冥钞(俗称阴票子),纸糊的飞机、船、电视,木质的树形串满纸钱制成的"摇钱树",纸叠的元宝、聚宝盆等。人们相信，这些物品在焚烧成灰后，在另一个世界中就会变成和当世的真物品一样为死者所享有和运用。这种灵魂不灭的信仰观念与巫咸、巫彭上天下地的思维机制是相通的。

巫术的相似意义不独能使人得到心灵的慰藉，而且更重要的价值在于它影响了许多民间文化艺术。诸如秧歌、高跷、旱船、狮子、龙舟、肘阁、焰火、盘鼓、腰鼓、十八音、铍、锣、琴和一些地方戏，都曾带有浓郁的巫术色彩或本身就是巫术的一部分，在民间艺人的改造下，逐渐变为健康、文明的艺术。如浙江绍剧跳加官中的蚩尤舞，在演员的乳房上绘成眼，脐上绘成口，这就是取材于《山海经》中的刑天与帝争神的民间艺术。它原来的意义在于驱鬼祭台，在今天则成为一种民间戏曲艺术的典型。也就是说，以巫术的相似意义为背景，产生了唱神戏、跳傩、打傩的民间艺术，在时代精神的融入、改造中，这些艺术焕发出新的文化生机。庙会歌舞也是同样。时代在发展，艺术也在不断发展，《山海经》对后世民间文化的影响的意义也在不断改变着。巫的形象与形式正越来越多地被现代文化所改造和利用，变成大众文化的一部分。

《山海经》对中国文化的影响，在不同的时代具有不同的特色，在不同的地区具有不同的内容。考察这种影响，若仅仅从文献上着眼将会十分狭隘，若仅仅采用考古和其他田野作业的方法，也同样是难免偏颇的。我们还是坚持文献、考古、田野作业的三重证据法，去透视《山海经》在民间文化中的继承内容，从而去把握我们中华民族的文化性格的生成和发展变化规律。我国民间文化浩如烟海，这里，我们的考察只能是从一滴水去看太阳的光辉，由所窥之一斑来推知"全豹"。

四 《山海经》与中国文学

　　《山海经》的主要内容可分为两大部分，一部分是神话，一部分是巫术。它所反映的是原始先民的信仰崇拜，在性质上更多地属于文化。文学的产生与发展离不开文化，离不开文化作为基础而产生与发展，离不开文化作为养料而不断丰富壮大，同样，离不开文化的渗透来形成自身的个性而始终保持独立地位。文学是属于文化范畴的，但文化代替不了文学，当然，文学也只能在一定程度上代表文化。中国文学的发展，源自作家们对社会生活的投入和关注及其所进行的深刻感受、表现，也源自作家们对自身文化素养的不断提高、升华，从而一次次创造出文学的辉煌。任何作家的成长和发展，都离不开文化的培育。作家犹如饱满的种子，要依赖肥沃的文化土壤，才能长成参天的大树，结出甘美的果实。《山海经》是中华民族文化的一个重要组成部分，对中国后世文人及其创作有重要影响。这主要表现在两个方面：一是作为知识素养融进作家的创作机制之中；一是在作品中具体表现出《山海经》的文化原型，主要是神话原型。更为显著的是后者。通过具体的文本，我们可以看到《山海经》在文学长廊中响亮的回音。

中国文学素有接受民间文化、改造和利用民间文化的传统。《山海经》的总体内容是民间化的远古文化，它对漫长的中国文学发展历史的影响和作用，正是这一传统的体现。在中国文学的发展史中，许多文体的形成和发展，常常是先在民间出现，而后才成为一个时代的重要艺术形式的。一些重要的艺术形式，诸如诗歌、小说、戏剧，都曾经有作家借用和改造的历史。特别是诗歌，每一次革新，几乎都与同民间文化（民间文学）的联系相关。除了艺术形式之外，在题材上，常常出现作家对民间生活的自觉寻求而带来文学革新的状况，更不用说在思维机制上由民间文化的具体融入而体现出创作的旺盛生机。《山海经》影响作家创作的途径有两条：一是直接的，即神话原型在一些作品中被直接运用，成为文学形象的重要内容；一是间接的，即《山海经》的神话原型等文化内容先融进民间生活，成为民间文化的重要内容之后，再影响到作家的创作活动。判断第一种情况比较容易，判断第二种情况就复杂得多，而更多的文学发展的史实表明第二种情况居于多数。当然，我们考察《山海经》对中国文学的影响较多的是依据第一种情况，同时，我们也不忽视或摒弃第二种情况。也就是说，《山海经》在中国文学发展中对作家的影响，第一种情况具体表现为对神话内容等文化现象的直接运用，而第二种情况则具体表现为在艺术表现方法和审美创造机制上的运用和革新、改造等活动。换一句话讲，这也是中国文学发展的一个重要特色。在世界文学、世界文化的发展中，像《山海经》这样的神话典籍对民族文化的发展所产生如此深刻、广泛、持续影响的现象，是相当少见的。

文学的发展常常受制于一定的时代，它是和一定时代的政治制度、经济发展、文化氛围、哲学导向、舆论评价等社会现实内容分不开的。所以，许多学者把文学称为时代的精灵。在不同的历史时期，文学艺术的形态各异，与《山海经》的联系在密切的程度上也不尽相同。具体到文学的种类上，诸如诗歌、散文、小说和戏剧等文体，在不同的时代有不同的成就；我们不能说每一种文体都与《山海经》有着密切的联系，但我们可以说，《山海经》对中国文学的影响从来没有间断过。

文学是文化的主要成分，但它只是文化的一部分，而不能充当文化的全部，这是为人们所普遍接受的事实。《山海经》对中国文化的影响，对中国文学的影响是最为典型的，也是最为复杂的。其中我们可以看到，这种影响更多的是通过诗人、作家对《山海经》作为经典吸收其文化营养而形成自身的素养才形成的。中国古代文化是一个巨大的共生体，常常是各种艺术体裁被用作载道的工具。在中国，经学传统的影响异常顽固、坚韧、持久，从而使《山海经》与中国文学的发展联系产生一种矛盾现象，即一方面，《山海经》一般是作为"不经之经"为许多御用文人所排斥，另一方面是一些诗人、作家运用《山海经》中的神话使文学创作出现新气象。在整个文学发展中，可以看到《山海经》与中国诗歌发展的联系最为密切与典型。我国素有诗的国度之称，千百年来，涌现出灿若群星的诗人。如瀚海般的诗篇，成为中国文化的重要组成部分。《山海经》对我国诗歌的影响既体现在语言形式上，又体现在思想内容和艺术表现方法上。

首先是在《山海经》的《五臧山经》中，典型地体现出诗的语言形式。如那些描述鸟兽鱼虫和各种山川草木之神的句式，其本身就是诗歌的雏形。而在意境的描述上，整部《山海经》，特别是神话信息量最密集的《海经》和《荒经》中，诗化的场景最为丰富。尤其是在《海内西经》中描述"昆仑之虚""开明兽"周围环境的内容上，充满了神奇的丽鸟、玉树，一片辉煌，一片绚丽，令人眼花缭乱。只有在这样的环境中，才构成神话的各种形象及其生存、行动的具体内容。我们不能断言是神话启发了诗、孕育了诗，但是，我们可以肯定地说，诗歌中扑朔迷离的色彩、遨游天地的神思受到了神话中奇丽景观的描绘的显著影响。若我们把这种充满幻想的神话内容比作一幅幅远古画面，那么我们就可以看到在中国诗歌发展史上有着无数的这样优美的画卷，更有数不清的"诗中有画，画中有诗"的文学奇观。也就是说，运用奇丽的神话景观和具有丰富意义的神话故事（原型）来表现诗人的思想和情感的方式方法，在我国诗歌发展史中是相当普遍的现象，这也是我国诗歌发展的重要的艺术传统。从上古时代的歌谣到《诗经》《楚辞》，从陶渊明到李白，再到近代爱国诗人秋瑾，乃至影响了中华民族命运的毛泽东，他们的诗篇中都充满了与《山海经》相关的神话，并赋予了这些古老的文化内容以新的精神，从而激荡着无数中华儿女的心。同时，我们也看到，正是在诗歌中有机地融入了我们民族这些远古时期的神话，才使得这些诗篇更清新、美丽、刚健，更具有民族个性；因为这些流传下来的神话，其本身就饱含着浓郁而丰富的民族情感。在特殊的历史时期，神话代表着民族的崇高、神圣的尊严，而不仅仅是图腾的意义体现。神话故事，特别是那些充分体现民族刚强、坚韧的性格和追求光明和舍身忘我的品格的神话，随着诗篇的传播，常常能焕发一个民族共同的感情和力量。这些诗篇也因而自然地充当了时代的号角、火炬，激发着一个民族去前进，去搏杀，去奋斗。所以，以《山海经》为典型的神话在诗歌中的运用，常常在民族危亡的关键时期，在社会大动荡的转折时期，能够表现出更强有力的艺术魅力。

用《山海经》神话原型铸造诗篇、提炼情思的传统，在当代文学的发展中也屡屡出现，而且同样是在时代腾飞、变革的转折关头。如杨炼等青年诗人的诗篇，它使诗歌的发展因为融入了这些古老的神话而充满更丰富的思想意义和感染力量，而且引发了某些文学的革新和飞跃。我们可以把这种现象概括为新时期的神话诗学，它不仅包括诗歌，而且包括小说和戏剧，如韩少功、阿城等人的寻根文学，陈忠实、张炜等人的史诗小说和高行健、魏明伦等人的探索戏剧。这些作品都充满了对民族文化纵深层次的思想内容的思索，具有神话的意蕴，而诗歌是它们的先锋。它们的文化背景是千百年来中国文学对以《山海经》神话为代表的远古神话的自觉寻找的文化传统，其中，诗歌对《山海经》的接受更为典型。

我们要考察诗歌受《山海经》的影响而得以迅速发展这种文化现象，只能从典型的现象中进行个案分析。因为我国诗歌的历史异常悠久，内容当然异常丰富，限于篇幅，我们只能以小见大，从一个方面来理解和认识这种现象。以下，我们从我国古典文学和近现代文学中诗歌艺术的发展中,来透视《山海经》在我国诗歌审美机制构成中的具体表现。当然,由于多种因素的影响,并不是一直都有诗歌艺术对《山海经》神话的运用,而是不同时代不同的背景形成了不同的联系方式和不同的表现形态。

1.《山海经》与中国古典诗歌

古典诗歌的发展,经历了从简单到复杂、从意象单纯到内涵丰富的具体发展过程。任何一种古典诗体,我们都可以看到《山海经》的影子,尤其是《山海经》的文化意蕴,主要是神话思维在古典诗歌审美机制构成上所具有的独特意义。

(1)《诗经》与《山海经》同为我国传统文化的经典,但《诗经》中明显表现出《山海经》神话和巫的一些重要内容及其在当时的嬗变特征

《诗经》的编纂,人们总是要和孔子的删定整理联系起来。我们讲过,从文化发展中能看到《山海经》的成书在《诗经》之前,这就使二者的联系必然形成,而在一些文学史家的著述中也已经指出了它们之间的联系。当然,这种联系主要体现在《诗经》中对《山海经》神话的一些运用与发展。但是,在语言的句式节奏上,我们同样看到它们之间的联系。若我们将《山海经》中的一些句子稍加

变动，将一些句式改为诗体形式，就可以看到它们与《诗经》句式相似的现象。例如,《海外北经》中的"钟山之神"一段可做如下排列和翻译：

钟山之神，	钟山之巅有位神，
名曰烛阴，	它的名字叫烛阴；
视为昼，	睁开双眼为白天，
瞑为夜，	闭上眼睛黑夜沉；
吹为冬，	吹口冷气是冬季，
呼为夏，	呼出热气夏暑临；
不饮，	不喝，
不食，	不吃，
不息，	不动，
息为风。	动作起来卷风云。
身长千里。	烛阴身躯长千里，
在无䏿之东。	无䏿之东安下身。
其为物，	这种动物实在怪，
人面，蛇身，赤色，	红脸人面蛇样身，
居钟山下。	钟山之下做大神。
…………	…………
北海内有兽，	北海以内有神兽，
其状如马，	形状如马，

名曰驺骎。	叫驺骎。
有兽焉,	还有神兽,
其名曰䮻,	名叫䮻,
状如白马,	长得也像马样俊,
锯牙,	牙齿如锯真可怕,
食虎豹。	虎豹为食威风凛。
有素兽焉,	还有一位素神兽,
状如马,	同样长有马样身,
名曰蛮蛮。	蛮蛮为名为兽神。
有青兽焉,	青兽罗罗相为伴,
状如虎,	状如猛虎多威严,
名曰罗罗。	钟山之下共生存。

又如《大荒北经》中"是谓烛龙"句,我们也可进行这样的处理。其句式变化与白话翻译如下:

西北海之外,	西北海外,
赤水之北,	赤水北,
有章尾山。	章尾山麓有神灵。
有神,	此神长就人面孔,
人面蛇身而赤,	如蛇身躯红彤彤。
直目正乘,	双目一直望前方,
其瞑乃晦,	天地随它有阴晴,

其视乃明，	黑夜阴暗白昼明。
不食不寝不息，	不吃不睡也不动，
风雨是谒。	风雨尽入它口中。
是烛九阴，	这是神兽烛九阴，
是谓烛龙。	它的名字叫烛龙。

我们认为，这不是一般的偶然的巧合。从某种意义上说，《诗经》和《山海经》因为同源于远古歌谣才有如此相似的句式；从另一种意义上说，《山海经》保留了这种音乐旋律，从而影响到《诗经》的创作。一般认为，《诗经》全面反映了殷末周初到春秋中叶这个漫长时代的社会现实,其中的人物上有天子诸侯，下有庶民奴隶。也就是说，我们有更多的理由认为它受到了《山海经》的语言、艺术表现方法、思想内容等方面的影响。而且根据更广泛的先秦文化史材料，其中包括文献、文物等材料，我们可以看到《山海经》有诵和唱的成分。诵和唱主要是由巫来进行的。其诵、唱形制在《诗经》时代即殷末周初到春秋中叶，已受到了规范化处理。如,《诗经》中的风、雅、颂三种形制，一般都认为风诗为乡土之音，是地方性的俗乐，村野之歌；雅诗则为朝廷的音乐；颂为宗庙之乐，为祭祀时的乐舞形制。也有人认为是在具体的演唱时使用的乐器不同所分成的体裁类别，如章太炎认为所谓雅是一种类似于

鼓的乐器（《大雅小雅说》），张西堂认为所谓颂是钟之类的乐器（《诗经六论》），郭沫若认为风的重要部分《周南》《召南》，是采用一种铃之类的乐器。郭沫若说："《诗》之《周南》、《召南》、大小雅，揆其初当以乐器之名，孳乳为曲调之名，犹今人之言大鼓、花鼓、鱼琴、简板、梆子、滩簧耳。"（《甲骨文字研究·释南》）

《诗经》内容所涉及的地域，学者们也基本上达成了共识，即相当于今天的陕西、山西、山东、河南、河北、湖北、安徽等地。赖依周太师的传言，我们认为《诗经》编纂者的身份和《山海经》的完成者巫该是一致的，他们搜集整理，集体加工而成为孔子编纂的底本，到孔子时，选定305篇，才有今天的面目。近来又有考古发现，证明孔子曾讲过诗论，而且《诗经》也不止305篇。这当另论。而且，《诗经》的地域不出《山海经》描述的基本范围。说《诗经》受《山海经》的影响，并不过分。

《诗经》的内容显然经过了许多人的加工整理。如，《左传·文公元年》曾引今本《大雅·桑柔》第十三章的诗句"大风有隧，贪人败类。听言则对，诵言如醉。匪用其良，覆俾我悖"。而此时《诗经》中的许多作品还没有问世。又如《论语·八佾》中有"巧笑倩兮，美目盼兮，素以为绚兮"，今本《诗经》就没有"素以为绚兮"一句。可见其传承和变异中有许多诗篇诗句被遗漏。孔子开了学习、研读《诗》的先河,而到汉宣帝时代才有《诗经》之称(《汉书·宣帝纪》)。也就是说,《诗经》仅保存了一部分合乎某些人口味的内容,《山海经》所影响到的先秦诗歌,在《诗经》中仅仅是一小部分。今天我们说《诗经》在内容上受到了《山海经》的影响,只能是以一斑而企图窥其全豹。

在《山海经》中,特别是《山经》中有许多"有草焉""有木焉""有鸟焉""有兽焉"之类的句式,它们表现出远古人民对动植物的崇拜,同时,我们也可以把这些看作后世诗歌的比兴手法的先河。比兴在《诗经》中广泛存在,如首篇《周南·关雎》中"关关雎鸠,在河之洲""参差荇菜,左右流之",其他像《葛覃》《卷耳》《樛木》《螽斯》《桃夭》《兔罝》《麟之趾》等篇名,《召南》中的《鹊巢》《草虫》《甘棠》《野有死麕》和《邶风》中的《日月》《匏有苦叶》等,都是以动植物为比兴述说对象的典型。这种方法不但在《诗经》中广为存在,直至今天,许多歌谣中还惯用这种方式。

在《山海经》中,巫的成分相当多。如,《大荒北经》中有"有系昆之山者,有共工之台,射者不敢北乡",即畏惧共工之台,那里有共工的灵魂。在《诗经》中也有类似的句子,如《鄘风·蝃蝀》中的"蝃蝀在东,莫之敢指",这和"射者不敢北乡"的意义是一样的,都是与灵魂崇拜相关的巫术禁忌。由此使我们想起远古时代生殖崇拜的内容,在《山海经》中有许多"其神状鸟身人面"之类的现象,许多学者以为这是图腾的融合,但我们认为,除了这方面的意义之外,它还应该存在着生殖崇拜的意义(此类问题将另作详述)。这种现象在《诗经》中没有明确表现,而是化解为广泛存在的男欢女爱的主题。原始诗歌的存在方式,一般学者以为是诗乐舞三者不分的混合状态,而其中的"舞",我们觉得其更多的意义是与巫联系在一起的。也就是说用诗歌的形式来体现巫术宗教意识,这是《诗经》对《山海经》的一种继承。在《山海经》中,有许多"其祠用……"和关于巫的具体描绘的内容,更不用说"神北行"之类的咒语了,神巫的内容成为全书的核心部分。在《诗经》中,巫的意义主要表现为周师对殷商鬼神观念的继承,如那些天神崇拜、祖先神崇拜、农神崇拜和相关的祭祀。在《大雅》中,《生民》《公刘》和《大明》等篇,被人看作周族的民族史诗,这类庙堂诗歌包含的巫术宗教观念最为丰富,保存的神话内容也最多。如《小雅·彤弓》:

彤弓弨兮,	朱红长弓弦松下,
受言藏之。	诸侯拜受藏在家。
我有嘉宾,	我有贤良好客人,
中心贶之。	满心欢喜赏与他。
钟鼓既设,	钟鼓礼乐已备好,
一朝飨之。	终朝美酒招待他。

将其与《海内经》"帝俊赐羿彤弓素矰，以扶下国，羿是始去恤下地之百艰"对比，赐彤弓可视为重要的祭祀行为。《荀子·大略》中说："天子雕弓，诸侯彤弓，大夫黑弓，礼也。"在这里，我们可以看到远古帝王赐礼的延续及其中的宗教情绪。

又如，《小雅·小旻》中的"我龟既厌，不我告犹"，表现出龟占的信仰。这使我们联想起《山海经》中许多地方提到的"其山多龟"之类的内容。应该说，这是以龟占为主体的巫术存在方式的反映。

又如《小雅·信南山》：

信彼南山，	南山天地多广阔，
维禹甸之。	都是大禹治理的。
畇畇原隰，	田地肥沃多平坦，
曾孙田之。	曾孙辛勤来开拓。
我疆我理，	我的沟渠我经营，
南东其亩。	东西南北皆可数。
上天同云，	天上寒云正密布，
雨雪雰雰，	下雨下雪湿漉漉，
益之以霡霂。	又有春雨为甘露。
既优既渥，	有雨有水田地肥，
既霑既足，	墒情看好滋润足，

生我百谷。	种上我的好五谷。
疆埸翼翼，	田埂整齐很美观，
黍稷彧彧。	黍苗稷苗旺乎乎。
曾孙之穑，	曾孙拿来酒和肉，
以为酒食。	庆贺如此大丰收。
畀我尸宾，	供奉皇尸宴宾朋，
寿考万年。	千年万年神赐寿。
中田有庐，	田间盖上小茅屋，
疆埸有瓜。	地里瓜果已成熟。
是剥是菹，	剥开腌就味皆好，
献之皇祖。	恭恭敬敬献皇祖。
曾孙寿考，	曾孙如此有长寿，
受天之祜。	都赖皇天多保佑。
祭以清酒，	祭坛之上奉清酒，
从以骍牡，	牺牲选作黄公牛，
享于祖考。	敬请祖先来享受。
执其鸾刀，	手拿金鸾锋利刀，
以启其毛，	剖开牛皮取下毛，
取其血膋。	得来牛血和脂膏。
是烝是享，	百般祭仪都备好，
苾苾芬芬。	色鲜味美入九霄。

祀事孔明，	祭祀大事要严明，
先祖是皇。	从来佳肴敬先祖。
报以介福，	报祭先祖求保佑，
万寿无疆。	千年万年有长寿。

在这里，我们首先看到"信彼南山，维禹甸之"，即大禹治水神话的原型展现，继而看到"以为酒食"和"畀我尸宾"的祭祀内容，以及"祭以清酒，从以骍牡"的祭物中的"牛"与"酒"，整个过程可分为祝词感恩、献瓜、献牲等阶段。由此使我们想起《山海经》的《大荒经》和《海内经》对大禹堙平洪水、均定九州的神话所体现的英雄情结（complex），以及在《山经》结尾处的"其祠用……"那些祭祀礼仪和祭物。这些成分都是一脉相承的，即都有对神灵如天帝和祖先的虔诚信仰，这是巫所从事的活动。正因为如此，《山海经》中的神话和巫术才得以具体保存、延续，为我们提供了珍贵的远古文化中信仰崇拜的具体材料，使我们能够更准确全面地认识到远古文化的发展变化。其他像《大雅·灵台》，使我们联想到在《山海经》中多次出现的"帝尧、帝舜、帝丹朱、帝喾"神台即"帝台"。《大雅·生民》的"厥初生民，时维姜嫄"和"载生载育，时维后稷"中的祖先崇拜，特别是对后稷神话的详细描述，以及祭祀天帝的描绘，是《诗经》中神话内容最丰富的篇章。

《大雅·生民》载：

厥初生民，	当初生化我人民，
时维姜嫄。	她的名字叫姜嫄。
生民如何，	姜嫄如何生万民，
克禋克祀，	敬祭大神和苍天，
以弗无子。	袚除无子大灾难。
履帝武敏歆，	脚踏灵迹心身动，
攸介攸止，	躺下坐起神情变。
载震载夙，	怀下身孕神俨然，
载生载育，	生下一位好儿男，
时维后稷。	名为后稷我祖先。
诞弥厥月，	姜嫄怀胎整月满，
先生如达。	顺利生下像射箭。
不坼不副，	母体完好多吉祥，
无菑无害。	没有祸害和灾难。
以赫厥灵，	这些都要答谢巫，
上帝不宁，	巫说上帝多不满，
不康禋祀，	怪你没有多祭祀，
居然生子。	也让你家生儿男。
诞寘之隘巷，	姜嫄弃儿在隘巷，
牛羊腓字之。	牛羊喂儿保命还。

诞寘之平林，	姜嫄弃儿在树林，
会伐平林。	伐去树林难隐瞒。
诞寘之寒冰，	姜嫄弃儿寒冰上，
鸟覆翼之。	有鸟以翼驱严寒。
鸟乃去矣，	等到鸟儿飞去时，
后稷呱矣。	后稷正在叫又喊。
实覃实讦，	哭喊声音大又长，
厥声载路。	一路有娘抱家还。
…………	…………
诞我祀如何，	我们如何祭祖先，
或舂或揄，	有人舂米忙不堪，
或簸或蹂。	又是簸来又是蹂，
释之叟叟，	淘好米粮做下饭，
烝之浮浮。	蒸熟米饭香又甜。
载谋载惟，	祭祀大事多考虑，
取萧祭脂。	香蒿脂酒作祭献。
取羝以軷，	带来公羊剥去皮，
载燔载烈，	又烧又烤作祭献，
以兴嗣岁。	庆贺丰收待来年。
卬盛于豆，	香肉摆放在豆中，
于豆于登，	豆器深来登器浅，

其香始升,	肉香酒香飘上天,
上帝居歆。	上帝闻觉多喜欢。
胡臭亶时,	肉香言实不作难,
后稷肇祀,	后稷开创祭天礼,
庶无罪悔,	常作忏悔谢苍天,
以迄于今。	从古至今无改变。

后稷和姜嫄的神话故事在《山海经》中多次出现,如《大荒西经》载:

> 有西周之国,姬姓,食谷。有人方耕,名曰叔均。帝俊生后稷,稷降以百谷。稷之弟曰台玺,生叔均。叔均是代其父及稷播百谷,始作耕。

又见于《海内经》:

> 帝俊生三身,三身生义均,义均是始为巧倕,是始作下民百巧。后稷是播百谷。稷之孙曰叔均,是始作牛耕。大比赤阴,是始为国。禹、鲧是始布土,均定九州。

这里后稷可看作第一代农神。在《海内经》中的"大比赤阴",郝懿行说此四字"难晓","推寻文义,当是地名。《大荒西经》说'叔均始作耕',又云'有赤国妻氏',然则'大比赤阴'岂谓是与?"(《山海经笺疏》)袁珂释为,"大比"

或即"大妣"之坏文,"赤阴",或即后稷之母姜嫄,以与姜嫄音近也(《山海经全译》)。其实,我们抛开经学的狭隘的方法论,用文化分析的方法来理解这种现象,可以很清楚地看到"大比赤阴"是生殖崇拜和母权崇拜的合体。由此来推定其为姜嫄之母,就很自然能令人接受。"大比"即"大妣",妣为母,即后稷之母,"大"为神圣、赞颂之义;"赤阴"可理解为"赤音",如郭璞就曾这样讲过,也可理解为带血的生殖现象。"大比赤阴"在当时应该是很神圣的崇拜、礼赞的对象。其"是始为国"即《史记·周本纪》所言"封弃于邰",郭璞所说的"得封为国"(《山海经传》)。《诗经》不但更详细地保存了《山海经》中关于后稷和姜嫄的神话传说,而且做了更完整的叙述。尤其是后稷被姜嫄所弃的背景,以及"履帝武敏歆"即雷泽见大人脚印而踏,感而有孕的背景,我们依据于文化人类学的理论,可把这些看作远古人民野合生活的反映。有学者强调这首诗是周民族的创世史诗,表现了远古人民"弃子"和不知其父而只知其母的现实生活内容。与此相对比,我们可以断言,《诗经》被后世文人"净化"之后,生殖崇拜的现象被他们删除去,但遮掩不住的是《国风》中大量的情歌所显示的远古人民火辣辣的情爱及对性爱的向往。神话、巫术在《诗经》中得到表现的同时,融入了许多当世的内容,诸如《大雅》中的《崧高》《韩奕》和《颂》中的《閟宫》《那》《烈祖》《玄鸟》《长发》等,相当多的诗篇有将神话传说和巫术融为祭祀行为的现象。

总之,《诗经》不但继承了《山海经》的一些语言句式、神话原型和巫术信仰的文化精神,而且为我们保留下更丰富的《山海经》文化原型被变异的材料,为我们考察传统文化的发展提供了可靠的依据。《山海经》也因此而深入广泛地融进中国传统文化之中。我们甚至可以说,《山海经》诸神跨过《诗经》成为人。《诗经》直面现实的文化精神使得以《山海经》为代表的那部分中国文化在流传过程中其内容发生了实质性的变化。这就是孟子说的"《诗》亡然后《春秋》作"(《孟子·离娄下》),侯外庐、赵纪彬他们说的"《诗》亡然后诸子出"(《中国思想通史》)。

(2)《山海经》的文化内容在《楚辞》中得到发扬光大,尤其是那些神话传说受到了楚文化的熏染而具有更丰富的文化精神

《楚辞》作为一种文化概念有两种含义:一是作为特殊的文体以别于以《诗经》为代表的诗歌形式,一是以屈原为代表的南方诗人的作品总集。与《诗经》的直面现实的文化精神相比,《楚辞》与《山海经》的联系更为密切。尤其是一些诗篇,其内容就是对《山海经》神话的"诘问"

(如《天问》),更不用说对那些神话的保存和"再处理"即赋以新意了。关于《楚辞》与神话的联系的论著已有不少问世,如萧兵等学者的著述,这里,我们更偏重论述它对《山海经》文化内容的具体的继承表现。

有许多学者认为,以屈原为代表的诗人所创作的《楚辞》,是受到《诗经》为代表的中原文化的熏陶与影响的,如他们以《国语·楚语》和《左传》中楚人言《诗》作为重要的例证。这固然是事实,但更重要的也是更明显的表现,应是对《山海经》为代表的神话的接受。如《天问》中所提到的尧、舜、禹、启、羿等神话中的帝王,有一些就没有在《诗经》中出现过,而却在《山海经》中得到了呈现。当然,我们不能排除《楚辞》受到流传在民间的此类神话的直接影响,但从当时的历史文化条件来看,还是从《山海经》那里传承接受得更多。更何况远古时代的民族迁徙,一方面将有关这些内容的神话带往他乡,另一方面使连同典籍或语言句式得到更广泛的传播。诚然,远古神话不仅仅通过《山海经》得到保存和传承,但它确实是远古神话的集大成者,没有它,神话可能散失得更多。从《楚辞》的内容等情况来看,它更明显地受到《山海经》的影响。

再者,从瑞士心理学家荣格的原型理论上我们也能理解这种联系。他认为,在民族心理上有一种现象可以概括为"集体无意识",这是无数的同类经验在心理上的积淀物,它反复出现在一些意象、故事情节中,在创造性的幻想中获得自由表现,其表现形式即为神话。而作家在创作时,借助神话即原始经验来表达自己的经验——这种经验只能靠神话的想象赋予其形式。想象,被用来表现幻想,集体无意识就在其中产生,其内容就是原型,它几乎是永恒的存在(《心理学与文学》,《文艺理论研究》1982年第1期)。荣格指出,原始氏族失去了它的神话遗产,即会像一个失去了灵魂的人那样立即粉碎死亡。一个氏族的神话即是这个民族的活的宗教,失掉了神话,不论在哪里,即使在文明社会中,也总是一场道德灾难。那么,《楚辞》受神话典籍《山海经》的影响就自然为我们所理解了。《山海经》不独影响了《诗经》,也影响了《楚辞》,这种影响除了我们能够看得到的语言句式和神话故事的直接引用外,还有更重要的一个因素,就是神话思维,也叫原始思维。这种思维的媒介或动力就是原型。《山海经》神话作为原型不但影响先秦的诗歌,而且影响到整个中国文学。这绝不是夸大其词,而是一种事实存在。

《楚辞》的主要作者是屈原。在屈原身上,我们既可以看到中国古典文化的典雅特色,又可以看到楚地浓郁的地方文化的"热烈"特色。在整个《楚辞》中,他的作品占据了绝大部分。关于《楚辞》的成书,一些学者做过深入研究,认为它是战国时代楚国作品的结集。除屈原外,

《楚辞》作者还有宋玉（《九辩》）、贾谊（《惜誓》）、淮南小山（《招隐士》）、东方朔（《七谏》）、庄忌（《哀时命》）、王褒（《九怀》）、刘向（《九叹》）、王逸（《九思》）等。但我们不能不承认，真正最具代表性即最有价值的作品还是屈原创作的，而且汉以后的作家作品若再列入，其牵强附会就太明显了。这里我们考察《楚辞》受《山海经》的影响，重点就在研究屈原的作品，诸如《离骚》《九歌》《天问》《九章》《远游》《卜居》《渔父》《招魂》等篇与《山海经》的关系。

屈原的诗作人神相杂，这是和他的创作环境分不开的。一方面，从《史记·屈原列传》等材料可知，屈原平生才高而不得志，悲愤之情与博学之识融于以神话传说为外表的古代文化之中，可见其深广。另一方面，楚地的文化传统有"好巫"的内容。如，《左传·僖公二十六年》记载说"夔子不祀祝融与鬻熊"，而"秋，楚成得臣、斗宜申帅师灭夔，以夔子归"。《史记·楚世家》也说楚灭夔在于"不祀祝融、鬻熊故也"。夔是楚的支系，由于没有与楚同祀祖宗神祝融而遭罪。夔在地望上就是屈原的故里。所以，这种文化风尚必然会对屈原产生影响。在他的诗作中，如《远游》等，就自然有对祝融的热烈讴歌。与神之交，是屈原诗作中的重要内容，从中我们可看到《山海经》诸神在他的诗作中那动人的身影。

屈原诗作受《山海经》的直接影响，主要表现在这三个方面：一是和《山海经》的植物崇拜相联系，以花草树木为主题抒怀言志；二是在诗作中反映的神话内容同《山海经》一样，是以昆仑神话为中心的；三是相似的思维方式与神巫情结的表现。

以花草树木为饰在《山海经》中体现出山神崇拜的特殊内容，一方面神花异木装点山河，成为耀眼的神话环境，另一方面显现出花木是山水的精灵。以花木为神是原始艺术思维，化解在屈原的作品中，形成神秘而浓郁的文化氛围，体现出他高洁的人格理想追求和孤傲自赏的性情，以此增强了诗作的文化意蕴和审美情愫的感染力。如,《离骚》中所出现的花木的诗句："扈江离与辟芷兮，纫秋兰以为佩"，"朝搴阰之木兰兮,夕揽洲之宿莽"，"杂申椒与菌桂兮，岂惟纫夫蕙茝"，"余既滋兰之九畹兮，又树蕙之百亩。畦留夷与揭车兮，杂杜衡与芳芷"，"冀枝叶之峻茂兮，愿俟时乎吾将刈。虽萎绝其亦何伤兮，哀众芳之芜秽"，"朝饮木兰之坠露兮，夕餐秋菊之落英"，"擥木根以结茝兮，贯薜荔之落蕊。矫菌桂以纫蕙兮，索胡绳之纚纚"，"既替余以蕙纕兮，又申之以揽茝"，"制芰荷以为衣兮，集芙蓉以为裳。不吾知其亦已兮,苟余情其信芳"，"芳与泽其杂糅兮，唯昭质其犹未亏"，"佩缤纷其繁饰兮，芳菲菲其弥章"，"薋菉葹以盈室兮，判独离而不服"，"揽茹蕙以掩涕兮，沾余襟之浪浪","折若木以拂日兮，聊逍遥以相羊","溘吾游此春宫兮，折琼枝以继佩。及荣华之未落兮，相下女之可诒","索琼茅以筳篿兮，命灵氛为余占之","何所独无芳草兮，尔何怀乎故宇","户服艾以盈要兮，谓幽兰其不可佩","苏粪壤以充帏兮,谓申椒其不芳","兰芷变而不芳兮，荃蕙化而为茅。何昔日之芳草兮，今直为此萧艾也","余以兰为可恃兮，羌无实而容长。委厥美以从俗兮，苟得列乎众芳","椒专佞以慢慆兮，榝又欲充夫佩帏","览椒兰其若兹兮，又况揭车与江离","折琼枝以为羞兮，精琼靡以为粻"。在这里，花木又分为多类，象征不同人的品格。他在花海中去寻找真正的芬芳却如此失望，结束在"既莫足与为美政兮，吾将从彭咸之所居"的叹息之中。他的恋花情结格外深，忧愤也格外广。这里的花与《山海经》中的"其华如 x"以及"食之可以不 x（病）"相比，都赋予了深厚的情思，但屈原笔下更多地形成香臭、美丑、雅俗的强烈对比，衬托出他强烈的理想追求——实现推行美好政治的渴望。

《九歌》是古老的歌曲，《山海经·大荒西经》载其为夏后开（启）"上三嫔于天，得《九辩》与《九歌》以下"。和《离骚》一样，其中充满了对花木的神化、美化、人格化，体现出作者的文化品格。《九歌》名为祭神，实为民间娱乐活动的歌唱，当然，更重要的是表达了屈原借神奇的花木抒发自己理想情怀这一重要内容。如《东皇太一》中的诗句："瑶席兮玉瑱,盍将把兮琼芳。蕙肴蒸兮兰藉,奠桂酒兮椒浆";《湘君》中的"薜荔柏兮蕙绸,荪桡兮兰旌","采薜荔兮水中,搴芙蓉兮木末","采芳洲兮杜若";《湘夫人》中的"沅有芷兮澧有兰","筑室兮水中,葺之兮荷盖。荪壁兮紫坛,播芳椒兮成堂。桂栋兮兰橑,辛夷楣兮药房。罔薜荔兮为帷,擗蕙櫋兮既张","芷葺兮荷屋,缭之兮杜衡";《大司命》中的"折疏麻兮瑶华","结桂枝兮延伫";《少司命》中的"秋兰兮麋芜,罗生兮堂下。绿叶兮素华,芳菲菲兮袭予","秋兰兮青青,绿叶兮紫茎","荷衣兮蕙带,倏而来兮忽而逝";《东君》中的"暾将出兮东方,照吾槛兮扶桑";《河伯》中的"乘水车兮荷盖";《山鬼》中的"被薜荔兮带女萝","辛夷车兮结桂旗。被石兰兮带杜衡","采三秀兮于山间,石磊磊兮葛蔓蔓","山中人兮芳杜若,饮石泉兮荫松柏";《礼魂》的结尾最典型:"春兰兮秋菊,长无绝兮终古!"这里面出现最为频繁的花是"兰",如"兰旌""兰橑""秋兰""石兰""春兰",其次为"薜荔"和"桂枝""荷花""杜衡""辛夷""松柏""扶桑",以及"芷""蕙"等花木,它们共同组成一个五彩缤纷、芳香四溢的世界。花木的自然属性常被赋予特殊的社会性内容,即花木在文学作品中的出现是有选择而具有鲜明的主观意志色彩的。在屈原的笔下,这些花木的意义更多地表现出作者的自拟。他所崇尚的"兰",其意在于高雅、淡泊、独立、坚强和纯洁,即诗人的人格化自我塑造。这种比拟并不是偶然的,从大量的民间文化来看,它代表着中华民族的共同的审美倾向。这些经过审美处理的花即花木文化是中华民族审美方式的基本内容,道德理想的形象化和典型化。此类内容在《天问》《九章》《远游》《卜居》《渔父》和《招魂》等篇中,都有不同程度的体现。它们共同反映出作者的情怀,同时,也体现出中华民族源远流长的审美传统、审美风尚。如果说这些花木在《山海经》中还只是神话的背景、点缀,那么,在《楚辞》中就具有了动态的典型化特征,成为文学作品中作者自我形象表现的不可分割的一部分。这种传统的形成,我们在《山海经》中可以明显看到相关内容的具体化,它在《诗经》中得到发扬,在《楚辞》中得到光大,它们会聚成一条宽广的河流,注入中国文化宽阔的海洋。

《山海经》神话以昆仑为中心的现象,在《楚辞》中同样得到表现。首先是《楚辞》直接表现出《山海经》中的神话内容。这在《离骚》和《九歌》中还只是一般表现,而在《天问》中就非常突出了。也就是说,屈原表现这些内容并不是做普通的审美处理,仅作为修饰文章的艺术手段,而是形成作者鲜明而丰富的政治理想,以及体现作者的审美选择和具体的神话观、社会观、历史观、人生观。

神话是审美化的历史、社会、自然的综合性反映，在特殊的时期，它曾经作为一种民族性的经验，有力地影响着作家的审美机制的形成和运行，支配着作家的思维方式。屈原也不例外。他对神话的向往是政治失意下的情绪化集中表现，最集中的内容一是花草，一是女神，显现出他的孤独、寂寞和对人生政治理想的强烈向往。在现实中处处得不到温暖，看不到光明，找不到实现理想的途径，满眼都是黑暗、腐朽、残酷、阴冷，于是他就到另一种世界里去寻找，以求得到心灵的抚慰，从而也激励自己去不停地求索、奋斗。这种现象几乎构成了我国文学发展中的一种普遍现象和创作规律。它在屈原的身上得到最为集中的体现。

屈原在《离骚》开首便声称"帝高阳之苗裔兮，朕皇考曰伯庸"，用大量的篇幅来述说自己的出身显贵。这就构成了他政治理想不凡的基调。他不是为了卖弄、炫耀自己的家世如何比别人高出一筹，而是为了说明自己的崇高的使命感和责任感是统一的。即若有这样的背景，自己若不献身国家的振兴，就应该深感愧疚与耻辱，因为碌碌无为的生活实在是对先祖的严重背叛。应该说，这是见贤思齐的美德体现。所以，在作品中他总是与神人共处。与神人的交往，最主要的内容就是表现政治理想情怀的不俗，境界的高尚。在神话内容上，也就表现出典型化的太阳崇拜、祖先崇拜和英雄崇拜。只有在这样的神话世界里,他才能得到自由,得到慰藉,找到知音——这些神人就是屈原自己对自己的描绘。

《山海经》神话的运用,在屈原的作品中主要体现在《天问》中。当然,在其他篇章中也有表现。如,在《离骚》中,所列《山海经》神话有这样一些诗句:"彼尧舜之耿介兮,既遵道而得路","虽不周于今之人兮,愿依彭咸之遗则","鲧婞直以亡身兮,终然殀乎羽之野","启《九辩》与《九歌》兮,夏康娱以自纵","羿淫游以佚畋兮,又好射夫封狐","汤禹俨而祗敬兮,周论道而莫差","朝发轫于苍梧兮,夕余至乎县圃","吾令羲和弭节兮,望崦嵫而勿迫","饮余马于咸池兮,总余辔乎扶桑。折若木以拂日兮,聊逍遥以相羊","鸾皇为余先戒兮,雷师告余以未具。吾令凤鸟飞腾兮,继之以日夜","览相观于四极兮,周流乎天余乃下。望瑶台之偃蹇兮,见有娀之佚女","巫咸将夕降兮,怀椒糈而要之","遭吾道夫昆仑兮,路修远以周流","忽吾行此流沙兮,遵赤水而容与。麾蛟龙使梁津兮,诏西皇使涉予","路不周以左转兮,指西海以为期","奏《九歌》而舞《韶》兮,聊假日以媮乐"等。又如《九歌》中有驾飞龙的诗句,因为它是祀神之歌,出现较多的是楚地九嶷诸神,像湘君、湘夫人、东皇太一、云中君、大司命、少司命等神,这些在《山海经》中没有直接表现,却有雏形。

在《东君》和《河伯》中此类诗句则相对多些,如《东君》中的"暾将出兮东方,照吾槛兮扶桑",《河伯》中的"登昆仑兮四望,心飞扬兮浩荡"。山鬼即山神,在《山海经》中出现得更多,只不过在这里具体化为一处巫山罢了。在《九章》中,与《山海经》神话相联系的诗句也不少。如,《惜诵》中的"令五帝以折中兮,戒六神与向服","行婞直而不豫兮,鲧功用而不就";《涉江》中的"驾青虬兮骖白螭,吾与重华游兮瑶之圃","登昆仑兮食玉英"。其他篇章提到较多的都是"彭咸之居""尧舜""昆仑"等神话概念,但总体上讲,明显减少了神话的成分。应该说,这和作者的立意有关。《离骚》所表现的是天降神胄来往游于天上人间的神思,而《九歌》等篇更多的是对世俗生活的畅想。在《远游》中,这种神人同居的世界有所发展,但更多了一些仙气,神话中的帝王和传说中的仙人与人共处,显得作品的内容在文化意义上更加丰富。如,诗作中关于游天的有这样一些诗句:"闻赤松之清尘兮,愿承风乎遗则","贵真人之休德兮,美往世之登仙","奇傅说之托辰星兮,羡韩众之得一","轩辕不可攀援兮,吾将从王乔而娱戏","仍羽人于丹丘兮,留不死之旧乡","朝濯发于汤谷兮,夕晞余身兮九阳","风伯为余先驱兮,氛埃辟而清凉。凤皇翼其承旂兮,遇蓐收乎西皇","祝融戒而还衡兮,腾告鸾鸟迎宓妃,张《咸池》奏《承云》兮,二女御《九韶》歌",

"轶迅风于清源兮,从颛顼乎增冰"等。这里的赤松、真人、傅说、韩众诸仙人,已经不是原始神话的内容,也就是说,仙话越来越显著地冲淡了神话氛围,充满了更自由的精神。《招魂》《大招》《卜居》《渔父》等作品的神话色彩更为疏淡。

《天问》中的神话内容及神话形象之丰富,不但在《楚辞》中少见,在同时期乃至以后的诗作中,也是很少见的。《天问》一方面表现出对于《山海经》神话系统的继承,另一方面则以独特的方式为我们保存了更为丰富的神话,使我们完整地看到在《山海经》记载的神话之外的神话流传,为我们理解和认识神话的嬗变提供了异常珍贵的材料。我们甚至可以说,屈原的《天问》是另一种形式的《山海经》。

在《天问》中,神话的保存不是简单的平白的罗列,而是在描述的同时,融入了自己深入的思考,同时,表现出作者独特的神话观。正如鲁迅所言,其"怀疑自遂古之初,直至百物之琐末,放言无惮,为前人所不敢言"(《鲁迅全集·摩罗诗力说》)。在《天问》中,我们不但能看到《山海经》对后世诗作的具体影响,其神话内容的丰富保存,而且,我们还能看到在屈原身上所蕴藏的神话情结,能看到《天问》作为文化驿站所形成的对大西南兄弟民族各种文化发展的影响,以及它对地方民间文化的大胆吸收和运用。

在《天问》的第一部分，即从"曰：遂古之初"句到"曜灵安藏"，屈原主要描述了创世神话的基本内容。如，他对天地形成及其界限的疑问，对昼夜变化的原因的探究。这使我们想起《山海经》的山岳、海洋观念，烛龙神话中昼夜的由来，竖亥量地的壮举。不同的是《山海经》中有许多绝地天通的内容，诸如巫咸、巫彭他们自天上下到地上，夏启到天上得到神乐《九辩》《九歌》，以及帝之下都，但都没有"斡维焉系？天极焉加？八柱何当？东南何亏？"的相关内容。《山海经》中有禹均定九州的内容，但没有《天问》中的"九天之际，安放安属"的叙述。这种"九天"分野的概念在其后的《淮南子·天文训》中，我们得到相应的解释："天有九野，九千九百九十九隅。"《天问》的"天何所沓？十二焉分？日月安属？列星安陈？"我们可以在《山海经》中找到"噎鸣生岁十有二"和帝俊之妻羲和生十日，"大荒之山"等日月所出入之处作为根据。但《山海经》中没有星辰的具体概念，应该说，其中的"日月所出（入）"就是星辰观念。《天问》中提到"夜光何德，死则又育？厥利维何，而顾兔在腹"即月亮有生死（盈亏）和月中有兔的传说，为《山海经》中所没有。《天问》中的"女岐无合，夫焉取九子"，这与女娲、姜嫄是否有联系，在《山海经》中我们仍然找不到答案。其"伯强何处？惠气安在？"我们在《山海经》中可找到"北方禺强",这位既是风神又是海神的神来解释"惠气"的生成。"曜灵安藏",即太阳藏身的地方,和"出自汤谷",我们可从《海外东经》中的"下有汤谷。汤谷上有扶桑"和"有大木,九日居下枝,一日居上枝"一段,以及《大荒南经》"羲和之国"和"方日浴于甘渊"等内容来解释。在第一部分中,主要内容是屈原对星辰神话等天文崇拜内容的疑问,在问的内容中显示出许多超乎《山海经》之外的神话。在第二部分,屈原发问鲧治水失败为何仍受人推崇,提到"帝何刑焉""伯禹愎(腹)鲧""地方九则"和"应龙""共工"等神话,都见于《山海经》。"昆仑悬圃""四方之门""烛龙何照""若华何光"以及"何所冬暖,何所夏寒""何所不死"等,我们也都能在《山海经》中找到能说明原因的问题答案。值得特别重视的是《天问》中提出的新的神话问题。如,"南北顺椭,其衍几何?""增城九重,其高几里?""羲和之未扬""焉有石林""焉有虬龙,负熊以游?""羿焉彃日?乌焉解羽?"这些问题是《山海经》中有神名而无具体表现行为的。接着,屈原又介绍了禹和涂山女"通之于台桑"的野合神话,启取代伯益和启从狱中逃出的神话,上帝"勤子屠母",让启母变为石头"死分竟地",羿"射夫河伯,而妻彼雒嫔",寒浞和纯狐一同勾搭,陷害了英雄后羿,鲧在羽渊化成黄熊(三足鳖),群巫使他死而复生的故事("巫何活焉"),鲧播种百谷,清除杂草("咸播秬黍,莆藋是营"),却被天帝所杀的故事,这些都是在《山海经》中所没有见到的。但是,诸如禹、启、羿、鲧、羽渊这些神话概念是在《山海经》中多次出现的。又如,在《天问》中还出现了嫦娥盗药("白蜺婴茀,胡为此堂?安得夫良药,不能固臧"),巨鳌顶山("鳌戴山抃"),浇和嫂子相通为少康所杀("惟浇在户,何求于嫂"),后稷被帝喾抛弃的故事("稷维元子,帝何竺之?投之于冰上,鸟何燠之?"),舜和他的兄弟、父亲发生矛盾("舜闵在家,父何以鱞?""舜服厥帝,终然为害"),舜娶了尧的两个女儿("尧不姚告,二女何亲"),女娲成为天帝,其身躯多变或包含生育抟土造人的情节("登立为帝,孰道尚之?女娲有体,孰制匠之"),天帝放逐夏于鸣条("何条放致罚"),喾仪(婚)简狄和简狄生商("简狄在台,喾何宜?玄鸟致贻,女何喜"),王亥在有易被杀及王亥的风流韵事为牧童所见的故事异常完整(见"该秉季德""干协时舞""有扈牧竖""恒秉季德""负子肆情"等诗句)。其中成汤囚禁和伊尹空桑的传说(见"汤出重泉""水滨之木")和周朝故事、齐桓故事、比干故事、箕子故事都超出了神话的范围。之外还有对殷朝灭亡,武王伐纣,纣王吊死柏树,阖闾称王,彭铿长寿,国人起义反对周厉王,兄妹淫乱在丘陵生下子文,楚国曾多次败给吴光等的述说都是为了劝说楚王,其中包含有神话的残遗,如与帝的联系。从整体上来讲,《天问》的大部分内容属于神话传说,而且这些神话传说多出自《山海经》的神话原型,不同的是它们在屈原所生活的时代里发生了重要变化。尤其是其中的女娲神话、羿射日神话、嫦娥盗药神话、禹和涂山女野合神话、羲和鞭赶太阳神话、舜的宽阔胸怀及其与简狄的野合、巨鳌顶山的神话等故事,都是对《山海经》神话原型系统的阐释和补充。屈原在无意之中使《山海经》中许多看来不明不白、支离破碎的神话得到了复原,犹如我们通过文献对某种考古文物有了完整认识一样,从而获得了对历史较为全面的理解,充满了喜悦之情。前面我们已讲过,孤立地阅读《山海经》,将一无所获。《天问》是对《山海经》最好的注释、阐述、说明、补充。特别是它的神话中心一直都是围绕着昆仑,而且在文中频繁出现尧、舜、喾等神话中的帝王,和羿、鲧、禹等神话英雄。我们有充分的理由可以把以《天问》为代表的《楚辞》看成《山海经》的神话继承。

在思维方式上,屈原的诗作与《山海经》没有什么大的差别。尤其是他所表现的神巫情结,处处以神巫的面目出现,使神话世界与世俗世界有机地联结为一体,更典型地表现出其受《山海经》的影响。

这种内容最突出地表现在屈原在《离骚》中多次向往彭咸等神巫,更不用说神巫的"绝地天通"意识在他诗作中的反映了。如，在《离骚》中，"愿依彭咸之遗则"，"欲从灵氛之吉占兮，心犹豫而狐疑。巫咸将夕降兮，怀椒糈而要之"，"吾将从彭咸之所居"。彭咸是巫彭、巫咸的合称。在《大荒西经》中，神巫聚会，"有灵山，巫咸、巫即、巫盼、巫彭、巫姑、巫真、巫礼、巫抵、巫谢、巫罗十巫，从此升降，百药爰在"。在《大荒南经》中，"有载民之国。帝舜生无淫，降载处，是谓巫载民。巫载民肦姓，食谷，不绩不经，服也；不稼不穑，食也。爰有歌舞之鸟，鸾鸟自歌，凤鸟自舞。爰有百兽，相群爰处。百谷所聚"。《海内西经》对"海内昆仑之虚"的描述中，有开明神兽周围环境的介绍，"开明东有巫彭、巫抵、巫阳、巫履、巫凡、巫相，夹窫窳之尸，皆操不死之药以距之"。由此可见神巫一方面是和其他神人一样，有绝对的自由，生命无限，吃穿皆备；另一方面，他们共操不死之药，能使万物死而复生，是救世的英雄。屈原之所以向往他们，常自比于神巫在天地间遨游，与神人对话、交往，一个重要的原因就是羡慕神巫们具有"不死之药"，这表达了他对楚国政治腐败、黑暗、没落，行将崩溃的前途的深重焦虑。他在《九歌》中，与其说是祀神，不如说是颂神，同样是借助于媚神的神巫之举而抒发他的政治理想。尤其是他的《招魂》，一声声"魂兮归来"，使我们联想起杜甫的诗句："暖汤濯我足，剪纸招我魂。"（《彭衙行》）在《招魂》中，"帝"与"巫阳"

的答问，对四面八方的残酷景致的描述，正是社会现实的折射。"魂兮归来！反故居些"的高喊，是诗人对理想的呐喊、召唤。"魂兮归来，哀江南！"这是全篇的结尾句，归之于对故国命运的忧虑。与《山海经》所不同的是，屈原虽时刻顾盼神话中飘忽的往事，而从未忘却现实。他借助于在天界的畅游，异常清醒地看到世间的污浊和黑暗。若没有神巫面目的诗作者自我形象的塑造，整个《楚辞》就失去了神话的氛围，同样，也就失去了十分丰富的内容，屈原他们的诗作也就失去了千百年来在神州大地上那么广阔而悠远的回响。

《楚辞》和《诗经》在对中国文学的影响上，一般学者都把它们作为幻想的和写实的两种文学传统的代表。在它们的前面，《山海经》有着非常重要的意义。可以说，通过对《诗经》和《楚辞》的考察，我们更细致、深刻、全面理解和认识到《山海经》作为神话之源即文化之源对后世诗歌的重要影响。当然，诗歌的发展除了依靠传统文化的积淀之外，还应广泛吸取其他文化精华，同时与现实生活保持密切联系。但我们应该认识到，没有《山海经》的重要影响，先秦诗歌就会失去应有的力度。我们在不断创新的同时，不应该忘却历史的经验，更不应该忘却在历史的经验中所包容的诗歌艺术规律。离开了对传统文化内容的吸收，我们的诗歌就会失重。在《诗经》《楚辞》后的玄言诗,一味提倡哲思,就是重要的例证。玄言诗是对《诗经》《楚辞》的背离,不是超越,而是一种艺术的倒退,思想的呆滞。这种局面在陶渊明等人的努力下有所改变,陶渊明同样对《山海经》表现出极大的兴趣,即他继承和发展了《诗经》《楚辞》在《山海经》中挖掘宝藏的历史经验,从而又一次创造了辉煌。

(3)陶渊明《读〈山海经〉十三首》,典型地体现出魏晋诗风对远古文化的承袭意义,表现出诗人不凡的思想情怀和鲜明的艺术追求

诗歌的创作必须创新,但也需要继承,没有继承就没有创新。任何时期的诗歌发展都摆脱不了继承前代这个艺术存在的具体背景。陶渊明作为中国文学史上举足轻重的一位诗人,他的出现同样具有广阔的文化背景。在这种文化背景中,《山海经》神话的影响随处可见。如,先秦时期的散文作品在汉代发展为赋,汉赋中的神话吸收借鉴了《山海经》中的神话形象。但我们也要看到,随着社会的迅速发展,像《诗经》《楚辞》对《山海经》所进行的那样详细的神话转述,这种情况已一去而不复返了。因为宗教力量,特别是道教集团对《山海经》的利用,使魏晋南北朝时期的文学作品,在对《山海经》神话等古代神话的运用方面,或作为一种审美思维的借鉴和改造来对待,或

直接记录保存某些神话。于是，这一时期出现了许多全新的文学形式，即志怪小说（像《搜神记》《博物志》等）。一些人或托名于汉人，或自署其名，在所编撰的志怪小说中保存了一些神话片段。从而，这种文学思潮影响了这一时期的文学创作，尤其是这一时期的诗风。陶渊明的诗文就是在这种思潮的裹挟下具体表现出他对古代神话的基本态度的。这种以神话入诗，表达出忧愤深广的情怀的创作方法，是对屈原诗风的继承。与屈原一样，陶渊明只有在《山海经》的神话中，才能找到最自由的天地。政治的阴险黑暗、腐朽没落，社会的严重动荡不安，都令陶渊明感到难言的痛楚。他对古代神话的关注，不是聊以解忧，把玩古辞，而是述说胸中的积郁。在这一点上，他既不像某些宗教徒那样装神弄鬼，也不像某些文士那样仅仅去忧伤时世或高蹈遗世，而是以愤怒的眼光观察着世事，表现自己坚定的信念。和陶渊明态度不同的例子有很多，如当时的阮籍的诗句中有"夏后乘灵舆，夸父为邓林""应龙沉冀州，妖女不得眠"（《咏怀八十二首》）的诗句，却是表达一种走投无路，痛哭流蓰的沮丧。又如郭璞，这位注释、整理《山海经》，作出重大贡献的学者，对《山海经》的理解同样只限于从学问上去理解《山海经》，如他在《山海经图赞》中有这样的诗句：

>不死之树,
>
>寿蔽天地。
>
>请药西姥,
>
>乌得如羿。

这是他对《山海经》神话变异现象的记述,我们看不出这位颇多仙风道骨的学者对真理的追求。与他们相比,陶渊明由感悟《山海经》的世界而抒发出的情怀,却显示出他战士的本色。我们可以把他称作活着的屈原,涅槃的屈原。当然,我们不必强求他持刀操戈去搏杀,以驱逐社会的黑暗。他是一位具有独立品格的卓越的诗人,只能用诗来表达自己对黑暗世界的愤懑之情和抗争态度。

据考,《读〈山海经〉十三首》是诗人义熙四年(408年)六月前后所作。诗的第一首,给人一种洞察世事的感觉,"泛览《周王传》,流观《山海图》。俯仰终宇宙,不乐复何如?"这里的《周王传》即《穆天子传》,是《山海经》之后的神话色彩浓郁的典籍,与《山海图》一同引起诗人的遐思。诗的第二首表现出对王母神话的时空意义的思索。在《穆天子传》中,载西王母为穆王所作之诗为"白云在天,丘陵自出。道里悠远,山川间之。将子无死,尚复能来"。世事冷暖,牵动着诗人对人生的思索,而"宁效俗中言"。第三首中,诗人描绘出自己对神话世界的向往,"迢递槐江岭,是谓玄圃丘。西南望昆墟,光气难与俦。亭亭明玕照,落落清瑶流"。这是充满光明和美好的理想世界,映现出诗人的理想境界的清静、高远。所以,他感叹道:"恨不及周穆,托乘一来游。"在以下的诗篇中,他进一步表达了心中对光明和美好的理想世界的追求。

丹木生何许?	黄帝丹木生何方?
乃在峚山阳。	生在峚山山之阳。
黄花复朱实,	花黄果红真可爱,
食之寿命长。	君子吃它年寿长。
白玉凝素液,	如同白玉凝清液,
瑾瑜发奇光。	美玉一般放神光。
岂伊君子宝,	哪只君子爱吃它,
见重我轩黄。	还有黄帝轩辕皇。
翩翩三青鸟,	昆仑飞来三青鸟,
毛色奇可怜。	翅膀闪亮真可爱。
朝为王母使,	早晨来听王母唤,
暮归三危山。	日落飞回三危山。
我欲因此鸟,	我愿伴随这只鸟,
具向王母言:	衷肠都对王母谈:
在世无所须,	活在世上只要酒,
惟酒与长年。	饮中作乐一年年。

逍遥芜皋上，	遥远的芜皋山上，
杳然望扶木。	扶桑树映入眼帘。
洪柯百万寻，	树枝伸开百万丈，
森散覆旸谷。	枝叶扶疏掩太阳。
灵人侍丹池，	羲和正在水边站，
朝朝为日浴。	洗净太阳天天忙。
神景一登天，	太阳一跃登上天，
何幽不见烛。	大地处处闪金光。
粲粲三珠树，	美丽枝叶三珠树，
寄生赤水阴；	赤水南岸生琳琅；
亭亭凌风桂，	高大桂树凌风立，
八干共成林。	八树成林多昂扬。
灵凤抚云舞，	凤凰伴着彩云舞，
神鸾调玉音；	神鸾放歌多嘹亮；
虽非世上宝，	虽然不是世间宝，
爱得王母心。	王母欣然把景望。
自古皆有没，	从来人间有生死，
何人得灵长？	谁比神仙寿命长？
不死复不老，	人无死来又无老，
万岁如平常。	活上万年也平常。
赤泉给我饮，	不老泉水让我饮，

员丘足我粮。	不死树果做食粮。
方与三辰游,	相伴日月星辰游,
寿考岂渠央?	寿命如何迅速丧?

在屈原的诗作中,充满的是对圣贤的品格的景仰,多以芬芳的鲜花自比,表达出自己的高洁;而在陶渊明的诗中,更多的内容则是对光明和自由、祥和、温暖的向往。他们要表述的都是对黑暗社会现实的愤恨。屈原所追求的是"从彭咸之所居",陶渊明则表达出战斗的渴望。在以下的诗篇中,这种反抗的呼声终于显示出来,成为整个《读〈山海经〉十三首》中最响亮的声音:

夸父诞宏志,	豪迈英雄如夸父,
乃与日竞走。	要与太阳比赢输。
俱至虞渊下,	一同奔至禹渊下,
似若无胜负。	两者没有分胜负。
神力既殊妙,	神力固然不平凡,
倾河焉足有!	倾尽大河也不足!
余迹寄邓林,	桃林千顷来做证,
功竟在身后。	盛名赫赫在身后。
精卫衔微木,	精卫神鸟衔草木,
将以填沧海。	要填沧海为滩涂。

刑天舞干戚，	刑天大神舞干戚，
猛志固常在！	浑身是胆战不休！
同物既无虑，	女娲刑天皆平凡，
化去不复悔。	舍生忘死悔所无。
徒设在昔心，	不必如此作假设，
良辰讵可待？	死而复生谁能有？
巨猾肆威暴，	神危大肆显威风，
钦䲹违帝旨。	钦䲹妄杀葆江命。
窫窳强能变，	窫窳虽死能变幻，
祖江遂独死。	葆江死在昆仑峰。
明明上天鉴，	乾坤朗朗天可证，
为恶不可履。	作恶多端不可行。
长枯固已剧，	天帝桎梏实痛苦，
鵕鹗岂足恃。	恶鸟变幻如何畏。
鸱鹈见城邑，	柜山神鸟在城中，
其国有放士。	放逐之士几多众。
念彼怀王世，	想那屈原怀王时，
当时数来止？	该是此鸟将恶行？
青丘有奇鸟，	青丘山上鸟精明，
自言独见耳。	自称数它最机灵。
本为迷者生，	佩上此鸟不迷惑，

不以喻君子。	不为君子所使用。
岩岩显朝市,	权贵赫然显威风,
帝者慎用才。	天帝善用此才能。
何以废共鲧?	如何放逐彼神鲧?
重华为之来。	重华匆匆作此行。
仲父献诚言,	管仲忠心以相告,
姜公乃见猜。	却被疑惑齐桓公。
临没告饥渴,	贼巫作乱陷公死,
当复何及哉!	此恨绵绵谁铸成!

在这些诗中,陶渊明大量使用了《山海经》中的神话故事来比拟社会现实和自己的理想。如,第三首中的"槐江岭",即《西山经》中的"槐江之山",其上多藏琅玕、黄金,实为帝之平圃,神英招司之。爰有淫水,其清洛洛。以此清净、高洁来显示自己所向往的人生境界的不俗。最典型的是第九、第十、第十一、第十二这四首,分别用了《山海经》中的"夸父追日""精卫填海""钦䲹杀葆江""柜山恶鸟"等故事,一方面述说自己对世事的愤恨之志不移,一方面以恶鸟、恶人来比喻社会现实中的相互倾轧、残杀成性,世道的堕落、腐朽、黑暗和冷酷。如,"夸父追日"见于《山海经·海外北经》:"夸父与日逐走,入日。渴欲得饮,饮于河渭,河渭不足,北饮大泽。未至,道渴而死。

弃其杖，化为邓林"。"精卫填海"见于《山海经·北次三经》："发鸠之山……有鸟焉，其状如乌，文首、白喙、赤足，名曰精卫，其鸣自詨。是炎帝之少女名曰女娃，女娃游于东海，溺而不返，故为精卫。常衔西山之木石，以堙于东海。""钦䲹杀葆江"见于《山海经·西次三经》："钟山。其子曰鼓，其状如人面而龙身，是与钦䲹杀葆江于昆仑之阳，帝乃戮之钟山之东曰崷崖。钦䲹化为大鹗……鼓亦化为鵕鸟……"葆江即祖江。窫窳见于《海内南经》："窫窳龙首，居弱水中……食人。"又见《海内西经》："贰负之臣曰危，危与贰负杀窫窳。帝乃梏之疏属之山，桎其右足，反缚两手与发，系之山上木。""柜山恶鸟"见于《山海经·南次三经》："柜山……有鸟焉，其状如鸱而人手……名曰鴸……见则其县多放士。"陶渊明因"夸父""精卫"联系到在黑暗中拼杀的志士的抗争，因"危""鸱鴸"而联系到作恶多端的世俗之奸佞。尤其是在最后一首中，紧接着第十二首的"念彼怀王世"的屈原放逐的遗恨，突出了鲧的悲剧，联系到齐桓公不听管仲的忠告而用贼巫之流，以致"临没告饥渴"，"桓公卒，尸虫出于户"。这正是对自己的身世遭遇所发的感慨。所以鲁迅在《〈题未定〉草六》中说：陶渊明的诗，"除论客所佩服的'悠然见南山'之外，也还有'精卫衔微木，将以填沧海，刑天舞干戚，猛志固常在'之类的'金刚怒目'式。在证明着他并非整天整夜的飘飘然"。

若我们将陶渊明的这些诗篇分作两大部分来看,会发现在第八首之前的诸篇如"玉台凌霞秀,王母怡妙颜""西南望昆墟,光气难与俦""白玉凝素液,瑾瑜发奇光""翩翩三青鸟,毛色奇可怜""逍遥芜皋上,杳然望扶木""粲粲三珠树,寄生赤水阴"和"方与三辰游"等诗句,都充满了光彩。尤其是丹池、扶木、谷,都是太阳出入的场所,可见诗人对光明强烈的渴望。而在第九首之后的篇章中,一方面是"余迹寄邓林,功竟在身后"和"猛志固常在"的礼赞所包含的愤慨之情;另一方面是"为恶不可履""念彼怀王世"和"岩岩显朝市""临没告饥渴"的遗恨。两大部分内容形成鲜明的对比,由此,我们可清楚地看到陶渊明诗歌中的二元取向,即对黑暗现实的痛恨憎恶和对美好理想的热烈向往二者的并行。他借助《山海经》所描绘的心灵图画,远远超过《桃花源记》所描绘的自然图画,这才是他诗作中最可宝贵的精神。但在对陶渊明诗作的认识上,许多人仅仅以隐逸来概括他的一生,这是十分片面的。在黑暗王朝的专制统治下,诗人的思想常常充满矛盾,时而欣喜若狂,时而悲愤交加,犹如长河波涛,我们应该用发展的眼光来理解这些文化现象,并置其于时代背景、人际交往、身世荣辱冷暖等一系列条件下进行多角度、多层次分析。陶渊明就是思想情感异常丰富的诗人。在《山海经》

中,他看到了光明,看到了理想,也看到了黑暗,看到了冷酷。他和屈原一样,使自己置身于神话世界之中,却对现实冷眼横眉。在中国文化发展史中,这是一种典型现象。

(4)李白为代表的唐代诗歌创作中,因为有《山海经》神话等远古文化的自觉运用,使我国诗歌的发展出现了大发展、大澎湃

唐代社会是整个中国历史上最为辉煌的时代,其在政治、经济、文化和科技等方面的成就都为世界所瞩目。在这个时代里,中国绵延数千年的传统文化得到了空前复兴与极大发展。《山海经》连同宗教文化一起冲击着这个时代的上层社会,也冲击着中层、下层社会,影响着这个时代的文化生活。仅从诗歌的发展来看,我们在大唐帝国的多元文化景观中可以更清晰地考察到《山海经》的沉浮出没,及其本身所辐射出的丰富多彩的文化价值、意义。若我们把唐代诗歌比作汹涌的浪潮,那么,在浪尖上最美丽、最明亮的浪花,就是李白的诗篇。他与杜甫代表着唐代诗歌的最高成就,通过他的诗作与《山海经》的联系的考察,我们可以看到《山海经》与唐代诗歌发展之间关系的具体的典型。

李白,字太白,生于唐武后长安元年(701年),死于代宗宝应元年(762年)。在他的生活经历中,既有开

元盛世那样昂扬奋发的岁月,又有"安史之乱"那种民不聊生的黑暗的日子。他在青少年时代受到良好的古典文化的教育,"十五观奇书,作赋凌相如"(《赠张相镐二首》),而"誓欲斩鲸鲵,澄清洛阳水",但他又推崇"灭虏不言功,飘然陟方壶"(《赠张相镐二首》)。这种理想注定了他在当时的社会现实生活中不可能实现自己的目标。天宝元年(742年),唐玄宗召他进京,自此开始了著名的长安供奉翰林三年,被权臣贵族排挤打击的遭遇使他对政治现实完全失去希望。此后,他过着颠沛流离的生活。因为受永王李璘的事情的牵连,他被流放到夜郎,至62岁时客死安徽当涂县令李阳冰处。李白的一生总体来讲是悲惨的,而正因为如此,他常常在现实生活中看不到希望时,就自然沉浸于理想的天国之中。神话诗美成为他诗歌创作的一个重要内容。在这一点上,他和屈原、陶渊明有许多相近的地方,但他又有着鲜明的独立个性,任侠与游仙的主题贯穿于他的理想世界的描述之中,从而,他的许多诗篇可称为神话诗。理解《山海经》对大唐诗人创作的影响,我们一方面要看到李白等人对《山海经》神话的直接吸收、运用;另一方面,我们也要看到,整个大唐帝国都弥漫着神仙氛围。后者和《山海经》的联系虽不是直接的,但却有着渊源关系,即李白等人对自《山海经》以来的神话传统,是作为一种文化背景受到潜移默化的影响的,李白继承和发展了这一神话文化传统。我们从李白的游仙诗中可以充分地看到这种影响和作用,那就是表现在他诗中的神巫情结。在屈原的作品中,神巫是巫咸、巫彭等《山海经》神巫形象的直接借用,而在李白笔下,神巫变成了真人。真人的出现固然是和道教文化密切联系在一起的,然而,其十分重要的因素还是在于神巫文化千百年来发展的传统,其根源就在于上古神话典籍的集大成者《山海经》。

神话是李白诗歌创作的重要内容。仅从诗篇名目上,我们就可以看到许多和神话具有密切联系的现象。如《李太白全集》中所收的《大鹏赋》《天马歌》《日出入行》《凤凰曲》《玉真仙人词》《怀仙歌》《梦游天姥吟留别》《望夫石》《邹衍谷》等,其中的大鹏、天马、凤凰,都是神话中的动物,是吉祥物,英雄禽兽鸟虫,比干、邹衍则是传说中的奇人,与仙人一样都是神话思维的重要内容。除此之外,还有李白在各地对远古圣贤遗迹的游览的诗篇,如在山东对传说中的"尧祠"的游览,以及他对尧这位神话中的帝王的景仰、倾慕之情,此类篇目有《鲁郡尧祠送张十四游河北》《鲁郡尧祠送窦明府薄华还西京》《鲁郡尧祠送吴五之琅琊》《秋日鲁郡尧祠亭上宴别杜补阙范侍御》等。种种迹象都表现了李白的神话运用与时代相结合的文化个性。

所谓神话思维在这里突出地表现为诗人对神话境地的

畅游。屈原、陶渊明等曾在神话的世界中表达自己的理想情怀,李白同样借助这种畅游来淋漓尽致地表达自己对自由的渴望和对理想的未来的深切向往。

如李白的《大鹏赋》,我们可看作较早的散文诗。他在作品中极力宣扬的是大气磅礴的神话景观。他说:"余昔于江陵见天台司马子微,谓余有仙风道骨,可与神游八极之表,因著《大鹏遇希有鸟赋》以自广。"关于鲲鹏的原型和演化,袁珂说它们"实在都是北海海神而兼风神的禺强的化身"(《神话论文集》,上海古籍出版社1982年版)。庄子曾借用鲲鹏来表达胸怀万里风云之志。在《神异经》中,鲲鹏变为昆仑山大鸟希有,东王公和西王母分别在希有鸟的左右两翼,"背上小处无羽,一万九千里"。在《大鹏赋》中,李白形容鲲化为鹏"脱鬐鬣于海岛,张羽毛于天门。刷渤澥之春流,晞扶桑之朝暾。煊赫乎宇宙,凭陵乎昆仑。一鼓一舞,烟朦沙昏。五岳为之震荡,百川为之崩奔"。显然,扶桑就是《山海经》中太阳栖居的地方,昆仑就是《山海经》中百神聚会的地方。李白在《大鹏赋》中还提到"烛龙衔光以照物,列缺施鞭而启途。块视三山,杯观五湖","盘古开天而直视,羲和倚日以旁叹","精卫殷勤于衔木,鹓鶵悲愁乎荐觞","戏旸谷而徘徊,冯炎洲而抑扬"。其中的"烛龙""羲和""旸谷""精卫"都是《山海经》中的神话内容。以此,他既显示出其诗文与《山海经》有着千丝万缕的联系，又表明他有一个属于他自己的独特的诗性神话王国。

古典神话在大唐时期更多地被仙化，而成为道教文化的重要内容。在李白的诗篇中，突出地表现出这种状况，即《山海经》神话人物被仙化的现象。如他的《飞龙引二首》：

（其一）

黄帝铸鼎于荆山，

炼丹砂。

丹砂成黄金，

骑龙飞上太清家，

云愁海思令人嗟。

宫中彩女颜如花，

飘然挥手凌紫霞，

从风纵体登鸾车。

登鸾车，

侍轩辕，

遨游青天中，

其乐不可言。

（其二）

鼎湖流水清且闲，

轩辕去时有弓剑,
古人传道留其间。
后宫婵娟多花颜,
乘鸾飞烟亦不还,
骑龙攀天造天关。
造天关,
闻天语,
长云河车载玉女。
载玉女,
过紫皇,
紫皇乃赐白兔所捣之药方。
后天而老凋三光,
下视瑶池见王母,
蛾眉萧飒如秋霜。

《山海经》中的黄帝形象为神界领袖,在这里一变为仙国的君主。一方面,黄帝形象失去了原有的质朴;而另一方面,在宗教氛围中,黄帝形象被仙化,因此而具有更深厚的文化意义。这不仅在李白作品中是这样,在唐代其他诗人中也有许多同类现象,如卢仝、李贺、李商隐等人的诗。他们借助神仙世界去抒发炙热的政治情怀,以神巫的审美思维方式去叩问世间一扇扇神秘的命运之门,给后人以不同的启迪。当然,这种神话思维不同于原始氏族部落中的那种野性的思维活动,而是受时代文化中的宗教氛围的具体影响所进行的审美机制的运行;驱使这种审美机制变化发展的,无疑是饱含着神巫的情愫,这是发自诗人内心的,犹如心理学家荣格所述的那种集体无意识。事实上,若否认这些内容的存在,我们也就脱离了文化发展的实际。宗教情绪蔓延是我国古代社会发展中的普遍现象,李白他们这些杰出诗人与一般诗人的宗教情绪不同之处在于,他们寄寓了更为丰富的人生理想而显示出高洁的境界。他们常自比于神人,如屈原曾称自己"帝高阳之苗裔兮,朕皇考曰伯庸",李白在诗中称"仰天大笑出门去,我辈岂是蓬蒿人"。这是特定时代的人生哲学的文化表现,其具体形成,我们仍然可追溯到《山海经》时代及其时代中神巫们对中国传统文化的奠基意义的历史贡献。又如,李白的《天马歌》,有人以为它是"以马之老而见弃自况"(清王琦注),这是颇有道理的。

> 天马来出月支窟,
> 背为虎文龙翼骨。
> 嘶青云,
> 振绿发,
> 兰筋权奇走灭没。

腾昆仑,

历西极,

四足无一蹶。

鸡鸣刷燕晡秣越,

神行电迈蹑恍惚。

天马呼,

飞龙趋。

目明长庚臆双凫,

尾如流星首渴乌,

口喷红光汗沟珠。

曾陪时龙蹑天衢,

羁金络月照皇都。

逸气棱棱凌九区,

白璧如山谁敢沽?

回头笑紫燕,

但觉尔辈愚。

…………

在《山海经》中曾提到"国在流沙外者,大夏、竖沙、居繇、月支之国",郭璞注道:"月支国多好马、美果,有大尾羊,如驴尾,即羱羊也。"这里的天马实质上是作者借用神话传说中的月支神马,来比喻自己的境遇。这种自信心只有在神话中才能得到呼应。所以在李白的诗中,《山海经》神话中的神树(如扶桑)、神人(如尧、舜、禹)、神鸟神兽(如凤凰、龙和马)、神居(如昆仑、蓬莱)等概念的运用就相当多。在屈原笔下,神话中的人物和花木成为神话场景的主要内容,而在李白笔下,代替以神人和神鸟神兽,以及较多的蓬莱神居,这表明不同时代诗性的神话思维所显现的不同特征。体现李白诗性神话思维特征的,除了名篇《梦游天姥吟留别》之外,当推《鲁郡尧祠送窦明府薄华还西京》:

> 朝策犁眉骃,
> 举鞭力不堪。
> 强扶愁疾向何处?
> 角巾微服尧祠南。
> 长杨扫地不见日,
> 石门喷作金沙潭。
> 笑夸故人指绝境,
> 山光水色青于蓝。
> 庙中往往来击鼓,
> 尧本无心尔何苦?
> 门前长跪双石人,
> 有女如花日歌舞。

银鞍绣毂往复回，

簸林躐石鸣风雷。

远烟空翠时明灭，

白鸥历乱长飞雪。

红泥亭子赤阑干，

碧流环转青锦湍。

深沉百丈洞海底，

那知不有蛟龙蟠？

君不见绿珠潭水流东海，

绿珠红粉沉光彩。

绿珠楼下花满园，

今日曾无一枝在。

昨夜秋声阊阖来，

洞庭木落骚人哀。

遂将三五少年辈，

登高远望形神开。

生前一笑轻九鼎，

魏武何悲铜雀台。

我歌白云倚窗牖，

尔闻其声但挥手。

长风吹月度海来，

遥劝仙人一杯酒。

酒中乐酣宵向分，
举觞酹尧尧可闻？
何不令皋繇拥彗横八极，
直上青天挥浮云。
高阳小饮真琐琐，
山公酩酊何如我？
竹林七子去道赊，
兰亭雄笔安足夸。
尧祠笑杀五湖水，
至今憔悴空荷花。
尔向西秦我东越，
暂向瀛洲访金阙。
蓝田太白若可期，
为余扫洒石上月。

这是李白久病初起时所作。尧祠是他流连忘返的怀古处，面对古代神话中的帝王尧的庙宇，他感慨万千，发思古之幽情与抒今天之怀抱有机地连接在一起。纵观李白诗篇，处处洋溢着神仙气，忽而云天，忽而雾地。神话使他的诗作显得格外空旷、高远，饱含着异常丰富的哲理和情思。一些后起的神话传说，在他的诗篇中和《山海经》中原有的神话传说一同闪烁着奇异的光彩。如，《上云乐》

中的"女娲戏黄土,团作愚下人",《登高丘而望远海》中的"精卫费木石,鼋鼍无所凭",《窜夜郎于乌江留别宗十六璟》中的"斩鳌翼娲皇,炼石补天维",《北风行》中的"烛龙栖寒门,光耀犹旦开"和《古朗月行》中的"羿昔落九乌,天人清且安"等诗句。精卫神话和烛龙神话为《山海经》中所保存的原型,而女娲神话和羿神话就更多地为后世所衍生或补充记述。通过李白诗篇的传播,这种日趋完善的神话传说体系在民间得到还原性处理,形成了各自成独立体系的民间神话。这种现象也是我国神话在文化发展中所拥有的特色。

李白诗篇中神话传说的广泛运用并不是孤立的,如柳宗元、刘禹锡、李贺、李商隐、卢仝、周匡物等人,更不用说杜甫、白居易等诗人,他们都在诗中采用与《山海经》神话相关的内容作为创作题材,使唐代诗歌气象万千,同时,也影响着中国民间神话系统的不断丰富和变化。如,柳宗元《行路难》中,对"夸父逐日窥虞渊,跳踉北海超昆仑",刘禹锡在《九华山歌》中对"轩皇封禅登云亭,大禹会计临东溟"等神话的赞美,这实际上是对这些神话中所体现的民族历史和民族精神的讴歌、赞颂。他们之中对《山海经》神话原型最为钟情的,一位是李贺,一位是卢仝。

李贺有鬼才之称,学者们形容他的诗"语奇而入怪"(周紫芝《古今诸家乐府·序》），"好以险字作势"（方以智《通雅·诗说》），这正表明神话在他的诗作中所体现出的特殊的艺术感染力。

如他的《李凭箜篌引》：

> 吴丝蜀桐张高秋，
> 空山凝云颓不流。
> 江娥啼竹素女愁，
> 李凭中国弹箜篌。
> 昆山玉碎凤凰叫，
> 芙蓉泣露香兰笑。
> 十二门前融冷光，
> 二十三丝动紫皇。
> 女娲炼石补天处，
> 石破天惊逗秋雨。
> 梦入神山教神妪，
> 老鱼跳波瘦蛟舞。
> 吴质不眠倚桂树，
> 露脚斜飞湿寒兔。

又如《浩歌》：

> 南风吹山作平地，
> 帝遣天吴移海水。

> 王母桃花千遍红,
>
> 彭祖巫咸几回死。
>
> 青毛骢马参差钱,
>
> 娇春杨柳含细烟。
>
> 筝人劝我金屈卮,
>
> 神血未凝身问谁。
>
> 不须浪饮丁都护,
>
> 世上英雄本无主。
>
> 买丝绣作平原君,
>
> 有酒惟浇赵州土。
>
> 漏催水咽玉蟾蜍,
>
> 卫娘发薄不胜梳。
>
> 看见秋梅换新绿,
>
> 二十男儿那刺促。

诗中的神话成为诗人浓烈的人生情怀的辐射源,由此,描绘成一派扑朔迷离、争奇斗艳、姹紫嫣红的神话诗美天地。

再如其《苦昼短》:

> 飞光飞光,
>
> 劝尔一杯酒。
>
> 吾不识青天高,

黄地厚。
惟见月寒日暖,
来煎人寿。
食熊则肥,
食蛙则瘦。
神君何在,
太一安有。
天东有若木,
下置衔烛龙。
吾将斩龙足,
嚼龙肉,
使之朝不得回,
夜不得伏。
自然老者不死,
少者不哭。
何为服黄金,
吞白玉。
谁是任公子,
云中骑白驴。
刘彻茂陵多滞骨,
嬴政梓棺费鲍鱼。

他苦叹人生的短暂，纵论古今，以《山海经》中的神话"扶桑""烛龙"来喻指自己对世间生命的哲学思索。在他的其他诗作中，神话运用较多者如《山海经》中的"羲和""轩辕""王母""虬龙"等内容，衬托、寄意、象征，融入意味深长的诗思，成李白之后诗歌创作的又一座奇峰。

唐代诗歌受《山海经》神话影响的原因是多方面的，其中，道教作为时尚，其许多宗教神直接取材于《山海经》神话，是形成这种神性诗学或诗性神话的重要原因。除前面提到的李白、李贺之外，卢仝是相当典型的一位神话诗人，而他却被许多学者所忽略。他的诗作受到《山海经》神话的影响更深广。如他在《月蚀诗》中从月的出现到蚀，形成神话的畅想，其中有月之蟾蜍、白兔的月亮神话，又有以尧之时十日并出、天降洪水等情景比喻黑暗的社会现实，引发作者强烈的愤慨之情，呐喊出"臣仝告诉帝天皇，臣心有铁一寸，可刲妖蟆痴肠"的强音。这是对光明和正义的渴望和向往的民族精神的集中体现。在神话学上，卢仝的《与马异结交诗》影响最广。其价值在于他保留了当时的神话传说"女娲本是伏羲妇"等材料，成为后人研究女娲、伏羲两大神话系统的重要依据。唐代的社会、文化、经济等方面的发展状况，为诗作运用神话来表现大唐气象提供了广泛的基础。我们还应看到，《山海经》神话随着社会的发展，到唐代更加丰富、系统、完整，而呈现出空前的神话形象的"层累特征",即神话的流传,时代越远,面目越清晰。相比屈原、陶渊明时代,李白、李贺和卢仝等唐代诗人笔下的《山海经》神话原型显现出蔚为壮观、绚丽多彩的景象,全然不像有些学者所断言的中国古典神话的面目是支离破碎的残缺的,更不像英国学者威纳等人所蔑视的那样"中华民族没能力创造神话"。这是世界各民族神话文化发展中的一大奇观。经过屈原、陶渊明和李白等优秀诗人的努力,在我国诗歌文化发展中形成了运用《山海经》神话原型的艺术传统,显示出中华民族文化的丰富、坚韧、崇高的品性。也就是说,以《全唐诗》所收2200余诗人的48 900余首诗作来看,神话被运用的诗作至少占三分之一的比重。若我们把这些诗作抽去,整个唐代诗歌就会失去在中国文化发展史上的特殊地位及其价值意义。当然,若将整个中国古典诗歌中的神话内容全部抽去,我们可以断言,中国诗歌这一文学形式将不复存在。民族文化的内容在继承中才能得到不断发展、飞跃,而继承,在时空的意义上离不开文化的源头。那就是以《山海经》为代表的神话经典为诗歌文化的形成、发展提供了多种内容,诸如诗性神话思维、神话象征、神性诗美创造等艺术机制,其在后世不断丰富发展,才使中华民族诗歌保持民族个性有了坚实的基础。至唐代,乃至宋、元、明、清,中国古典诗歌的诗性神话思维等特征逐渐被定型。

2.《山海经》与中国近现代诗歌

近现代文学是一个全新的文化概念,这不仅是因为自1840年鸦片战争后,中国社会政治和经济上的格局发生了重要变化,更重要的是文化上尤其是文学艺术上改变了传统的审美构成机制和美学表现机制,尽管在某些方面我们可以把近代文学看作古典文学的延续。近代诗歌因为龚自珍、黄遵宪、秋瑾等诗人的涌现,具有了全新的诗歌美学倾向。他们的视野超越了国界,更超越了时代,他们的诗歌创作拉开了中国文学新的帷幕。在他们的影响下,以毛泽东为代表的现代诗人应运而生,为中国文学谱写了更新、更美的篇章。

(1)近代诗风的神话意蕴

近代诗坛以龚自珍、秋瑾为代表,在诗歌创作中融入《山海经》神话等远古文化内容,表现出鲜明的民族精神和全新的审美风尚。这种融入传统意义上是自觉的,在现实意义上是不自觉的。19世纪中期的中国,社会政治性质发生重要变化,文化以诗歌为典型,也发生了重要的转折。有着千百年的学术传统的经学,在乾嘉时代登峰造极后,直落而下;诗坛的文化旗帜越来越清晰地表现出以强烈的社会批判为主要内容的爱国主义精神。民族危亡感与远古神话相结合,形成浓郁的民族情结,这种现象广泛地反映在许多优秀诗人的作品中。《山海经》神话原型不仅仅成为一些诗人构成诗美的意境的内容,而且成为一种具有鲜明的民族精神的象征。以龚自珍和秋瑾为代表,他们渴望民族迅速摆脱危机,获得新生,于是在远古神话中寄寓自己的理想,使近代诗坛显现出空前的清新、热烈、悲壮、高昂、险峻、神奇等美学特色。同时,这也标志着旧的诗学正日渐式微,代之而起的是日益高涨的文学革新即改良和革命性的内容。

龚自珍,字尔玉,号定庵,又号羽琌山民,浙江仁和(今杭州)人。家中很优越的文化教育环境,养育了他超众的思想深度、杰出的艺术才能。在他的诗作中充满了对民族危亡的强烈责任感,他对腐朽势力无情鞭挞、咒骂,对理想世界热情讴歌和赞扬,诗人独领一代风骚。诚如他在《己亥杂诗》中所说的,"歌泣无端字字真","童心来复梦中身"。

他的诗作充满壮美,显示出明清时代少有的磅礴大气。如他在《送徐铁孙序》中所说:"平原旷野,无诗也;沮洳,无诗也;硗确狭隘,无诗也;适市者,其声嚣;适鼠壤者,其声嘶;适女闾者,其声不诚。"有"如岭之表,海之浒,磅礴浩汹,以受天下之瑰丽,而泄天下之拗怒"者才有诗。这种美学精神影响了近代许多诗人,成为诗界革命等文学大潮的前奏。神话在他的诗作中自然充当了新美的精灵,闪放出夺目的异彩。也就是说,在他的诗作中,神话成为他补天的彩石、堙水的息壤，饱含着他的满腔忧愤和挚爱。他的经历因才高而受妒受害，仅50岁就结束了其不凡的人生。他流传至今的诗篇有600多首，不用说，还有大量流失之诗；但岁月有情，他的许多诗篇为人所喜爱，直到今天还脍炙人口。我们不能说仅仅因为他化用了大量的神话传说才使诗有如此强烈的感染力，但我们确实应注意到在他的诗作中的诗性神话思维的不寻常的诗美意义。

在他重要的诗集《己亥杂诗》中，尤为典型地体现出这种诗性神话思维。如：

（其十五）
许身何必定夔皋，
简要清通已足豪。
读到嬴刘伤骨事，
误渠毕竟是锥刀。

其中的夔，我们可见之于《山海经·大荒东经》所载的"东海中有流波山，入海七千里。其上有兽，状如牛，苍身而无角，一足，出入水则必风雨，其光如日月，其声如雷，其名曰夔。黄帝得之，以其皮为鼓，橛以雷兽之骨，声闻五百里，以威天下"。

这里，龚自珍将夔和皋陶当作对世界产生有力影响的民族英雄的代表，来抒发自己的济世情怀和他对"嬴刘"即秦汉王朝酷刑的继承者清廷残暴行径的批判。

（其五十八）
张杜西京说外家，
斯文吾述段金沙。
导河积石归东海，
一字源流奠万哗。

这是他借用"导河积石"的神话传说来称颂其外祖父段玉裁的。段玉裁整理《说文解字》很有成就，"百余年来，人人共读，几与正经正注争席了"（梁启超《中国近三百年学术史》）。段玉裁对龚自珍有很重要的影响。同时，这也表现出龚自珍对"导河积石"的神话英雄的景仰。"导河积石"见之于《山海经·西次三经》："……积石之山，其下有石门，河水冒以西流。"又见之于《山海经·海内西经》："河水出东北隅，以行其北，西南又入渤海，又出海外，即西而北，入禹所导积石山。"另见之于《海外北经》和《大荒北经》。神话的内容为大禹疏导河流，曾在积石山劳作。

（其八十九）
学羿居然有羿风，
千秋何可议逢蒙？

> 绝怜羿道无消息,
> 第一亲弯射羿弓。

这是讽刺时事之作,也是对羿神话的一种思索,但无论哪一种意思,都包含着对擅射英雄羿人生悲剧的惋惜。羿神话见之于《山海经·海外南经》:"羿与凿齿战于寿华之野,羿射杀之。在昆仑虚东。羿持弓矢,凿齿持盾。一曰戈。"又见之于《海内经》:"帝俊赐羿彤弓素矰,以扶下国,羿是始去恤下地之百艰。"羿射日神话见之于《淮南子》,羿教逢蒙传说见之于《孟子》。善射的羿作为神话英雄是和《山海经》的原型密切相关的。

(其一百二十五)

(过镇江,见赛玉皇及风神、雷神者,祷祠万数。道士乞撰青词。)

> 九州生气恃风雷,
> 万马齐喑究可哀。
> 我劝天公重抖擞,
> 不拘一格降人才。

这是龚自珍诗中在后世流传最广的一首。其中的"九州",见之于《山海经·海内经》:"鲧窃帝之息壤以堙洪水","帝乃命禹卒布土以定九州";"天公"即"天帝",在神话中出现得更多。这里虽然专指传说中的玉皇,但原型在于

《山海经》中的"帝"。这首诗表达了龚自珍对政治理想的讴歌。

(其一百七十一)
猰貐猰貐厉牙齿,
求覆我祖十世祀。
我请于帝诅于鬼,
亚驼巫阳苴鸡豕。

(其一百七十二)
昼梦亚驼告有熹,
明年三月猰貐死。
大神夔枭殄枭子,
焚香敬告少昊氏。

这两首诗都用了神话中的"猰貐"(即"窫窳")作为恶人的喻称,表达了作者对迫害他的邪恶力量的痛恨、轻蔑和诅咒。"巫阳"即"巫咸",是著名的神巫,见之于《山海经·海内西经》等处,相当于天帝与人间的神使。"少昊氏"也是古代神话中的帝王,主持正义的代表。见之于《山海经·西次三经》:"又西二百里,曰长留之山,其神白帝少昊居之。""窫窳"见《山海经·海内南经》:"窫窳龙首,居弱水中,在狌狌知人名之西,其状如龙首,食人。"《海内西经》有"危与贰负杀窫窳"。《海内经》载"有窫窳,龙首,是食人。有青兽,人面,名曰猩猩"。在这里,龚自珍取其"食人"的一面,表达出正直无畏、疾恶如仇的本性。巫阳即巫咸则成为他理想实现的寄托。

(其三百一十四)

(岁不尽五日,安顿眷属于海西羽琌之山。戏示阿辛。)

丹实琼花海岸旁,

羽琌山似崒之阳。

一家可惜仍烟火,

未问仙人辟谷方。

"丹实琼花"与"崒之阳"见之于《山海经·西次三经》:"又西北四百二十里,曰崒山,其上多丹木,员叶而赤茎,黄华而赤实,其味如饴,食之不饥……是有玉膏,其原沸沸汤汤,黄帝是食是飨。是生玄玉。玉膏所出,以灌丹木。丹木五岁,五色乃清,五味乃馨。"这里是借用崒山丹木的神话喻指自己的生活环境即羽琌山馆,但笔锋又转向现实生存必需的"烟火",体现出作者心境的健康、美好,及其直面人生的态度。

神话是自由的天地,集中了远古世界美丽的幻想、愿望。《山海经》是其集大成者,它对中国文化的影响到了龚自珍的时代,仍然没有停息。在龚自珍的诗中,除了直接运用《山海经》神话原型之外，还有许多相关的神话传说的运用，如第312首中的"化作飞仙忽奇阔"，第268首中的"万一天填恨海平"，第267首中的"东王万八千骁尽"，第257首中的"不然谁信上仙沦"，第253首中的"玉树坚牢不病身"，第220首中的"媪神笑予无贫法"，第192首中的"花神祠与水仙祠"，第62首中的"古人制字鬼夜泣"等，都包含着丰富的神话情结。从这里我们可以看到，《山海经》在近代诗坛所产生的巨大影响不是偶然的现象，而是悠久的文化情结即坚韧的民族精神在这一特殊历史时期的必然呈现。有人称龚自珍，"其人其文，卓然大家，宜其上下五百年，而独有千古"（曹籀《定庵文集序》）。神话情结在其诗作的审美机制运行中的作用是可以令人清楚地看到的。特别是这种文化精神直接影响了他的后来者，如林则徐、魏源、李兆洛、刘逢禄等同时代人，和黄遵宪、康有为、柳亚子、苏曼殊、高旭等人，这些诗人都有许多与他相通的地方。尤其是作为南社领袖的柳亚子，更是对龚自珍推崇备至。黄遵宪、苏曼殊在许多诗作中直接模仿龚诗形制、气派、风韵，有力地推动了中国近代诗歌由"古典"到"现代"的重要转折、转变。若我们化用古人的诗句来形容龚自珍诗歌的意义，可以这样说："定庵诗歌在，光芒万丈长。"这种"但开风气不为师"的人生态度，是世间最宝贵的真性情，与那些矫揉造作、附庸风雅之作要强似无数倍。

龚自珍诗中充满神话意蕴是有着复杂的历史背景的，其中清代的文字狱是非常重要的因素。清王朝为了严密控制思想文化领域，一方面，他们为了得到广大汉族知识阶层的支持、应和，就以疏导代替强霸，继续使儒学等传统文化处于主流、正统地位；而另一方面，在倡导理学、专制文化的同时，残酷打击异端思想。于是，康乾时代文字狱特别繁多，庄廷鑨明史案、戴名世《南山集》案、吕留良诗文案等，惨不忍睹，严重摧残了汉族知识分子的民族感情和民族尊严。这样，他们也为自己埋下了祸种，一旦世事格局变化，就出现极为强烈的民族反抗情绪。所以，在龚自珍诗作中受压抑的正义情绪，在秋瑾等革命作家诗作中就强烈地表现为对"轩辕""黄帝""昆仑"等神话文化的讴歌。

秋瑾，原名闺瑾，字璿卿，别署鉴湖女侠，后改名为瑾。她的家庭同样有着良好的古典文化教育的传统氛围。尤其是她幼年受到浓烈的英雄主义教育，她崇敬历史上的民族英雄、爱国志士的高风亮节，养成了正直、好勇的品性。犹如她在一首词中所说的，"身不得，男儿列，心却比，男儿烈"（《满江红·小住京华》）。后参加进步社会组织"妇女谈话会"，赴日留学，视野开阔，思想迅速变化；与宋教仁、黄兴、陈天华、徐锡麟和鲁迅等人结识，加入同盟会，创办《白话》杂志,成为杰出的女革命家;至1905年冬天回国,发动革命,1907年7月被捕就义。她的一生虽然只有30多个春秋,但留下的精神财富却彪炳千秋。尤其是她的诗文,光照人寰。我们不能断言她熟读过《山海经》这部蕴含着丰富的民族文化精神内容的经典,但从她的诗作中,我们确实可以看到她受这部经典的神话文化的具体影响。其表现在两处:一是她的诗作弥漫着浓郁的神话气息,融远古文化与时代革命精神为一体;二是直接套用《山海经》神话片段进行诗文创作,抒发革命情怀。如果说,我们把整个中国近代文化的进程划为发端和高潮两大阶段,那么龚自珍是发端时期最耀眼的一颗明星,而秋瑾则是高潮中最灿烂的星辰之一。在他们的诗作中,都通过神话抒发出作者对时代、民族、历史、人生的感受,如火一般炙烤着近代中国的茫茫众生的心灵。

秋瑾首先是一位女性,然后才是一位革命家出身的诗人。她热爱生活,在诗篇中有许多讴歌各种花卉的篇章,如《梅》《玫瑰》《秋海棠》《杜鹃花》《芍药》《桃花》《兰花》《菊》《红莲》《白莲》《水仙花》《春草》等。在这些诗篇中,借花述志,表现了她丰富的想象和高洁的品格。这是与《山海经》等古典神话密切联系着的。如《桃花》中载:

艳色秾芳夹岸栽,

苧萝溪下水潆洄。

料因王母瑶池谪,

独向深闺仕女开。

这里借用了王母神话来比喻桃花的不畏强暴的品性。王母在《山海经》中是著名的昆仑女神,司五残的厉神,使唤青鸟等神使的天国的帝王,体现出至高的尊严和权威。一个"谪"字,显示出桃花的勇敢和脱俗,衬托出诗人的胸怀所包含的冰清玉洁般的品性。

她的咏花诗中,有些诗篇虽然没有直接引用《山海经》神话,却洋溢着神话色彩、气息和与《山海经》相同的审美情结,这些构成了她的诗作的底蕴。如《红莲》《白莲》《梅》等篇:

红　莲

洛妃乘醉下瑶台,

手把红衣次第裁。

应是绛云天上幻,

莫疑玫瑰水中开。

仙人游戏曾栽火,

处士豪情欲忆梅。

夺得胭脂山一座,

江南儿女棹歌来。

白 莲

莫是仙娥坠玉珰?
宵来幻出水云乡。
朦胧池畔讶堆雪,
淡泊风前有异香。
国色由来夸素面,
佳人原不借浓妆。
东皇为恐红尘涴,
亲赐寒簧明月裳。

这里的"洛妃""仙娥""东皇"显然不是《山海经》中所有的神话内容,但这种神话内容所依据的文化背景及产生条件(作为神话的审美思维机制)在《山海经》中却不难找到。这里的花是仙花,神花,是作者情感的审美具象化体现。特别是在《梅(十章)》中,"本是瑶台第一枝,谪来尘世具芳姿","桃姨杏妹嫁东风,玉砌珠栏晓日笼","欲凭粉笔写风神,侠骨棱棱画不真"等诗句,都体现出作者这种神话情结,表现出料峭、昂扬、险峻的风度。

最为典型的诗性神话思维,除了表现在以上内容外,还表现在秋瑾许多诗篇中的借用女娲神话的补天情节上。女娲的形象最早是在《山海经》中表现出来的,但其补天事迹,则是在《淮南子》等典籍中较为详细地描述出细节来的。秋瑾在诗篇中对这位救世女神表现出敬仰的神态，抒发出自己欲扭转乾坤的豪情壮志与远大理想。如《季芝姊以诗相慰次韵答之》中的"炼石空劳天不补"，《见月》中的"衔泥有愿誓填海，炼石无才莫补天"，《乍别忆家》中的"补天有术将谁倩？缩地无方使我叹"，《感时》中的"炼石无方乞女娲，白驹过隙感韶华"等，显现出作者拯救祖国危亡的历史责任感，对实现民族新生的渴望。这一幅幅补天图，都饱含着诗人对祖国、民族的一片赤诚、衷情，震撼着亿万人的心，唤起无数革命志士的共鸣。与补天相对的是"填海"，作者多次借用此神话来表现自己的献身精神，为了使祖国获得新生而在所不惜的大无畏牺牲精神。

"填海"是《山海经》精卫神话中最悲壮的情节，在整个中国文化中成为崇高情操的象征，而后发展为中华民族千百年来为正义事业而赴汤蹈火、舍生忘死、舍生取义的光荣传统。秋瑾借用这一情节，化用于诗歌中成为一种与补天相对应的济世、救世的献身精神。若我们把民间文艺中的弹词比作一种特殊的通俗歌诗，那么，她的《精卫石》就是她借用"精卫填海"神话而创作的尤为动人的诗章。在作品中，她强烈呼吁亿万妇女"速振"，"奋然自振"，她假托"东方有个华胥国"来述说"糊涂病""近视眼"，以唤起民族觉醒。借用古代神话，可以唤醒民族斗志，也可以装神弄鬼愚弄民众，这是我们民族文化的两大传统，即战士和方士的文化类型。秋瑾和龚自珍、屈原他们属于战士,借用《山海经》神话原型,抒发救国救民的火热情怀,表现出浩然之气。这样直接采用《山海经》神话原型,借民族文化的远古历史内容,唤起民族自豪感、耻辱感、使命感、责任感的诗篇,还有《宝刀歌》《宝剑歌》《吊吴烈士樾》等。如在《宝刀歌》中,秋瑾愤然歌唱道:

> 汉家宫阙斜阳里,
> 五千余年古国死。
> 一睡沉沉数百年,
> 大家不识做奴耻。
> 忆昔我祖名轩辕,
> 发祥根据在昆仑。
> 辟地黄河及长江,
> 大刀霍霍定中原。
> 痛哭梅山可奈何?
> 帝城荆棘埋铜驼。
> 几番回首京华望,
> 亡国悲歌泪涕多。
> 北上联军八国众,
> 把我江山又赠送。
> 白鬼西来做警钟,

汉人惊破奴才梦。
主人赠我金错刀,
我今得此心雄豪。
赤铁主义当今日,
百万头颅等一毛。
沐日浴月百宝光,
轻生七尺何昂藏!
誓将死里求生路,
世界和平赖武装。
不观荆轲作秦客,
图穷匕首见盈尺。
殿前一击虽不中,
已夺专制魔王魄。
我欲只手援祖国,
奴种流传遍禹域。
心死人人奈尔何,
援笔作此《宝刀歌》。
宝刀之歌壮肝胆,
死国灵魂唤起多。

…………

铸造出千柄万柄宝刀兮,
澄清神州。

上继我祖黄帝赫赫之威名兮，

一洗数千数百年国史之奇羞！

昆仑、轩辕、禹域、黄帝，这几个神话概念使整个诗篇形成一种特殊的文化氛围，唤起人们心中面对民族祖先的愧疚。它以"忆昔我祖名轩辕，发祥根据在昆仑。辟地黄河及长江，大刀霍霍定中原"为起始，以"上继我祖黄帝赫赫之威名兮，一洗数千数百年国史之奇羞"为结尾，中间突出了"我欲只手援祖国，奴种流传遍禹域"的爱国深情，向人们展示民族的耻辱、屈辱，以期达到知耻而后勇的民族崛起的目的，独见其良苦匠心。这里的神话运用，我们可以明显看到它源自《山海经》的昆仑神话系统。此类现象还见诸《宝剑歌》中的"炎帝世系伤中绝，茫茫国恨何时雪"，《吊吴烈士樾》中的"昆仑一脉传骄子，二百余年汉声死""忽地西来送警钟，汉人聚哭昆仑东""前仆后继人应在，如君不愧轩辕孙"等充满豪情壮志的诗句。昆仑就是伟大祖国万里河山的典型代称，轩辕黄帝就是亿万华夏儿女神圣的祖先，这是中华民族共有的文化宝藏、精神财富。这不仅是秋瑾诗作中的主题，而且是整个近代爱国诗篇中共同的主题。有南社灵魂之称的柳亚子、革命的和尚苏曼殊等人，都曾有此类诗篇。

近代爱国诗人在其笔下讴歌昆仑、轩辕，借用神话来表达自己的政治理想，我们说，他们都没有明确的神话概念或神话学意识，而是把这些属于神话的内容作为真实的历史来看待的。这是古老的文化传统的自然继承，一直影响到现当代文化的发展。当中国现代神话学建立后，这种神话即史的观念也并没有完全改变，特别是在文学艺术实践中。我们不必强求那些诗人、作家在作品中必须将神话与史实截然分开，因为在事实上，现当代作家笔下的这些神话内容早已被审美的情绪化处理过，形成了具有丰富内容、意义的文化情结。20世纪的20年代肇始，我国史学发生了重要变化，即当时新兴起的古史辨学派影响了人们的神话观念，徐旭生等人接受史学上的二重证据法，成功地将史实与神话内容剥离开。但郭沫若等新诗人并没有因为这些而改变以往的文化传统，而是使神话的内容在诗作中的运用进入了更高的审美层次。以《山海经》神话原型为代表的古代神话文化，在20世纪文学发展中具有更独特也更丰富的审美意义和文化意义。

（2）簇新的美学风度

在20世纪中国诗歌的发展中，新诗和古体诗共同构成新文化的载体，形成两种流向：一是以郭沫若、江河、杨炼等为代表的新旧两代新诗人在诗作中继承和发扬了《山海经》神话原型运用的情结传统；一是以鲁迅、毛泽东等为代表的诗人在诗词作品中更熟练、自由地运用这种文化情结，表现出空前的诗歌美学风度。在我们的文化生活中，这两种流向并行发展着。

中国文学进入20世纪，白话成为文学的语言存在形式。这里，我们不必一一详论胡适他们如何把白话作为文学的表征，而尤为重要的是考察所谓的现代文学是如何继承和发扬中国诗歌发展史上与《山海经》神话原型有密切联系的诗性神话思维的。若我们纵观整个20世纪的新诗发展史中在内容上融注这种诗性神话思维的典型，可以看到一类以郭沫若为代表，其主要活动在20年代前后；另一类以江河、杨炼为代表，其主要活动在80年代前后。这种形势犹如一座马鞍，两头突兀而起，中间形成低落的态势。形成这种基本态势的原因在于社会思想文化发展的需要。第一种情况是文学不自觉的诗性神话思维地选择及运用，第二种情况是自觉地选择和运用、创造。由于这两种选择和运用，作为白话为表征的新诗，避免了话语和情感意象的双重失重，从而保持了艺术的尊严，并能够为时代和现实所接受和推崇。因为新诗的产生和发展是以两种文化为背景的，一是民间文化，一是西洋文化，而这两种文化都是对经典的中国传统文化的破坏才融注进文学肌体内的。民间文化和西洋文化都充满了思想的自由，在民间文学作品中我们常可看到卑贱者最聪明、高贵者最愚蠢的思想主题,在西洋文学中我们更容易看到对封建专制的抨击和对自由创造与平等生活的尽情讴歌。但是,刚刚迈过19世纪的门槛的中国文学是不会随便接受这两种文化的。所以,承袭明代性灵美学的一些小诗等新体诗,相当普遍地受到不仅仅是封建遗老的人们的排斥甚至谩骂;而融入了诗性神话思维的新诗,事实上就是尊重以民族文化源头为思想底蕴,由此歌唱民族的新生、伟大和自豪的以郭沫若的《女神》为代表的诗篇,才能真正冲垮那些陈腐的诗的形式和思想的大堤,实现文学革命论者所标榜的新文化的意义。一个民族用口头和文字传播了数千年的文化内容——神话,对于这个民族来说,它永远是亲切、神圣、无比崇高的。任何改革旧形式、创造新形式的艺术创造,都必须有效地寻找到一种文化前提作为缓冲、过渡,《山海经》神话原型在郭沫若诗作中的运用,就起到了这种特殊作用。

郭沫若,原名郭开贞,四川乐山人。他的《女神》,热烈歌颂民族的新生,预示美好的未来,是新诗中最早吹响的革命号角,是20世纪新诗第一声震撼民族心灵的强音。在《女神》中,神话色彩最为浓郁的诗篇首推《女神之再生》。诚如他在"附白"中所表明的,这部诗剧取自《山海经》等典籍。他列举的材料,一是《西次三经》中"不周之山"句,言其"北望诸毗之山,临彼岳崇之山,东望渤泽(别名蒲昌海),河水所潜也;其源浑浑泡泡。爰有嘉果,其实如桃,其叶如枣,黄华而赤柎,食之不劳"。一是《大荒西经》的不周山,言其"西北海之外,大荒之隅,有山而不合,名曰不周负子"。不周山神话在《山海经》中并没有详细介绍为何"不周"即"不合",只是在《列子·汤问》中才详述"女娲氏炼五色石以补其(天地)缺,断鳌之足以立四极。其后共工氏与颛顼争为帝,怒而触不周之山",乃有"天倾西北","地不满东南"的"折天柱,绝地维"一派残缺景象。这部诗剧引用歌德"永恒之女性,领导我们走"来赞颂民族的新生。在剧中活跃的角色有"女神之一、二、三"、颛顼、共工、农叟、牧童、野人、群众等,象征中国社会的构成,再现社会现实中连绵的战争及其黑暗、残酷与普通百姓的善良、愤恨所形成的对比。

在诗剧的"序幕"中,诗人选"不周山中断处"的"碧草芊绵,上多坠果"景象来表现祥和氛围。"山上奇木葱茏,叶如枣,花色金黄,萼如玛瑙,花大如木莲,有硕果形如桃而大。山顶白云暧叇,与天色相含混。"这是诗人营造的神话美景,与《山海经·西次三经》的那段"爰有嘉果"同出一脉。接着,在"晦冥"世界中表现"共工与颛顼争帝"的"喧嚷之声",从而引起女神们停止了欢快的歌吹,"徐徐自壁龛走下,徐徐向四方瞻望"。诗中的女神之一在诗中表白道:

> 自从炼就五色彩石
> 曾把天孔补全,
> 把黑暗驱逐了一半
> 向那天球外边;
> 在这优美的世界当中,
> 吹奏起无声的音乐雍融。
> 不知道月儿圆了多少回,
> 照着这生命底音波吹送。

与其说这是女神的心灵剖白,不如说就是作者自己的心声。在女神之二所问"我们今天的音调,为什么总是不能和谐",女神之三描述"我们这五色天球看看要被震破!倦了的太阳只在空中睡眠,全也不吐放些儿炽烈的光波"。之后,女神之一高喊出"我要去创造些新的光明,不能再在这壁龛之中做神"!创造光明成为整个《女神》的主题。女神之二、女神之三相继提出创造"新的温热""新鲜的太阳"。诗人自觉地将神话与现实相糅合,形成了屈原的《天问》中畅游神界的意境。

诗剧中的颛顼是"奉天承命的人",他对共工说:"别教死神来支配你们,快让我做定元首了吧!"而共工则声称自己是随着本心想做皇帝,"总之我要满足我的冲动为帝为王"。农叟伤痛的是这样你争我夺,"黄河之水几时清?

人的生命几时完？"牧童后悔自己"不该喂了两条斗狗，时常只解争吃馒头"。这是一个充满血腥也充满盲从的世界，野人之群喊着"得寻欢时且寻欢"，他们参战并不辨明正义是非，而是为了"两头利禄好均沾"。共工失败了，高喊着"党徒们呀，快把你们的头颅借给我来！快把这北方的天柱碰坏！碰坏！"他与颛顼同归于尽。诗剧的最后以女神们"唱起歌来欢迎新造的太阳"，"愿祝新阳寿无疆"，和舞台监督宣告"我们待太阳出现时再会"为结尾，预示世界的新生。

这是激情澎湃的神话诗，讴歌、赞颂民族的新生，借颛顼和共工及盲从的野人来喻指那些制造黑夜的人，借女神来喻指光明的力量，正义的力量，新生的力量。我们不能说诗人从《山海经》中得到多少诗的灵感，但至少是取材于此，把其化解成新的时代精神，表达出诗人热烈的希望。若我们把《山海经》神话称作古典，那么，郭沫若在这里就是典型的化古典为现代，使千年神话又放射出了夺目的异彩。当年马克思在《〈政治经济学批判〉导言》中把古希腊神话称作古希腊艺术的宝库，今天，我们同样可以说，《山海经》神话也是中国文学重要的艺术宝库，这里常挖常有，常用常新。

在郭沫若的《女神》中，对《山海经》神话的运用，除了《女神之再生》之外，还有《湘累》。如，他直接引用了《离骚》中的诗句"鲧婞直以亡身兮,终然殀乎羽之野",通过屈原之口讲述了舜和禹的故事,而鲧、舜、禹都是《山海经》的神话形象。其他如《凤凰涅槃》《天狗》《日出》《地球,我的母亲》《太阳礼赞》等篇,虽然没有直接运用《山海经》神话,却表现出相似的审美思维内容。可以说,是郭沫若开辟了中国现代新诗的神话思维的艺术传统并影响着整个 20 世纪。

郭沫若的诗歌创作,气势磅礴,蕴藏着极为丰富的神话信息。像《女神》这样直接借用《山海经》神话来表现自己的情怀的诗作,还有一些古体诗,如他作于 1919 年 2 至 3 月间的《怨日行》:

> 炎阳何杲杲,
>
> 晒我山头苗。
>
> 土崩苗已死,
>
> 炎阳心正骄。
>
> 安得后羿弓,
>
> 射汝落海涛!
>
> 安得鲁阳戈,
>
> 挥汝下山椒!
>
> 羿弓鲁戈不可求,
>
> 泪流成血洒山丘。

长昼漫漫何时夜?
长恨漫漫何时休?

羿是《山海经》中善射的英雄。在《海内经》中,有"帝俊赐羿彤弓素矰,以扶下国,羿是始去恤下地之百艰"。在《海外南经》中有"羿与凿齿战于寿华之野,羿射杀之。在昆仑虚东。羿持弓矢,凿齿持盾"。这主要表现了作者仇视黑暗的心理。羿,则是作者的自我设计,作为拯救祖国于水火之中的理想情怀的形象化表现。

对神话英雄的景仰,是中国诗歌文学发展中一个常见的主题。这不仅体现在郭沫若诗歌中,而且普遍表现在20世纪一些忧国忧民的具有浓郁理想思想的青年诗人诗作中。如江河、杨炼,曾被他们的同时代人称为当代的神话诗人。他们分别以《纪念碑》和《诺日朗》而闻名,自觉追求新诗的神话史诗效应,要抒述出对民族古老历史更广阔、更深刻意义上的思索。尤其是江河,他在《追日》中表现出对真理的忘我追求精神的景仰,对献身于民族大义的崇高品格的礼赞,既具有博大、浑厚的历史沧桑感,又具有鲜明的时代特征。这种现象在当代新诗中的出现绝不是偶然的,应该说,这是一种文化的自觉的表现。江河钟情于夸父和郭沫若钟情于女娲,都具有同一种情结,即在社会转型时期,时代的转折关头,中国正直、善良、勤奋思索的知识分子渴望对祖国命运的深层理解和对未来的热切希望。当然,郭沫若面对的时代是黑暗的岁月,他苦于无炼石补天救世之术,痛恨那些卑劣粗俗的小皇帝们(军阀)你争我夺和社会现实中生灵涂炭、民不聊生的凄惨景象,寄希望于女神的奋发、新生。而江河所处的时代,则是一个民族渴望崛起,百业待兴,待改革、待腾飞的充满激情的时代。

这个时代充满了理想和激情,同时,也充满了理性的思索。江河所要表达的就是这种时代精神。20世纪80年代前后的中国,是历史又一次给予中华民族选择自己命运前途的良好机遇的关键时刻,是继续沿着传统的计划经济道路闭关自守,还是面向世界、面向未来、面向现代化,实现全方位的改革、开放,这是全民族所共同关心的话题。这样,《夸父》中的夸父英雄的神话典型就迥异于充满苦痛的女娲和精卫,他是一个既忧虑民族发展速度缓慢滞重,又为时代的轰轰烈烈而激动不已的典型形象。由此,这也使我们联想起20世纪50年代,在中华人民共和国刚建立不久的岁月中,许多新诗人以幻想代替现实,把对神话的理解与共产主义明天的景象的具体描绘简单地结合起来的做法,这种思维方式我们不能称作诗性神话思维,而只能把其看作陷入一种艺术误区,是小生产者自我膨胀心理的急功近利的表现,它并不具备艺术的真诚和深刻的思想品格，而是一种狂热。所以，在20世纪50年代还未结束时，这类所谓的神话新诗就被时代所淘汰了。艺术的规律具有独立性，一旦加入了更多的主观臆测，就自然失去了发展的基础。艺术的选择在更多的时候需要诗人有文化的自觉性，像郭沫若钟情于女娲的补天，江河钟情于夸父的追日，都是发自内心地热切关注民族命运，因而，这些新诗就表现出明显不同于20世纪50年代一些所谓神话新诗的文化品格。也就是说，新诗选择文化中的神话情结，更重要的是在文化转型时刻诗人对传统文化的心理积淀的一次整理与喷发。这种情绪使艺术的时代感表现得更加浑厚，使新诗的美学声音更圆润，也更洪亮，具有更强的震撼力。这也是诗性神话思维在不同时期不同时代的自觉表现。

20世纪的古体诗词对《山海经》神话原型的运用，其意义更为复杂。我们从鲁迅、毛泽东这两位历史人物各具典型的古体诗词创作中，可以更为深刻地看到传统的诗性神话思维在新的历史时期被充注的不同内容，及其所达到的不同效果、效应。这两位历史人物，一位是伟大的思想家，一位是伟大的政治家，同样是对《山海经》神话原型的自觉运用，却在文化态度上表现出许多不同。可以说，作为思想家的鲁迅，他更多的是"寄意寒星荃不察，我以我血荐轩辕"（《自题小像》）。在诗性神话思维的表现上，鲁迅最为典型的是《题三义塔》这首诗：

> 奔霆飞熛歼人子,
> 败井颓垣剩饿鸠。
> 偶值大心离火宅,
> 终遗高塔念瀛洲。
> 精禽梦觉仍衔石,
> 斗士诚坚共抗流。
> 度尽劫波兄弟在,
> 相逢一笑泯恩仇。

这首诗的背景是,1932年"一·二八"战争中,上海闸北"三义里"巷和许多地方成为日本侵略者炮火下的废墟。一只家鸽被一位日本画家带回日本,可是,家鸽却绝食而死。日本农民尊这只家鸽为义鸽,为它建一座坟塔。鲁迅有感于此而作。其中的瀛洲、精禽(即精卫)分别见于《列子·汤问》的五神山神话和《山海经·北山经》的"发鸠之山"神话。劫波,见于印度大梵天神话。这首诗所表达的思想深度为一般附庸风雅之作所无,它积聚着深厚的民族感情,展示出广阔的民族胸怀,尤其是其后两句,"度尽劫波兄弟在,相逢一笑泯恩仇",为人们广泛传诵,成为人们珍视友谊、面向未来的座右铭。这里的精禽即精卫,虽然充当的文化角色发生了变化,但其悲壮的美学风度并没有改变,它仍然是献身民族大义的神鸟典型。这和《山

《海经》神话原型的文化精神是一致的。鲁迅不仅在诗歌中表现出这种自觉的文化选择，而且在其他作品中同样有这种自觉的文化选择，不断运用《山海经》神话，借古喻今，批判社会现实。如其《故事新编》中对女娲、大禹这些神话英雄的尽情讴歌，对那些丑恶现象的挞伐。

毛泽东诗词是20世纪中国古体诗歌艺术的最后一次也是最耀眼夺目的辉煌之作。他对《山海经》神话的运用明显不同于一般诗人的愤世嫉俗，而是表现出极为强烈的改天换地的大无畏的战斗气概。他的诗性神话思维最为重要的内容是他雄视万物，鸟瞰世界，表现出民族解放、崛起的空前的决心、雄心、意志和信念。在诗词创作中，他并不是一般的借用，而是将这些神话化解在自己的心绪中，使古老的神话和丰富的文化、卓越的思想有机地融为一体。在毛泽东的诗篇中，神话思维表现出这样一种现象，即意境中出现最多的是天，其次是山、海、风、云、雷、仙，以及苍龙、虎、熊罴、雄鸡、鲲鹏、瘟神、鬼等。而作为"山"，较多的是使用"昆仑""不周"等字样。在许多诗篇的整体布局上，采用的完全是神话人物对世间的超越、凌驾、俯瞰的视角。这体现出了毛泽东独特的文化品格。正是他对神话的如此运用，使得平庸诗人黯然失色。读他的诗篇，更觉他是一位横空出世的伟人。

毛泽东在诗作中广泛运用"天"的神话，体现出他不凡的艺术追求。一是站得高，看得远；二是胸怀无比宽广，能容纳万物。这种巨人型的诗性神话思维，在历史上是很少见的。如果我们把他的诗篇看作他本人的心迹，那么就会看到这样一个巨人倾尽心力去改变世界的意志、信念。由此也可见，神话入诗，可能出现玩物的闲情，可能出现玄妙的空言，也可能出现云海翻腾、气象万千的豪放篇章。毛泽东属于最后一种人物，他较多地继承和发扬了屈原、陶渊明、李白、李贺、秋瑾、龚自珍等人典型的济世救国情怀，自觉地将自己与民族、祖国、时代密切地联系在一起。与他们所不同的是，他更多了一些领袖豪气，这种雄视世间万物的自由精神、战斗精神，全无半点颓丧味的刚健之风，是屈原以来的诗人们所不能比拟的。中华民族至今景仰这位卓越的民族领袖，这绝不是偶然的。

毛泽东诗词具有广泛深厚的神话意蕴，如《蝶恋花·从汀州向长沙》中的"六月天兵征腐恶，万丈长缨要把鲲鹏缚""国际悲歌歌一曲，狂飙为我从天落"，《渔家傲·反第一次大"围剿"》中的"万木霜天红烂漫，天兵怒气冲霄汉""唤起工农千百万，同心干，不周山下红旗乱"，《菩萨蛮·大柏地》中的"赤橙黄绿青蓝紫，谁持彩练当空舞"，《十六字令三首》中的"山，刺破青天锷未残。天欲堕，赖以拄其间"，《念奴娇·昆仑》中的"飞起玉龙三百万""安得倚天抽宝剑"，《清平乐·六盘山》中的"今日长缨在手,何时缚住苍龙",《沁园春·雪》中的"山舞银蛇,原驰蜡象,欲与天公试比高",《浣溪沙·和柳亚子先生》中的"一唱雄鸡天下白",《水调歌头·游泳》中的"神女应无恙,当惊世界殊",《蝶恋花·答李淑一》中的"杨柳轻飏直上重霄九""寂寞嫦娥舒广袖,万里长空且为忠魂舞",《七律二首·送瘟神》中的"坐地日行八万里,巡天遥看一千河""六亿神州尽舜尧",《七律·答友人》中的"九嶷山上白云飞,帝子乘风下翠微""洞庭波涌连天雪""我欲因之梦寥廓",《七古·送纵宇一郎东行》中的"天马凤凰春树里""鲲鹏击浪从兹始",《贺新郎·读史》中的"五帝三皇神圣事",《水调歌头·重上井冈山》中的"可上九天揽月,可下五洋捉鳖",《念奴娇·井冈山》中的"参天万木,千百里,飞上南天奇岳",《念奴娇·鸟儿问答》中的"鲲鹏展翅,九万里,翻动扶摇羊角",等等。这些神话意蕴有许多都出自《山海经》,或受《山海经》神话的影响而形成绮丽的景色。诸如"昆仑""不周山"和"神女""舜尧""九嶷山"等,都直接见于《山海经》,更不用说那些与《山海经》神话相一致的游天地万物之间的豪情壮志。对于毛泽东的这种诗性神话思维,柳亚子在《沁园春·次韵和毛润之初到陕北看大雪之作,不能尽如原意也》中做如此评述:"廿载重逢,一阕新词,意共云飘。叹青梅酒滞,余怀惘惘;黄河流浊,举世滔滔。邻笛山阳,伯仁由我,拔剑难平块垒高。伤心甚,哭无双国士,绝代妖娆。才华信美多娇,看千古词人共折腰。算黄州太守,犹输气概;稼轩居士,只解牢骚。更笑胡儿,纳兰容若,艳想秾情着意雕。君与我,要上天下地,把握今朝。"

毛泽东诗词在中国文化发展史上有前无古人、后无来者之誉。他对神话的诗美提炼,既继承了前人,又超越了前人,而他本人则又多次讲诗应当以新诗为主。应该说,这是历史发展所形成的中国文化在20世纪的一大奇观。诚如法国汉学家埃尔韦·圣·德尼在论中国诗歌时所说的那样:"在这个统一民族的文学中,一切都相互联系,前后相续,一切都让人感到传统在起作用,就像在其风俗习惯中表现出的那样。"(《牧女与蚕娘——法国汉学家论中国古诗》,上海古籍出版社,1990年版)毛泽东对《山海经》为代表的神话典籍是喜爱的,他的运用,包容了对中国社会、历史、文化、哲学等内容的深邃的思索,这才具有如此的气魄、魅力。它启发我们认识到这样一种艺术规律:诗是以意为蕴的,文贵于思,没有对社会、历史的独立思索,诗就会流于俗。诗,从来不是抽象的存在。

在中国文学的历史长河中,诗是最耀眼的浪花,它映现出中国文化与中国古典神话最直接、最密切、最典型的联系。从屈原到毛泽东,这些杰出的诗人们从未忘却《山海经》,一方面是因为《山海经》包容了特殊的岁月,中华民族最为原始的文化内容,具有文化之源的意义;另一方面,这是一种文化传统在不同时代的具体表现——诗人从神话中汲取诗的营养和素材,融入富有时代特色而又具个人风格的独特思考,使诗中的神话既不失传统色彩又富含新意。中国诗歌是这样,小说、戏剧、散文同样是这样。如魏晋南北朝时期的志怪小说、唐宋时期的话本、元明清时期的神魔小说,我们都可以看作是《山海经》的一次次诠释、演绎。神话形象不断重复出现,尤其是这些小说对《山海经》神话的思维方式的继承和发展,让我们充分体会到《山海经》对中国文化的具体、广泛、深入的影响作用。中国文学的发展离不开《山海经》,这并不等于说凡是文学创作都必须追溯《山海经》,而是说,各人有各自的生活经历、文化素养,会形成各自的文化取舍态度,如果能有效地运用神话,将使诗歌内容更丰富,使文学发展得更绚丽多彩。这不是唯一的道路,却是中国文化中一种不容忽视的重要的发展途径。历史是一面镜子,让我们看到前人的得失,从而让我们能够保持清醒的头脑,更迅速、健康地发展、提高我们的文学艺术水平。当然,理解文学创作与古典神话的关系问题,不能简单化,最重要的是从文学发展的内在意蕴上去理解。近年来的长篇小说创作出现繁荣局面,如《白鹿原》《羊的门》等优秀作品,几乎无一例外地表现出古典小说运用神话传说来表现寓意象征的美学倾向,显示出其文化内涵的丰厚。这一方面表现出中国作家对自身民族文化的继承的自觉,另一方面则表现出中国文化包括神话传说流传的久远,体现出民族文化在新世纪初面向世界时自身审美品格的成熟。

五 《山海经》与中国古典神话谱系

　　神话的产生，首先是对人们探索人类社会与各种自然现象等诉求的应答，其背景既是社会与历史的，也是审美的、信仰的。尤其是信仰的与审美的内容，正在被人们弱化、淡化，这是一种严重的缺憾。

　　中华创世神话是一个非常特殊的概念，具有广义和狭义两种属性。广义的中华创世神话，是指中华民族创立的漫长过程，从传说中的盘古开天地、女娲抟土造人、伏羲创制文明、神农尝百草、燧人氏钻木取火、有巢氏筑构房舍等原始文明的创造，到炎黄统一天下，包括颛顼、帝喾继承轩辕黄帝的伟大事业，一直到尧、舜、禹建立中华民族的伟大国家，广义上讲，这都可以看作世界的创立；狭义的创世神话，则是相对于祖先神话、英雄神话、战争神话、洪水神话和图腾神话等神话类型，表现天地形成、民族起源等内容的神话。这里所述说的中华创世神话是广义的，而且应该指出的是，中华创世神话是整个中华民族的，不仅包括中华古典神话，而且包括众多少数民族的创世神话；不仅包括古老的文献所记述的内容，而且包括以口头形式、风俗生活形式等形式流传的内容。

中国文化的表现形式具有多样性特征，既有文字的（以文献的形式表现为各种典籍，被印制成册，被刻写记录），又有口头的和物质的等众多形式。其中，文献的记录是非常重要的依据。

1. 先秦说神谱

首先，从先秦文献中，我们可以看到中华创世神话文化谱系的构成。

所谓谱系，就是构成方式。在典籍中展示的各种神话人物等文化形态，成为后世理解中华创世神话的重要依据。对于民族起源等社会历史的理解，在文化认同中具有非常特殊的意义。"国之大事，在祀与戎"（《左传·成公十三年》），祭祀的对象是共同的祖先，这意味着血脉、感情、信仰等文化的融合，在文明的建构中成为避免冲突的根据。

神话的建构是非常复杂的，其神圣性体现，应该以认同为基础。其文化认同包含着自觉的认同，也包含着被动的认同。用今天的话说，就是形成文化共同体、命运共同体。古老的甲骨文中"帝"被解释为生育万物等意义。在文化发展中,祭祀的意义越来越突出,也越来越普遍,尤其是天地崇拜中的天帝,成为神话谱系的核心内容。后世被推崇的三皇五帝,即以此为重要依据,既是社会历史的概括,也是文化的认同。甲骨文中的"我",可以解释为"一面战斗的旗帜",就在于文化识别与文化认同。因此创世神话的流传,就不单单是一种审美意义的讲述,其中的信仰与历史文化认同等内容,成为其文化构成的核心。在这样的背景下,神话谱系所具有的社会历史真实性,自然超越文化认同的审美意义。

所以,先秦文献中的神话谱系,在一定程度上既是社会生活的真实性体现,也是文化认同与审美诉求的体现。如《左传·昭公十七年》郯子语曰:"昔者黄帝氏以云纪,故为云师而云名;炎帝氏以火纪,故为火师而火名;共工氏以水纪,故为水师而水名;大(太)皞氏以龙纪,故为龙师而龙名。"黄帝、炎帝、共工氏、太昊(太皞)氏各有其名,即不同的图腾与认同。这里的谱系表面上看是无秩序的,其实也是一种文化谱系的体现,显示出众神的并列。文化谱系的显示也有一种述说,如《吕氏春秋·恃君览》称:"昔太古尝无君矣,其民聚生群处,知母不知父,无亲戚兄弟夫妻男女之别,无上下长幼之道,无进退揖让之礼",其中的"太古",与黄帝等神话时代表达的意义是一样的，都属于文化认同。

　　文献的形式是多种多样的，不仅是一种成册的典籍，还包括所有的文字。它不仅是《左传》《国语》《战国策》，也不仅是《诗经》《楚辞》，以及《墨子》《庄子》《韩非子》，而且包括各种陶文、甲骨文、金文等文字。它们以不同的形式记述、体现了文化谱系。

　　先秦文化典籍中，神话谱系最具体最典型的体现，当数《山海经》。《山海经》有众多的神话群，诸如帝系神话群、帝俊神话群、黄帝神话群、颛顼神话群、禹神话群、炎帝神话群、伏羲神话群、女娲神话群等，还有尧神话群、舜神话群、喾神话群、丹朱神话群，以及西王母神话群、昆仑神话群、共工神话群、蚩尤神话群等。众神包括夸父神话、精卫神话、禹强神话、烛龙神话、祝融神话、相柳神话、刑天神话、应龙神话、蓐收神话、句芒神话、羲和神话、帝女神话、羿神话、日月神话，各山山神神话等。诸神各具其能，各居其所。如《大荒西经》载："西海之南，流沙之滨，赤水之后，黑水之前，有大山，名曰昆仑之丘。有神，人面虎身，有文有尾，皆白，处之。其下有弱水之渊环之，其外有炎火之山，投物辄然。有人戴胜，虎齿，有豹尾，穴处，名曰西王母。此山万物尽有。"这是西王母的居所，也是西王母神谱的基点。如《西次三经》所记："又西三百五十里，曰玉山，是西王母所居也。西王母其状如人，豹尾虎齿而善啸，蓬发戴胜，是司天之厉及五残。有兽焉，其状如犬而豹文，其角如牛，其名曰狡，其音如吠犬，见则其国大穰。有鸟焉，其状如翟而赤，名曰胜遇，是食鱼，其音如录，见则其国大水。"以此展开各个神话王国，显示出不同的神话谱系。

《山海经》显示神话谱系，第一次全面展示众神的容姿。如《海外北经》载："钟山之神，名曰烛阴，视为昼，瞑为夜，吹为冬，呼为夏，不饮，不食，不息，息为风。身长千里。在无䏿之东。其为物，人面，蛇身，赤色，居钟山下。"《大荒北经》载："西北海之外，赤水之北，有章尾山。有神，人面蛇身而赤，直目正乘，其瞑乃晦，其视乃明，不食不寝不息，风雨是谒。是烛九阴，是谓烛龙。"这是一种神话谱系，显示出世界开创的内容。

《山海经》神话谱系的展示更具体体现在各种神之间的相"生"，其实就是各种各样的文化认同，共同构成文化共同体或生命共同体。如《海内经》记："流沙之东，黑水之西，有朝云之国、司彘之国。黄帝妻雷祖，生昌意。昌意降处若水，生韩流。韩流……取淖子曰阿女，生帝颛顼。""西南有巴国。大皞生咸鸟，咸鸟生乘厘，乘厘生后照，后照是始为巴人。""伯夷父生西岳，西岳生先龙，先龙是始生氐羌，氐羌乞姓。""炎帝之孙伯陵，伯陵同吴权之妻阿女缘妇，缘妇孕三年，是生鼓、延、殳。殳始为侯，鼓、延是始为钟，为乐风。""黄帝生骆明，骆明生白马，白马是为鲧。""帝俊生禺号，禺号生淫梁，淫梁生番禺，是始为舟。番禺生奚仲，奚仲生吉光。""少皞生般，般是始为弓矢。""帝俊生晏龙，晏龙是为琴瑟。""帝俊生三身，三身生义均，义均是始为巧倕，是始作下民百巧。""炎帝之妻，赤水之子听訞生炎居，炎居生节并，节并生戏器，戏器生祝融。祝融降处于江水，生共工。共工生术器，术器首方颠，是复土穰，以处江水。共工生后土，后土生噎鸣，噎鸣生岁十有二。"

《山海经》中的各种神灵即神话人物之间，除了相互"生"，还有相互之间的"杀"。

如《大荒北经》载："夸父不量力，欲追日景，逮之于禺谷。将饮河而不足也，将走大泽，未至，死于此。应龙已杀蚩尤，又杀夸父，及去南方处之，故南方多雨。"

再如《海外南经》载："羿与凿齿战于寿华之野，羿射杀之。在昆仑虚东。羿持弓矢，凿齿持盾。一曰戈。"

《海外西经》载："形（刑）天与帝至此争神，帝断其首，葬之常羊之山。乃以乳为目，以脐为口，操干戚以舞。"

《海内经》载："洪水滔天。鲧窃帝之息壤以堙洪水，不待帝命。帝令祝融杀鲧于羽郊。鲧复生禹。帝乃命禹卒布土以定九州。"

这种"杀"，就是各种武力、暴力，就是相互之间的征服，构成形形色色的神话战争。除此之外，《山海经》还展示出各种自然神话，诸如太阳神话、洪水神话等，构成神话谱系的又一种形式（见本书第二章"《山海经》的神话系统及其类型"）。自此，《山海经》为典型的先秦文献，林林总总，表现出中华创世神话的谱系特征。

这种展示方式成为中华创世神话的重要基础，它一方面成为文字记述的基本内容，一方面在民间社会以口头形式被讲述，成为各种图画、音乐、戏曲、宗教艺术等社会生活传承传播的内容。

2. 大唐神话谱系

社会在发展，中华创世神话的建构过程也充满变化。秦汉以来，各种讲述形式表现出多样化。

神话的文献记述与显示是有局限的，这就影响到我们对神话谱系的接受与识别。例如女娲抟土造人，《山海经》没有述说，它只是提到"女娲之肠"。《山海经·大荒西经》曰："有神十人，名曰女娲之肠，化为神，处栗广之野；横道而处。"而《楚辞·天问》中来了一句："女娲有体，孰制匠之？"显然，这里的原始神话包含着女娲造人的内容。它告诉我们，仅仅从文献的表面去理解是远远不够的。

又如盘古，这位创世大神，在先秦的典籍中没有具体出现，而是首次明确出现在三国时期徐整的《三五历纪》

《五运历年纪》中，或者更早，有人把汉代画像石中伏羲女娲并立中的那位大神称为盘古。《三五历纪》称："天地混沌如鸡子，盘古生其中。万八千岁，天地开辟，阳清为天，阴浊为地。盘古在其中，一日九变，神于天，圣于地。天日高一丈，地日厚一丈，盘古日长一丈。如此万八千岁，天数极高，地数极深，盘古极长。后乃有三皇。"《五运历年纪》称："元气蒙鸿，萌芽兹始，遂分天地，肇立乾坤。启阴感阳，分布元气，乃孕中和，是为人也。首生盘古，垂死化身，气成风云，声为雷霆，左眼为日，右眼为月，四肢五体为四极五岳，血液为江河，筋脉为地里，肌肉为田土，发髭为星辰，皮毛为草木，齿骨为金石，精髓为珠玉，汗流为雨泽，身之诸虫，因风所感，化为黎氓。"《山海经》的《海外北经》记述"钟山之神，名曰烛阴，视为昼，瞑为夜,吹为冬,呼为夏,不饮,不食,不息,息为风"，此"烛阴"虽然类似于这里的盘古神话，却没有明确描述为盘古神话。于是，有人借此称盘古神话来自古印度。当然，不管有没有这种可能，它都没有证据。我们可以看到许多地方都有兄妹婚神话传说，但不能简单断言这样的神话就起源于某一个地方。《三五历纪》《五运历年纪》的原始文本散失了，只能钩陈、甄别它。但是，我们无法断定只有三国时期才开始出现盘古神话。

秦汉以来，各种文化生活更加丰富，神话谱系的表现更加具体。诸如《史记》《汉书》《后汉书》等历史典籍，继承了史传文化的叙说传统，以国家的名义述说文化谱系，同时，也出现了诸多私人著述，出现了《帝王世纪》《列仙传》《搜神记》《世说新语》《说文解字》等不同形式、不同种类的文献。其中，《史记》的各种"本纪"，以特殊的形式记述各种文化谱系，对"百家言黄帝"进行取舍，将大量原始神话排除历史之外。而《帝王世纪》就不同了，其专述帝王世系、年代及事迹。其上起三皇，下迄汉魏。其内容多采自经传图纬及诸子杂书，更丰富显示出中国神话谱系的内容。《竹书纪年》《帝王世纪》《稽古录》等文献则修正了《史记》等典籍对中国神话谱系记述不足的缺陷，具体展示出以上古帝王面目出现的神话人物形象。如《帝王世纪》记述"黄帝使岐伯尝味百草。典医疗疾，今经方、本草之书咸出焉"，别开生面。当然，更完整叙说神话谱系内容的，是刘向的《列仙传》。在《列仙传》的"叙"中，我们可以看到刘安通神仙之道的传说，《枕中鸿宝苑秘书》其中有"言神仙使鬼物为金之术，及邹衍重道延命方"。后来刘安因谋反案被诛杀，这部神仙书几乎失传，但刘向看到了它，"修上古以来及三代、秦汉博采诸家言神仙事"，著出这部《列仙传》。《列仙传》两卷，记述了七十多个神仙。其中，其非常详细描述了黄帝、神农，以及后世无稽可查的"赤松子"（神农时雨师）、"马师皇"（黄帝时马医）、"方回"（尧时之隐人）、"涓子"（齐人）、"桂父"（象林人）等神仙人物。与《帝王世纪》等文献所不同的是，《列仙传》中，民间传说与古代神话相结合，具有世俗性文化的特征。其特殊的叙说形式，成为更民间化的神话谱系。其"仙"的文化精神被阐释为多种层次，表现出共同的特征即奇特的生活方式和超越自然的法术技能。一方面，这些神仙"不载不绩"，服食如水玉、云母、丹砂，以及晨露、花木等物，无生无死，超越生命简单的存在方式，举止间体现出无比自由的风度；另一方面，他们不具常形，超越天地间的限制，能飞出地面，死而复生，留住青春年少，甚至点石成金，化腐朽为神奇，如巫咸再世，而他们又是那样平凡，所有的神仙都有一颗平常心。《列仙传》更令人惊讶地展现出民间文学中向往自由和幸福、热爱生命和生活的理想愿望。

《列仙传》与《山海经》在中国神话谱系的叙说上，具有跨越时代的联系。其上卷叙说各个神仙人物，以时代划分，其下卷则以地域划分。其中的各色神仙人物分别属于不同时代，或者"不知何所人也"，各有奇异能力。可以说，它是《山海经》之后又一部完整而系统的神话谱系。其记述的谱系内容，用一个个神话故事展示出神话生活的特征，如其描述的轩辕黄帝时代，记述曰："黄帝者，号曰轩辕，能劾百神，朝而使之。弱而能言，圣而预知，知物之纪。自以为云师，有龙形。自择亡日，与群臣辞，至于卒，还葬桥山，山崩，柩空无尸，唯剑舄在焉。《仙书》云：黄帝采首山之铜，铸鼎于荆山之下，鼎成，有龙垂胡髯下迎帝，乃升天。群臣百僚悉持龙髯，从帝而升，攀帝弓及龙髯，拔而弓坠，群臣不得从，望帝而悲号。故后世以其处为鼎湖，名其弓为乌号焉。"如此的神话时代描述，使得中国神话谱系包括创世神话的内容更加清晰，显示出神话重构的审美魅力与信仰魅力。

在众多的文献典籍中，明确展示中国创世神话谱系的，是唐代欧阳询的《艺文类聚》与司马贞的《补三皇本纪》等著述。特别是《艺文类聚》，其记述了历史上一些不被重视的神话人物与神话典籍。如盘古，他是中国神话传说中开辟世界的英雄祖先神。其最早见于三国时期吴国徐整的《三五历纪》，其形象见于《广博物志》等文献。欧阳询引《三五历纪》于《艺文类聚》卷一《天部（上）》，记述"天"，向我们展示出盘古神话。最值得注意的是其卷十一《帝王部一》，其列"总载帝王：天皇氏、地皇氏、人皇氏、有巢氏、燧人氏、太昊庖牺氏、帝女娲氏、炎帝神农氏、黄帝轩辕氏、少昊金天氏、颛顼高阳氏、帝喾高辛氏、帝尧陶唐氏、帝舜有虞氏、帝禹夏后氏"。其实，这就是中国传统文献中第一次明确而完整的中国创世神话谱系。

《艺文类聚》对"天、地、人"三皇和各个神话帝王谱系的记述,主要依据以往的文献。

其述说"天、地、人"三皇,分别依据于项峻《始学篇》等文献,描述他们"十三头""十一头""九头",各治多少年云云。

这种神话谱系的叙说,既是对创世神话内容的复述,也是对神话历史的认同。

如其述说"有巢氏",引项峻《始学篇》称:"上古皆穴处,有圣人教之巢居,号大巢氏。皇甫谧以为有巢在女娲之后。"《遁甲开山图》称:"石楼山在琅琊,昔有巢氏治此山南。"其述说燧人氏,引《尚书大传》称:"燧人为燧皇,以火纪。"引《礼含文嘉》曰:"燧人始钻木取火,炮生为熟,令人无腹疾,遂天之意,故为燧人。"其述说庖牺氏即伏羲氏,引《周易》称:"古者庖牺氏之王天下也,仰则观象于天,俯则观法于地,观鸟兽之文,与地之宜,近取诸身,远取诸物,于是始作八卦,以通神明之德,以类万物之情。结绳而为网罟,以畋以渔,盖取诸《离》。"引《帝王世纪》曰:"太昊帝庖羲氏,风姓也,蛇身人首,有圣德,都陈,作瑟三十六弦。"其述说女娲氏,引《淮南子》曰:"往古之时,四极废,九州裂,天不兼覆,地不周载,猛兽食精民。(精,善也。)鸷鸟攫老弱,于是女娲炼五色石,以补苍天,断鳌足,以立四方极。(鳌,大龟也。)苍天神,四极正，淫水涸，冀州平，狡虫死，精民生，背方州，抱圆天。"引《帝王世纪》曰："帝女娲氏，亦风姓也，作笙簧，亦蛇身人首，一曰女希，是为女皇，其末诸侯共工氏，任知刑以强，伯而不王。"引曹植《女娲赞》曰："古之国君，造簧作笙，礼物未就，轩辕篡成。或云二皇，人首蛇形，神化七十，何德之灵。"其述说神农氏，引《易》曰："神农氏作，斫木为耜，揉木为耒，耒耨之利，以教天下，盖取诸《益》。日中为市，致天下之货，交易而退，各得其所，盖取诸《噬嗑》。"引《周书》曰："神农之时，天雨粟，神农耕而种之，作陶冶斤斧，为耜锄耨，以垦草莽，然后五谷兴，以助果蓏实。"引《吕氏春秋》曰："神农教曰：'士有当年不耕者，则天下或受其饥矣；女有当年不绩者，则天下或受其寒矣。'故夫亲耕，妻亲绩。"《帝王世纪》曰："炎帝神农氏，姜姓也，人身牛首，长于姜水，有圣德，都陈，作五弦之琴，始教天下种谷，故号神农氏。诸侯夙沙氏，叛不用命，箕文谏而杀之，炎帝退而修德。夙沙之民，自攻其君，而归炎帝。"

特别是其述说黄帝轩辕氏，引述文献众多，几乎可以整理成为一部关于轩辕黄帝的文化谱系。如其引《易》曰："黄帝垂衣裳而天下治，盖取《乾》《坤》也。"引《左传》曰："郯子曰：黄帝以云纪官，故为云师而云名。"引《河图挺佐辅》曰："黄帝修德立义，天下大治，乃召天老而问焉:'余梦见两龙,挺白图,以授余于河之都。'天老曰:'河出龙图,洛出龟书,纪帝录,列圣人之姓号,兴谋治太平。然后凤皇处之,今凤皇以下三百六十日矣,天其受帝图乎?'黄帝乃祓斋七日,至于翠妫之川,大鲈鱼折溜而至,乃与天老迎之。五色毕具,鱼泛白图,兰叶朱文,以授黄帝,名曰《录图》。"引《龙鱼河图》曰:"黄帝时,有蚩尤,兄弟八十一人,并兽身人语,铜头铁额,食沙石子,造立兵杖,刀戟大弩,威振天下,诛杀无道,不仁慈。万民欲令黄帝行天下事,黄帝仁义,不能禁蚩尤,黄帝仰天而叹,天遣玄女下,授黄帝兵信神符,制伏蚩尤,帝因使之主兵,以制八方。蚩尤没后,天下复扰乱,黄帝遂画蚩尤形像,以威天下,天下咸谓蚩尤不死,八方万邦,皆为弭伏。"引《淮南子》曰:"黄帝治天下,而力牧太山稽辅之,使强不得掩弱,众不得暴寡,人民保命而不夭,岁时熟而不凶,百官正而无私,辅弼公而不阿,道不拾遗,市不预贾,城郭不闭,邑无盗贼,人相让以财,狗彘吐菽粟于道路,而无忿争之心。于是日月精明,星辰不失其行,风雨时节,五谷登熟,虎豹不妄噬,鸷鸟不妄搏,凤皇翔于庭,麒麟游于郊,青龙进驾,飞煌伏皂。(飞黄出西方,其状如狐,背上有角,乘之寿千岁。皂,历也。)诸北儋耳之国,莫不献其贡职。(皆北极之夷国)。"《史记·封禅书》曰:"黄帝得仙上天,群臣葬其衣冠。"《帝王世纪》

曰:"黄帝有熊氏,少典之子,姬姓也。生寿丘,长于姬水,龙颜,有圣德,受国于有熊,居轩辕之丘,故因以为号。治五气,设五量。及神农氏衰,黄帝修德抚民,诸侯咸去神农而归之。黄帝于是乃扰驯猛兽,与神农氏战于版泉之野,三战而克之。又征诸侯,使力牧神皇直讨蚩尤氏,擒之于涿鹿之野,使应龙杀之于凶黎之丘,凡五十二战,而天下大服。有妃生二十五子。黄帝在位百年而崩,年百一十岁矣,或传以为仙,或言寿三百岁,葬于上郡阳周之桥山。"《抱朴子》曰:"黄帝生而能言,役使百灵,可谓天授自然体之者,犹复不敢端坐而得道。故陟王屋而受丹经,到鼎湖而飞流珠,登崆峒而问广成,之具茨而事大隗,适东岱而奉中黄,入金谷而谘子心。论导养而质玄素二女,精推步则访山稽力牧,讲占候则询风后,著体诊则受雷岐,审攻战则纳五音之策,穷神奸则记泽之辞,相地理则书青乌之说,救伤残则缀金冶之术。故能毕记秘要,穷尽道真,遂勒升龙以高济,与天地乎冈极。"

其论述其他神话帝王,如金天氏、颛顼、帝喾、尧、舜、禹等神话谱系,也是通过具体的文献记述作为证据。其引述的文献较多的是晋皇甫谧《帝王世纪》及《史记》《补三皇本纪》等史籍,此外还包括《抱朴子》等典籍,更包括一些"赞""碑"等形式的文献。

3. 宋代神话诗学说

宋代是一个非常特殊的历史时期，它表现出历史文化认同的复杂性特征，同时出现了更为丰富的文献。中华民族的创世神话叙说方式，也更为多元化。

宋代社会不是赵宋王朝孤立的存在，西夏、契丹、蒙古和西南地区、东南地区等文化的发展，形成当时文化认同的多元性特征。这样一个漫长的历史阶段，既有两宋时期对传统文献的集成，又有元代社会蒙古族、清代社会满族等民族入主中原的文化格局。而后明代社会的文化产业多样化、清代社会出现的文字狱等，影响着中华民族创世神话谱系的述说。

这里有几类典型，一类是《路史》为代表的文献，一类是《蒙古秘史》为代表的文献，分别体现了传统社会对于中华创世神话的文化认同与多元形态的文化谱系表达，这是中华民族文化灿烂的新景观、新气象。

《路史》与《艺文类聚》有许多相同的地方，它们都有丰富的典籍文献被重说。尤其是《路史》的阐释性内容，鲜明体现出中华创世神话的文化谱系特征。

在创世神话谱系的述说上，《路史》可以看作对传统文献的重要总结。

宋代文献非常丰富，这与宋代社会尊崇文化的风尚息息相关。特别是《太平御览》《太平广记》等大型典籍的出现，表现了这个时代的文化繁荣。《路史》题为罗氏父子合著，罗泌有编撰，罗萍有注疏，共同构成对太昊神话内容的钩沉与甄别。罗泌、罗萍著《路史》保存了对中国古代神话传说的大量记述与论述，堪称《山海经》《论衡》《淮南子》等之后，中国民间文学史上又一部具有划时代意义的民间文学经典著作。《路史》全书共有《前纪》《后纪》《国名纪》《发挥》《余论》五个部分。其中《前纪》九卷，述"初三皇"等包含创世神话的文化谱系；《后纪》十四卷，描述"太昊至夏履癸之事"；《国名纪》八卷，述"上古至三代诸国姓氏、地理"，都有创世神话的内容。诸如《发挥》诸篇中对于"女娲补天说"、"共工氏无霸名"、"黄帝乘龙上天"说、"盘瓠之妄"的讨论，使得中华创世神话的谱系更加清晰。与《艺文类聚》相近，《路史》非常重视以往文献对神话传说的记述，所不同的是编者对神话传说社会真实性等内容的思考。如其对"盘古氏后，有天皇君一十三人""地皇君一十一人""各万八千余年""人皇君兄弟九人""结绳刻木四万五千六百年"之类关于神话内容的怀疑，与王充无异，都体现出历史文化观中具有唯理意蕴的民间文学思想。

　　体现《路史》对创世神话叙说意义的是各种"赞"。它既是对创世神话内容的具体总结，也是对其文化认同的表达。对于神话传说的保存与述说,《路史·后纪》各卷有别。如卷一中,主要述说"太昊伏羲氏";卷二中,主要述说"女皇"即"女娲氏";卷三中,主要述说"炎帝神农氏";卷四中,主要述说炎帝各派系与"蚩尤"神话;卷五主要述说"黄帝"神话及其神话集团的历史文化内容;卷六主要述说"帝鸿氏"等黄帝后裔;卷七主要述说"小昊"即"青阳氏";卷八主要述说"颛顼帝高阳氏";卷九主要述说"帝喾高辛氏";卷十主要述说"帝尧陶唐氏";卷十一主要述说"帝舜有虞氏";卷十二主要述说"帝禹夏后氏"等神话传说,完整显示出中国创世神话的谱系特征。罗泌把太昊伏羲作为三皇之首,有他自己的考虑。他在《前纪》中也曾经引述盘古氏神话传说,对于这样一个开天辟地的民族创世大神,他没有将其选择作为历史的开端,而是把三皇五帝视作历史真实的观念的具体表现。同时,太昊与伏羲本来是两个并不完全等同的大神,《路史》将其作为一个神话整体。非常值得注意的是其"赞",更加清晰地表达出谱系的意义,如赞颂太昊伏羲曰:"泰始云远,圣人成能。出包应世,书契代绳。肇修文教,以立治纪。经域奠部,畋渔棘币。原始反终,分蠭画卦。消息甲乙,以成变化。升降礼乐,教而不殊。道凝体寂,云自苍梧。负方抱员,明一坐策。不虑不图,鬼神受职。爰兴神鼎,封岱禅云。万世允赖,若稽三坟。"其赞颂女娲曰:"制度承庖，骊彼女希。迪主东方。前蛇后螭，宓穆灵门。爰瑞席图，上际九天，下契黄垆。川岳效奇，馨烈宏集。道标万物，神化七十。断鳌立极，地平天成。笙簧汔今，载祀风陵。"其赞颂炎帝、黄帝、太昊、颛顼、帝喾、尧、舜、禹等创建中华民族历史的大神。如此，伏羲、女娲、黄帝、炎帝、帝喾、颛顼、尧、舜、禹等神话之间的秩序性、伦理性和谱系性，就自然显现出来。这种叙说传统贯穿在我国文献典籍中，甚至影响到许多地方的说唱等民间艺术，成为中国文化的特色。

4. 中国神话谱系与中华多民族文化共同体

《蒙古秘史》《苗族古歌》等文献，包括《格萨尔》《玛纳斯》《江格尔》和《布洛陀》等民族史诗从另一个方面、以另一种方式展示出中华民族创世神话的谱系特征。

《蒙古秘史》详细记述了铁木真先祖的系谱、传说故事，铁木真的诞生及幼年订婚，其父也速该被塔塔儿人毒死等内容。它虽然没有中原地区汉民族的盘古开天辟地、女娲抟土造人、伏羲创制文明等创世的内容，但是，也有自己的创世文化谱系的内容。在《四库全书总目》中有关于其书目的记述，说明其进入了国家历史文献的视野。《四库未收书目提要》称其"纪年以'鼠儿''兔儿''羊儿'等，不以支干"，"此依旧钞影写，国语旁译，记元太祖、太宗两朝事迹,最为详备。案明初宋濂等修撰《元史》,急于蒇事,载篇虽存,无暇稽求。如是编所载,元初世系孛端叉儿之前,尚有一十一世。《太祖本纪》述其先世,仅从'孛端叉儿'始,诸如此类,并足补正史之纰漏。虽词语俚鄙,未经修饰,然有资考证,亦读史者所不废也。"这是一种文化现象,表现出文化记忆与文化表述的特殊方式。

神话具有综合性,不仅仅是简单讲故事。《苗族古歌》与《格萨尔》《玛纳斯》《江格尔》等民族史诗,也体现出天地诞生、民族起源等人类早期文明,亦是中华民族创世神话的一部分。最典型的就是今天许多少数民族中流传的天地诞生、民族起源、万物形成等神话传说。

中华民族创世神话谱系的展示,除了中国传统文献的梳理,应该大力搜求众多民间社会的谱系材料。如《苗族古歌》的歌唱,其中的《开天辟地》《运金运银》《打柱撑天》《铸造日月》等章节,就是典型的创世神话。其歌唱"我们看古时,哪个生最早?哪个算最老?他来把天开,他来把地造?"然后其述说"天刚刚生来,天是白色泥;地刚刚生来,地是黑色泥。"其述说:"天刚刚生来,像个大撮箕;地刚刚生来,像张大晒席。"同时出现创世英雄祖先:"剖帕是好汉,打从东方来,举斧猛一砍,天地两分开。"再出现新的创世景象:"府方老人家,脚杆有九节,手臂有八双，能吃九篓鱼，能吃九槽粑，嘴巴咬死马，腰杆硬像钢，来把天一顶，来把地一踩，天才升上去，地才降下来，风才来回吹，鸟才自由飞，雨才往下降，树才往上长，人在地上住，再不弯腰杆。"在《苗族古歌》中，一切都被创造，被劳动创造。其歌唱道："白天没太阳，夜里没月亮，天是灰蒙蒙，地是黑漆漆；牯牛不打架，姑娘不出嫁；田水不温暖，庄稼不生长。"其歌唱："日月十二双，昼夜不停跑，晒得田水啊，好比开水冒；晒得石头啊，软得像粘膏；晒得坡上啊，草木齐枯焦。"这种歌唱所展示的情形与汉族神话中的混沌世界极其类似，但是，我们并不能简单地断定这就是从汉族创世神话传播开的。

《苗族古歌》典型体现了苗族人民对世界起源、民族起源的文化认同。其中的《枫香树种》《犁东耙西》《栽枫香树》《砍枫香树》等篇章，歌唱枫树图腾，展示世界创造、民族起源等内容，其歌唱"还有枫树干，还有枫树心，树干生妹榜，树心生妹留"。其歌唱人、兽、神共有一个母亲蝴蝶妈妈。在史诗中，形成创世神话的谱系，构成特殊的文化循环。其歌唱枫树生了蝴蝶妈妈，蝴蝶妈妈又生了人类、兽类和巨神。在《妹榜妹留》《十二个蛋》《弟兄分居》《打杀蜈蚣》《寻找木鼓》《追寻牯牛》《寻找祭服》《打猎祭祖》等篇章中，更具体地讲述、展现苗族人民的创世生活。在歌唱中，其描述枫树生蝴蝶，蝴蝶生十二个蛋，十二个蛋孵出姜央、雷公、老虎、水龙。其叙说姜央出生后，同他的兄弟们生活在一起。姜央的兄弟人口太多了，出现"人多争管家，姜央各兄弟，个个想当哥，人人争作大，你当我不依，我当你不服"。他们发生争斗。最后，他的兄弟们从此分居。这种描述在人类社会发展中具有非常重要的普遍性，不仅苗族历史上有这种现象，也不仅汉族历史上有这种现象，许多民族历史上都有这种同源诞生、集聚、发生矛盾争执后分家、迁徙和祖源认同等社会生活现象。

史诗的歌唱，即创世神话的讲述是有序的，也是相对独立成篇的。诸如其中的《洪水滔天》和《兄妹结婚》，从一个新的角度描述人类早期的创世生活景象。其讲述蝴蝶妈妈的十二个蛋，分别孵出的姜央、雷公、水龙、老虎等兄弟。其后，雷公上天庭，水龙下深潭，老虎进森林，姜央则分得平地，开始耕种庄稼。雷公和姜央之间因为雨水，产生了纠葛。雷公惩罚姜央，发起洪水。姜央忍无可忍，与雷公展开一场大战。最终，姜央战胜雷公，洪水消退，世界太平。姜央战胜洪水，世上只剩下他们兄妹俩。姜央兄妹为人类的繁衍，不得不结婚。姜央娶妹为妻子，再造人类。兄妹结婚后，"生下一个肉团崽，圆不溜秋像火把"，姜央用柴刀毁掉肉团，"嘭嘭剁个肉团崽，盛满九只撮箕儿，撒在九个大山间"。从此，出现民族迁徙。

中华民族是在社会历史发展中形成的，具有特殊的生命共同体、文化共同体意义。《苗族古歌》为典型的少数民族创世神话,是中华民族创世神话的一部分。

中华民族创世神话是人类文明历史的一部分,理解其形成与发展,既要重视历史文献的特殊价值意义,更需要重视长期存在于民众中的口传历史文化等众多的资料。特别是中华民族作为多民族共存的大家庭,各民族相互尊重、相互平等。中华民族是历史发展中形成的文化共同体,应该从整体上书写其文化谱系,在历史发展中理解民族认同与文化认同。

六 《山海经》与中国宗教生活和文化哲学

1.《山海经》与中国宗教生活

宗教生活是一种特殊的文化。一方面，它与上层政治生活保持联系，常常由宗教领袖出面寻找政治庇佑、支持，而扩大教义的影响；另一方面，它根植于下层世俗生活，依靠民众信仰才能生存，而要保持面向世俗的态度。同时，它又不同于通常意义上的中层文化即市民文化或市井文化、通俗文化。当然，它们之间又是有着密切联系的。宗教徒是一个特殊的社会阶层，他们是宗教文化生活的创造主体，但他们不是宗教文化的唯一创造者。宗教文化是由宗教徒与广大民众共同创造的，即宗教文化不但包括人文性质的教义、教规、神谱、仪礼等内容，而且包括世俗的崇祀宗教神等民间信仰活动。但是世俗的宗教信仰，却常常为学者们所忽略。

宗教一般产生于社会矛盾加剧的历史转折时期。诚如马克思所言:"宗教是被压迫生灵的叹息,是无情世界的情感,正像它是无精神活力的制度的精神一样。宗教是人民的鸦片。"(《马克思恩格斯选集》第1卷,人民出版社2012年版)宗教是关于苦难的文化,是下层文化接受中上层文化对于生命、人生、幸福、罪罚、道德等问题的理解和宣传的产物。如果宗教仅仅限于中上层的圈内循环而与世俗相隔绝,它就会失去其价值意义及其生命力和生存方式。当然,人类关于宗教的理解及宗教文化的形成和发展,绝不是几个宗教徒在短暂的时间内所能够完成的,而是在广阔的文化背景中,经历漫长的岁月才逐渐形成的。具体地讲,在中国原始文化生活中才出现中国原始宗教,从而才有宗教文化的发展。其中尤为重要的内容,就是在《山海经》中所表现的神巫。神巫是原始宗教的主体,他们培养和创造了后世宗教文化的基本力量,奠定了中国宗教文化的基本品格。《山海经》中的群巫,能够"上下于天","操不死之药","夹窫窳之尸",形成了宗教文化的生活氛围。后世的宗教徒,有很多人都具有这种群巫的性情,体现出宗教文化对《山海经》神巫文化的继承意义。

中国宗教文化生活类型,一般人列举为儒、释、道,这是人文意义上的理解。我们若全面地观察宗教生活构成和表现，就会发现中国宗教文化的内容十分丰富，除了儒、释、道外，至少还有基督教、伊斯兰教等外来宗教在中国文化中的生存，而且还有诸如黄天教、红阳教、白莲教、三阶教等民间宗教，更不用说佛道两教在民间文化中的消融化解所生成的地方宗教。但总的来讲，最能体现中国文化的基本精神的，首推道教。道教是土生土长的宗教，以其鲜明的民族特色融入整个中国文化的发展之中，表现在社会、政治、经济、科学、道德、哲学等不同的内容之中。尤其是在民俗生活中，道教文化的内容尤为丰富。所以鲁迅说"中国根柢全在道教"，他说，"以此读史，有多种问题可迎刃而解"（《鲁迅全集》第9卷，人民文学出版社1958年版）。我们同样可以说，以此来看中国文化，许多问题也会迎刃而解。甚至可以说，不理解道教文化，就不能全面理解中国文化，就不能准确把握中华民族的文化性格。

道教文化的形成和发展，有着自己独特的文化背景，这种背景的重要内容就是在《山海经》中所体现出来的神巫。神巫情结被化解在民族文化生活之中，影响了神仙思想的形成和发展，而道教正是借助于这种神仙思想来宣传教义、招徕教众的。道教文化和方士、神巫有着直接联系，而方士、神巫在《山海经》中有许多重要的记载。如《山海经·大荒南经》中的"载民之国"：

> 巫载民盼姓，食谷，不绩不经，服也；不稼不穑，食也。爰有歌舞之鸟，鸾鸟自歌，凤鸟自舞。爰有百兽，相群爰处。百谷所聚。

以此来比照道教文化中的神仙，我们可以看到它们之间是相同或相通的。这和道教的"不食五谷，吸风饮露，乘云气，御飞龙，而游乎四海之外"又有什么不同呢？

道教的思想和阴阳五行及谶纬之学有着密切的联系。阴阳观念在《山海经》中已经有一些端倪，诸如《五藏山经》中的"其阳多金，其阴多玉"之类的尊阳而卑阴、抑阴的文化哲学思想。在后世的文化发展中，这种阴阳尊卑观念得到进一步丰富，与金木水火土五物相生相克联系在一起，构成民间文化哲学的基本体系，并深入广泛地影响到社会生活的各个方面。

神仙思想在阴阳五行哲学思想体系中找到许多相通的地方，它渗透在道教文化中，从而使神仙故事更为流行。尤其是道教文化中的仙话，现代神话学有人之所以把它看作广义神话的重要内容，就因为仙话在文化品格上与原始神话有许多相似、相近或相同的地方。在道教文化生活中，许多道教徒为了宣扬自己的教义而利用《山海经》，并把《山海经》的作者改为"玉阳真人"，这是因为他们在《山海经》中看到他们所熟悉的身影。《山海经》作为神话的集大成者，为道教文化的形成和发展提供了丰富的思想资源和艺术资源。也就是说，在道教文化中，尤其是在其神谱中，我们可以看到在思维机制上与《山海经》神话类似的内容。同时，我们也可以看到，在中国古典神话的嬗变中，也渗入了许多道教思想文化的内容。如女娲炼五色石以补苍天、黄帝访广成子等内容，都是道教文化对古典神话的影响。

道教文化是中国文化的一部分，它更多地吸收了来自民众的思想，从而深刻地影响着民众。它所追求的思想境界可分为两个方面：一是人人平等的理想，即"人人无贵贱，皆天之所生也"，"高者抑之，下者举之；有余者损之，不足者补之"。这种理想能被民众所广泛接受，因为在封建专制的残酷统治下，社会黑暗，物资匮乏，民不聊生，人们异常向往安居乐业的理想社会，所以非常容易与这种理想产生共鸣。这也是道教之所以被民众所广泛接受的重要原因。在这种思想的影响下，汉代的黄巾军所打出的"苍天已死，黄天当立"的旗帜，吸引了广大贫苦民众为求生存而战。后世的许多农民起义，多以这种生存平等的思想来聚集民众，如太平天国等斗争力量，他们高举人人平等的旗帜，号召天下人民团结起来，推翻黑暗政治。二是自由、幸福，即道教所推崇的处生死、极虚境、超越世俗、不为庸俗的物质世界所累的极度自由。表现在道教文化中，就是清静、美丽的"仙境"世界即所谓神仙的生活环境,诸如"三清""四御""三十六洞天""七十二福地"等。他们极为重视对现实生活的享受,追求在大自然的美妙景致中饮玉露、驾祥云的虚幻生活,讲究修炼,而不像有些宗教将幸福的希望寄托在来生、来世上。于是,诸如外丹、内丹、服气、胎息、吐纳、服饵、辟谷、导引等养生术,便成了宗教徒的重要生活内容。道教鼓吹"仙道贵生"的思想,我们可把它看作道教文化的核心内容。珍惜生命,追求超脱,面向现实以自慰,成为道教文化生活的底蕴,即哲学基础、思想基础,所以,在许多文学作品中出现典型的凌驾于风云之上,置身于世俗之外的艺术仙境。这种文化精神与平等的精神相结合,即激励、鼓舞人们去为生存、自由、平等而斗争,而奋发进取又抚慰人们焦灼、痛苦的心灵,使人们得到身心的愉悦。所以,道教作为对苦难否定、超越的宗教,为劳苦大众所接受,所喜爱。甚至可以说,在整个中国民间文化生活中,真正起支配作用并作为丰富的生活内容主体的是道教。如多神信仰和珍惜生命的人生哲学等,都是道教理想的自觉体现。

道教理想之所以为民众所广泛接受,我们应看到中国存在着一种深厚的文化基础是一个重要原因。在《山海经》神话影响下的民间文化生活,和《山海经》神话思维影响下的民间思维模式,就形成了这种文化基础。如果没有这种文化基础,道教理想就会为大众所拒绝、排斥,至少它不会有这样广泛的市场。换句话说,道教离不开《山海经》。在道教理想的宣传上是这样,在道教文化的自身建设上更是这样。

道教文化免不了和其他文化一样也在美化自身,像许多民族的创世神话一样先表白自身的历史起源如何不平凡。《魏书·释老志》中说,"道家之源,出于老子",但此"老子"却不像那位曾当过周之守藏史的老子,他俨然是一位横空出世的神人。不仅"先天地生,以资万类;上处玉京,为神王之宗;下在紫微,为飞仙之主",而且门徒众多,上古神话《山海经》中的重要角色诸如喾和禹,尤其是黄帝轩辕大神,都成了"老子"的学生,"授轩辕于峨嵋,教帝喾于牧德;大禹闻长生之诀,尹喜受道德之旨"。又如《元始上真众仙记·枕中书》中所讲,道教之源在于元始天王,即盘古真人,这位大神"仰吸天气,俯饮地泉",开辟天地后和太元玉女(太元圣母)结合,生育了扶桑大帝东王公、太真西王母。不用说,这扶桑大帝和西王母的身影也是从《山海经》中走出的,历史同样很久远。他们生下三皇,由三皇传下天文,才有道教和道教文化的经典。在《云笈七签·灵宝略纪》中,道教源于大道君,是大道君派三天真皇将《灵宝》五篇真文授予帝喾;帝喾成仙之后藏之于"钟山",后来被大禹所得;大禹成仙后,又藏之于"包山洞庭之室"。传到三国时期,由三圣真人传授给葛玄，播讲于民间，形成了道教。在道教起源的文化宣传中，充满了原始宗教的文化氛围，以远古神话证明其既久远又神圣，《山海经》成了他们的橡皮泥，可以任意捏造把玩。诸如黄帝、喾、禹，则成了道教文化的道具，为道教的不平凡面目做增光添彩的力气活。也正因此，在一群欺世盗名的文化人的鼓吹下，道教的斋醮科仪、符禁咒、丹铅引方和大群的神祇与远古神话、巫术等内容密切结合，轰轰烈烈，铺天盖地，与佛教等宗教你争我夺，搅得中国文化一时间天昏地暗。当然，除了对《山海经》神巫文化的吸收之外，道教文化还广泛吸收了我国文化发展中的老庄哲学、邹衍的阴阳五行学说和其他道家学说思想，更吸收了星相、谶纬、医方诸家的文化成果，特别是民间文化中的巫崇拜，诸如巫咒、着五彩、悬苇画鸡、桃崇拜等内容，形成了它特有的博大精深的文化体系。在道教文化中，原始思维和人文精神同具，科学文化与愚昧迷信并存，显现出扑朔迷离的面目。

在道教文化中，有两类神谱，一类是道教徒或道教理论家所撰的，一类是民间道教神谱，它不是某个人所撰写的，而是由集体完成的。我们姑且称第一类道教神谱为人文道教神谱，而称第二类道教神谱为民间道教神谱。两类神谱间有着密切的联系，而又各自保持着独立性特征。

人文道教神谱的典型，当推南朝梁代的陶弘景所撰《真灵位业图》。《真灵位业图》共分七个层次。第一层以元始天尊为首。元始天尊为道的象征，为宇宙万神的统领。他的两侧分别有五灵七明混生高上道君、东明高上虚皇道君、西华高上虚皇道君、北玄高上虚皇道君、南朱高上虚皇道君、紫虚高上元皇道君、洞虚三元太明上皇道君等道君。第二层以玄皇大道君为首。他是元始天尊的化身，统领天地的大神。在他的两侧分别有"左圣紫晨太微天帝道君""右圣金阙帝晨后圣玄元道君"和"紫微元灵白玉龟台九灵太真元君"等男女仙、真。第三层以太极金阙帝君为首。太极金阙帝君是第二代元始天尊。在他的两侧分别由"太极左真人中央黄老君""太极右真人西梁子文"，率领着黄帝、尧、舜、禹和孔子、颜回、老子、庄子、尹喜、葛玄、安期生和弄玉等人。第四层以太上老君为首。太上老君即老子，他的两侧有玉女、河伯、洛神、六丁六甲、太清五帝（东方灵威仰、西方曜魄宝、南方赤趑驽、北方隐侯局和中央含枢纽），以及鬼谷子、赤松子、张道陵、张子房、徐福、东方朔、葛洪、茅君等。第五、六两层分别以张奉、中茅君为首。第七层以酆都北阴大帝"天下鬼神大宗"为首，他的两侧是秦始皇、汉高祖、齐桓公、晋文公、王羲之等历史上的君王、杰人。这七层的神灵排在一起，组成一个文化系统,分别表现道教文化对天、地、神、人、鬼和"道""阴阳""万物"，以及生、死、善、恶等问题的思索。

在民间道教神谱中，神灵更多，位置也更为复杂。在神州大地上，无论东西南北，各处都有自己的一个神谱或道教神系统。在这个民间神系中，有昆仑山上西王母所率领的一群仙人，也有泰山上东岳大帝、碧霞元君所率领的一群仙人，此外还有在天上居住的玉皇大帝即老天爷所率领的群神，包括风、雨、雷、电诸神和龙，海在中国四周，分别有东海龙王、西海龙王、南海龙王、北海龙王。再者，天上的星辰，诸如北斗星、启明星、牛郎织女星、梭子星、天河、扁担星、朱雀星、白虎星，更不用说日、月，它们都是生命的主宰者。在彗星闪过时，就是有人归天。"天上一颗星，地上一个丁。"在地上，有土地神、山神、河神、湖神、井神、树神、灶神、牛王、马明王、财神、路神、太岁、门神、床神、厕神，甚至人的周身都有神灵所在，为其所支配。其他像城隍神，曾经从京师到县，与不同的官府级别相对应来排位。大地上的一草一木、一山一水都有神灵。在地下还有神，诸如阎罗殿中的阎罗大帝、牛头马面、勾命鬼等。连佛教的神灵也被道教所运用，所统领。文学作品中的典型，诸如八仙、孙悟空、哪吒、杨戬等，也成为民间道教的神灵。更不用说张天师、李老君、太白金星等道教神，为民间所接受、所运用了。远古神话中的帝王在民间道教中渐渐离人远了，离他们更近的是他们所生存的环境中生成的精怪。这是典型的民间神话思维，它是原始神话思维被世俗改造后的产物。

无论是人文道教神谱还是民间道教神谱，它们的构成都是神话思维的表现。更重要的是，在这两类神谱中，诸神都以《山海经》的神话人物作为自己的渊源。人文道教神谱更突出于表现对道的教义的阐释，具有明显的哲理色彩，而民间道教神谱，更注重于对生命和幸福、灾异的思索，具有明显的世俗色彩。在哲理色彩和世俗色彩的背后，我们可以看到一个突出的问题，人文道教取之于《山海经》的更多的是那些帝王神，而民间道教取之于《山海经》的更多的是自然神。帝王神以轩辕、舜、喾、禹为典型，自然神以西王母为典型。尤其是西王母，民间道教对她的信奉不亚于对玉皇大帝、东岳大帝的信奉。这位"司天之历及五残"的远古大神，在民间道教中失去了她的"虎齿""豹尾"，狰狞的面容一改为绝妙无比的美丽、尊贵的女王。虽然她仍然具有管理人间祸福的职能，却慈祥、温柔，特别是在一些民间道教神坛图画中，王母娘娘两侧有金童玉女，居处祥云环绕，水绿山青，鲜花盛开，龙飞凤舞，全然成为民间百姓自己所描绘的理想图画。民众按照自己的审美方式、思维方式，选择了民间道教，也创造了民间道教。民间道教成为民间百姓相当重要的文化生活内容。

中国宗教文化生活与《山海经》的联系，不独表现在道教文化之中，在其他宗教文化中也有所表现。如儒教，若我们把儒学也称作宗教的话,它与《山海经》的联系更为复杂。孔子"不语怪力乱神",但他并不是一个无神论者。他对《山海经》的接受是一种哲理化、历史化的再改造。他同样受到《山海经》神话内容的影响,尤其是那种神话思维的影响。再如佛教,在中国文化中我们已经相当不容易找到纯粹的、一成不变的原始意义的佛教了。千百年来的宗教文化发展中,佛教曾有力地抓住时机,比道教取得了更大的发展;佛道之间,曾多次相互谩骂,相互攻讦,又多次友好地生存(诸如老子化胡故事、关帝成为佛教护法神等)和交融。它们有一个共同点,即在遭受政治庇佑、利用或剿灭的起伏命运之后,都自觉地选择了与中国文化包括以《山海经》为代表的神话同民间文化的结合。《山海经》对它们的影响,有时是近在咫尺,有时则相隔了千山万水,但它们却一直保持着或近或远的联系。这就是《山海经》作为中国神话之源、文化之源的历史意义的体现。今天,我们考察中国宗教文化与《山海经》的联系,是为了更全面、更准确地理解中国文化在异常丰富的表面层次背后所蕴含的精神内容,更深刻地认识我们民族的精神、性格的发展变化的历程,以促使我们更有效地贯彻科学、民主思想原则,使我们的现代化建设事业发展得更顺利、更健壮。中国宗教生活,主要是民间宗教生活,以民间信仰为基本表现形式,贯穿在人民群众的生存和发展之中，构成中国文化的底色。深刻而全面地理解了这种内容，对于现代科学和民主事业的建设，对于法治建设，都具有不可忽视的意义。

2.《山海经》与中国文化哲学

文化哲学的概念是在近年来社会科学迅速发展的背景中产生的，其大意在于用哲学分析的方法来看待文化的发展变化。归根结底，它还是属于哲学的范畴，只不过它不像一般的哲学那样作为世界观和方法论去对待一般的事物的普遍性内涵，而是集中对中国文化进行哲学思索。针对我们考察《山海经》与中国文化的联系而言，其基本内容可分为有神论和无神论两部分。

在《山海经》的文化世界里，充满着哲学的思想，这就是原始神话中所体现出来的对世界生成、发展、变化的基本态度。当然，这种具有文化哲学意义的思想是相当朦胧,充满了神秘色彩的。如《山海经》对日夜和四季的变化、风、雨、雷、旱、涝、星辰等各种自然现象与病、残、生、死等社会生命现象的朴素的思索，以及关于诸神之间的复杂联系等问题的理解，包括歌舞、乐器和生产、创造等现象的神话阐释。

我们反复讲过，原始人民对自然现象的理解，总是依据万物有灵、灵魂不灭的原始哲学思想而解释其中的生成、

变化原因的,如《山海经·海外北经》中对自然变化与"钟山之神"的联系的描述:

> 钟山之神,名曰烛阴,视为昼,瞑为夜,吹为冬,呼为夏……息为风。

《海内东经》对雷的解释:

> 雷泽中有雷神,龙身而人头,鼓其腹。

《大荒东经》对旱和雨的解释:

> 大荒东北隅中,有山名曰凶犁土丘。应龙处南极,杀蚩尤与夸父,不得复上,故下数旱。旱而为应龙之状,乃得大雨。

《大荒南经》对日的生成的解释:

> 东南海之外,甘水之间,有羲和之国。有女子名曰羲和,方日浴于甘渊。羲和者,帝俊之妻,生十日。

《大荒西经》对人的诞生、农耕的创立、日月星辰的运行、十二月的来历等内容的解释:

> 有神十人,名曰女娲之肠,化为神,处栗广之野;横道而处。
>
> …………
>
> 有西周之国,姬姓,食谷。有人方耕,名曰叔均。

> 帝俊生后稷，稷降以百谷……叔均是代其父及稷播百谷，始作耕。

> ……………

> 下地是生噎，处于西极，以行日月星辰之行次。

> ……………

> 有女子方浴月。帝俊妻常羲，生月十有二，此始浴之。

《海内经》对舟、车、弓矢、琴瑟、歌舞等器具的解释：

> 帝俊生禹号……淫梁生番禺，是始为舟……吉光是始以木为车。少皞生般，般是始为弓矢……帝俊生晏龙，晏龙是为琴瑟。帝俊有子八人，是始为歌舞。

天地之间有神巫出入，在天上，有昆仑之虚，充满神奇景象；在地上，四周都有海，四方都有神主持，如东方句芒，西方蓐收，南方祝融，北方禺强。这就是原始人朴素的自然观、社会观在《山海经》中的具体表现。其他像在《五藏山经》中的"见则天下大水""见即其邑大旱""见则天下大穰""见则其邑有兵""见则其邑有讹火"等，这些现象在原始人看来不是由于自然界发生变化和人的行为所导致，而是归根于某种动物诸如鸟、兽、天神的出现而形成这些水火、兵乱、丰收等社会变化。这种思维方式形成了原始人民的哲学特色，诚如一位西方哲学家所喻称的，这种原始思维是一种野性思维，是没有逻辑的感性印象。严格讲来，在《山海经》中还没有完整的哲学思想体系，它所体现的哲学思想只是中国古代哲学的萌动，但我们不妨把这看作哲学的胚胎，是中国文化哲学的第一章第一页。它作为神巫之书，不但影响了后世的神话传说、故事、诗歌、小说等文化内容，而且影响了后世的哲学发展，成为中国哲学的第一块基石。

《山海经》所体现的文化哲学思想，我们可以看作民族性格的一部分。总体上讲，《山海经》如我们在他处所言，它没有鲜明的敌我界限和倾向性，如对刑天、蚩尤、相柳等战神就没有明显的褒贬，但是，它具有鲜明的崇尚对象，那就是"力"。具体地讲，这种力就是勇猛、刚强、无畏的民族精神。它主要体现在《山海经》的英雄神话中。最为典型的就是精卫填海、刑天舞干戚、鲧窃息壤被诛杀、蚩尤作兵、相柳湮血、夔皮为鼓，我们可以从中看到悲壮美和勇猛、刚强、无畏的民族精神的有机结合。这种精神对后世的民族性格的塑造具有非常重要的意义。这就是不畏强暴、追求真知、捍卫真理和正义、宁死不屈、坚忍不拔和勇担道义等具体的民族精神内容。翻开史书，我们不难看到屈原所高唱的"路曼曼其修远兮，吾将上下而求索"的追求，陶渊明对黑暗的仇视及不为五斗米折腰的独立个性，李白"直挂云帆济沧海"的壮志及"我辈岂是蓬蒿人"

的蔑视权贵的高洁,岳飞当年"壮志饥餐胡虏肉"的斗志,文天祥"留取丹心照汗青"的视死如归,抗清志士和辛亥义士对民族危亡的担忧和奋力拯救。自陈胜、吴广而起的农民起义,诸如太平天国、义和团运动为救国救民抛洒的热血,更不用说黄巢、方腊、李自成对皇权的挑战了。无论历史上的政治是多么黑暗,都有为光明而战的人。这,就是鲁迅所称道的"民族的脊梁"。而鲁迅,他本人更是一位"骨头最硬的人","没有丝毫的奴颜和媚骨",是"空前的民族英雄"。所有这一切,我们不能说都是受《山海经》直接影响而形成的,但是,我们确实能从《山海经》中看到这种民族精神的渊源。在精卫、刑天、蚩尤、大禹、夸父他们的身上,我们看到了这些后世民族英雄、豪杰、志士们共同的身影。

在世界的生成、变化、结构的理解上,《山海经》表现出独特的对文化哲学意义上的思考。例如,烛阴对昼夜、阴晴、四季的自然变化的影响,羲和浴日、常羲生月及管理日月行次对日月出没的影响,以及对各山、木的"日月所出入也"的解释,因因乎、应龙和一些山神对各种自然变化、社会变化的解释等。但总的看来,《山海经》的自然观念、世界构成观念是开放的,是没有极限的世界观。如,在《山海经》中,山分东、西、南、北、中,总计"天下名山"有"五千三百七十","居地"为"六万四千五十六里"。

如"禹曰"所记,"盖其余小山甚众,不足记云"。这绝不是封闭的、静止的观念;又如"天地之东西二万八千里,南北二万六千里,出水之山者八千里,受水者八千里,出铜之山四百六十七,出铁之山三千六百九十。此天地之所分壤树谷也,戈矛之所发也,刀铩之所起也,能者有余,拙者不足。"(《山海经·中次十二经》)但《山海经》对海和荒的界限也是没有界定的。照《山海经·海外南经》中所言,"地之所载,六合之间,四海之内,照之以日月,经之以星辰,纪之以四时,要之以太岁,神灵所生,其物异形,或夭或寿,唯圣人能通其道"。其中虽然有战国时人语,诸如"太岁"等,总体上还是体现出了原始人的自然观、世界观。海有内外之分,同样分为东、西、南、北,另有"荒"的概念。这表现出原始先民在有限之中对无限的探索,从而表现出运动中的自然观、世界观等观念。正是这样的天体、海洋、地域观念,影响了后世中华民族文化中的向外部世界的探求。诸如秦始皇时代对东瀛的探求,汉代张骞出使西域,唐代玄奘出访西域,元代对亚欧大陆的扩张,明代郑和下西洋等寻求世界对话的自觉或不自觉的奋斗与追求。令人遗憾的是,这种寻求对话的文化态度在清代闭关自守的政治影响下失落、压抑、消沉,从而出现八国联军进北京、割地赔款等一系列的民族灾难。我们从《山海经》神话中可以看出,中华民族素有开放的思想传统，有广阔的胸襟所影响的文化哲学思想观念。这和西方哲学中的上帝创造世界、创造人类具有明显的不同。

《山海经》中的天、地、人观念所表现出的文化哲学的内容，对后世的影响更为重要。概括地讲，《山海经》集中反映出天人相通的文化哲学思想，有力地影响了整个中国文化哲学。

在《山海经》中，几乎找不到纯粹的人，所有的生命角色都是鸟兽鱼虫和那些神灵面目的帝与群臣、帝国的子孙们、群巫。若我们把民也看作生命个体，那就会发现这些民在事实上都是神灵，他们有翼能飞，有奇形怪状的面目和身躯，全然无常人的形状。这是《山海经》的性质所决定的——它本来就是神巫之书，是用神巫的目光和心态所描绘的"天国"，尽管它以人间的山河为背景。但无论怎样讲，《山海经》中的生命个体都是神话文化意义上的人，《山海经》的各色人神，就是远古时代的人间社会的缩影。《山海经》勾勒的是神话化或神巫化的远古社会历史。所以，直到现在，还不断有人提出要把《山海经》当作真实的历史来研读。

《山海经》中的人神包括巫，在文化哲学的意义上表现为"天人相通"。这在登葆山、昆仑山和帝台，以及共工之台等神话内容中都有具体体现。如，《大荒西经》载：

> 有灵山，巫咸、巫即、巫肦、巫彭、巫姑、巫真、

巫礼、巫抵、巫谢、巫罗十巫，从此升降，百药爰在。

　　………

大荒之中，有山名曰日月山，天枢也。吴姖天门，日月所入。有神，人面无臂，两足反属于头上，名曰嘘。颛顼生老童，老童生重及黎，帝令重献上天，令黎邛下地。下地是生噎，处于西极，以行日月星辰之行次。

　　………

西南海之外，赤水之南，流沙之西，有人珥两青蛇，乘两龙，名曰夏后开。开上三嫔于天，得《九辩》与《九歌》以下。此天穆之野，高二千仞，开焉得始歌《九招》。

有互人之国。炎帝之孙名曰灵恝，灵恝生互人，是能上下于天。

又如《大荒北经》载：

有系昆之山者……有人衣青衣，名曰黄帝女魃。蚩尤作兵伐黄帝……黄帝乃下天女曰魃，雨止，遂杀蚩尤。魃不得复上，所居不雨。叔均言之帝，后置之赤水之北……魃时亡之。

《海内经》载：

有九丘，以水络之……有木，青叶紫茎，玄华黄实，名曰建木，百仞无枝，有九欘，下有九枸，其实如麻，其叶如芒。大皞爰过，黄帝所为。

……………

帝俊赐羿彤弓素矰，以扶下国，羿是始去恤下地之百艰。

从这些神话内容中，我们可以看到三种现象，即天与人（地）之间的相分、相通、相合的联系。相分是一种背景、前提，如女魃在帮助黄帝战胜了蚩尤之后，其"不得复上"；再者如"帝令重献上天，令黎邛下地"，天和地即人之间相分，神职也各尽其"令"责。相通是一种手段，是天和人之间的联系表现，即天和地虽是相分离的，但天和地之间又是可以相沟通的。沟通天和地之间的媒介之一，如建木、登葆山等，在《山海经》中被赋予神奇的文化意蕴。沟通天和地的另一媒介是作为神使的群巫、互人、大皞（即伏羲）以及夏后启，我们可以把他们看作一群神话符号，显示出天人之际的沟通意义。

与后世哲学所描述的相比，《山海经》的天是淳朴的，只有神灵的天空，而没有道德的天空，甚至整个大地包括山、海、荒的全部世界及各种神灵，我们都可以看作神灵的天空的一部分。像后世的天廷宫阙紫微垣、四象五宫、二十八宿，什么"三公""四辅""太子"诸星，什么"紫微左垣""紫微右垣""北斗"这种"璇玑玉衡,以齐七政""运于中央,临制四乡"(司马迁语)的神界天相,在这里还没有来得及建立。它所拥有的只是日月星辰和群神,而且也只有日月的形象较显眼,并且又是在大地上"所出入"的。像什么"天街""天仓""天田""天苑""天河""离宫"以及著名的牛郎织女神话星群,在《山海经》中是一片空白。但不可否认,《山海经》中的天国也是有着特殊的秩序的,如女魃帮助黄帝战胜了蚩尤之后,就不能回到天上,而只能在大地上来回奔走,又不受人欢迎。又如羿,只有在受到帝俊的赐弓之后,才有资格去恤下国,为人间扫平邪恶。在这里,暗含着宗法意识,尽管其不甚明显。

《山海经》中的天是通过对地上景物的描述表现出来的,如《海内西经》中的"昆仑之虚",称为"帝之下都",以及《西次三经》中的"昆仑之丘,是实惟帝之下都"。郭璞说,这是"天帝都邑之在下者",即犹如行宫一般的皇家宫殿。这里的"昆仑之虚","方八百里,高万仞。上有木禾,长五寻,大五围。面有九井,以玉为槛。面有九门,门有开明兽守之,百神之所在。在八隅之岩,赤水之际,非仁羿莫能上冈之岩"。那么,"帝之下都"是这样,是否还有一个有同样内容的"帝之上都"呢?若从神话生成理论上讲,这是应该存在的,即在天上应该有一处和下都相当的上都。这说明在《山海经》时代,原始人民更多的是对山岳、海洋、大地的思索，而对日月星辰的思索还没有达到更高的哲学意义的探究，原始人民是依据于"下国"即人间的社会、自然来描述天国的。最明显的就是日月从山中出入，从树上出入，他们完全把日月星辰当作了他们所熟睹的鸟，并赋予它们以鸟的习性。也正是这种思维方式，直接影响了后世的天国景象的基本布局。它告诉我们，天国是按照人间建构的，天国的紫微宫垣就是地上的皇宫紫禁城。这种思维方式作为文化哲学的内容，直接源自《山海经》的神话原型。

《山海经》天国的贫乏，使后世文化哲学对"天"的意义的思索能够开辟极广阔的思维空间。如董仲舒在《春秋繁露》中说：

> 天地之物，有不常之变者，谓之异，小者谓之灾。灾常先至而异乃随之。灾者，天之谴也；异者，天之威也。谴之而不知，乃畏之以威……凡灾异之本，尽生于国家之失；国家之失乃始萌芽，而天出灾害以谴告之；谴告之而不知变，乃见怪异以惊骇之；惊骇之尚不知畏恐，其殃咎乃至。以此见天意之仁不欲陷人也。

这和《山海经》的《中山经》中"有兽焉……见则国内有兵""有兽焉……见则国有大恐""有兽焉……见则

其邑有火""有兽焉……见则天下大风"等内容如出一辙。我们可以把《春秋繁露》称为古典文化哲学,而把《山海经》称为原始文化哲学。当然,古典文化哲学中,《春秋繁露》仅是一种理论,还有与此相悖的理论,如荀子的《天论》,就提出天和人并没有必然联系。荀子说:

> 天行有常,不为尧存,不为桀亡。应之以治则吉,应之以乱则凶。强本而节用,则天不能贫;养备而动时,则天不能病;修道而不贰,则天不能祸……本荒而用侈,则天不能使之富;养略而动罕,则天不能使之全;倍(背)道而妄行,则天不能使之吉……故明于天人之分,则可谓至人矣。

这是古典文化哲学的两种理论:《春秋繁露》我们可看作对《山海经》神话思维即原始文化哲学"天帝"观念的继承和发展,对巫的文化哲学意义的弘扬;与此相反的是《荀子》所提出的"天人之分",我们可看到其唯物的成分,它对《山海经》神话思维的冲击,对神巫文化哲学意义的否定。在之后的文化发展中,它们分别形成了两种哲学传统,从而产生了不同的影响作用,具有不同的意义。在整个封建专制统治中,我们可以看到,占主导地位的哲学思想一般是《春秋繁露》为代表的一派,而以荀子为代表的一派则常受到压抑。这固然是由于封建统治者惯用愚昧、欺骗的思想统治方法，而更重要的还是小生产者狭隘的思想观念与愚民政治的相合拍。这种状况贯穿在几千年的历史中也绝不是偶然的。直到19世纪中后期，我国社会政治受到现代文明的冲击，这种局面才有所改变。它告诉我们，没有生产力的发展，就没有思想解放，就没有文明的大发展。只有在科学技术高速发展的今天，所谓的天宫即整个神灵世界的虚妄之言才能被彻底打破。现代文化哲学告诉我们,发展社会生产力才是首要的任务,科学、民主的思想建设，只有依靠社会生产力的发展，才具有强大的生命力。

此外，在《山海经》中，文化哲学的内容还体现在阴阳观念上。如《五臧山经》中，有许多山"其阳多金，其阴多玉""其阳多赤金，其阴多铁""其阴多赤铜，其阳多婴垣之玉""其阳多磐石，其阴多檀楮""其阳多丹粟，其阴多采黄金银""其阳多瑾瑜之玉，其阴多青雄黄""其阳多玉，其阴多蒬""余水出于其阴，而北流注于河；乳水出于其阳，而东南流注于洛""其阴多青䨼，其阳多白金""其阳多黄金，其阴多砥石"等内容。其中的阴阳，事实上体现出一种尊卑观念。如金尊玉卑，阳尊阴卑，南尊北卑。又如《海外南经》中的"狄山，帝尧葬于阳，帝喾葬于阴"，《海外北经》中的"务隅之山，帝颛顼葬于阳，九嫔葬于阴"等，也有阳尊阴卑的观念。阳与阴本来是一种自然现象,但原始哲学思维却按照阳光照射的层面分布赋予两种对立物对应的社会属性,一方面表现出对太阳的崇拜的意义,一方面则体现出原始人民的社会制度及价值判断的意义。作为原始文化哲学观念范畴的阴与阳理念,渗透在《山海经》中的各个领域,如所述的上与下,我们也可以看作阴与阳的体现,即上为阳为尊,下为阴为卑。它与后世文化发展中的阴阳五行等文化哲学理论的发展有着一定的联系。

阴阳的原意为日出为阳,云覆为阴,朝日为阳,背日为阴,后来则引申为万物的对立与统一。在春秋战国时代,阴阳作为哲学概念被广泛运用。如《国语·周语》中有"气无滞阴,亦无散阳,阴阳序次,风雨时至,嘉生繁祉,人民和利";又如《老子》中有"道生一,一生二,二生三,三生万物。万物负阴而抱阳,冲气以为和"。这种哲学思想影响甚广,形成了中国古代文化哲学中的阳清为天、阴浊为地的基本思想。又如《春秋繁露》中说"天地之气,合而为一,分为阴阳,判为四时,列为五行。行者,行也;其行不同,故谓之五行",阴阳的哲学意义得到更广泛的引申。至《三五历纪》《五运历年纪》中,第一次提出盘古神话,同样以阴阳二气来解释世界的变化。在漫长的岁月中,阴阳不但运用于气候、天体的观察,服务于农耕文明,而且运用于医药文化中,形成男为阳刚、女为阴柔的审美风尚，以至于影响到今天，长盛不衰。中国文化哲学运用阴阳来阐释对立，也用来阐释统一，即讲究阴阳之间的相互转化生成。这就形成了对万事万物的普遍性规律的科学总结。更重要的是这种思想渗透进民间文化生活中去，支配、影响和作用于人们的思想观念和实践，诸如"三十年河东,三十年河西""没有越不过的高山,没有不变的天""前十年看父敬子，后十年看子敬父""勿以恶小而为之，勿以善小而不为""天下没有不散的筵席""小人坏大事""千里之堤，溃于蚁穴"等民间谚语，成为人们生活中的警言和准则。这里的阴阳和大小、多少、好坏等对立物联系在一起，它们之间可以相互转化，不断变化，从而让人自觉地运用发展的、运动的眼光去看待世界、理解世界、对待世界。

中国文化哲学受到《山海经》神话思维的重要影响，不断发展、变化而日益丰富起来，形成了独具特色的东方文化的理论体系，并影响到整个世界，推动了社会的进步和发展。同时，我们也看到，在中国文化哲学的发展中，充满了斗争。围绕着以《山海经》为代表的远古文化到底应该继承还是抛弃或革新的问题，千百年来，从没有静止、停滞的态势。我们中华民族继承了《山海经》中的勇于追求理想的夸父精神，敢于斗争的刑天精神、精卫精神，以及无畏的创造精神，不断地超越自我，在文化哲学的建设中不断提出新说，为人类的科学文化的发展作出了积极的贡献。《山海经》是艺术的宝库，也是哲学的宝库，从它与中国文化的联系中我们可以看到中华民族性格的形成、发展，看到时代对我们每个人的要求和我们应具备的态度。

目　录

绪论//1

第一章　如何理解城市文学//8

一、何谓城市与城市文学//9
二、地域写作与城市想象//18
三、河南城市文学现状//26

第二章　乡土的强音:城市作为被压抑的写作形态//37

一、方向与改造//38
二、现代河南的文化生态//45

三、《不能走那条路》//50

四、李准的传统//57

第三章　沉重的翅膀:进城故事中的众生命相//63

一、城市作为一种镜像//63

二、"城的灯"与决绝的进城者//69

三、故事之外的本事//77

第四章　城与人的多重面孔:现代性话题下的生活与生存//86

一、从《一地鸡毛》说起//87

二、《我的生存质量》与《我是真的热爱你》//91

三、《软弱》的大多数//100

四、《生命册》的循环//103

第五章　旧时风物:历史与现实夹缝中的记忆与认同//109

一、开封老街巷//110

二、《老杂拌儿》的郑州往事//113

三、图文记忆与文化想象//118

第六章 实时状态:欲望化的城市景观//124

一、作为问题的房子//125

二、情感新状态//130

三、《欲望》与突围的可能//140

第七章 作为背景的城市:寻找一种观看方法//150

一、游荡者与《雀儿问答》//151

三、"我们的七厅八处"//156

三、青年的人生问题//161

四、直面城市的老龄化问题//166

第八章 城市如何成为一种气质//171

一、何谓城市意识//171

二、《平原客》土与洋//174

三、《藏珠记》的重与轻//178

结语 城市的胜利及新的阅读期待//183

绪　　论

随着城市化进程的加快,城市文学的书写日益繁多,也越来越受到研究者重视,据不完全统计,2011年开始,短篇小说中城市题材已经过半;长篇小说中出现了大量书写城市、讲述城市生活的作品;诗歌、散文也在努力捕捉着城市体验和城市精神。而乡土文学在与强劲的城市文学对峙中呈现出"疲软"状态。可以说,城市文学已经是新世纪以来不可回避的话题,也必将是未来文学的重要一支,而且随着城市化的推进,城市文学与当下中国社会的生存生活状况以及未来发展紧密地联系在一起。《繁花》的作者金宇澄在接受《中华读书报》记者专访时说,"中国文学不久会完全转向书写城市"①,种种创作倾向都可以使我们预言到,中国文学未来的品质取决于城市文

---

① 金宇澄:《中国文学不久会完全转向书写城市》,《中华读书报》2018年10月31日。

学的品质。

伴随城市的发展与城市文学的大量出现,城市文学研究已受到学界的普遍关注,并且这一热点话题与"70后""80后"写作,以及"文学关注现实、书写当下"的时代召唤具有研究上的交汇点,对城市文学的研究成为把握、理解当下文学创作的重要突破口。国外对城市文学和城市学的研究已展开多年,能为我们的研究提供很好的理论支持。相较而言,我国的城市文学研究还处在起步阶段,具体表现在:第一,还没有专著对当代城市文学进行系统的梳理;第二,对城市文学多集中在个案研究,以及维持在现场批评、即时解释的阶段,并未将研究对象问题化和系统化;第三,对城市文学中所反映出的城市文化、城市精神、城市意识、城市体验等把握得不准确,无法进行有效的理论建构;第四,主要关注点在北京、上海、西安、广州、深圳等传统或新兴的城市生活与城市文化,对其他城市的独特性关注不够。

具体到河南的城市文学,目前研究者已经意识到20世纪90年代以来,随着城市文学在创作数量上的增多,越来越多的作家开始关注城市、书写城与人,同时包括中老年作家对城市发展的敏感与青年作家作品中所传递的对城市生活的热忱,河南城市文学应有自己的独特性。但由于河南作为乡土传统省份,大家关注更多的是乡村与田园,对城市的理解和认识没有聚焦,也没有对近年出现的城市文学进行有效的整理和研究。这样就无法有效勾连河南城市文学与河南城市文化的关系,更没有将社会学、地理学、城市学融入文学研究中,将河南城市文学纳入中国城市文学的大文学系统中去考量,从而发现它的特异性。河南的城市文学书写对象,以及河南城市文学的品格抑或城市的特质都面目模糊,这些都是需要解决的问题。

从地域属性考察"文学中的城市",可以发掘中国城市文化品格的多样性和复杂性。河南具有悠久的历史,也是中华文明的发源地,形成了光辉灿烂的历史文化,但也有地域的限制,如相对中庸、保守。在这些地域属性的观照下,我们会发现,河南的城市文学不仅触及了城市文学的一些普遍性问题,也存在着很多个性问题,如长久文明历史积淀、古都文化影响,中原人特有的人际交往、市民生存方式,以及现代化过程中的城市改变拆迁、人在融入城市中的精神裂变等城市发展中面临的新问题,这些都在作家的笔下有所书写。毕竟,文学不仅是单纯的艺术品,它也是社会生活的反映,甚至积极地参与到了社会变革与城市变迁的各个环节中去。可以说,在一定意义上,研究河南城市文学也是了解、记录、钩沉、预言城市文化发展的重要方面。

20世纪90年代以来,城市文学迅速繁荣,上海、北京、深圳、西安、武汉等已经是城市文学的主要产地,也是当下故事的主要发生地。而随着中国社会的普遍城市化,很多城市已经产生了具有鲜明特征的城市文化和城市文学。河南虽是传统的农业大省,但伴随着改革开放也逐步加快了城市化进程,并产生了一批具有本土地域属性的城市书写,在城市文学中展现着独特的城市风貌。如张一弓的《远去的驿站》、李佩甫的《城市白皮书》《城的灯》《等等灵魂》《生命册》、张宇的《足球门》《软弱》、邵丽的《我的生活质量》《明惠的圣诞》、乔叶的《我是真的热爱你》《拆楼记》《藏珠记》、陈铁军的《老杂拌儿》、南飞雁的《天蝎》、奚同发的《雀儿问答》等都是反映城市文化和具有本土意识的作品。小说将河南的历史与现状融入故事中,以人物的情感体验牵连出城市的历史变迁,故事中也包含着对河南城市固有的历史记忆和市民生活的思考。杨东明、杜立新、孙瑜等作家的城市情感系列作品,也为我们思考城市人的生活和情感状态留下社会记录。同时一些年轻作家更易于贴近城市、感受城市,也提供给我们一批具有新鲜经验的作品。如陈宏伟、李清源、王小朋等人的小说,鱼禾等人的散文等。不能忽视的是,何弘、冯杰、张晓林"诗书画三家"的作品所具有的中原特色文化传统。在这样的背景下,整理当代河南城市文学,不仅能够梳理河南文学的发展脉络,以及伴随着新中国成立以来整体意识形态如何从乡土到城市的整体转型、在整体转型之外的个体差异,进而发现河南城市文学与城市文化的独特性。同时,通过整理可以发现文学中反映出来的城市精神、城市意识、城市文化。这不仅有利于河南文学与文化的发展,也有助于河南城市形象的建构,将河南城市文学放入中国城市文学的整体脉络中进行探讨,对推动中国城市文学的发展也大有裨益。而以文学的形式展现郑州、开封、洛阳等城市的形象特征与文化内涵,也可以提升本土城市的全国影响力。

本著作试图对当代河南城市文学发展状况作历时性把握,进行文学史研究。在解读文本、尊重史实的基础上,对河南城市文学的创作成就、文学史地位给予客观的评价,剖析其间的地域属性、文化心理、精神气质,以及城市化进程中所展现的新特质、城与文的互动关系。自新时期尤其是20世纪90年代以来,河南城市文学逐渐摆脱乡土文学的遮蔽,有了更多的话语表述空间。在乡土写作之外,伴随着城市化进程,河南城市文学也从隐形叙述逐渐找到表达的空间和舞台,表现出新的文学特质,也接续了中国古代、现代文学的市民写作传统。从新时期的社会生活转变,发现文学写作的新风貌,以及其所携带的文化历史积淀和社会主义传统在创作中如何得以呈现。

城市不仅是日常居住地,也是文明集散地。如何从城市符号中探寻历史文化气息,也是研究的重点。城市符号,可以是标志性建筑,也可以是风土民情,如开封的老建筑、鼓子曲,郑州的老字号、德化街,等等。独特的城市符号构成、交织着一座座城市的古老文化和现代文明。通过城市书写中记录的城市符号,也能寻找到历史的积淀和社会变迁,历久弥新的城市文化。人物更是代表着不同的城市形象,如文学中的"进城者""异乡人""土著"等,纷纷表现了城市的多重面孔。不同的人物形象更是传递了新时期以来社会转型期所特有的城市多元复调结构,也在一定程度上通过城市中的人来表现不同的城市记忆和城市文化。

城市作为多元的文化空间,呈现出不同的文化脉络,每一座城市都有它的历史文化传承。新时期以来的河南城市文学也是一部部生动的城市文化变迁史,如陈铁军的《老杂拌儿》、张一弓的《远去的驿站》,等等。乔叶的《藏珠记》关于豫菜和河南风味的浓墨重彩,焦述的《房子·房子》、"市长"系列作品所反映的新问题等,都在从不同方面讲述着新时期以来城市发展所呈现的不同风姿和样貌。全球化时代,现代性特质及后现代的荡涤无处不在,在此基础上,如何在创作中表达作家的个体思考,在书写自己的生活和经历之外,进一步用文学体现河南城市的变化,以及城市人的心态变迁史,在同质化的生活中展现文学创作的不同特色,进一步呈现城市精神和现代人的精神状态,显得更有意义。

  本著作以文本分析及史论结合的方式,系统运用文学比较、实证考察,注重历史现场的还原,强调对创作过程和文学细节的考证。学界目前系统深入研究城市文学的专著不多,河南城市文学研究更是一项空白,本著作试图在这一领域做出尝试,通过文本细读和作品分析,梳理出较为清晰的发展脉络。在研究河南城市文学的同时,还力图发现当代文学、文化乃至整个社会发展在城市文学中的不同表现和面向,在强调地域文化的基础上,推动河南城市文学的整体性研究。虽然立志高远,但由于笔力、目力、篇幅所限,以及书写的难度,该著作仅仅是一个尝试,也期待在以后的研究中有更多建树和收获。

第一章　如何理解城市文学

城市文学是伴随着城市化的进程出现的。根据芒福德的看法,西方城市首先起源于圣地,是具有宗教性质的;其次是村庄,主要是驯化动植物、制陶和改造大地;最后是具有政治意识的城堡和要塞。① 而中国的城市是由"城"和"市"发展而来的,从"城"上讲,中国城市起源于政治功能,为了防御;而"市"是商业功能,是为了生产交换。"市"是城市最初的、最原始的雏形。它一开始就是与乡村居民点相区别的主要标志。② "过去一个半世纪内的城市化,主要是经济增长的产物,是技术变革的产物,这些技术变革使大规模生产和经济成为可能。一个大规模的工厂含有一个稠密的人口社会的意

---

① （美）刘易斯·芒福德:《城市发展史——起源、演变和前景》,倪文彦、宋俊岭译,中国建筑工业出版社,2008,第1—26页。
② 傅崇兰、白晨曦等:《中国城市发展史》,社会科学文献出版社,2009,第35页。

思,也意味着劳动人口、从而总人口的向城市转移"。① 城市是文明的象征,相对中国古代城市文学的繁荣,当代城市书写面临很多困境,无法对快速发展的社会现状做出有效回应。因为"从文学史角度来看,尽管巴尔扎克、屠格涅夫、托尔斯泰等文学大家所处的时代并不是其国家工业化的顶峰时期,但他们都选择将城市作为写作的重心,相比之下,中国城市题材文学却远不如农村题材来得繁荣。"②比较中国古代文学与当代文学的城市书写,梳理中国城市文学的创作史,也是直面城市发展、文学何为的重要问题。

一、何谓城市与城市文学

在中国古代,市井文学一直是文学的主流。先秦两汉时期的文献中就已经完整出现了"城市"这个词,《韩非子·爱臣》:"大臣之禄虽大,不得藉威城市;党羽虽众,不得臣士卒。"这可能是"城市"一词在典籍里的最早出处。另外还有在《战国策·赵一·秦王谓公子他》中韩国上党守冯亭暗中派人请

---

① (美)西蒙·库兹涅茨:《各国的经济增长》,常勋等译,商务印书馆,1985,第87页。
② 陈熙涵:《相比乡村文学的繁荣,城市文学创作严重不足》,《文汇报》2018年9月6日第7版。

求赵王说:"今有城市之邑七十,愿拜内之与王,唯王才之。"《后汉书·廖扶传》:"常居先人冢侧,未曾入城市。"那时候的"城市"一词尽管不可能有现在这样丰富的内涵,但已经是"城"和"市"的结合体。在战国时就出现"城市"一词也并非偶然,因为中国城市经春秋兴起而至战国已经达到了较高水平,城市相对比较繁荣。汉代以来,班固的《东都赋》《西都赋》,张衡的《西京赋》《东京赋》等,都记录了当时的城市繁华景观。此后,唐宋元明清话本、小说等都是典型意义上的市井小说,如《金瓶梅》中的繁华市井生活;《红楼梦》《儒林外史》被论者誉为"南吴北曹,相映生辉"。"民国"小说的上海洋场、北京古都,以及海派作家笔下的市民生活等,都为文学史上留下了新鲜生动、活泼十足的城市生活景象。

新中国成立后,我国的城市结构发生重要变化。到 1949 年,中国设市 69 个,城市人口占全国人口比重仅为 10.6%。此后,受意识形态影响,城市被认为具备资产阶级属性,城市的功能也逐渐由消费型变为生产型。这也使得在很长的一段时间里,城市属性成为被批判和改造的对象,受此影响,城市文学的身份也是暧昧不明的。甚至在很长一段时间的文学和影视作品中,城市成为被妖魔化的对象,如小说《我们夫妇之间》,电影《霓虹灯下的哨兵》《千万不要忘记》中对城市所代表的物质及资产阶级性的批判。种种导向使得城市和城市文学长期处于备受压抑、停滞不前的状态。

新时期以后,中国重新打开国门,实行改革开放,在现代化目标的驱动下,城市长期停滞的局面被打破。1979年,南京大学吴友仁先生的《关于中国社会主义城市化问题》一文的发表,率先打破了禁区,正式拉开了国内城市化理论研究的序幕,随之而来的城市化进程的日益加快。在崔援民看来,"城市化是一个以人为中心的系统转化过程。它包括硬结构和软结构两大系统的建设,是一种从传统社会向现代社会的全面转型或变迁过程。"[1]1984年,十二届三中全会通过了《关于经济体制改革的决定》正式提出"城市是我国经济、政治、科学技术、文化教育的中心,是现代工业和工人阶级集中的地方,在社会主义现代化建设中起着主导作用。只有坚决地系统地进行改革,城市经济才能兴旺繁荣,才能适应对内搞活、对外开放的需要,真正起到应有的主导作用,推动整个国民经济更好更快地发展。"文件正式为城市正名,从此拉开城市改革和快速发展的序幕。

此后,我国城市进入飞速发展时期。据社会学统计,从1978年到1993年,中国50万人口以上的城市从40个增加到68个。这种趋势在1993年以后更加明显,2000年我国城市

---

[1] 崔援民等:《河北省城市化战略与对策》,河北科学技术出版社,1998,第20页。

人口的比重已经达到36.22%,比改革开放之初的1982年增加了15个百分点还多,上海、北京和天津的城市化程度都已远远超过世界平均水平。① 进入21世纪之后,中国的城市化速度进一步加快。2016年底中国的城市化率水平为57.4%,预计2020年将达到60%。这也说明,在今日中国,已经有过半人口生活在城市,和城市的关系密不可分。文学作为社会生活的重要表现形态,也应该关注这一社会现实。

随着城市的发展,城市与文学的关系就一直备受研究界重视。"城市是什么"一直被持续性地追问。在这一问题的带动下,诸多国外研究城市以及城市文学的论著相继被翻译出版。马克斯·韦伯、齐美尔的理论,哈贝马斯的城市公共领域理论,本雅明的城市文化理论,尤其是本雅明《发达资本主义时代的抒情诗人》和《机械复制时代的艺术作品》探讨诗人与城市艺术的关系,备受国内学界重视。此外,重要的理论书籍还有美国学者伯顿·帕克《现代文学中的城市意象》通过"勾勒欧洲文学中的早期神话、史诗、《圣经》和19、20世纪文学中的城市形象的大致轮廓"②。理查德·利罕《文学中的城

---

① 洪大用:《改革以来的社会发展与消费多元化》,载中国人民大学传播媒介管理研究所编《传媒与生活:生活服务类报刊经营之道》,新华出版社,2003,第12页。
② 陈晓兰:《文学中的巴黎与上海——以左拉和茅盾为例》,广西师范大学出版社,2006,第7页。

市——知识与文化的历史》(中文版由上海人民出版社 2009 年出版),重在研究随着历史与文化的发展,文学对城市的想象,以及城市变化如何促进文学文本的转变。他提出"当口头交流满足不了需要,或者老年成员无法传达信息给超出其年岁所及的子孙后代时,城市就需要一套记录系统,于是城市随着文字——刘易斯·芒福德称之为'永久性记写形式和符号'(City in History, 97)——的发展而浮出历史地表。"①

这些研究,都更强调城市的社会学和地理学意义。"城市是现代社会的一种地理学标志,也可以说是社会在现代化进程中的里程碑。"②"城市既是一个景观、一片经济空间、一种人口密度,也是一个生活中心和劳动中心。换一种说法,城市也可能是一种气氛、一种特征或者一个灵魂。"③在迈克·克朗看来,"小说可能包含了对城市更深刻的理解。我们不能仅把它当作描述城市生活的资料而忽略它的启发性,城市不仅是故事发生的场地,对城市地理景观的描述同样表达了对社会和生活的认识。……因此,问题不是如实描述城市或城市

---

① (美)理查德·利罕:《文学中的城市——知识与文化的历史》,上海人民出版社,2009,第 15 页。
② 罗强烈:《文谭三题》,载《天津文学》1987 年第 12 期。
③ 刘乐群:《城市的当代生态心态与艺术创造工程》,载《天津文学》1987 年第 9 期。

生活,而是描写城市和城市景观的意义。"①

美国学者罗兹·墨菲曾在1953年出版过一部研究1843—1949年上海历史的书,书名为《上海——现代中国的钥匙》。他认为,"上海,连同它在近百年来成长发展的格局,一直是现代中国的缩影"。"上海提供了那用以说明现代中国已经发生和即将发生的新事物中钥匙",也提供了新型视角和解读方法。

新世纪以来,对于西方城市文化研究的译介也在加快。包亚明主编了《现代性与空间的生存》《后大都市与文化研究》《后大都市城市和区域的批判性研究》等"都市文化研究丛书",翻译介绍了列斐伏尔、爱德华·索亚等人的城市文化理论。汪民安、陈永国主编了《城市文化读本》,介绍西方城市文化研究状况。广西师范大学出版社出版由薛毅主编的四卷本《西方都市文化研究读本》。李欧梵著作《上海摩登——一种新都市文化在中国》(2001年)引领了上海都市文化研究的热潮。学者们更为注重城市与文学的互文关系。

这些理论的译介出版,都为国内的相关研究提供新思路和方法。可以说,当代中国从文学的工农兵传统确立之后,城市文学就成为被压抑的写作形态。一直到新时期之后,城市

---

① (英)迈克·克朗:《文化地理学》,南京大学出版社,2005,第50页。

文学研究领域才实现城市的复活。1983年,学术界在北戴河召开了首次"城市文学理论笔会"。之后,山西太原在1984年创办了《城市文学》。1988年《城市文学》开专栏邀请一些知名学者探讨"城市文学"的概念,著名评论家张炯发表《"城市文学"漫论》。同时,《广州文艺》《上海文学》等期刊亦都注意到随着社会转型,文学创作的对象逐渐由乡村朝着城市转移。此后,很多学者都注意到城市文化与城市小说的关系。

赵园的《北京:城与人》(1991年上海人民出版社出版)应该是国内最早考察"文学中的城市"的著作。此后,随着京派、海派研究的深入,"文学中的城市"成为新兴概念,打开了更为开阔的研究视野。1998年江苏美术出版社推出以城市为对象的老照片,包括《老北京》《老苏州》《老重庆》《老南京》《老武汉》《老广州》,唤醒了被遗忘已久的城市记忆。上海师范大学1998年成立了"都市文化研究中心",探讨城市文化问题。包括上海的孙逊、包亚明、姜建等人,北京陶东风、金元浦、汪民安、罗岗等人。

在国外和国内理论的不断推进下,如何界定城市文学成为一个问题,甚至出现城市文学、都市文学、市井文学等多种叫法,概念的模糊和不确定性也容易引发歧义。陈晓明教授曾具体支持城市文学的概念,他认为当代中国文学最重要的作品均描写乡村,几乎是乡土叙事一边倒的气势,并且创造了具有世界意义和水准的大作品——这无疑让人肃然起敬;但对于一个时代的文学,对于一个已经卷入全球化并且正高度城市化的时代来说,文学始终面向着乡村,这也不能不说有一种欠缺,由是,期盼城市文学涌现力作就理所当然。在他看来,"至少要具备三点特征才能被称为城市文学:其一,地理学的特征,即描写了具体的城市存在形态和城市生活方式的作品;其二,意识与精神的特征,即表达了城市意识或对城市的意识,这一点难以定义,什么是对城市的意识?即叙述人或作品中的人物,总是意识到城市的存在,意识到他的生存境遇和生活方式与城市相关,他在思考他在城市中的存在状态。在大多数情形下,这就是现代的个体自我意识,甚至可以简要地表述为浪漫主义、现代主义或后现代主义意识;其三,文体特征,即有一种与城市存在形成相关的叙述文体,对于诗歌来说即是有一种诗的语言的表意策略。简要地说,所谓城市文学就是表现了城市生活并包含了一定城市意识的作品。"

这个概念颇具代表性。因为之前的研究中,城市文学一直是处于暧昧不明的状态。很多研究和论文将城市文学与都市文学一并言说。如很多在这一领域著述颇丰的学者都提出了很多有见地的论点。陈平原先生谈及"城市成为整个的文学生产、传播、扩展的一个重要的核心。这是我们必须关注的,回过头来看,正是因为这种传播,使得城市有意义。城市之所以不显得苍白,城市不只是水泥森林,不只是上班下班,不只是地铁,不只是 shopping mall,城市之所以有意义,是因为它有文学。"①白烨提出,"都市文学是以当下时代为背景、以现代都市为场景,书写都市生活,塑造都市新人,并揭示一定的现代都市的内在情绪和独有的精神风韵的文学写作。"

但也有学者指出还是应该将其作为一个问题,辨析来看。张光芒指出,都市文学与城市文学二者在概念内涵上还是有差异的。"'都市'特指大城市或者都会,而'城市'的范围就大得多,不仅包括大城市,也包括新兴的中型城市和小城市。"这样一来,"都市文学"这一概念的涵盖性就不如"城市文学"大。"都市文学"的说法更加强调都市味道、都市感觉、都市心态和都市神韵,也就是说更加侧重于都市文化传统与现状的描摹,而"城市文学"的说法更加强调城市之政治、经济、文化的整体性,更加侧重于对城与人的关系、城市化进程与人性嬗变的关系的挖掘。持相似意见的还有赵炎秋,他认为描写都市生活特别是区别于中小城市和乡村的生活方式,即都市特有的物质生产方式和生活条件下的都市生活才是都市文学。那么,以我们今天的眼光来看,所谓"都市"应该是仅限于北京、上海、广州等这些大城市。但很多学者也认识到,虽然中国作家

---

① 陈平原:《都市文学研究的可能性》,华东师范大学讲座(2011 年 3 月 16 日),https://www.doc88.com/p-9445405560378.html.

很早就把城市与城市化纳入艺术视野之中来,但时至今日,在城与乡两极文学格局中,城市文学无论在创作规模,还是写作水准上,都逊于乡村文学,这从各类权威文学奖项获奖作品和当代著名作家深耕的题材上可以明显识别出来。但近些年,这种状况逐渐被打破,如书写城市的《长恨歌》《繁花》等作品获得茅盾文学奖,以及随着"70后"、"80后"作家的崛起,他们以自身的城市经验创作的大量作品,也为城市文学的丰富性提供更多文学书写。

二、地域写作与城市想象

自20世纪80年代以来中国城市文学的再度勃兴,创作伊始就是从具有地域属性的城市文学作品出发的。1980年陆文夫创作了"小巷人物志"系列,因作家长期生活在苏州,熟悉那里的社会风尚、人情世态,极具艺术特色。同样,范小青的《裤裆巷风流记》也描绘出苏州城小巷人家的悲欢人生。1980年开始,陈建功创作了《京西有个骚达子》《丹凤眼》《辘轳把胡同9号》等系列京城小说;1985年邓友梅出版的《京城内外》,专门描写北京市民生活;此后的《话说陶然亭》《寻找画儿韩》《那五》《烟壶》等,分别塑造了具有北京风味的人物、风俗民情、仪式礼节,等等。冯骥才的《神鞭》描写天津卫的城市传奇。此外,他的中篇《三寸金莲》《阴阳八卦》《炮打双灯》和系列短篇《市井人物》,重在展现种种"文化遗迹"。这些"闲杂人和稀奇事",用天津方言、俗语写就的"地道的天津味"小说①也引发了广泛关注。包括程乃珊创作的《女儿经》、俞天白的《大上海沉没》书写的都是这些城市特有的景观。小说中的人物过着的是典型的城市生活。在这些作品中,城市不再是文学可有可无的背景,而是塑造作品中的人物必不可少的地域空间。

而在 20 世纪 80 年代中期,当代文坛出现了一系列具有城市意识的作品。如刘索拉《你别无选择》、徐星《无主题变奏》、王朔的《顽主》,等等。这些城市中的带有现代意识的新青年人物形象出现了。《你别无选择》描写了一群中央音乐学院的高才生整天无所事事,不去琴房练琴,对什么事情都无动于衷。《无主题变奏》中充满对现实人生轻描淡写的嘲讽。《顽主》更是颠覆了传统的青年形象,他们自我创业,开 3T 公司,拒绝父亲和范导者的规劝,在游戏人生中寻找自我价值。这些人物,都试图从宏大的价值观中解脱出来,恢复了市井百姓应有的人生百味。此后新写实小说中,无论是池莉的"武汉市民"系列,张欣笔下的大城市消费场所,如咖啡馆、高级会

---

① 洪子诚:《中国当代文学史》,北京大学出版社,1999,第 328 页。

所、时尚屋、大酒店、购物广场、休闲中心等,通过对各种消费物质景观的叙写来表现城市白领和中产阶层浪漫奢华的物质生活。还有邱华栋笔下的北京等,都从不同的侧面展现了城市生活和文化气质。

20世纪90年代以后,更多作家自觉转向书写城市题材小说。贾平凹1993年出版的长篇小说《废都》(北京出版社),源于他一直想"写写西安古城方方正正井字形的街巷里的市民"。也有作家意识到老写农村题材作品,很多年轻人和外国人已经看不懂了,要想文学更好地传播,共通的城市意识和观念是基础。因此,这部书有着作家走向世界的雄心。他经过认真考据,写出了西安大大小小的街巷、文物遗迹、市井生活等,可以说是一部20世纪90年代西安的地方志小说。王安忆1996年出版的长篇小说《长恨歌》,故事开篇就用大量篇幅写上海的弄堂、鸽子、流言,写的细密如织。并用王琦瑶的人生勾连起上海百年史,被认为是海派文学的接续。此后,卫慧的《上海宝贝》、陈丹燕的《慢船去中国》、程乃珊的《上海探戈》、金宇澄的《繁花》,都是上海书写的力作,以至于评论家张清华这样评价上海:"某种程度上,上海也许更接近真正现代意义上的城市经验,它的天然的市民性、自由色彩与'阴性'特质使她保有阴柔与温润、水质与感性的美感质地。"①

与此同时,文学研究也在跟进。1985年陈诏《写出有"上海味"的城市文学》(《上海文学》,1985年第8期)是当代最早提出在城市文学中要确立上海风格的文章。在这篇文章中,陈诏已经在强调上海的地域风格在文学中的再现问题,认为应从地域属性来考察城市文学,从而为文学研究开创一个新的切入口。现在看来,上海的文学也是城市化最为浓重的。这一方面源于上海的城市属性和文学传统;另一方面,也是一代代作者不懈努力的结果。如第九届茅盾文学奖获奖作家金宇澄的《繁花》,这部首发在"弄堂网"的小说,展开的是从1950年代末到1990年代初将近半个世纪的上海叙述,所涉及的人物,从资本家到商人、从地下党到工人、从知青到律师,涵盖了当代上海各社会阶层的变迁;《繁花》自觉接续并扩展了从《海上花列传》到张爱玲以来的"上海文学传统","上海话"的方言叙述同样也强化了这部小说的"上海味"②。

1995年,邹平、杨扬、杨文虎等人的讨论《城市化与转型期文学》开始思考现代性对城市文学定义的可靠性,涉及城市文学的地域属性问题。杨扬提出要注意文学、文化的地域分

---

① 张清华:《城市书写:在困境中展开》,载《山花》2011年第3期。
② 曾军:《地方性的生产:〈繁花〉的上海叙述》,载《华中师范大学学报(人文社会科学版)》2014年第6期。

布情况:"我注意到中国当代文学中,相当一部分城市文学与以往乡土文学差距不大。不要以为作品中出现了高楼大厦、现代交通及金钱观念,便意味着城市文学了。……我想我们谈城市文学倒是应该注意到文学、文化的这种地域分布情况,不要被城市的物质外观所迷惑。"①

新世纪以来,更多研究者开始重视城市文学的地域属性。梁凤莲就将都市的地域属性问题提升到"根"的意识上来,地域才是城市文学的本质,而浮现在城市表面的只是现象。她认为本质比现象更为重要,只有认识到文学的本质(即地域属性),"文学才可以让地域的灵魂之旅,在都市的时间与空间里无限延伸"②。施战军在《论中国式城市文学的生成》中强调以地域属性为标志的中国式城市文学正在生成。贺绍俊认为,"随着全球化的深入,地域性的意义反而更为彰显……一定行政地理领域内的作家会对本地域形成某种归属感,地域的机制特征和动态走势也会影响到作家的文学活动。"③对小说创作来说,地域性不只是它赖以产生的土壤,它深深地影响

---

① 邹平、杨扬、杨文虎等:《城市化与转型期文学》,载《上海文学》1995年第5期。
② 梁凤莲:《关于血脉——谈都市文学的地域属性》,载《全球化语境下的当代都市文学》,社会科学文献出版社,2007,第107页。
③ 贺绍俊:《"新世纪文学"的社区共同性——以湖北文学为例》,载《文艺争鸣》2007年第2期。

着小说的文化品格、叙事方式、形象塑造等。

除此之外,很多城市也亮出了打造本地域的城市文学的旗号,为自己的城市树立文化形象,这些举动刺激和推动了城市的地域特性在文学中显性化呈现。如1994年初深圳《特区文学》打出"新都市文学"旗号;接着《广州文艺》则打出"新岭南文学"大旗,并开辟"新生代作家"专栏;1996年第6期《特区文学》刊载了该刊在上海召开的"'96'新都市文学"研讨会纪要,反映了人们对这一文学现象的初步思考。与会者认为,"新市民小说"与"新都市文学"有一定的相似相近之处,其一,都承认市场经济变化之后,文学要把这种变化反映出来,要反映新的生活状态,新的人物形象;其二,在当下文学的审美追求中,愿从都市文明出发推进新的文艺思潮。大家认为,"新都市文学"也罢,"新市民小说"也罢,现在来看,主要还是一种创作的期望,而非一种创作的概括,难能可贵的是,近年《特区文学》陆续推出了一批打破传统思维模式的较好的作品,使它在"初期阶段"就成绩不菲,表现出了令人鼓舞的前景。

2007年上海"城市文学讲坛"中,陆天明提出"文学的二次回归",作家在找到属于自己的那个"小我"之后应该进一步向"大我"回归,让每一个作家的"自我"融合进时代的、人民的、大众的、民族的"大我"中间去。陈思和提出文学中的新人形象问题,在他看来:"我在上海,走访过一些行政机构,里面很多官员都是新上海人。他们大学毕业以后就留在了上海。这些新上海人包括企业家,也包括马路上的摊贩,包括新的购房者,他们构成了上海新的阶层,影响着上海,他们有着新的面貌,而与原来的上海人很不一样了。所以在文学中构建新人形象是很重要的,这样,现实主义的发展会有一个很广阔的前景。"①

从地域属性考察文学中的城市书写,可以看到不同地域城市所展现的不同文学想象。同时,中国城市的丰富性与多元性已经为文学想象中的城市提供了大量的创作资源。在北京文学、上海文学、武汉文学,乃至西安、哈尔滨、广州等地域性突出的文学中,我们看到了具有地域识别度的文化特性在文学中渗透、生长。可以说,"把人的主观情感以及想象力带入都市研究,这个时候,城市才有了喜怒哀乐,才可能既古老又新鲜。另一方面,当我们努力用文字、用图像、用文化记忆来表现或阐释这座城市的前世与今生时,这座城市的精灵,便得以生生不息地延续下去。"②在更为年轻的写作者中,城市已经成为他们生活和生命的一部分。如生长于北京的"80后"作家霍艳所说:"50 年代的作家即便生活在城市里也对农

---

① 陆天明:《文学的二次回归与"土"的精神》,载《解放日报》2007 年 3 月 18 日。
② 陈平原:《北京记忆与记忆北京》,载《北京社会科学》2005 年第 1 期。

村念念不忘,我只能自觉地书写城市,他们所要逃离的,正是我赖以生长的,我无法想象如果离开城市我的生活会变成什么样子,它冰冷无情,却并没有到达面目狰狞的地步。"①

总的来说,城市文学在蓬勃发展,但也存在一些问题。"相比之下,除了在文学中复活的西安、哈尔滨、武汉等城市以外,中国更多的城市在地域属性的识别度上是暧昧模糊的。作家和研究者对城市想象厚此薄彼,显然与中国城市的数量以及丰富而复杂的地域属性不相称。"②对当代文学研究者来讲,对城市文学的研究仍过多局限于"京派""海派",许多城市文学仍处于被遮蔽的状态,创作没有得到深入探讨,批评是否跟进创作现实也存在着诸多问题。这就使得河南文学既没有北京那样丰厚的文化呈现,也没有上海那样发达的现代工商业体系,地理位置也趋于中庸、保守,文学作品更是缺乏对城市书写的细致描绘,文学研究的跟进也不到位,这也使得河南的城市文学书写一直处于暧昧不明的状态。

---

① 霍艳:《我如何认识我自己》,载《十月》2013年第4期。
② 陈平原、王德威、商伟主编:《晚明与晚清:历史传承与文化创新》,湖北教育出版社,2002,第383页。

三、河南城市文学现状

从历史和地理上看,河南为中国九州中心之豫州,故简称为"豫",且有"中州""中原"之称,也是中华民族的发祥地之一,曾有"一部河南史,半部华夏史"的美誉。中国的八大古都河南就有 4 个,即十三朝古都洛阳、十一朝古都开封、七朝古都安阳、夏商古都郑州,以及商丘、南阳、许昌、濮阳等,是中国历史上建都朝代最多,建都历史最长,古都数量最多的省份。既有夏商周渊源,又有风华绝代的魏晋,有汉唐雄风,也有两宋的繁荣市井,这些决定了河南的历史厚重、文化多样。班固《东都赋》,描绘了后汉时期洛阳的景象。杨侃《京畿赋》、宋祁《王畿千里赋》、周邦彦《汴京赋》、李长民《广汴京赋》等都是颂美宋代都城的大赋。刘子翚《汴京纪事》组诗中,追忆了东京梦华。《清明上河图》很好地呈现了当时的盛况。当时的洛阳、许昌文化非常繁荣,被誉为"许洛之间,极多奇士"。

北宋之后,因常年战乱,元朝时大运河改道山东,开封不仅失去了政治中心、文化中心的地位,也失去了漕运中心的地位,致使河南全面衰落。韩国河的《郑大史学文库:"中原"历史与文化考论》分析了河南衰落的多层原因。魏晋南北朝时期,中原就长期处于战乱之中。此后,宋金对峙、蒙古崛起、元末及明末农民战争等,中原无不是主战场。随着政治中心的转移,也带来了衰落。近代以来,西方文明又是由南向北、由西向东渗透,这就更加重了长期作为中原核心的河南的衰落。此外,"由于战乱、天灾,造成中原人民生计艰难,这就使得强者轻生好勇,弱者保守顺从、听天由命。相比南方,中原长期以来(特别是明朝以来),自耕农为主的小农经济占主导地位。……理学在中原有深厚影响。理学相比心学,性质较为保守。理学更多地是要求人们中规中矩。"①

此后,虽有现代文学的中兴,如民国时期开封聚集的师陀等著名作家,但乡土题材一直是文学的重心。这也和农业大省,远离口岸和大都市的地理位置有关。师陀的《果园城记》为京派文学留下了文学传统。之后,伴随着整个国家意识形态的变化,乡土文学一直是文学的主流。这种情况一直持续到新时期以后,文学的复归或再出发。随着城市化的迅猛发展,许多作家也纷纷移居城市,他们和本就生活在城市中的作家一起,汇聚成城市文学写作的新潮流。这种时代和创作转型也符合美国著名小说家和文学评论家在19世纪末对美国文学的预言:"日益尖锐起来的城市生活和乡村生活的对比,不久就要在乡土(地域)小说反映出来了——这部小说将在地

---

① 韩国河等:《"中原"历史与文化考论》,大象出版社,2012,第188页。

方色彩的基础上,反映出那些悲剧和喜剧,我们的整个国家是它的背景,在国内这些不健全的、但是引起文学极大兴趣的城市,如雨后春笋般地成长起来。"① 新时期以来城市文学的表现可以视为是城市化历史进程在文学上的体现,城市化本身提供了一种潜在的新的想象生活的空间,从文学最基本的想象方面看,城市文学为我们的社会生活提供了多种想象可能。

河南作家张一弓作为报社老记者、编辑,具有较强的新闻敏感性及把握时代潮流的意识。他的短篇小说《黑娃照相》荣获1982年全国短篇小说奖。作品通过一个庙会,一个被集聚起来的新兴的城,将现代事物聚焦其中。黑娃,一个乡间青年,作为农村的致富典型,在庙会上见识到各种新兴事物,甚至还模拟和美国人通了电话,最后照了一张相,实现自我和现代性的勾连。后来,张一弓的长篇小说《远去的驿站》(长江文艺出版社2002年出版),更是以记忆的方式唤醒开封的城市记忆,有鼓子曲、有家族叙事等,成为别开生面的城市生活的作品。

阎连科的系列小说《东京九流人物志》系列,包括《横活》(又名《鲁耀》《斗鸡》)、《名妓李师师与他的后裔》等描写开封文化风情的小说。《斗鸡》写开封斗鸡的民俗。上至帝王将

---

① (美)赫姆林·加兰:《破碎的偶像》,刘保端等译,载《美国作家论文学》,生活·读书·新知三联书店,1984,第92页。

相、下到普通民众，喜爱斗鸡的人们"活得机巧超然"，在训鸡斗鸡的爱好中，"把岁月打发得堪称流畅"。《横活》描写清末民初著名"杠头"鲁耀的人生，他行乞出身，豪侠仗义，能拉起丐帮捉弄富人，痛痛快快活一生，死后路祭人山人海。这一系列小说体现了作家熟悉三教九流、描写市井风俗的功力，被誉为"当代'市井文化小说'的收获"①。也成为古老开封历史留存的记忆。"同一座城市，有好几种面貌：有用刀剑刻出来的，那是政治的城市；有用石头垒起来的，那是建筑的城市；有用金钱堆起来的，那是经济的城市；还有用文字描出来的，那是文学的城市。"②

陈铁军的《老杂拌儿》，写民国时期郑州往事。作品假借一名活动在新中国成立前老坟岗的说书人之口，讲述了草民行走江湖的一系列奇特遭遇。通过一个个传奇性的故事，展现了郑州这座城尘封已久的历史细节。作品中有三教九流，有涌入的新事物洋人、传教士等，也有民间的侠义和普通市民的生活，更有诸多郑州老字号的渊源与记录，是一部较为新异的城市经验作品。

相对于这些对历史的回溯，一些直面新兴城市的作品也

---

① 王庆生主编：《中国当代文学史》，华中师范大学出版社，1999，第372页。
② 陈平原：《想象北京城的前世今生——答新华社记者刘江问》，载《北京师范大学学报（社会科学版）》2005年第4期。

逐渐增多。李佩甫的《城市白皮书》《城的灯》直面了改革开放之后,再度城市化之后,人们面临的心灵裂变,以及在城与乡的纠葛中产生的挣扎。此后,他的作品一直关注该领域,如《等等灵魂》,以郑州亚细亚商场的兴衰史为原型,写出在城市的发展中人的灵魂不受约束,造成的一系列悲剧。获得茅盾文学奖的《生命册》一开始就以一颗种入城市的种子,写出城市生活的浮沉。田中禾的中篇小说《明天的太阳》、张宇的长篇小说《软弱》、邢军纪的报告文学《郑州商战》等都是关于城市生活的多面呈现。

邵丽也写出很多具有城市意识的作品,如《我的生活质量》《明惠的圣诞》等。《我的生存质量》2002年由人民文学出版社出版,曾入围茅盾文学奖。故事开头引入奶奶的城市大家闺秀背景,因为战乱流落乡下,将所有的希望寄托在王祈隆身上,后来通过考大学离开农村,并阴差阳错地当了官,自觉能够实现奶奶的理想了,但奶奶仍希望王祈隆有更远的出走,而王祈隆却长着村里人都有的脚趾骨,这被视为农村的烙印,故事后面过多地将王祈隆的脚趾骨与代表城市的洋气女孩做对比,形成城与乡的二元对立。《我的生活质量》以倾诉和遭遇的讲述方式更多地关注城市人的精神建构问题。

相较而言,展现都市生活的中篇小说《明惠的圣诞》显得更为含蓄隽永,令人沉思。明惠是乡下女子,母亲是村里的妇女主任,明惠一直成绩很好,是村里的人尖子,高考却不幸落了榜,受尽嘲笑。看到同村女子进城后的光鲜,明惠也毅然来到城市,并做了来钱最快的按摩服务业,靠卖淫赚钱实现城市梦。直到遇到李羊群,在圣诞节那天两人同居,明惠成为城市的女主人,本以为新生活就此打开。在次年的圣诞节上,明惠和李羊群去庆祝节日,李羊群遇到自己的小伙伴,看到这些城市女孩的自信、靓丽,看到李羊群融入他们时的从容,明惠才弄清楚自己是永远无法融入城市的,于是选择黯然自杀。而吊诡的是,李羊群还在纳闷,她为什么要死呢?作品对弱势群体的追问和关注,尤其是精神领域的关注刺痛人的心灵,一个骨子里自尊的女子被城市粉碎的悲剧故事。

乔叶第一部长篇小说《我是真的热爱你》,写一对双胞胎姐妹在城市物质欲望的诱惑下堕落的故事。评论家雷达认为这部小说"表现城市化进程中,一些女性被吸入城市的'黑洞'后那种惨烈的经历。这是一种可惧的生存。可贵的是作者并不展览人欲横流,而是充满了悲悯情怀和诗化的理想精神。"非虚构小说《拆楼记》,直击城市化掘进的当下现实。面对城市改造,普通人经受巨大的利益诱惑,为了多索取拆迁费,于是盖楼、拆楼这种怪状应运而生。作者以第一人称介入,通过姐姐一家的拆楼纪实,审视了人性的欲望与恶。此后,《认罪书》追寻人性之恶。《藏珠记》更是融入很多河南地域知识,作品对豫菜的考察和书写也显示出浓重的河南味儿。

李清源的中短篇小说《苏让的救赎》《二十年》《走失的卡诺》《夜归人》,写了大量由乡入城的青年形象。据作者坦言,这也和他的个人经历有关系。"我是农村人,在农村长大,医专毕业后又回老家开了几年诊所,后来因为孩子教育问题,这才离开乡村,进入城市生活。我也从医疗行业转向文化产业,跑到省城跟人合伙开文化公司。所以当我开始写作,我首先指向的,必然是我所熟悉的这个人群和他们的生存状态。"①关注城市人的生活的作品还有张宇《软弱》,杨东明的系列小说《情感动物》、"性爱思辨"系列等。墨白的长篇小说《欲望》,奚同发的中短篇小说集《雀儿问答》,陈宏伟的《三角形的秘密》等,孙瑜的女性情感状态小说,王小朋的《落子》等,都提供了观看城市的不同视角和方法,以及城市青年的人生问题。通过不同侧面对当下社会城市人的生活的观照,也反映出更多描写城市的作家逐渐成为文学的主力军,带来创作勃兴期。可以说,伴随着中国社会城市化的快速发展,与此回应的是文学上越来越多的作者在作品中展示着城市的生活经验和生活状态。

南飞雁结集《天蝎》出版的"我的七厅八处"系列颇为引人

---

① 张翼、李清源:《文学的责任》,http://blog.sina.com.cn/s/blog_9a2c08560102wvl1.html。

注目。南飞雁的创作一直处于"非标签化"写作,没有挥之不去的青春书写与儿时记忆,也没有尝试强行寻找历史,而是直接逼近同龄人的现实人生。早在 2009 年,写官场生活的《红酒》(《十月》第一期)、《暧昧》(《北京文学·中篇小说月报》第十期),发表之时甚至有人惊讶于"80 后"怎么还能写官场小说,为他的笔锋老到,能够摆脱自身经验、体味他人生活的细腻感觉暗暗吃惊。但时过境迁,有了更为扎实的《天蝎》《皮婚》,会发现他之前的写作还有不尽人意之处,如《暧昧》中女性形象的弱化,徐佩蓉即便有着强大的政治背景和行为能力,但在爱情面前就像一只软弱地小小鸟,不问自身仕途,在聂于川的暧昧面前迷失自我,出主意、带孩子、做饭、孝敬老人,一味付出、不计回报,过分贤妻良母的姿态似乎让人寻到刘慧芳的些许味道。《红酒》中的简方平有着很好的职位(厅办主任)和精致的生活(如对红酒文化的精通),处理事物游刃有余,被钟厅长的女婿戏称为典型的"老奸巨猾",处处呈现出一个成功男人的完美形象,自觉游戏于各种恋爱和相亲场景中。故事尾声,正当他与小姑娘的爱情要水到渠成、有所斩获时,却横刀切入、意外出现一个笃信基督、不食人间烟火的准岳母形象,要求他以仕途换婚姻,一举扼杀了爱情。这些过于戏剧化的情节,以及准岳母说教式的语言会给作品一定程度带来失真的感觉。

此后,《天蝎》中有了很大突破,对内心世界的展开,细节的处理得当也使得作品可读性更强。行走"江湖"多年的竺方平在事业和人生的双重压力下,遇到丁婧蓉——一位气场强大的天蝎座女子。自己在她面前,如同"一条丧家犬",但也最终达成所愿。故事之环环相扣确实显现出作者的写作格局的扩大。到了《皮婚》,已然没有跌宕的情节,没有强烈的逆袭,没有曲折的故事,只有徐徐展开的日常,小人物脆弱的生活。这也让我们想起《一地鸡毛》中小林、小李,他们的理想被敲碎迅速进入现实,我们也跟随走入七零八碎的新写实人生。此后的现实叙述中,故事越来越悲情,人设越来越标签化。读来总会让人觉得这只不过是别人的生活,它可以是《小时代》中的纸醉金迷,也可以是底层叙述中的悲惨世界,却和我们普通人隔着玻璃罩般的模糊距离。因此,《皮婚》中看似平缓的叙述却能给我们带来心灵触动。没有突兀的悲情叙事,没有强烈的物质冲突,只是一些位置不高不低、年龄不上不上的普通男女的世俗人生。这也在"同代人"的"后青春"写作中显示出异质的力量,平添了几分烟火气。

不可忽视的是,城市文学也存在一些问题。如写作的同质化:过分强调城市的现代性,忽略历史性。写作写共通的事物多,写独具韵味的东西少。黄俊业将之总结为一种普遍的重复现象:"作家重复自己或互相重复。当读者翻开不同作家的作品,第一感觉是大多数作品似曾相识,从场景、主题、情节到人物都近于雷同。"①这主要是和我国城市发展过于同质化有关,可以说,中国城市在20世纪90年代以后经历了大拆大建,旧建筑几乎都被推倒,导致千城一面,辨识度低。这也影响了城市的多样性和丰富性,而表现在文学作品中亦是如此。作家只能在想象中寻找历史余脉,进行建构,如贾平凹《废都》中的西安,王安忆《长恨歌》中的上海等。尤其是《长恨歌》,被认为是抽空了历史和政治,才完成海派文化的历史接续。也有学者认为是和作家枯竭的城市想象有关,"和活生生的中国城市比较起来,文学想象的中国城市沦为种种观念覆盖着的'看不见的城市'"②。

与之同时,全球化的荡涤也影响了城市的个性,据《解放日报》(2010年3月23日)记载,"从淮海路283号香港广场的天桥望下去,前后左右,路易·威登(LV)、蒂芙尼(Tiffany)、杰尼亚(Zegna)、蔻驰(Coach)……这些世界顶级品牌的标志,占据了视野的大半,它们都将在世博前,于淮海路的东段毗邻开出直属专卖店。……毕竟是淮海路,尽管沪上商业圈后起之秀众多,但这里仍是全上海公认的最美丽、最摩登、最有'腔

---

① 黄俊业:《当下城市文学发展面临的困境及出路》,载《当代文坛》2004年第1期。
② 何平:《何为"我城",如何"文学"》,载《探索与争鸣》2011年第4期。

调'和情调的一条街"。① 而每一座城市的城市景象、现代化中心似乎都与这些世界品牌有关。种种同质化导致城市特色尽失,地方风味不能很好地呈现。表现在河南的城市文学创作中亦是如此。

  同时,对于城市文学创作的研究没有跟进,评论界仍注重从文学的乡土性入手,对当下文学现状和新兴力量没有很好地跟进和阐释,这也导致了河南城市文学的创作解读跟不上,仍被视为以乡土为中心的中原写作,而忽略了文学的更多面向。相较而言,视觉文化反而更为与时俱进,2018年,河南省文化厅由外交部面向全球推介的八分钟纪录片,就将古老的历史遗迹、文化记忆,与新兴的城市交通网络联系一起,展示了河南既古老又具有现代魅力的新型城市形象。相对于视觉文化的直接性与现场感,文学中的呈现更期待研究者去发现和研究。

---

 ① 尤莼洁:《高雅淮海路,即将"点燃"》,载《解放日报》2010年3月23日。

第二章
乡土的强音:城市作为被压抑的写作形态

自第一次文代会(中华全国文学艺术工作者代表大会)确立了当代文学为工农兵服务的总方向之后,乡土叙事就成为中国文学的主流。可以说,从赵树理作为中国新文学的总方向起,"革命文学一直在努力为人民群众喜闻乐见方面疲于应付,传统中国在精神上和文化上成为社会主义革命的对象,但在审美趣味上奇怪地成为革命文学梦寐以求的归宿,这意味着代表现代文明的城市在审美趣味上将要忍受被排斥的命运。'城市'在文化上和审美表达上就奇怪地变成一个被遗忘的角落,一个要被驱逐的幽灵"①。从《小二黑结婚》写普通百姓生活与婚姻法新政结合起来的作品,到描写波澜壮阔的社会主义运动的《太阳照在桑乾河上》《暴风骤雨》《不能走那条

---

① 陈晓明:《城市文学:无法现身的"他者"》,载《文艺研究》2006年第1期。

路》,再到承担阶级斗争任务的《千万不能忘记》《霓虹灯下的哨兵》,可以说,城市日益成为被妖魔化的他者,以及阶级斗争的对象。而对于20世纪被灾害、战争、运动裹挟的河南来说,文化生态更为凋敝,城市文学也被压抑在乡土的重音之下。

一、方向与改造

毛泽东《在延安文艺座谈会的讲话》《第一次文代会讲话》确立了延安文艺的方向为新中国文艺的方向,文艺为大众服务、为工农兵服务的总方针,以及乡土写作范式的确立。在文学史家藤井省三看来,这一文化生态的崛起伊始就带有乡土性及排城市文化色彩。在当时接纳了许多来自上海、北京的新女性及重庆、桂林、昆明等国统区文人的延安只是一个"超级村庄"。"奔赴延安的数千城市青年们,即使想表达知识阶层的使命和诉求也没有借以表达的媒体,说到底,是因为这里不存在清末以后知识阶层赖以生存的根基——都市。在'超级村庄'里,知识阶层一无所用,要想得到工作以确保衣食,除了从延安到广大的解放区去从事共产党的宣传工作以外别无他途。""'超级村庄'式的城市体制已经逐渐蔓延到共产党所领导的全国其他地区,甚至包括北京和上海,随即也造成了文学的式微。"此后,丁玲《太阳照在桑乾河上》、周立波《暴风骤雨》都是为了配合土改运动而创作。

第一次文代会,更是国统区作家的集体失落。期间,丁玲作为一位"如何实现工农兵化"的典型人物被重点加以推介。大会首先安排了丁玲作《从群众中来,到群众中去》的专题发言。她信心十足地大谈了国统区作家普遍感到头疼与焦虑的"工农兵化"问题:"那末有些什么问题存在于我们开始和群众结合的问题上呢?我临时想到,有这样几个问题:一、做客人还是和群众一同做主人。……二、当先生还是当学生。……三、为写作还是为把工作做好。……这些问题如果解决得适当,解决得好,一个人的生活习惯,喜恶爱憎,自自然然就起了变化。和群众的关系也就很自然地从有距离到一体,从表面的客气到知心朋友,你就会感到你从前所爱的群众,是很抽象的,你从前所说爱他们是假话,至少是不够真实的话,因为你都不认识他们,不了解他们,如何能说真真地爱呢?这时你才感到你真真的爱上了他们,他们的一呼一吸都会震动你,你会不断地想他们,你会感到你必须多给他们一些东西,你会感到他们是你精神上的支持者,鼓励者;而这些人又不只是一个人,是这个大娘,或者是那一个大伯,而是一群人,是一个整体。"①可以说,作家成为学生的思想转变,丁玲作为一位在国

---

① 丁玲:《从群众中来,到群众中去》,载《中华全国文学艺术工作者代表大会纪念文集》,新华书店,1950,第175—176页。

统区和解放区都有相当影响的作家,又在延安完成思想改造,而通过这一典型的塑造,来完成对整体新文学和作家们的思想改造。

此外,"第一次文代会上被作为心理转换的资源来挖掘的延安作家,还有陈学昭、草明、康濯、孔厥等多人,他们分别作了《关于写作思想的转变》《工人给我的启示》《在学习的路上》《下乡和创作》等交流性发言。这种集体性的关于写作思想转化的阐发并不是偶然的,它说明延安文人心态作为新文学体制心理生成的一种资源,已被当时中国共产党高层的意识形态部门所深刻领悟。"①

与之同时,一些资产阶级文人被第一次文代会排除在外。如被判定为"一直是有意识的作为反动派而活动着"的文人沈从文;不驯于《讲话》精神,动辄"鲁迅是我父亲,毛泽东只是我的大哥"②的萧军等都被绝缘于文代会。以至于对"革命"无多大直接贡献的民主人士巴金在会上说,"参加这个大会,我不是来发言的,我是来学习的"。民间旧艺人梅兰芳自言:"这次在会中听到各位先生的高论,更感觉到我们所演的戏剧的

---

① 斯炎伟:《全国第一次文代会与十七年文学体制心理的生成》,载《文艺理论研究》2006年第4期。
② 肖云儒、高杰:《延安文艺座谈会写真》(之三),载《陕西日报》1992年7月2日。

内容有进一步改革的必要。"①曹禺的发言更是谦逊:"向解放区诚恳的敬意,他们的胸襟开朗,没有个人存在(即包袱)。正直,谦虚。在人民中作学生的人又成为人民的老师,我们要有此改造的经验。"②有留法经历的陈学昭尽管在延安工作多年,但仍然对自己的西方文学背景有清醒的负罪感,其发言同样是一种洗心革面的政治表态:"我感到我有了很好的改造,我觉得向工农兵学习中来改造的,继续清算西欧文学给我的影响,做人民的勤务员,为毛主席的好学生。"

在毛泽东《讲话》影响下实践起来的解放区"工农兵文学"的绝对肯定与推崇,使前来会师的解放区作家与国统区作家失去了同等对话的平台与可能。"毛主席的《文艺座谈会讲话》规定了新中国的文艺的方向,解放区文艺工作者自觉地坚决地实践了这个方向,并以自己的全部经验证明了这个方向的完全正确,深信除此之外再没有第二个方向了,如果有,那就是错误的方向。"③会议期间安排演出的文艺节目中,表现工农兵的同样占据了绝大多数。如演出的55个戏剧节目中,

---

① 梅兰芳:《我们所演的戏剧有进一步改革的必要》,载《中华全国文学艺术工作者代表大会纪念文集》,新华书店,1950,第391页。
② 徐盈:《采访第一届全国文代会手记》(下),载《档案与史学》2000年第2期。
③ 周扬:《新的人民的文艺》,载《中华全国文学艺术工作者代表大会纪念文集》,新华书店,1950,第70页。

表现工人的9个,表现农民的19个,表现军队的13个,表现学生的1个,表现市民的1个,暴露国民党统治区黑暗的3个,旧剧9个。①

学者王彬彬通过分析了延安版本的《讲话》与收入《毛选》的《讲话》对文艺服务对象的改动。如延安版本中,来解读对于小资产阶级的不同定位。

我们的文艺,应该为着上面说的四种人。在这四种人里面,工农兵又是主要的,小资产阶级人数较少,革命坚决性较小,也比工农兵较有文化教养。所以我们的文艺,第一是为工农兵,第二才是为着小资产阶级。在这里,不应该把小资产阶级提到第一位,把工农兵降到第二位。而我们现在有一部分同志的问题,他们对于文艺是为什么人的问题不能正确解决的关键,正在这里……

而编入《毛选》时,则改动为:

我们的文艺,应该为着上面说的四种人。我们要为这四种人服务,就必须站在无产阶级的立场上,而不能站在小资产阶级的立场上。在今天,坚持个人主义的小资产阶级立场的作家是不可能真正地为革命的工农兵群众服务的,他们的兴趣,主要是放在少数小资产阶级知识分子上面。而我们现在

---

① 《戏剧演出节目》,载《中华全国文学艺术工作者代表大会纪念文集》,新华书店,1950,第595页。

有一部分同志对于文艺为什么人的问题不能正确解决的关键,正在这里……

这是基于不同时期对小资产阶级身份不同的需要的认知,小资产阶级属于人民大众,但不属于工农兵阵营,在建国后也逐渐成为被放逐和改造的对象。按照李陀的理解,"'工农兵文艺'最根本的东西是什么?它跟'大众文艺'的不同之处就是'大众文艺'是'为大众写',而'工农兵文艺'的特点是你光为大众写还不行,作者必须自己改造自己,把自己的立场转移到大众上来。这是'工农兵文艺'的特点。"①

与"工农兵文艺"对乡土文化推崇相关的,则是对城市生活范式的警惕。1950年,发表于《人民文学》第1期的《我们夫妇之间》,先是获得好评、转载,并被拍成电影,但很快因为对农民出身妻子的种种负面的描述遭遇迅猛的批评。而《千万不能忘记》和《霓虹灯下的哨兵》更是担负起两条路线斗争的重任。据丛深回忆《千万不能忘记》创作历程:在1962年10月党的八届十中全会公报②发表以后,使我进一步具体认识到"千百万人的习惯势力、小业主的'日常的、破碎的、看不晃

---

① 唐小兵编:《再解读:大众文艺与意识形态》(增订版),北京大学出版社,2007,第258页。

② 1962年9月,毛泽东在党的八届十中全会上,重提阶级斗争理论,并明确指出:在社会主义历史阶段中,"存在着无产阶级和资产阶级之间的阶级斗争,存在着社会主义和资本主义这两条道路的斗争"。

摸不着的腐化活动','小资产阶级的自发势力从各方面来包围无产阶级,浸染无产阶级,腐化无产阶级'等生活现象,这就是从社会主义过渡到共产主义时期的阶级斗争"。党的八届十中全会公报照亮了我正在酝酿着的剧本的主题。"被推翻的反动抗治阶极不甘心于灭亡,他们总是企图复辟。同时,社会上还存在着资产阶级的影响和旧社会的习惯势力,存在着一部分小生产者的自发的资本主义倾向'。我豁然开朗起来。原来我想写的正是这后一种阶级斗争。""这种阶级斗争是错综复杂的、曲折的、时起时伏的,有时甚至是很激烈的。"我试着联系自己在生活里碰到的实际问题来学习这一理论,愈联系愈感到这种阶级斗争的确是"错综复杂"的。"我决定通过描写一场无产阶级思想和资产阶级的争夺战,来歌颂无产阶级思想,批判无产阶级思想。"

《霓虹灯下的哨兵》更是根据"南京路上好八连"故事改编。在影片的名字中,将"霓虹灯"与"哨兵"并列起来,就已经暗示出故事两极之间的矛盾与对立。霓虹灯是城市浮华与罪恶的象征。影片《神女》中,霓虹灯就在阴沉的都市夜景里闪烁着冰冷的光芒。此后在《都市风光》《马路天使》等一系列城市电影中,霓虹灯无一不"射出火一样和青磷似的绿焰"[①]。

---

① 茅盾:《子夜》,人民文学出版社,1960,第1页。

"它如钢筋一样支撑起了都市夜晚的公共情色与奢华的物质消费系统,与汽车、洋房、沙发、香水、高跟鞋等等都成为现代性的物质象征。"①两个剧目都受到领导层乃至最高领导人的高度评价,迅速推向全国。阶级斗争重提论,以及城市符号作为负面形象再次确立,并逐渐退出当代主流文坛叙事。

二、现代河南的文化生态

20世纪以来,河南一直属于农业区、重灾区、战乱区。根据鲁枢元先生的分析,"中原在历史上经常是东、西、南、北征战攻掠的对象,所谓兵家必争之地。中原大地又多半无险可守,交战双方你进我退,你来我往,犬牙交错,拉锯不已,中原百姓不得不在夹缝之中求生存,日积月累便形成一种基于自我防卫的文化心态:内心封闭,消极竞争,随风摇摆,违心应变。但在这种瞬息万变、反复无常的严酷斗争环境,又锤炼出一批又一批机权多变、折冲樽俎、运筹帷幄、纵横捭阖的'政治精英'……在这块土地上,一种'权力文化'显得特别兴盛。"②

与动荡的政治环境相对应的则是日益凋敝的文化空间,

---

① 聂伟:《〈霓虹灯下的哨兵〉:战争意识形态笼罩下的城市感性》,载《当代电影》2005年第6期。

② 鲁枢元:《生态文艺学》,陕西人民教育出版社,2000,第329—330页。

20世纪40年代,整个国家处于站着外侵、内乱之中,并且连续遭受各种灾害的侵袭。开封曾出现过短暂的"文艺复兴",一些流浪在外的河南籍作家如师陀、于赓虞、姚雪垠纷纷返回开封,甚至诗人牛汉夫妇也来到开封《正义报》任编辑。但伴随着战争爆发,1937年,17岁的魏巍离开郑州,到山西参加革命;1938年,刘知侠离开家乡到延安抗日军政大学学习;1938年,李季离开唐河到抗大陕西洛川分校学习。人才的出走和流失也使得河南的文化环境日益恶化。刘增杰先生在《风雨五十年——20世纪上半叶的河南文学》中曾悲叹这一时期的"作家创作,大多俯首听命,严格服从舆论一律。个别勇敢者在艺术上独辟蹊径,往往预后不佳,轻则受斥,重则受到殃及生计的严厉惩戒。终至创作灵气飞逝,心态上的得过且过制造出的是大量缺乏棱角的平庸之作。"①

与文化生态凋敝相对应的更是一幕幕触目惊心的历史惨剧。刘震云的长篇小说《温故一九四二》,回顾了1942年河南大饥荒历史的惨痛,被其称为"唯一的非虚构作品"。作者的故乡延津县是当时旱灾、蝗灾最严重的县份之一。据史料记载,"1942年夏到1943年春,河南发生大旱灾,景象令人触目惊心。全省夏秋两季大部绝收。大旱之后,又遇蝗灾。"灾民

---

① 刘增杰:《风雨五十年——20世纪上半叶的河南文学》,载《精神中原——20世纪河南文学》,河南大学出版社,2002,第35页。

五百万,占全省人口的20%。'水旱蝗汤',袭击全省一百一十个县。"①"灾民吃草根树皮,饿殍遍野。妇女售价累跌至过去的十分之一,壮丁售价也跌了三分之一。寥寥中原,赤地千里,河南饿死三百万人之多。"

为写这部作品,作者采访了历史灾难的亲历者,姥娘、花爪舅舅、地主分子范克俭、郭有运、韩委员、蔡婆婆等人,试图通过这些亲历者的讲述来发掘历史真相。他们却语焉不详,甚至连年份也记不清了。"我"说:"姥娘,50年前,大旱,饿死许多人!"姥娘:"饿死人的年头多得很,到底指的哪一年?"花爪舅舅被作者追问饿死人的细节时,愤怒地说:"人家都饿死了,你还要细节!"于是,作者寻找当年的历史资料来还原。

包括《大公报》驻河南战地记者张高峰1943年2月报道的《豫灾实录》,记录了灾难的蔓延,以及人们的各种吃食,如树皮、稻草、干柴,等等。于是,三千万灾民只好出走,逃荒。《时代》周刊记者沿着灾民逃荒的反方向采访,记录了当时的情况。灾民逃荒的方式是扒火车和行走,许多人在扒火车时被摔死、轧死。后来人们开始卖儿卖女,甚至出现人吃人的情况。白修德还拍下了狗吃人的照片。而这些哀鸿遍野的问题在大事件面前被静默、有意忽略。

---

① 刘震云:《温故一九四二》,长江文艺出版社,2012,第4页。

对于高层来说,"在东方饿死 300 万人不会影响历史"。对委员长来说,在中国的同盟国地位、对日战争、国民党内部派系斗争这些宏大事物面前,百姓又算得了什么呢?与之同时,历史上还发生着这样一些事:"宋庆龄访美、甘地绝食、斯大林格勒大血战、丘吉尔感冒。"即使如"丘吉尔感冒"这样的事业被载入史册,而"我"的家乡河南饿死 300 万这样的事情却被历史遗忘。这就注定这场灾难既是天灾,更是人祸,从 1940 年开始歉收的情况下依然征收重负补给军队,在 1942 年旱灾导致颗粒无收的情况下,所谓的救灾只是摆摆样子,整个救灾过程就是一场闹剧。"闹剧的承受者仍是灾民,省政府官员仍能摆出丰盛的菜肴招待白修德和福尔曼。"①

新中国成立后的"信阳事件"同样是历史的惨痛教训。那时,河南省的整个国民经济与人民生活都遇到严重困难。农业大步倒退,农业产品大幅度减产。1960 年粮食产量比 1951 年还少 16.5 亿斤。其他如油料、棉花、生猪和轻工业品也都是下降的。全年全省人民群众的猪肉消费量人均居然才有 0.15 公斤。人口出生率由 1957 年的 35‰,下降到 14‰;人口死亡率由 1957 年的 11.80‰上升到 39.6‰,当年全省人口比上一年减少了 161 万人。中南局第一书记陶铸伯伯深入信

---

① 王笑红:《温故一九四二:我们都是灾民的后代》,载《检察风云》2012 年第 6 期。

阳、豫东等地调查研究,征求意见。他看见广大群众因为没有饭吃而身患浮肿病,又是难过、又是生气地说:"河南的领导干部,就是怕资本主义。"根据《统计提要1960》的数据,河南省1960年人口比1958年减少125万(从4970万下降到4845万),根据《统计提要1963》的数据,河南省1960年人口比1958年也正好减少125万(从4943万下降到4818万)。① 据载,李先念看到信阳地区光山县人人戴孝、户户哭声的惨状后,对中南局的第二"信阳事件"后刘建勋在河南书记王任重说:"西路军失败惨得很,我没有流泪,到光山看到这种情况流了泪。是痛心哪!"②

新时期之初,河南作家张一弓的短篇小说《犯人李铜钟的故事》,就是根据"信阳事件"而写。当时冒了很大风险发表,并在一系列波折之后荣获全国优秀短篇小说奖。故事发生在"大跃进"时期的李家寨,490多口人已经完全断粮了,村里的榆树皮已经被剥光吃尽了。李铜钟打开储备粮库,救了村人的姓名,却触犯了法律,成为"犯人"。故事突破极左叙事的话语界限,写出"十七年"在"左倾"思潮下的民生疾苦,被认为是开创了反思文学的先河。朱寨在1984年出版《中国新文艺大

---

① 李若建:《1957—1963年河南省人口统计数据考》,载《南方人口》2016年第6期。
② 信阳地区党史办撰《"信阳"事件始末》,载中共河南省委党史研究室编《河南"大跃进"运动》,中共党史出版社,2006,第459页。

系·理论二集》中转引了评论家阎纲的论点,《犯人李铜钟的故事》作者的题材已进入长期讳莫如深的禁区和令人却步的危险地带。在疑虑和冷落中,我们的文学评论工作者拍案而起,仗义执言,首先从法律与道义、组织服从与临时应变、动公仓与救民于悬命、英雄与罪犯等一切可以受攻击的矛盾之点上布阵迎战。论证严密,步步深入,以雄辩的逻辑论证了李铜钟不是"犯人"而是"英雄"。评论援引马克思关于普罗米修斯的评论运用于李铜钟,证明李铜钟是属于马克思称颂的"高尚的圣者和殉道者",赋予李铜钟这一崇高形象以马克思主义的盔甲。① 这也是作者基于记者的良知和对惨痛历史教训的深刻反思。

三、《不能走那条路》

河南作家李准《不能走那条路》是新中国成立后河南作家中较早引起全国轰动的作品之一。李准原名李铁生,1928年7月4日出生于河南省洛阳县麻屯镇下屯村(今属洛阳市孟津县)一个乡村教师兼小地主家庭里。他6岁到离家半里路的麻屯小学读书时,始用李准为学名。小学期间,阅读了《三

---

① 阎纲:《张一弓和〈犯人李铜钟的故事〉》,载《炎黄春秋》2016年第6期。

字经》《弟子规》《朱子家训》等启蒙书。1940年小学毕业后,他考入洛阳县常袋镇达德中学读书,但只读完了初中一年级,即因1942年河南大旱,家境贫困而辍学,并随河南逃荒难民颠沛流离来到西安,饱尝了人世的艰辛,认识了社会的黑暗。他在此过了近半年的流浪生活后,于当年秋季返回故乡。因无学可上,只好在家里由祖父辅导,自学了《史记》《古文观止》《乐府诗选》《古唐诗合解》《古文辞类纂》《西厢记》和《随园诗话》等古书,打下了深厚的古典文学基础。1943年,因生活所迫,李准被送到洛阳车站恒源盐栈当学徒。期间,他受到师兄李宝才的影响,经常到洛阳"聋子书店"租书读,有幸接触了托尔斯泰、屠格涅夫、巴尔扎克、狄更斯、鲁迅、茅盾、巴金等中外著名作家的作品,大大开阔了艺术视野,使李准对文学产生了更加浓厚的兴趣和爱好。1945年,李准进入麻屯镇邮政代办所当邮递员,在送报递信之余,他始终坚持刻苦自学。凡他经手发送的报刊,都要仔细阅读一遍,平均每天要读五六份报纸,每月要读两三份杂志,从而进一步扩大了视野,提高了认识,并通过这个渠道广泛接触、了解了社会上各个阶层的人物和生活。他经常代替镇上目不识丁的农民写信,因而熟知几百个农民家庭,也熟悉村镇上各个职业、身份的人,理发的、卖豆腐的、更夫、屠户、吹鼓手、算命先生等都与他相熟。他曾告诉友人:"我没进过高等学校,社会生活就是我的大学。"他所熟悉的三教九流、五行八作各色人等,都成了后来他作品中栩栩如生的人物形象。①

1953年11月20日,李准的第一篇小说《不能走那条路》在《河南日报》发表,因为尖锐地触及了农村社会主义革命的问题,引发了广泛的社会影响。1954年1月26日《城市日报》全文转载了这篇小说,并加了编者按:"这篇小说,真实、生动地描写了农村中社会主义思想对农民自发倾向进行斗争的胜利。这是近年来表现农村生活的比较好的短篇小说之一。"1954年3月27日,中共中央中南局专门下发《关于转载李准写的小说的通知》。《通知》要求"分局和省(市)报纸都要转载,要按照《人民日报》稿刊登,并根据《人民日报》按语的精神撰写按语,号召农村干部、知识分子学习这篇小说,若可能可以编成地方演唱材料供农村剧团采用"。正是在此背景下,《不能走那条路》先后被全国各地38家报刊全文转载。李准因此而一举成名,于1955年调入河南省文联,开始从事专业文艺创作,并当选为河南省第一届人大代表。

同年4月,《不能走那条路》被河南人民出版社再版,通俗读物出版社同时出版单行本,至1959年先后印行4次。该小说还先后被改编成电影、话剧、梆子、坠子、闽剧、豫剧、眉户

---

① 熊坤静:《短篇小说〈不能走那条路〉创作的前前后后》,载《党史博采》2014年第12期。

剧、话剧、连环画等多种文艺形式。仅从1954年4月到1955年7月,该小说就相继被上海新美术出版社、大众美术出版社、河南人民出版社和朝花美术出版社改编成多个不同版本的连环画出版发行,其中上海新美术出版社初版即印行2.2万册,引起广泛的社会影响,被认为是新中国成立以来第一部反映社会主义农村两种思想、两条路线斗争的小说。之后赵树理《三里湾》、柳青《创业史》都被认为受到《不能走那条路》的影响。

《不能走那条路》的轰动和巨大影响力来自对方向和政策理解的准确性。毛泽东一直对农村阶层分化抱有警惕,在《关于农业合作化简题》的报告中,对这一情况作了如下的描述:"在最近几年中间,农村中的资本主义自发势力一天天地在发展,新富农已经到处出现,许多富裕中农力求把自己变为富农。许多贫农,则因为生产资料不足,仍然处于贫困地位,有些人欠了债,有些人出卖土地,或者出租土地。这种情况如果让它发展下去,农村中向两极分化的现象必然一天天地严重起来。"而李准对这一政策的正确把握使得作品旗帜鲜明地指出不能走资产阶级的道路。

故事从张栓因劳动能力弱,要卖掉土改时分给自家的良田开始讲述,老定是老把式,也受旧思想影响,想做"置业手",就谋划想买地,给儿孙们置办家业。但大儿子东山是党员,不同意父亲买地,父子发生冲突。东山就给父亲做思想工作:"爹!过去地主是只恨穷人穷不到底,现在大家是互相帮助。你吃过那苦头,你知道那滋味,咱不能走地主走的那一条路。"后来,在大家的帮助下,张栓摆脱了生活困境。老定也受到感染,主动借给张栓三十万元钱。"说罢后,就一直朝东一步一步地迎着太阳走去。"

潘旭澜指出"李准经常具有对于一个革命作家非常重要的政治敏感。他比较长期地深入农村,熟悉他们,了解他们,对自己要求也比较严格,并努力根据毛泽东思想和党在各个时期的方针政策来观察生活、认识生活,以阶级斗争的观点来看待各种各样的生活现象,逐渐形成了这种政治敏感,使作家有可能看到现实生活中新出现的、还未引起人们广泛注意的具有重大意义的矛盾冲突,有可能从一些看上去似乎很平常的事件把握生活中新的变化,反映和提出现实生活中新的问题。"①

从《不能走那条路》之后,全国就开始了轰轰烈烈的农业合作化运动,并持续数十年。这些历史新篇章在《创业史》《三里湾》《山乡巨变》《艳阳天》《我的第一个上级》《李双双小传》《新结识的伙伴》《套不住的手》《实干家潘永福》《沙滩上》《"老

---

① 潘旭澜:《谈李准的小说》,载《文学评论》1964年第5期。

坚决"外传》《赖大嫂》《金光大道》等都得以反复呈现。作品充分反映了那一时期的社会变革,也营造了大批的"政治超人"和"社会主义新人"。但在新时期之后作家的笔下,又成为令人反思的历史悲剧。毕竟,在历史上造成社会停滞、生产力低下、农村日益贫困,饥饿的阴影也成为数代人挥之不去的记忆。自然,《不能走那条路》在新时期也面临着时代的诘难。20世纪80年代初,李准在云南坦然回应:"对互助合作怎么评价是政治家的事,是历史学家的事,我是作家,只能以艺术的良知说话。"在他看来,"艺术良知应该体现在反映龙腾虎跃的生活,倾诉人们大众的呼声。无论过去、现在和将来,无论社会如何变化发展,我始终认为中国人民决不能再走人剥削人、人吃人的路,不能走富一家穷千家的路!无论文学家还是艺术家,不能走精神贵族的路。脱离生活的路不能走,也走不通!"①他说:"作家要独立思考。'文化革命'付出这么大代价,得到的教训就是三个字,不信神,这是最大的收获。""我已经五十多岁了,反复了多少次,流了多少眼泪,赔进去了多少感情,挨了多少打,才换来了'不惑'二字。"他的这个经验是来自痛苦的体验。他说:"五十年代我们都是正统思想,上级说啥就写啥,什么小脚女人、黑社,回头看看真惭愧,把自己宝贵

---

① 曾镇南:《现代文学馆里的沉思》,载《光明日报》2000年9月28日。

的精力浪费在那最无价值的描写上,太可惜了。""这些问题,确实使我心里难受,许多年的大好光阴失去了。我们不是要算谁的账,但要总结总结。"①

基于此,李准提出"运动文学"的问题,"根据我们国家三十年来的规律,作品都是鱼群似的产生,土改时一批,宣传婚姻法一批,抗美援朝一批,合作化一批,像黄花鱼群一样,一来一批。说明有探索者,先知先觉者,有闯将,其他人受到了启发,就出现了一批。"李准不是要否定这种规律的合理性,他还是认为,"只要你路线是正确的,是革命的,你的东西就是不朽的。……把有些真实情况记录下来就会富有时代感,人物就出来了。"②

由此看来,无论是张一弓"生活的记录",还是李准社会真实的记录员,新中国成立后文艺符合特定时期的需要,符合政治斗争的需要,符合革命的需要,这和作家的选择没有多大关系。毕竟,在那样动荡的环境下,能出现并大放异彩的只能是极端革命的文学样式。在这样的环境下,文学作品少之又少。据张东旭博士论文统计,1951—1977年,河南仅有18部长篇小说问世,这也说明文学作品的整体凋零。

---

① 孙荪:《转变时期的李准》,载《郑州大学学报》(哲学社会科学版)1983年第3期。
② 同上。

四、李准的传统

20世纪50年代,李准的《不能走那条路》《李双双小传》引发了全国性的轰动。李准在回顾自己的创作缘起时讲:

> 1953年秋天,中央发布了过渡时期总路线,初步提出了农民需要进行社会主义教育和改造。这在认识上比之土改时对农民的认识,提高了一大步。也就是说农民不单是诉苦会的"苦主",农民有两面性:有勤劳朴实的一面,还有自发走资本主义的一面。同时提出农民经济是"十字路口"的经济。可以走向社会主义,也可以走向资本主义,而且走资本主义道路,是习惯熟路。我当时对研究农民阶级的特性非常有兴趣,对《学习》杂志上的辩论,每期必读。因为有这些认识,再加上我的族兄家中发生的一些事情,我就写成了小说《不能走那条路》。①

这也说明李准的写作特点:紧跟政策。其作品更多属于意识形态层面的写作,但我们也不能忽略作者的真诚,他也是基于真诚的信仰,以及自身"真实的社会记录员"身份认同。但由于特殊时期的国情,也影响了作品的艺术性,备受欢迎的

---

① 李准:《敲开文学殿堂的大门》,载全国政协文史资料研究委员会编《撞击艺术之门:文学艺术大师回忆录》,中国文史出版社,2016,第99页。

《李双双小传》亦是如此。这部短篇小说发表于 1960 年《人民文学》3 月号,塑造了李双双这一社会主义新人形象。李双双是个赤贫农户,新中国成立前没少挨丈夫的打。她还也是个没有名字的人,对于街坊邻居来说,她是"喜旺家"或"喜旺媳妇";对于年轻人来说,她是"喜旺嫂子";对于丈夫来说,她是"俺那个屋里人"和"俺小菊她妈"。直到"大跃进",她贴了一张大字报,才把自己的名字跃到全公社,跃到现报、省报上。在这张大字报上,她呼吁办食堂,实现"跃进"计划,并主动帮助村里的食堂办起来。她还主动帮助丈夫改造旧思想:

> 你怎么老摆你那个"北山白木店",我就不想听。那是旧社会,那时候你在哪里是挨打受气,你做的东西再好吃,是给那些地主恶霸坏蛋们做的,咱自己家里吃的什么!端起碗来照得见人影,糠窝窝都捏不起来,过个年也没见过一个白馍。如今这食堂虽是家常饭,可都是为咱自己劳动人民干的。你也不要吹你那个,我想着咱要能这样"跃进",将来粮食大丰收了,猪喂的多了,鱼养的多了,总有一天,非超过你们那馆子饭不行。

李双双的形象格外绚丽多彩,作为女性形象的泼辣、敢作敢为、有能耐等性格特征一改旧中国女性的弱势身份,成为当代文坛上一个熠熠生辉的人物形象。但我们也不能忽略作品的主线,李双双是伴随着三面红旗运动成长起来的社会主新女性形象,她代表着新兴力量,并承担着对喜旺所代表的旧思想的改造任务。喜旺的人生哲学是"我若犯人,人必犯我",稳妥之计,是"洁身自好,以和为贵"。而在李双双看来,这类人物是"尿泡尿也得看看皇历,掉个灰星儿也怕把头上砸个疙瘩"。喜旺自己怕得罪人,自然也害怕自己的妻子去得罪人,这是普通农民的生存哲学。也正因为此,才与天不怕、地不怕,一心求进步的李双双发生一连串的冲突。作为河南作家,李准的语言鲜活有趣,富有生活气息,比如围绕李双双名称的变化,再如喜旺对李双双态度转变的心路历程。同时,方言的使用也使得这部作品更多地方韵味。李准的写作风格作为一种文学传统深深地影响了新中国的文学创作及河南文学的写作方向。

"文革"时期,李准也遭遇逆境。新时期之初,他以黄泛区的家族命运为主题的长篇小说《黄河东流去》,荣获茅盾文学奖。这一时期的写作,李准试图从大历史中寻找中国小说的写法。故事设置在20世纪30年代抗日期间,日军入侵中原,国民党部队溃败南逃,扒开黄河花园口大堤,试图"以水代兵"遏制日军,却给人民带来极大灾难,造成河南、江苏、安徽三省四十四县的1000多万人口受灾,不能不背井离乡逃亡。作者就选取了七个家庭的逃散故事,写出人民在历史情境面前命运的坎坷,并寄寓深切的同情。在"开头的话"中,李准就谈到

"在这本小说的人物塑造上,我也作了一些探索。那就是'生活里是怎么样就怎么样'。'十年一觉扬州梦',我绝不再拔高或故意压低人物了。他们都是真实的人,他们每一个人身上,都还有缺点和传统习惯的烙印,但这不是我故意写的,因为生活中就是那样的。""这本书的名字叫《黄河东流去》。但她不是为逝去的岁月唱挽歌,她是想在时代的天平上,重新估全一下我们这个民族核以生存和延续的生命力量。"这部来源历史、还原生活的作品,也反映出李准写作的新变,他开始追求生活真实,一定程度上摆脱了以往革命现实主义的话语桎梏。

在李准的光芒映照下,河南文学在李准的文学传统道路上发展波折,也备受批评家诟病。在刘思谦教授的文学史写作中,就提出"1940—1970 年代的河南文学在中国文学史的位置最为暧昧难辨,随着时间的流逝,好像否定的声音越来越大于肯定的声音,虽然这是评论家对那一时代整体文学现象的共识,但是,说到河南作家和河南文学,则总觉得他们投机的感觉(这是中国文人最鄙视的行为),这一'投机'是指作家作品中对政治明显的亲和力和作品中过于'跟进'的痕迹。"但不能忽略的是,"新时期河南出现的本土作家在不同程度上都受到了李准、姚雪垠等人的直接影响。李准的民间情感和语言表达方式为新时期河南本土作家提供了直接的营养,如李佩甫、张宇等人的创作,在摆脱了政治束缚之后,对于民间的独立想象成为作品的最大亮点;而二月河则直言不讳地讲自己受姚雪垠的启发很大。前一代作家给我们提供一个可供参考、也可供批判的版本,有了他们,后来的作家就少了许多摸索的过程。"①

在一定程度上,李准对政策的关注、对民族性的探索,以及在写作中对民间资源的汲取,深刻地影响了之后的河南作家。张宇1979年11月发表在《长江文艺》上的《土地的主人》,当时《红旗》杂志给予的评价是"改革开放以来代表了农民对土地愿望的第一篇小说"。张宇成名后,有一次李准牵着他的手向文坛前辈介绍:"我告诉你们,这是我们洛阳人,我们那儿出作家。"他念念不忘的,还有李准跟他说的另一句话:"张宇,洛阳的语言、洛阳的风情是咱俩的宝呀,咱俩都靠这吃饭,不能丢啊。"②传统有它自身的优势,过多地沉溺于乡土写作、农村生活,以及乡土结构中固有的权力话语叙事,不能很好地捕捉新现实、新风向。这也使得河南文艺作品同质化的情况比较严重,这对作家写作的多方面拓展无疑成为一种局限。

2003年,在回答梁鸿"你认为河南的年轻作家主要存在

---

① 梁鸿:《从"外省"到"中心的边缘"——延安文艺思想与1940－1970年代的河南文学》,载《文艺争鸣》2007年第6期。

② 张宇:才子意气挥斥方遒,见:http://news.lyd.com.cn/system/2008/09/17/000509198.shtml。

的问题是什么?"阎连科也有这样的回答:"这很难说,我觉得他们几乎没什么问题。说实在,比我们这一代写得一点都不差,如果硬说哪里不理想的话,我觉得还是那种集体的探索、创新意识还不是太强。这不是说,每一个作家都必须去探索与创新,而是说一个作家应该有这么一个过程。经过这么一个过程,就是失败,完全不成功,你重新回到某种传统和写实上来,你对传统与写实的认识是会不一样的,会有一个认识上的飞跃。从整体来说,他们也在创新,但总是走不到别人的前边,总是跟在人后,这是很值得探讨的一个问题。为什么河南作家在这一点上除了离开河南本土的震云外,大家都没有别人迈的步子大,没有别人走得快?包括年轻的作家们,这很值得去研究。"①之后,随着河南"60后""70后""80后"等作家的崛起,因成长环境和生活环境的变化,他们的写作也更多地基于自身的经验,对于传统的吸收没有之前作家那样深刻、影响巨大,这也使得文学的多样化成为新的可能。

---

① 阎连科、梁鸿:《"中原突破"的陷阱——阎连科、梁鸿对话录》,载《小说评论》2003年第1期。

第三章
沉重的翅膀:进城故事中的众生命相

新时期伊始的文学史,也是一部进城故事史,这和社会结构的调整有着重要关系。随着新时期的到来,户籍制度的放开,人口流动的加快,以及国家开放程度的扩大,更多人有了进城的渴望与可能。在改革开放初期,因体制因素尚未完全消除,"城乡二元体制"规约着试图进城的乡下人,陈焕生式的"上城"故事和"高加林"式的乡村知识青年进城故事是20世纪80年代初期的两种主要进城模式。而在20世纪90年代以后,随着城市开放程度的深入,以及市场经济的全面放开,"进城"成为全国范围内数代人不懈努力的新方向。

一、城市作为一种镜像

乡村是自然而然发生的,城市则是随着人类文明的进程逐渐出现的新兴事物。城市的兴起是和乡村对立存在的。在我国,城乡二元结构自古就有,从宋朝算起,至今已有一千年以上的历史。"乡下人进城"作为一种小说叙述话语,伴随着中国现代转型的百年历程,从1894年韩邦庆的《海上花列传》肇始至今,已经纵越三个世纪历经百年,当下小说叙述中"乡下人进城"书写已成为"表面上亚主流、实际上主流"的表现方式。①

古代虽有尽管有城乡二元结构,却没有城乡二元体制。城乡二元体制是20世纪50年代后期起才建立的。1958年《中华人民共和国户口登记条例》的实施标志着中国特有的"城乡二元体制"的固化和形成。户籍分为城市户籍和农村户籍,城乡二元体制形成了,城乡也就被割裂开来了。从这时开始,城市和农村都成为封闭性的单位,生产要素的流动受到十分严格的限制。在城乡二元体制下,城市居民和农民的权利是不平等的,机会也是不平等的。在某种意义上,农民处于"二等公民"的位置。②

据社会学家厉以宁回忆:

1969年,北京大学教职员下放到江西南昌县鲤鱼洲农场

---

① 徐德明:《"乡下人进城"的文学叙述》,载《文学评论》2005年第1期。
② 厉以宁:《论城乡二元体制改革》,载《北京大学学报(哲学社会科学版)》2008年第2期。

劳动。我是第一批下放的,在鄱阳湖边的茅屋内一住就是两年。在这段时间内,我到过附近的农村,也看到时常有逃荒的农民到北大农场来讨饭。我见到的逃荒的农民都衣不蔽体。鄱阳湖边,冬天很冷,而这些农民却穿着单衣,光着脚穿着草鞋。我想,鄱阳湖畔本是鱼米之乡啊,建国已经20年了,农民为什么还如此穷困呢?这是一个沉思的年代,眼见耳闻,使我不禁想到,是不是我们的经济体制存在问题,否则怎么解释这些现象呢?在大学里书本上所学到的经济学理论为什么解释不了眼前看到的这一切呢?我的经济观点的转变,正是从这时开始的。①

在这一社会背景之下,"高考""户口""招工""公家人""商品粮"成为乡下人进城、改变命运的动力,这些词汇也带有典型的20世纪80年代特色。对于广大的乡村青年来说,进入体制之内,成为一名吃商品粮、拥有城市户口的公家人成为他们进城的目标和荣耀。如作家莫言曾回忆自己在部队提干之后一家人的狂喜心情,这就意味着自己能吃公家饭了,不用再回到农村劳动了。由此我们也可以发现"乡下人"和"城里人"分属两个世界,城市的"商品粮世界"因户籍而派生的粮食供给、副食品、燃料供给、生产资料供给、就业、医疗、养老保险、

---

① 厉以宁:《走向城乡一体化:建国60年城乡体制的变革》,载《北京大学学报(哲学社会科学版)》2009年第6期。

劳动保护等制度因素人为建构了一个"城乡二元结构"的壁垒，城市人比乡下人享有诸多的特殊待遇，在身份层面上"高人一等"，这一制度性因素导致的城乡差异也是这一时期乡村知识青年进城的主要动因。

张一弓20世纪80年代初的短篇小说《黑娃照相》颇具代表性。小说发表于1981年第7期的《上海文学》，荣获1981年全国优秀短篇小说奖。不同于路遥《人生》中高加林式的进城，小说中的黑娃去是"中岳庙会"。而作为临时搭建的"城"，这个庙会充满了城市的现代性因素：省城动物园运来的老虎，"中王爷"的"寝殿"里有着从洛阳运来的哈哈镜，几十个本县的供销门市部及省城、外县的百货商店的售货部，稠密的国营食堂，饮食"专业户"等，这些无疑建构起来了一个临时性的、消费性的"城"。

劳动致富的黑娃带着养兔子赚下的八元四角钞票，来赶庙会。他想买件漂亮衣服，能够像那些当上工人或是家里有人在外拿工资的小伙儿那样，"穿上红绒衣，罩上绿色军布衫儿，敞开领口，把红绒衣领子翻出来，露出闪光的拉链；再用牙齿把绿军帽的帽顶咬出个圆形的棱角，扣到头上，低低地拉下帽沿，活泼的目光在帽沿底下'梭梭'地闪动。于是，我们的黑娃也就具有了中岳嵩山之下一个翩翩少年，进入八十年代以来的典型风度,而且会赢得闺女们悄悄投来的含情脉脉的目光了"①。当他终于认准了一件小翻领、有拉链的红绒衣,却没有足够的钱买,也不舍得吃"三毛钱一碗的羊肉汤和六毛钱一碗的'坑人面'"。于是他选择花了"三块八照相",物质欲望无法满足之后转而追求一种精神上的满足。在黑娃看来,"难道只兴俺张黑娃辛辛苦苦喂养长毛兔,剪下一寸七的特级纤维,给你们外国人做那啥'开司米'的花毛衣,就不兴你们外国人为俺张黑娃服务一回吗?不中不中!你这美国造的照相机也得为俺中华人民共和国不大不小的社员张黑娃'咔嚓'一下,俺也得'美一回','美'定了!"②黑娃通过照相这一方式获得极大的精神满足,也在一定程度上说明乡下人对美好生活的向往和对现代事物的追求。

"相片"作为一个新兴事物是现代文明的载体和映射,这样的"城乡差异"及作为消费性的城的故事引入逐渐出现在新时期的文学作品中。如高晓声在谈及《陈奂生上城》时坦言,"《陈奂生上城》有我自己的生活经历在内:我恢复工作后,往常出差,住招待所……住一夜要付五、六元,七、八元不等。我想苏南农民劳动一天,通常只有七、八角收入,住一夜倒花掉农民近十天的工资,悬殊实在太大。人的价值为什么这么小?

---

① 张一弓:《黑娃照相》,载《上海文学》1981年第7期。
② 张一弓:《张一弓小说自选集》,河南文艺出版社,1998,第56页。

床的价值为什么这么大？普通干部和工人的工资也不过六、七十元一月，要三个人的工资合起来才抵得一张床呢！这种情形，农民不但不知道，告诉他们，他们都不信，反笑我说海话。"①此外，还有铁凝《啊，香雪》中对香雪有着强烈诱惑的、带着现代文明印迹的文具盒。《人生》中高加林深深为之吸引的代表美好事物和广阔天地的城市图书馆等都是如此。

《黑娃照相》中的相片也是文明事物的载体。"相片上的黑娃，是那样英俊、富有、容光焕发，庄重的仪态，嘲讽的眼神，动人的微笑，好像是为着某一项重大的外交使命，出现在某一个鸡尾酒会上似的。背景却是中岳庙的天中阁，红墙绿瓦、雕梁画栋、古色古香"。黑娃实现了从农村到城市的升腾，并在臆想中和美国通上了电话……相片捧在脸前打量着，他感到满足、激动。他想着，娘见了也会高兴，因为他给娘带回去的，是一个五颜六色的向往，一个黑娃"吃得穿得"的证明。按照拉康的镜像理论，"主体借以在幻觉中预想自己力量成熟的身体形式，这种身体形式是构成性的，人将自身外投于一个对象上，而这又包含将'我'与这个对象维系在一起的种种幻觉。""它使个体的形成进入历史生成过程之中，使'自我'能与社会

---

① 高晓声文学研究会编：《高晓声研究评论卷》，江苏文艺出版社，2014，第334页。

中的复杂文化境遇结合在一起。"①在照相、相片的动态过程中,黑娃完成自我的投射,实在从农村到城市的连接与飞跃。城市作为文明的载体,在种种"物"的消费和想象中,实现了对城市的向往与连接。

二、"城的灯"与决绝的进城者

李佩甫作为河南较早关注进城故事的写作者,自20世纪90年代起创作一批关于进城系列作品,有《金屋》《城市白皮书》《城的灯》等。在作者笔下,城市的力量开始凸显,进城者无比决绝。如《城市白皮书》中的新妈妈的进城故事:

> 她在县教育局的院子里找到了庞秋贵。找到庞秋贵的时候天已经黑下来了,在黑暗中她的一双大眼睛像灯一样亮着,她就凭着这一双大眼睛来到了庞秋贵的宿舍。这天夜里,她就住在了庞秋贵的单人宿舍里……于是她主动地当上了庞秋贵的妻子。她做妻子做了四年零七天,两年是非正式的,两年零七天是正式的。在她正式非正式地做庞秋贵的妻子的时候,她曾先后勇敢地消灭了两个小肉团儿,两个弱小的生命。

---

① 王岳川:《当代西方最新文论教程》,复旦大学出版社,2008,第57页。

尔后她拿着自己的县城户口鲜活亮丽、信心十足地朝另一个城市走去。①

一个农村女性，仅仅怀着对城市的向往，不惜出卖肉体，杀害自己未出生的孩子，一步步走向城市，这种决绝，以及缺乏有效动机的支撑，也影响了故事的完整性和圆满度。和李佩甫的这一时期的写作情绪有关系。作为写作者，他很早就敏感意识到进城潮流的不可逆转，但在当时的认知结构中，城市是一个黑洞，一个吸引人前往，却灭绝人性的无底黑洞。同样的无比坚决的进城故事也发生在《城的灯》中。

《城的灯》书名就很直白，代表着无限向往和欲望。"四个兜"是农家子弟冯家昌的第一个人生目标。"穿上'四个兜'，这就意味着他进入了干部的行列，是国家的人了。'国家'是什么?！'国家'就是城市的入场券，就是一个一个的官阶，就是漫无边际的'全包'……"②为了进入城市，他抛弃了对他情深义重并且苦等他五年的未婚妻刘汉香，选择有背景的城市妻子，然而，"在灯光下，那一切都赤裸裸的，一切都很肉，是疯了的游动着的肉，就像是一座剥光了的'城市'。'城市'的高贵，'城市'的矜持，'城市'的坚硬，'城市'的道貌岸然，在一刹那间化成了一股汹涌的洪水……可冯家昌却感到了他从未有

---

① 李佩甫:《城市白皮书》，陕西师范大学出版社，2000，第14页。
② 李佩甫:《城的灯》，长江文艺出版社，2003，第51页。

过的失败,连他自己都说不清楚,到底是他占领了'城市',还是'城市'强奸了他……有一点他是清楚的,那就是——他进入了城市,却丧失了尊严"①。

尽管他无限怀念"谷草的清香和伴着青春的腥香,把一个小小的窝铺搅和成了一锅肉做的米饭!那幸福含在腥香里,含在一片晕晕乎乎的莽动里,含在一丝霍出去的惊恐不安里。那幸福是多么湿润,多么的、多么的'讶讶'"②。但他还是抑制不住疯狂的进城欲望,并且将自己的弟弟们费尽心机弄到城市里。这本书被认为是"在一个更为宏大的视野里描写了农民由农村走向城市的精神史"③。城市和乡村作为一种对照,城市代表文明、现代、富有,乡村代表理想、田园、贫困。所以更多的人选择抛弃一切,来到城市,并试图扎下根来。

对城市的向往和无限追求也是和新中国成立后农村的贫困有关。根据城乡家庭收支的调查资料来看,长期以来,工农收入和消费都是有着较大差距的。1957年职工每人消费水平是205元,农民每人消费水平为79元;1980年职工每人消费水平为477元,农民每人消费水平为168元。差距从1∶2.59增加到1∶2.84。而收入情况对比也是如此,1964年职

---

① 李佩甫:《城的灯》,长江文艺出版社,2003,第191—192页。
② 同上书,第45页。
③ 何弘:《坚忍的探索者和深刻的思想者》,载《小说评论》2013年第2期。

工每人年收入为243元,1980年为514元;农村平均每人年收入为102元,1980年为194元。工农差距为1∶2.4和1∶2.7。此外,教育、卫生、文化生活等方面的差距更是巨大。卫生状况方面,1980年,农村每千人只有医生0.8人,与1957年相比,没有增加;城市由1.3人增加到3.2人,城乡差距由1∶1.7扩大到1∶4.2。文化生活方面,农村每1.1万人有1个电影放映队,城镇每1万人有510个电影院席位。农村每35万人有1个县级艺术表演团体;城市平均每人每年看艺术表演4.4次,农村仅0.6次。

农村的贫困,导致一代人不尽的痛苦和屈辱记忆。作家阎连科在回忆青年岁月时讲述:"上世纪的七十年代,记忆深刻的,对我来说不是革命,而是饥饿和无休止的劳作。""那时我小,看知青们不下地劳动,穿得光鲜干净,日子就是在村头漫步和吹笛,也就渐渐明白,乡村人是如此的低贱,而城市青年,竟是如此的高贵神仙。我不恨他们生在城市,只是无奈地暗自抱怨,自己生在了这个乡村。"[1]李佩甫在谈到《城的灯》时曾说:"《城的灯》是写逃离的,就是从土地逃离乡村,是一种对灯的向往、渴望,从乡村走向城市的叛逆。"[2]

---

① 阎连科:《我与父辈》,云南人民出版社,2009,第27页。
② 孙竞:《知识分子的内省书——访作家李佩甫》,载《文艺报》2012年4月2日。

对于冯家昌来说,乡村是贫困和孤冷的记忆。

在上梁,姓冯的只有他们一家。

这就好比一大片谷子地里长了一株高粱,很孤啊!

"老姑夫",这就是人们对父亲的称谓。因为父亲是上梁的女婿,他是挑着一个担子入赘的。在村里,从来没有人叫过父亲的名字。在平原的乡野,"老姑夫"是对入赘女婿的专用称呼。这称呼里带有很多调笑、戏谑的成分,那表面的客气里承载着的是彻骨的疏远和轻慢。从血缘上说,从亲情上说,这就是外姓旁人的意思了。①

费孝通《乡土中国》分析,"中国乡土社会的基层结构是一种我所谓的'差序格局',是一个'一根根私人联系所构成的网络'。"作为外姓人,在村里就尤为弱势。母亲去世后,兄弟几人没鞋穿。下雪的时候,也"就那么光着脚走出了家门。"无边无际的雪白使想起了城市里穿的"网球鞋"。秋生家里的一个亲戚穿过,白色的,粉白,连鞋带都是白的!人家是城里人,来乡下串亲戚时穿在脚上,一走一弹,让他看见了,还有尼龙袜。那时候,他庄严地说:"会有鞋的。"

这些刺激使得冯家昌进入城市之后再也不愿回去,面对四个弟弟的苦苦劝说,横下心说:

---

① 李佩甫:《城的灯》,长江文艺出版社,2003,第 7 页。

第三章 沉重的翅膀:进城故事中的众生命相

告诉你们,我不会回去了。不久的将来,你们也会离开那里,一个个成为城里人,这是我的当务之急,也是咱们冯家的大事。其它的,就顾不了那么多了。当然,对她,咱们是欠了债的。

那骂名,我一人担着。我这是为了咱们冯家……①

对于冯家昌为了私利抛弃道义、良知,作者是有着批判意识的,虽然预设了很多前提也"同情地理解"他的转变历程,以及对城市的无限向往,但也同时作者描绘了理想的投影:刘汉香,在遭遇背叛之后,她没有选择报复,而是默默留着城市边缘,成为种植花木的香姑。对作者来说,"在这部长篇里,我要表述的可以说是生长在平原上的两个童话:一个要进入物质的'城',一个要建筑精神的'城'。这两种努力虽然不在一个层面上,但客观的说,在一定意义上,她、他们都取得了成功。"②香姑用她的道德力量感化了很多人。尽管冯家兄弟取得了世俗意义上的极大成功,"冯家一门终于完成了从乡村走向城市的大迁徙!冯家的四个蛋儿及其他们的后代们,现已拥有了正宗的城市(是大城市)户口,也有了很'冠冕'、很体面的城市名称,从外到内地完成了从食草族到食肉族的宏伟进

---

① 李佩甫:《城的灯》,长江文艺出版社,2003,第207页。
② 周百义、秦文仲:《李佩甫用激情点燃"城市之灯"——关于长篇小说〈城的灯〉与作者的对话》,载《人民日报》(海外版)2003年4月22日。

程(他们的孩子从小就是和牛奶的),已成为了真正的、地地道道的城市人。"①但在香姑的碑前,"腿一软,一个个都跪下了。"

李佩甫后来提及这一时期创作决绝的进城者的思想动因,"近年来,我在认识上发生了一些变化,过去我一直认为金钱是万恶之源。后来发现我错了,贫寒对一个人的一生影响更大,在某种意义上说,贫穷(尤其是精神上的贫穷)对人的戕害甚至大于金钱对人的腐蚀。在这个问题上,冯家昌是极有代表性的。"②在这个意义上,我们才能理解冯家昌的狠劲,以及宁愿背负骂名也要离开农村的长久心理负荷,这是由不断发展的城市和停滞不前的乡村的差异所造成的分化和流动,而不断涌现的进城故事也改变了长期稳定的社会结构。

对于传统的农耕社会来说,"乡土社会是安土重迁的,生于斯、长于斯、死于斯的社会。不但是人口流动很小,而且人们所取给资源的土地也很少变动。在这种不分秦汉,代代如是的环境里,个人不但可以信任自己的经验,而且同样可以信任若祖若父的经验。一个在乡土社会里种田的老农所遇着的只是四季的转换,而不是时代变更。一年一度,周而复始。前

---

① 李佩甫:《城的灯》,长江文艺出版社,2003,第402—403页。
② 孙竞:《知识分子的内省书——访作家李佩甫》,载《文艺报》2012年4月2日。

人所用来解决生活问题的方案,尽可抄袭来作自己生活的指南。愈是经过前代生活中证明有效的,也愈值得保守。于是'言必尧舜',好古是生活的保障了。"相对于乡土的贫困、凋敝、缺少变动,热烈、五光十色的城市无疑是对人有着致命的吸引力。对于冯家昌来说,抑或对于高加林来说,城市里的女性也代表着他们可以征服的对象,是进入城市的门槛,是占领城市的必备要素。因此,他们才会性格异化,抛弃未婚妻,选择自己的野心和欲望。

雷蒙·威廉斯分析乡村与城市曾有这样的观点,"对于乡村,人们形成了这样的观念,认为那是一种自然的生活方式:宁静、纯洁、纯真的美德。对于城市,人们认为那是代表成就的中心:智力、交流知识。强烈的负面联想也产生了:说起城市,则认为那是吵闹、俗气而又充满野心家的地方;说起乡村,就认为那是落后、愚昧且处处受到限制的地方。"[①]这样的理论依据同样可以在李佩甫甚至路遥的小说中寻找参照。如《城的灯》冯家昌因进城的背信弃义及性格异化,以及香姑所代表的乡土文明的仁义厚重。抑或是《人生》中高加林对城市的向往以及对巧珍的抛弃也是基于此。但不管是记忆中的理想田园,还是现实中的城市野心家和梦想家乐园,逃离农村还

---

① (英)雷蒙·威廉斯:《乡村与城市》,韩子满、刘戈、徐珊珊译,商务印书馆,2013,第1页。

是成为一代人或数代人的宿命。基于上述对于城市"双重性"的认识,才导致新时期以来的"乡下人进城"小说始终面临着"消费的城市"与"生产的城市"的纠结,"一方面,个体的乡土记忆与社会主义时代的意识形态规训,使得城市在'乡下人'眼中被叙述为'罪恶的所在';另一方面,城市的物质主义诱惑及其整个国家工业化的现代性追求,又在不断消解这种'罪恶'的痕迹"①。这也使得我们在阅读作品时既对不断涌现的进城故事中种种行为表示厌恶,但又不乏同情和理解。

三、故事之外的本事

与城市文学蓬勃开展相对应的则是作家们的进城故事。随着城市化大幕的开启,一代又一代人被裹挟到这一洪流之中。在文学作品题材进城、作品进城的同时,伴随的是浩浩荡荡的作家进城故事。相比较"十七年文学"的传统,作家柳青从城市返回农村,深入生活黄埔村十多年,写出合作化运动的史诗性作品《创业史》,新时期以后,随着社会开放程度的提高,越来越多的作家涌入城市,成为城市的一分子。

就河南作家来说,进城一般通过几种途径,高考、参军、招

---

① 徐刚:《"十七年文学"中的"乡下人进城"》,载《文艺争鸣》2012年第8期。

工、写作等。通过高考进城,刘震云、李洱是其中的典型。刘震云在恢复高考之后就率先考入北京大学中文系,1982年本科毕业后到《农民日报》工作。他的中篇小说《塔铺》就回顾了自己从部队复员之后、没有提干,很是落魄,以及如何复读备考大学的辛酸日子。"我从部队复员,回到了家。用爹的话讲,在外四年,白混了:既没有入党,也没提干,除了腮帮上钻出些密麻的胡子,和走时没啥两样。""冬天了。教室四处透风,宿舍四处透风。一天到晚,冷得没个存身的地方。不巧又下了一场雪,雪后结冰,天气更冷,夜里睡觉,半夜常常被冻醒。""王全的大孩子又来给王全送馍袋。这时王全拉着那黑孩子,叹了一口气:'等爸爸考上了,做了大官,也让你和你妈享两天清福!'""我相信我考得不错。我预感我能被录取。不能上重点大学,起码也能上普通大学。我把自己的感觉告诉了在考场警戒线外等了两天的爹,爹一下竟说不出话来。平生第一次,一个老农,像西方人一样,把儿子紧紧地拥抱在怀里,颠三倒四地说:'这怎么好,这怎么好。'"乡村生活的极度贫困也是很多人走上决绝高考等进城道路的主要动因,毕竟,在那个年代,恢复高考实在是很多人能够凭借自身努力而非外在条件改变命运的最大契机。

周大新、阎连科等也通过参军入伍的方式走出乡村。周大新也在后来的散文中回顾了自己走出中原的历程:

村里的大人一再教导我:你娃子只有考上大学才能当官,只有当官才能吃香的喝辣的,你只有吃香的喝辣的才能让你的爹娘跟着享福。我于是暗下了考大学当官的决心。我学得很刻苦,我的每门课业在班里都排在前列,我是班里的学习委员。冬天上早自习时,我走六华里赶到学校,天还没有亮,点上煤油灯便开始读书;夏天下大雨,没有伞,蓑衣也会淋透,淋透就淋透,到学校把衣裤拧干了穿上就是。没料到的是,'文化革命'在我读初中时突然爆发了,我的大学梦只做了一小截。①

1970年,十八岁,"我坐上了东去的运兵闷罐列车,我隔着列车门缝望着疾速后退的中原大地,心里有依恋,有不舍,但都很轻微,心里鼓荡着的,多是欢喜。""我终于可以独自外出闯荡了……"②

对于周大新来说,因为'文革'高考的中断,使他的努力付之东流,而意外的参军入伍成为改变命运的转机。同样对于阎连科来说,如何摆脱农村的贫困生活,一直是青年时期的他耿耿于怀的问题。在高考失利之后,阎连科同样有幸走入部队,但如何能留到部队、留到城里,又成为新问题,他的散文《改变命运的阅读》回顾了自己年轻时期逃离农村、逃离土地

---

① 周大新:《长在中原十八年》,中国文史出版社,2012,第5页。
② 同上书,第6页。

的心路历程。

那时候,将近30年前,时代是20世纪的70年代中期,社会生活就像我家村头的沼气池样,又脏又乱……而我,那个时候,最大、最美好的愿望,就是高中毕业之后,离开农村,逃离土地,到城里找一份每到月底就可以到会计面前签字领工资的工作。

《分界线》是一本今天看来装帧都非常普通、陈旧的小说,但它的内容提要中有那么一句话(一个意思):张抗抗是下乡到北大荒的知青,通过这部小说的创作和修改,已经调到省会哈尔滨工作。

原来,写一部小说,就可以从北大荒调到省会哈尔滨去。原来,从事写作,竟可以改变人的命运,决定人的另外的人生。

于是,我开始在高中毕业之前,便偷偷地学习写作小说了;开始把读书当作淘金的事情了。而事实上,如同写作改变了张抗抗的命运一样,我命运的一切变更,都与写作密不可分。①

同为"50后"的作家张宇是1970年通过招工进入洛阳城,继而在其工作岗位上发现了文学世界,后又通过写作进入省城,专业从事文学创作。在张宇看来,"自己就是改革开放

---

① 阎连科:《改变命运的阅读》,《阎连科文论》,云南人民出版社,2013,第93—94页。

的产物,没有改革开放,就没有我"。张宇总结改革开放对自己创作的影响,将其归纳为"思想上的开放和教育,生活和文化上的营养"。"没有改革开放,像我这样的农民的孩子怎能当上作家呢?"张宇进一步阐释,"在中国文艺史上,改革开放是一次大的思想运动,波澜壮阔地颠覆了传统思想观念,全方位地与世界文化接轨。如果没有改革开放,像我们这些农民的孩子,可能就进不了城,就是进了,到了工厂也是死死板板地干活,产生不了精神方面的追求,也就无所谓搞创作写小说了。"[①]在很长一段时间,"城里人"与"乡下人"似乎成了两个完全不同的族类。莫言也在一次访谈中提及,自己得知在部队被提干的心情,是"非常激动,比得诺贝尔奖还激动。完全我觉得我变成了另外一个人了。"变成了一个吃国库粮的人了。"意味着我不要回农村了,不用回农村来面朝黄土背朝天了,我已经是军官了,干部待遇了。我即便离开部队,我到地方也安排到公社里当个助理员之类的。"莫言父亲内心深处也非常高兴非常兴奋。因为"像我们这样一个家庭,能够有一个儿子提成军官,这是一个历史性的突破。在村子里面可以直起腰来了。"

[①] 《张宇:才子意气 挥斥方遒》,http://lywb.lyd.com.cn/html/2008-09/17/content_442870.htm?sn=_X_8NSCbObT413aCfopnKA&tm=1677747396。

可以说,因为共同的社会和历史境遇,这代人都有着大致相同的人生经历,童年、少年时期在农村的饥馑、贫困,成为挥之不去的伤痕和记忆,而逃离农村、脱离土地的决绝和进城之后的欣喜,成为人生转折期的主要动力,但时过境迁又会发现,自己又无法摆脱乡土的桎梏。对他们来说,故乡永远像一条挥之不去的大尾巴。即便进城二十年后,他们仍会在作品中眷恋乡村情感,"我是乡下放进城里来的一只风筝,飘来飘去已经二十年,线绳儿还系在老家的房梁上。在城里由于夹紧着尾巴做人,二十年前的红薯屁还没有放干净。脸上贴一种纸花般的假笑,也学会对别人说你好和谢谢,但是总觉得骨子眼里还是个乡下人。"[1]

"现代社会不是由相互层叠、边界清晰的群体构成,而是由同时具有多角色、多参照标的个体组成。根据社会条件和历史情境,他们根据自身个体或集体的以往经历来选择参照和身份认同的不同形式。"[2]因此,在这一代作家的作品中,常常出现的主要城市人物形象多具有乡村背景,所熟悉的领域也多是乡土生活,因此经常会在作品中出现城乡的交叉和场景腾挪。路遥曾说过自己"最熟悉的却是农村和城市的'交叉

---

[1] 张宇:《乡村情感》,见:《城市逍遥:张宇中短篇小说自选集》,华夏出版社,1997,第221页。

[2] (法)阿尔弗雷德·格罗塞:《身份认同的困境》,王鲲译,社会科学文献出版社2010,第3—4页。

地带',因为我曾长时间生活在这个天地里,现在也经常'往返'于其间。我曾经说过,我较熟悉身上既带着'农村味'又带着'城市味'的人,以及在有些方面和这样的人有联系的城里人和乡里人。"①可以说,他们这代人多具备高加林、孙少平气质,是属于20世纪七八十年代的时代青年,"有文化,但没有幸运地进入大学或参加工作,因此似乎没有充分的条件直接参与到目前社会发展的主潮之中。而另一方面,他们又不甘心把自己局限在狭小的生活天地里。因此,他们往往带着一种悲壮的激情,在一条最为艰难的道路上进行人生的搏斗。他们顾不得高谈阔论或愤世嫉俗地忧患人类的命运。他们首先得改变自己的生存条件,同时也不放弃最主要的精神追求;他们既不鄙视普通人的世俗生活,但又竭力使自己对生活的认识达到更深的层次……"②通过自我奋斗离开农村、实现人生价值,也在作品中记录了成长心绪。

而相较年轻一些的"60后""70后"作家,因为成长的环境没有那么恶劣,也就没有如此强烈的对比心理。在有关城市书写中,他们较多关注城市人的精神状态,如邵丽的长篇小说《我的生活质量》中的王祈隆,来自农村底层,背负着奶奶的希望,通过高考进入城市,却因出身乡下而倍感受挫,选择努力

---

① 路遥:《路遥文集》(第2卷),陕西人民出版社,1993,第401页。
② 路遥:《平凡的世界》,作家出版社,2005,第272页。

读书、奋发、崛起的过程，以及他在这一过程中的生活质量问题。中篇小说《明惠的圣诞》，主人公是一位要强的农村女孩，因高考失利，不甘被人嘲笑，甚至选择到城市做妓女，但仍幻想融入城市，向往美好生活，最终梦想破灭，因无法实现理想、维系自尊，选择自杀的故事。乔叶的长篇小说《我是真的热爱你》《认罪书》也是关注在城市生活、漂泊者的情感问题，但有更多对社会、历史的关注和反思。奚同发的中篇小说集《雀儿问答》写都市漫游者的精神状态。李清源的中篇小说《苏让的救赎》关注苏让的精神世界，文中细致讲述苏让的初恋，那位大学中文系的美女同学，在毕业后另择高枝迅速分手的故事，美好的青春与爱情在城市物质面前不堪一击、迅速消泯。在房租等经济压力之下，苏让选择和丑女谢春丽合租，最终自己被沦陷的故事。因为"不爱"，又成为所有伤害对方的理由。后来又卷入乡间父亲的纠纷，在摆平此事的故事中实现自我救赎，找到自己位置，和谢春丽开始平凡的生活，也是关注城中人的精神安放问题。

当然，这些书写都是建构在城市化进程不断加快的基础之上。"在 20 世纪的最后 20 年里，随着中国现代化进程的加快，河南省终于迈开了城市建设的步伐。河南的现代化随着城市化的推进展现出一派欣欣向荣的新气象。济源县变成了济源市，汝阳县变成汝州市，登封县变成了登封市，巩县变成了巩义市。密县变成了新密市,邓县变成了邓州市。禹县变成禹州市……全省城市的数量由1949年的13座增加到38座。"①城市化、现代化,不仅仅是并通马路、盖起高楼。在更深一层,它更意味着一个社会中价值观念、行为方式的转换,意味着它的社会成员在文化心态上的转换。

对于更为年轻的"80后""90后"来说,随着城市的勃兴、全球化时代的到来、互联网通讯技术的发达,以及很多作家就长期生活在城市,这也使得他们可以在作品中更好地表现城市生活、关注城市人的生活状态,使得作品具有更多的城市意识,并消磨了城乡之间的紧张关系。如生长于北京的"80后"作家霍艳所说:"50年代的作家即便生活在城市里也对农村念念不忘,我只能自觉地书写城市,他们所要逃离的,正是我赖以生长的,我无法想象如果离开城市我的生活会变成什么样子,它冰冷无情,却并没有到达面目狰狞的地步。"②河南作家中南飞雁、陈宏伟、王小朋等的小说都是如此,他们的作品比较明显地退去了乡土的底色,而着重书写城市人的生活,显然摆脱了城与乡的纠葛,关注城市中的人与他们的命运沉浮。

---

① 鲁枢元:《凝望河南:一种视觉化写作的尝试》,载《精神中原:20世纪河南文学》,河南大学出版社,2002,第89页。
② 霍艳:《我如何认识我自己》,载《十月》2013年第4期。

第四章　城与人的多重面孔：
现代性话题下的生活与生存

20世纪90年代以来,书写城市的文学作品逐渐增多,在王彬彬看来,"'城市文学'在1949年以前的中国,算是形成了自己的传统的……但'城市文学'这一脉传统,在1949年以后,却并没有得到延续"。"进入九十年代后,以当代城市生活为题材的作品才多起来,并且也较充分地具有了'城市文学'的品格。1949年以前的'城市文学'传统,也只有到了九十年代,才可以说得到了真正的恢复。"①可以说,在大量生活习惯及知识背景不同的人群,离开乡土而涌入城市——尤其是大城市,本身是一个时代经济发展、社会进步的标志。无论东方还是西方,城市史与文明史都是互相依存的。而作家笔下的城市故事,也为我们打开了现代化中国进程中的多幅面孔。

---

①　王彬彬:《"城市文学"的消亡与再生——从〈我们夫妇之间〉到〈美食家〉》,载《小说评论》2003年第5期。

一、从《一地鸡毛》说起

二十世纪八九十年代,豫籍作家刘震云发表了《单位》(中篇小说,《北京文学》1989年第2期)、《一地鸡毛》(中篇小说,《小说家》1991年第1期),在文学史上形成了"新写实"的潮流,也被认为是九十年代文学的发声。故事开篇就是从小林家的豆腐馊了写起。小林、小李都是大学毕业生,曾经颇有诗情与壮志,但投入社会生活没几年,小李就从一位安静的富有诗意的姑娘,变成一个爱唠叨、不梳头,还学会夜里滴水偷水的家庭妇女,每天关心的世事无非是买豆腐、上班下班、吃饭睡觉洗衣服、对付保姆弄孩子。什么宏图大志,什么事业理想,都成了过眼烟云。小李也是如此,故事就是围绕着生活流和日常琐事展开。

曾经将《一地鸡毛》改变为连续剧的导演冯小刚曾谈及这部作品,他认为,刘震云写的虽然是日常生活,但作者并不希望写成流水账,尽管写的是生活琐事,工作与家庭的细节,但是通过它们所要讨论却是更深层次的问题,即"大"与"小"的问题。为了突出这个主题,"我在片头专门设计了一些巨大的世界性历史事件与历史人物的照片,如苏联解体、曼德拉当选总统、克林顿入主白宫以及非洲难民潮等等。这些似乎是无可怀疑的'大事',但是对于小林这样的普通人来说却不见得比日常琐事大。对于老百姓来说,生活还是生活,分房子、孩子入托、爱人调动工作等等是更大的事。"①

在这个意义上,《一地鸡毛》就更具有了象征意义,一定程度上代表着二十世纪八十年代宏大叙事和理想主义的解体。很多人将八十年代视为文学的黄金时代,"在那个时代里,作家和文学的重担是代民族立言,代民族反思;那是一场伟大的叙事,同时也是作者和叙事者本身相分离而进行的集体叙事。在呼唤人道主义和人性的运动中,作家们由于匆忙的反思并没有将自我找回,所谓的自我仍处于集体叙事的遮掩下;这听起来固然有些荒唐,却正是八十年代之所以为八十年代的特征。"②因此,从象征的意义上说,刘震云的《一地鸡毛》可谓打响了九十年代的第一枪:"一地鸡毛"这个说法本身也成了对九十年代一个不大不小的总结,一个深入骨髓的认证。时间溶解在人生之中,人生只是我们每天遭逢的人与事件,而人与事不过是毫无重感、纷纷扬扬的鸡毛。"'一切都是由一块豆腐的变馊引起的'而在小说结末刘震云又宣布:主人公小林明天早晨还要排队去买豆腐。在此,我们似乎明白了:每一个不

---

① 冯小刚、陶东风:《寻求观众心理与艺术品位的结合点——冯小刚、陶东风对话录》,载《南方文坛》1997年第6期。

② 敬文东:《追逼九十年代——关于九十年代小说写作的六个问号》,载《小说评论》1998年第1期。

同的时代却有着相似的一天,而两个不同时代其实只是相区别的两昼夜。在八十年代,是反思的然而又是充满希望和新生的一天;九十年代呢?则去是买豆腐、生活被豆腐所控制的一日。"①

作者也似乎有意将之前的理想情结和现在的俗世生活作对比,文中浓墨重彩出现一位曾经舞文弄墨的诗人"小李白"。

"小李白"是小林的大学同学,当年在学校时,两人关系很好,都喜欢写诗,一块儿加入了学校的文学社。那时大家都讲奋斗,一股子开天辟地的劲头。"小李白"很有才,又勤奋,平均一天写三首诗,诗在一些报刊还发表过,豪放洒脱,上下五千年,秦皇汉武,唐宗宋祖,都不在话下,人称"小李白"。惹得许多女同学追他,毕业后,大家烟消云散。

这次意外重逢,竟是在"小李白"的小摊面前。面对小林"你还写诗吗?"的追问,"小李白"说:"那是年轻时不懂事!诗是什么,诗是搔首弄姿混扯淡!如果现在还写诗,不得饿死!混呗。""还说写诗,写姥姥!我可算看透了,不要异想天开,不要总想着出人头地,就在人堆里混,什么都不想,最舒服。"于是,交谈之后,小林迅速认清现实,下班后去帮"小李白"卖鸭子,每天收入20元钱。"九天挣了一百八,给老婆添了一件风

---

① 敬文东:《追逼九十年代——关于九十年代小说写作的六个问号》,载《小说评论》1998年第1期。

衣,给女儿买了一个五斤重的大哈密瓜,大家都喜笑颜开。"理想与世俗迅速腾挪。

马歇尔·伯曼认为"今天,全世界的男女们都共享着一种重要的经验——一种关于时间和空间、自我和他人、生活的各种可能和危险的经验。我将把这种经验称作'现代性'。所谓现代性,就是发现我们自己身处一种环境之中,这种环境允许我们去历险,去获得权力、快乐和成长,去改变我们自己和世界,但与此同时它又威胁要摧毁我们拥有的一切,摧毁我们所知的一切,摧毁我们表现出来的一切……所谓现代性,也就是成为一个世界的一部分,在这个世界中,用马克思的话来说,'一切坚固的东西都烟消云散了'。"①

所以,对小林来说,与金钱的实在性相比,"面子和批评实在不算什么"。给小李白看鸭子的每天20元远比面子更为重要。同时,对小林来说,老家也成了一种负担,对他有恩的小学老师来北京治病,顺道来看他,还给他带了两桶香油,自己并没有帮上什么忙。在老师走后,目送着远去的公交车,小林的眼泪刷刷地涌了出来。第二天小林在办公室看报纸,看到一位大人物生前如何尊师爱教,曾把他过去少年时仅存的两个老师接到北京,住在最好的地方,逛了整个北京。小林禁不

---

① (美)马歇尔·伯曼:《一切坚固的东西都烟消云散了——现代性体验》,徐大建、张辑译,商务印书馆,2003,第15页。

住骂道:"谁不想尊师重教?我也想让老师住最好的地方,逛整个北京,可得有这条件!"

这部作品一改以往英雄化的写作倾向,将着力点放在对小人物的命运关照,也在一定程度上说明整个社会从宏大叙事回归日常生活。曾经,"80年代,老一辈作家关心的事儿是改革,中国向何处去,人民的疾苦,历史的反思。"对刘震云来说,年轻人要学着前辈去思考,一支笔沉重得提不起来,"我每天发愁怎么改革,怎么反思,怎么思考历史的出路,最后写着写着写烦了,觉得要是文学这么写的话,对于我真是没有任何乐趣"①。《塔铺》《单位》《一地鸡毛》的写作史也是刘震云自己从部队转业、参加高考、进入城市、落户工作的人生经历,所以写的格外温情、生动、富有细节。

二、《我的生存质量》与《我是真的热爱你》

伴随着改革开放进程的,就是蓬勃的城市建设。由于前革命时代的停滞,中国的现代城市化进程直到20世纪80年代才正式开始,比西方从19世纪便已大规模开始的现代城市化进程晚了将近一个半世纪。改革开放政策给中国带来了生

---

① 徐梅、刘震云:《谁同我结伴去汴梁》,载《南方人物周刊》2007年第30期。

机,也给城市的发展带来了新契机,从此中国城市开始步入了发展的快车道。20世纪80年代以来,中国城市的发展极其迅速,特别是进入20世纪90年代之后,更是日新月异。"1990年我国城市只有467个,而到1995年则增加到640个,1999年更达到668个,城市以每年几十个的惊人速度在增长着。而全国城市人口则从1990年的1.1825亿增加到1999年的2.3亿。"①。

1990年代开始,城市文学就越来越受到作家和学者的重视。《上海文学》1995年第1期刊载了《"新市民小说联展"征文暨评奖启事》,提出"城市正在成为90年代中国最为重要的人文景观,一个新的有别于计划体制时代的市民阶层随之悄然崛起,并且开始扮演城市的主要角色。在世俗化的致富奔小康的利益角逐之中,个人的生命力空前勃动,然而它又是极其原始与粗始化的。城市的发展将成为中国当代文化的生长点之一,它最终会给古老的中国文明带来什么,现在尚难完全把握,但是它已经成为我们时代一个不容回避的人文命题……'新市民小说'应着重描绘我们所处的时代,探索和表现今天的城市、市民以及生长着的各种价值观念的内涵。"个体的生命力和成长的意义成为新问题,城市涌入大量的异乡

---

① 谢然浩:《城市化道路该怎么走?》,《经济日报》2003年4月2日。

人,他们的生活和心灵状态也日益受到写作者的关注。

邵丽的长篇小说《我的生活质量》(人民文学出版社2004年出版)颇具代表性。作品写一位从农村来到城市的青年王祈隆的奋斗史。作家有意在故事开头设置一个引子:奶奶的故事。奶奶是大家闺秀、城市女儿,因战乱受辱流落农村,奶奶将全部人生希望寄托在王祈隆身上,从小自己带着,言传身教,生怕沾染农村习气,一心盼着王祈隆离开农村,到城市去。王祈隆也不负期望,考上了重点大学,本是改变命运的契机,但城市并没有很好地接纳他,他的城市生活的开篇是备受压抑的。

王祈隆穿着奶奶缝制的、多年被乡下孩子艳羡的白衬衣和蓝斜纹布的裤子,领子和袖口都扣得严严的。脚上是他娘为他绞尽脑汁借鞋样子,下了功夫做的千层底的黑灯芯绒布鞋。他从家里背着行李走的时候,全村的人都出来看,他们敬羡的目光纷纷落在他身上。他觉得自己是那般的自信,步子跨得那样从容自在,简直可以用身轻如燕来形容。奶奶现在可以站在人前,从从容容地看着他,像一个艺术家看着自己得意的作品。现在他走在武汉的大学校园里,站在新生报到的队伍里,望着那些来来往往像鱼一样快活地滑行在校园里、穿着花花绿绿的短袖衫和宽腿裤子、穿着的锃亮的皮鞋的校友们,他一下子感觉到了问题的严重性。

长到二十岁,他第一次有了一种不自信的感觉。①

在大学,王祈隆不会讲普通话,他因自己的豫西口音备受嘲笑,被迫成为一个沉默寡言的人。他不敢谈恋爱,始终孤独。尽管成绩好,分配时他还是因为农村身份被派遣到小城。多少年后,王祈隆通过奋斗成了阳城的官员,具有了成功人士的一切要素,却仍带着出身的烙印,"那脚踝骨内侧的一点拐骨",在面对城市女儿安妮那双光滑的小脚,内心仍是充满自卑。作为农村来的孩子,王祈隆一直在与自己的身份搏斗,对他来说,"成为城里人,成为官员,他获得了新的身份、新的意识,但是,原来的身份一直纠缠他,他生活在多重身份和多重意识的变乱和分裂之中"。"王祈隆恨来自乡村的妻子,但只有和她在一起,他才成为男人,而面对城市的、没有泥土的和烟火气息的女人时,他几乎是无能的。所以,'我的生活质量'注定不高。"②

难能可贵的是,作者一直在处理城乡差异的深层次存在,物质差异给人带来的心理压迫感。对王祈隆而言,尽管他是乡村出来的优秀青年,但出身农村的烙印始终使他自卑、怯懦。尽管故事最后过于将人对城市的征服安置在王祁隆对来

---

① 邵丽:《我的生活质量》,人民文学出版社,2004,第35页。
② 刘先琴、邵丽:《生活质量取决于自我感受——访作家邵丽》,载《中华读书报》2005年7月13日。

自北京的安妮所代表的城市的征服和暧昧上,一定程度上削弱了作品的社会空间。但作品的最后一句话还是打动人心,"我们虽然都是努力活着的人,我们的生命却是如此的无依无靠。"很沉重地道出现代人的漂泊无依感。

中篇小说《明惠的圣诞》讲述一个在城市中沉沦的女性故事。明慧是村里的人尖子,"在乡上念了三年初中,明惠又在县上念了三年高中。明惠在村子里矜持得像个公主"。高考的意外落榜,使一向优越的明惠首次出现人生的危机。周围人的含沙射影、冷针毒箭使她无法忍受,尤其是看到同村人桃子进城之后的光鲜亮丽更是深深地刺激了她,于是明惠也选择进城。明惠的目的性很强,就是要赚钱,在城里买房,安家落户,"要把我的孩子生在城里!我要他们做城里人,我圆圆要做城里人的妈!"赚快钱,成为城市人,这一人生目标起始于从明惠到圆圆的转变,她给自己起了个假名字,在按摩院里靠卖淫迅速积累金钱。

在这个过程中,明惠遇到了城市离异青年李羊群,李羊群是她的顾客,也是个优秀的男人,两人有一定的精神契合度。后来明惠搬进了李羊群的家,过上了自己梦寐以求的城市生活。

圆圆是那年的圣诞夜住进李羊群家里去的。

圆圆把李羊群的家打理得井井有条。

圆圆每日都在家里养着,一日比一日的懒散起来。什么都由工人做,连喂喂金鱼,浇浇花这样的活她都懒得做了。她睡睡觉,看看电视。有时一个人出去逛逛街,有时还出去洗洗桑拿、做做美容。曾经是她伺候人家,现在是人家伺候她。姑娘们赶着嘘寒问暖,巴结着脱去她的外套,称赞她又白了漂亮了,称赞她的衣服首饰好看。短短的一年多的时间里,沧海已经变作桑田。圆圆开始穿上价格一件比一件更贵的衣服,本来就生得银盆大脸的饱满,两只肉耳垂厚厚地坠着。任谁家的女人见了还不都夸她是个有福气的命。

这样的日子,也许正是圆圆梦寐以求的。但真过上这样的日子,她心里又空得像一座被废弃的仓库。

第二年圣诞节,明惠满心欢喜地和李羊群一起出外庆祝节日。但当明惠遇到李羊群的同伴,发现李羊群和她们在一起才像羊入了羊群,"神态与这帮人在一起才是合辙押韵的"。而那些"女孩子戴了很酷的首饰,翘了兰花指擎着杯子。她们也抽烟,样子极为优雅,就那么光明正大地在男人堆里抽。圆圆的那些女伴们也有抽烟的,可她们是在没有客人的时候,偷偷地抽,样子放荡而懒散。圆圆放松了一些,她因为不再被他们注意而放松。他们吐出的烟雾像一条河流,但她觉得自己被他们隔在了河的对岸。他们喝酒,圆圆就喝自己那瓶加柠檬的科罗那。女士们是那么的优越、放肆而又尊贵。她们有胖有瘦,有高有低,有黑有白。但她们无一例外地充满自信,而自信让她们漂亮和霸道。她们开心恣肆地说笑,她们是在自己的城市里啊!"她这才意识到城市永远是城市人的城市,"她圆圆哪里能与他们这个圈子里的人交道?圆圆是圆圆,圆圆永远都成不了她们中的任何一个!"意识到自己无法融入城市之后,这种失落驱使圆圆选择了自杀。而李羊群不解的是,她为什么要自杀呢?

从王祈隆到明惠,邵丽更为关心的是,城市里人的精神如何安放?人们在城市里可以通过奋斗、追求或其他获得物质财富的积累,但心灵的漂泊感和无所皈依感如何调适?这种深层次问题更为危机。"异乡人"(也译作局外人或陌生人)概念最早由盖奥尔格·西美尔提出,他认为"异乡人不是今天来明天去的漫游者,而是今天到来并且明天留下的人,或者可以称为潜在的漫游者,即尽管没有再走,但尚未完全忘却来去的自由"。而这些异乡人漂泊在城市,他们的命运谁来关注,成为作者持续追问的问题。

无独有偶,乔叶的第一部长篇小说《我是真的热爱你》(2003年第10期发表于《中国作家》,原名《守口如瓶》;2004年长江文艺出版社出版单行本,更名为《我是真的热爱你》)写一对双胞胎姐妹,进入城市之后迅速被金钱吞噬而堕落的故事。姐姐一开始是因为家贫,为了赚钱帮助妹妹读书来到城

市打工,后来在城市生活中逐渐改变,完全被物化了,并尝试用金钱的力量教育妹妹:

有了钱,能干的事情太多了。

有了钱,我不用再去面朝黄土背朝天地种庄稼,不用再在土坷垃里刨那几个柴米油盐钱,不用再去受杨守泉那种东西的腌臜气。

有了钱,我可以在最高级的住宅小区买房子,我可以在最繁华的路段开水果店或是鲜花店,我可以做轻松自在的女老板。总之,只有有了钱,我们才可以真正善待自己。

在这种价值观和逻辑论的指引下,妹妹也迅速沦陷,和姐姐一起卖淫,向着姐姐一百万的目标前进。乔叶谈起自己写作这个故事源于家乡村庄里发生的变化,一些年轻女子外出打工去赚钱,钱来得很快,迅速改观自己和家里人的物质生活。可以说,当那段大潮来临时,忽然把人的道德底线冲刷掉了。这也是《我是真的热爱你》中的冷红甚至不惜破坏妹妹的爱情,也要捆绑她和自己一起赚钱。在金钱的诱惑之下,"她们一步步地让自己的精神走向了苟且"。尽管乔叶在首部长篇中就表现出对于人性的追问,对生活的热爱,但也没有避免将城市塑造成欲望的黑洞。难能可贵的是,作者试图在寻找一个问题,如果说之前的堕落是迫于生活,那么之后为什么还一再自我放纵,是不是有什么惯性的牵引或是人性的扭曲?

这也是作家留下的深层思考。

作者在此时还相信情感的力量,她为冷紫设置一个爱情至上的男友张朝晖,即便知道冷紫的堕落,仍试图解救他。他的出现使冷紫暂时找回了生活的幸福和温暖,她离开洗浴中心,来到张朝晖的医院做临时工,开始新的生活。但事情又发生了新的变化,冷紫为了救姐姐死去了。在给姐姐的遗书中,冷紫提出"相信地狱,还是相信天堂"也最终触动了姐姐,使她重新开始新的生活。

可以看出,两位女作家都将视角投入城市新兴者的命运,他们的奋斗史、堕落史,以及个体的心路历程。拉韦尔指出,"艺术是社会的表现,当它遨游于至高境界时,它传达出最先进的社会趋向;它是前驱者和启示者。因而要想知道艺术是否恰当地实现了其作为创始者的功能,艺术家是否确实属于先锋派,我们就必须知道人性去向何方,必须知道我们人类的命运为何。"[①]从这些进城者的心路历程中,我们也可以发现文学作为社会记录者所留下的复杂往事和百态人生。

---

① (美)马泰·卡林内斯库:《现代性的五副面孔:现代主义、先锋派、颓废、媚俗艺术、后现代主义》,顾爱彬、李瑞华译,译林出版社,2015,第114页。

三、《软弱》的大多数

张宇的长篇小说《软弱》(人民文学出版社 2000 年出版)是倾注作者城市思考和城市意识的一部作品。作者 20 世纪 80 年代就已发表大量作品,《活鬼》等对于历史的反思极具深度。而《软弱》也借两名普通警察的故事,展开作者对人性与城市的双重思考。文中通过春花对路的思考,来发现城与乡的区别。

在乡下,春花从来不迷路。但是,在城里春花老是记不住路。乡下的路再多,每条路都不一样,由于经过的山坡不同,经过的河道不同,经过的庄稼地不同,甚至经过的路边的树木都不同,没有一条路是重复的,只要你走一次,就能够牢记在心里了。城里的路不行,许多路都一样,经过的楼房一样,经过的路口一样,甚至经过的路边的树木也一样哩,你要记不住是几个几个口,在几个口处向左或者向右,你就迷了。后来,春花想明白了,在乡下人们是依靠形象记忆哩,而在城里,人们是依靠逻辑是依靠理性在记忆哩……①

春花关于路的困境同样是作者的困境,在《枯树的诞生》

---

① 张宇:《软弱》,人民文学出版社,2000,第 73 页。

中,张宇坦言:"不知道为什么,我一直害怕城市的道路。一看见十字路口就紧张,一紧张就不知东南西北。我不会看太阳辨认方向。并且认为这和许多的本事一样,是不能够凭学习就可以掌握的。我的家在山区,动辄看山看沟看水看树看石头看习惯了,依靠形象记忆来认路。一进城市房子和路口都差不多,我的记忆的手就抓不住形象,于是就记不住路。城里人依靠逻辑思维记路,我学不来。"①这种城与乡的差异性使得作者很难缓过劲,因为之前的生活记忆和行为习惯是如此深刻,以至于"50 后"很多作家在进城数十年,早已成为成功人士之后,仍然喊出"我是农民"!如贾平凹对自己爱吃面条、蹲下吃饭等农民习性的保持,阎连科《我与父辈》中与家族亲人的血脉联系,莫言《我永远知道自己是从哪里来的》对自己人生的追溯。这些都是他们能够保持自我的清醒意识及对文学选择的初心。但这样的作家,如何表达自己的城市思考呢?也许他们的作品能告诉我们答案。

《软弱》后记中,作者就讲述这部作品是自己在郑州生活了十多年后,已经感到自己不再是乡下人,道德意识慢慢强了起来。于是虚构这样的故事来表达自己对这个城市的感情。可以说,这是书写作者城市经验、表现城市意识的作品。作者

---

① 张宇:《枯树的诞生》,载《城市逍遥:张宇中短篇小说自选集》,华夏出版社,1997,第 478 页。

安排两个普通警察,因为是反扒警察,每天需要和小偷打交道,在一线维持这个城市的平安和秩序。于富贵是一个有着深厚经验的警察,能力突出,受到局长赏识,却在支队里备受排挤,在家庭生活中也一贯弱势和困顿。因为他的工资根本不够养家,妻子下岗后靠推三轮卖布维持家里的开销。另一个主要人物王海,是一个优秀青年,却因读大学时参与政治事件导致的历史问题无法入党、无法升迁,和于富贵成为搭档。他们两个都是安贫乐道之人,工作上兢兢业业,但也有很多烦恼。作为标准的好青年,他们也要生活、生存,也要养家,他们和城市中的所有人一样无时无刻不面临着金钱的苦恼和诱惑。即便再高大上、再光辉正义,他们也渐渐意识到"啥要紧?钱要紧。""市场经济活像兔子,人都像狗一样追着它跑,市场经济像天空,人都像断了线的风筝一样无依无靠到处飘零。"①

两个警察的故事及他们勾连起的社会现状,如洗发女堕落的故事,小混混欺行霸市的故事,公安局长在"官位"和"自我"之间分裂的故事,小偷也有江湖道义甚至还有代表大会的故事。即便是外人看来最为老实的于富贵,也有着不为人知的过往,他曾禁不住诱惑和小姨子发生了关系。他所面临的

---

① 张宇:《软弱》,人民文学出版社,2000,第161页。

困境,也很好地展现了城市中的小人物的生存状况和精神状态。作者有意设置了一个理想人物王海,他可以为了自己的职业信仰拒绝第一任女友调到上海工作结婚的诱惑,又在第二任富家女的面前摆正位置,但面对父亲为了自己结婚卖掉多年的根雕,还是有几分难过。在很多细节处理上,这部作品都比较真实深刻。如王海的父母是普通工人,父亲爱好盆景,为此分房时宁愿选择小户型的一楼,方便自己的爱好。对于盆景学养很深,也倾注了很多感情,但为了儿子,父亲还是选择售出自己培养多年的珍品,文中普通人的生活和情感表现得很是真切。一定程度上,也寄寓了作者的城市观察和理想。

四、《生命册》的循环

李佩甫《生命册》(作家出版社 2012 年出版)开篇就是"我是一粒种子。我把自己移栽进了城市。""有时候,我又觉得我是一个楔子。强行嵌进城市里的一只柳木楔子。"他说:"我为这部稿子准备了 50 年,写作了五六年。这几年稿子写了废、废了写,实在写不下去了就回家乡找感觉。光开头就写了一年多。必须找到开笔的第一句话,这句话就是我的语言方向、叙述情绪……写好的时候和写痛的时候,都有一种'指甲开花'的感觉。"①

在故事开篇,作者写到了这个城市的气味。

这是一座毗邻黄河的城市,关于黄河的历史记忆就含在那有沙的气味里。在时间里,沙已被磨成了面儿,颗粒很小很小,可它还是沙的味道。带一点碜,一点涩,一点水腥,一点甜,一点点儿咸。这里还是"十字路口",一个国家的十字路口。这里有贯穿东西南北的铁路线和飞机航线。更早的时候,它还有黄、淮两条水路……四通八达。就此你明白了吧,这座平原上的城市,就是一个人来人往的"十字路口"。虽然是一个"十字路口",可它的历史很厚,厚到了不可言说的程度。那就单说十字路口,十字路口行走着南来北往的人。这是一个叫人淡忘记忆的地方,也是一个喜新厌旧的地方。它的商业氛围是含在骨头缝儿里的,欺生又怕生,是那种一次性交易、不要回头客的做派。但一旦待的时间长了,它又是宽容的、保守的、有情有义的。②

这本书被认为是李佩甫"平原"三部曲的终结篇。从20世纪90年代创作《羊的门》,李佩甫就开始关注平原的品格和精神,在中国九百六十万平方公里的版图上,有一块小小的、羊

---

① 张亚丽:《〈生命册〉:中原的故事就是中国的故事》,《中国青年报》2015年10月23日。
② 李佩甫:《生命册》,作家出版社,2012,第7页。

头状的地方,那就是豫中平原了。"连年的战乱,天灾又是那样的频繁,人是怎么活过来的呢?那一代又一代的后人又是怎样得以延续的呢?没有人知道。也仿佛是一眨眼的工夫,三千年过去了。在广袤的豫中平原上,仍然是一处一处的村舍,一处一处的炊烟……人活着,树也活着。三千年啊,漫长的三千年也仅仅传下来这么一句话,说这是一块'绵羊地'"。① 作者设置了这块土地的主人——呼天成,他在这块土地上种树养人,呼风唤雨,将中原土地的权力意识发挥到极致。2000年以来,写作的《城的灯》更是写出了国家改革开放之时,从农村决绝来到城市的农村人的命运和遭遇。《生命册》相较而言更为博大而庞杂,故事一开头,就是一粒被植入城市的种子。有批评家认为,"这部作品更大气、开阔,更加元气充沛。我在茅盾文学奖结束后的采访中曾经用一句话来概括《生命册》:垂问大地,俯瞰生灵,是城乡主题的集大成之作。"②

从童年的饥饿岁月到现在的知名作家,50多年的漫长岁月,李佩甫这代人一步步艰难地走了过来。在生活与写作中,他对这块土地及这块土地上生活着的人的认识也发生了很大

---

① 李佩甫:《羊的门》,华夏出版社,1999,第4页。
② 杨庆祥:《〈生命册〉改变了我对李佩甫的印象》,http://blog.sina.com.cn/s/blog_5601f9b00102wxz4.html。

的改变。20世纪80年代,李佩甫认为金钱是万恶之源,为此他专门写过一部长篇小说《金屋》,宁静安谧的古朴乡村,被这幢熠熠生光的"金屋"搅得人仰马翻,欲海横流;到了21世纪,李佩甫发现自己错了,这时他觉得贫穷才是万恶之源,尤其精神上的贫穷。"贫穷对人的伤害超过了金钱对人的腐蚀。"①第九届茅盾文学奖对《生命册》颁奖辞是:《生命册》的主题是时代与人。在从传统乡土到现代都市的巨大跨越中,李佩甫深切关注着那些"背负土地行走"的人们。他怀着经典现实主义的雄心和志向,确信从人的性格和命运中,可以洞见社会意识的深层结构。《生命册》以沉雄老到的笔力塑造了一系列鲜明的人物形象。快与慢、得与失、故土与他乡、物质与精神,灵魂的质地在剧烈的颠簸中经受缜密的测试和考验,他们身上的尖锐矛盾所具有的过渡性特征,与社会生活的转型形成了具体而迫切的呼应。《生命册》正如李佩甫所深爱的大平原,宽阔深厚的土地上,诚恳地留下了时代的足迹。《生命册》里的城市景观更像是一个欲望黑洞。有填不满的家乡人欲望,有骆驼捞金时的疯狂和膨胀,有代表美好事物的跨国三大洲运来的阿比西尼亚玫瑰。这些"物"曾是被人疯狂追求的,却都无法填补人们心灵的缺失,于是,作者只好安排主人公再次

---

① 金涛:《让认识照亮生活——河南省作协主席李佩甫谈新作〈生命册〉》,《中国艺术报》2012年4月9日。

还乡,让他回家。"因为,我身后长满了'眼睛',可我说不清楚,一片干了的、四处漂泊的树叶,还能不能再回到树上?"

在《生命册》中,故事开始作者设置一个决绝的出走故事,作为一颗被移栽进城里的种子,吴志鹏在城里读大学、读研究生,有了单位、扎根落户,但不堪故乡亲人的屡次打扰,无法忍受种种超出他的能力的重负,只好选择逃离,将个体从那个阴影中挣脱出来。当他实现人生理想之后,赚取足够金钱,获得足够的成功之后,发现自己必须得回去。在病房里,只有每晚吃两片安定,睡着的四个小时里才能忘记自己。此外的其他时间里,他一直在追溯往事,"就像电影胶片一样,一次次回放","如果时间能退回去,那有多好"。后来,吴志鹏带着那盆石榴回村,这才发现,"在我,原以为,所为家乡,只是一种方言,一种声音,一种态度,是你躲不开、扔不掉的一种牵扯,或者说是背在身上的沉重负担。可是,当我越走越远,当岁月开始长毛的时候,我才发现,那一望无际的黄土地,是唯一能拖住我的东西。"[①]他的"还乡"也是一个隐喻,在城市中漂泊的人们如何寻求心灵皈依的问题,在无尽的追逐金钱和欲望的时候,人如何同自我的精神世界和解的故事。

不可否认的是,随着社会的发展,宏大叙事的瓦解,作家

---

① 李佩甫:《生命册》,作家出版社,2012,第 424 页。

普遍更为关注个体的命运。城市的单元相对农村更为轻松和简单,它本身具有个体性和私人化叙事,少了很多家族、背景等固有的因袭羁绊。因此我们才会看到李佩甫作品中《羊的门》中权力话语向《生命册》个人话语叙事的转换。法国新小说派作家罗布·葛利叶曾说:"每个社会、每个时代都盛行一种小说形式,这种小说实际上说明了一种秩序,即一种思考和在世界上生活的特殊方式。"[1]20世纪90年代的文学脱离了政治的桎梏,文学的风向标转向了市场,城市成为市场化原则下表达现实状态的最好的舞台。城市不再仅仅是文学写作的背景,简单地为人物服务,城市已经获得了独特的存在方式并对人物形成强大的诱惑和挤压。"每一类人群都提供一种阅读城市的方式。"[2]因此,我们可以看到不同作者的城市呈现以及他们的文学书写,所提供的打开城市的方式,以及现代化背景下城市人的生存和生活状态。

---

[1] 赖大仁主编:《90年代文学批判丛书·审美浪漫主义与道德理想主义》,华夏出版社,2000,第10页。
[2] (美)理查德·利罕著:《文学中的城市:知识与文化的历史》,吴子枫译,上海人民出版社,2009,第11页。

第五章
旧时风物:历史与现实夹缝中的记忆与认同

美国哲学家、作家和诗人爱默生曾说:"城市是靠记忆而存在的。"城市的标识是什么? 纽约,最为代表性的文化符号有自由女神像、大都会博物馆、华尔街、百老汇;伦敦的大英博物馆、"大笨钟";巴黎的罗浮宫、埃菲尔铁塔、香榭丽舍大街;等等,都是城市的标志性符号。同样,"城市符号是指能够代表该城市文化特征,具有传承价值,给人以深刻印象并且让人引以为豪的标志性的事物。包括城市的历史遗迹、植物花草、时事人物、旅游景点及重要建筑等,它是城市发展的'名片',是城市精神与城市文化的载体。"[①]对于城市文学来说,城市符号是保存历史记忆以及标识城市精神的重要组成部分,也是城市意识的重要载体。对于河南来讲,亦是如此。城市风

---

① 刘溢海:《论城市符号》,载《城市发展研究》2008年第1期。

物、建筑、民俗等旧时风物都是历史记忆的承载和延续。

一、开封老街巷

丹尼尔·贝尔曾说,一个城市不仅仅是一块地方,而且是一种心理状态,一种主要属性为多样化和兴奋的独特生活方式的象征……要认识一个城市,人们必须在它的街道上行走。在文学长廊中,巴黎的街道因为雨果、左拉、波德莱尔、本雅明的描述呈现历史和文化的风情。

开封的老街巷曾是这座城的辉煌历史存在。

对城市的评判,我有一个固执的标准,即走在它的街巷不感到累。而达到这个标准的,一个是有着后海和前门一带密集胡同的老北京,再就是在一圈城墙内街巷胡同密布如织的开封。①

贤人巷、南教经胡同、草市街、理事厅街、乐观街、曹门南街、维中前后街、烧鸡胡同、清平南北街、铁娘娘庙街、南羊市街、前炒米胡同、后炒米胡同、裴场公胡同、东半截街、油坊胡同、哑觉胡同、大袁坑沿街、吴胜角街、打线胡同、鹁鸽市街、存德里……

---

① 李山:《开封的街巷胡同》,载《人民日报》2013年10月12日。

不说街巷,单看名字,就能猜到里面蕴藏的故事。旗纛街是何意思?据说是因旗纛庙而得名,旗纛庙是什么样子?以大梁路为界南北还分了个大旗纛街、小旗纛街。胭脂河街,居民沿河而居,因多是回民,杀羊宰牛,血流到河里成了红色,雅称为胭脂河;另有一说是两边阁楼多住青楼艺女,擦脸修唇的脂粉洗到河里,成了胭脂色,因名之。还有鹁鸽市街,鹁鸽?查词典方知,乃鸽子一种,身体上面灰黑,颈部和胸部暗红色,也叫"家鸽"。买卖鸽子的地方,因之而得街名?炒米胡同,看到名字立马觉有一股浓浓的烟火米香味在飘。还有烧鸡胡同,翠花胡同,马齿苋胡同。黑墨胡同、打线胡同、水车胡同、镟匠胡同、椿树胡同、绣球胡同、辇子街、土市街、草市街、鱼池沿街、三眼井街、马道街……让人遂生怀旧和回归自然的情趣,还会想到开封的百乐杂艺和小商品、小食品的名类繁多。

这些带有古朴风味的街巷是开封历史记忆的重要组成。随着时代的变迁,在开封旧城改造中,许多街巷胡同已被拆除而不复存在。据相关数据统计,清光绪二十四年开封城有胡同58条,民国年间城巷有所扩大,至20世纪40年代胡同增至78个。新中国成立后旧城街道不断得到改造,至1983年仍有胡同62个,至1990年,城区共有胡同75个。到1999年骤减为52个,9年间又减少了23个,呈递减趋势。例如位于石桥口西的绣球胡同以及其中的苏小妹故居,现已经彻底消失;还有处在市儿童医院北侧的耳朵眼胡同,也已全部拆迁;酱醋胡同,在书店街及山货店街改造中消失;原先位于午朝门广场西南角的万寿街,其街道东首临近午朝门,因午朝门前原有一座牌坊,牌坊上有块题有"万寿无疆"四字的匾而得名。时至今日,很多城市风物随着旧城改造化为乌有,历史的遗迹也荡然无存,而一些关于城市记忆的书籍很好地保存了历史风貌。

关爱和先生的《开封记忆》,引用了 2005 年美国《纽约时报》的文章《从开封到纽约——辉煌如过眼烟云》,这是著名专栏作家克里斯托夫的文章,关于开封,作者写道:

今天的开封肮脏贫穷,连个省会也不是,地位无足轻重,所以连机场都没有。这种破落相更让我们看清楚了财富聚散的无常。11 世纪的开封是宋朝的首都,人口超过 100 万,而当时的伦敦人口只有 15000 左右。

现藏于北京故宫博物院的《清明上河图》,纵 24.8 厘米,横 528.7 厘米,描绘了清明时节,北宋京城汴梁及汴河两岸的繁华景象和自然风光。小商小贩沿街叫卖,来往人群摩肩接踵;穿越古丝绸之路前来中原的西域驼队,满载货物,在市场上招揽生意;各种茶社、旅店、酒肆鳞次栉比,看得出它们的生意是何等红火。

历史的辉煌与现在的没落,形成鲜明对照。很多作家也在笔下追寻遥远的余晖。开封作为古都,在历史上有很多光彩,现在却成为一个发展相对落后的城市,而这些年轰轰烈烈的城市改造,也使得旧貌很难保存,越来越高的楼房建筑、现代化的印迹标志,以及不停追赶的城市发展反而使得城市的面貌模糊不清。而通过一些文学作品的记载,我们会发现这座古城的独有魅力。

二、《老杂拌儿》的郑州往事

《老杂拌儿》是陈铁军的小说集,河南文艺出版社 1999 年出版。作者祖辈就在郑州生活,这部作品就是曾经担任河务局长的我祖父讲述的故事。故事开头讲述"我们郑州西门外有个地方叫老坟岗,最早曾是个邱冢麇集魂吟鬼唱之处,后来随着陇海和平汉铁路的相继通车,郑州工商各业日渐繁荣兴旺,由昔日风沙小城壮阳为了新兴商业城市。"《老杂拌儿》汇聚了郑州的民间记忆,融市井生活、奇人异事、风俗人情为一体,是一本关于老郑州的难能可贵的文学作品。

作品首先描写了郑州老坟岗的三教九流人物和市井生活。故事开头讲述的陈大炮就是市井说书人。他的独具一格在于"在内容上则一反传统的帝王将相才子佳人,动不动就拿忠孝礼义廉耻教训人那一套,而是关注现实关注社会,信手拈取发生在人们身边的真人真事,即兴编排成含沙射影、指桑骂槐的段子,冷嘲热讽、嬉笑怒骂现实社会种种黑暗丑陋现象,传统礼教、鄙俗陋习、军阀显贵、贪官污吏、势利小人、市井无赖无不是他骂骂咧咧的对象。正是他的这种独树一帜和别开生面,使得他在老坟岗那么多江湖人物里卓尔不群,一点儿也不像个靠卖狗皮膏药维持生计的人,而更像是个冯梦龙、蒲松龄那样的民间文学家。"①

然而,这样桀骜不驯、不识时务的民间艺术家也为自己的性格付出代价。"先是老坟岗的保长以伤风败俗为由不由分说非要将他从这一片儿撵出去,之后被他骂得抬不起头来的黑社会又老鹰捉小鸡般将他捉去打了个体无完肤,接着吴姓和冯姓军阀的警察局又不问青红皂白先后拘押他共达数月之久,后来日军宪兵队又上过他不知多少回老虎凳灌过他不知多少回辣椒水。"②即便在新中国成立后,新政权给他安排了工作,成为在曲艺团拿工资的人民演员,他还是难逃厄运,在一九五七年的整风运动中因反党言论被扣上右派分子的沉重帽子,在省劳改大队开始了漫长的右派生涯,一直到粉碎"四人帮"之后才得以平安回到郑州,后来在咒骂中结束了漫长苦难的一生。作品将人物的鲜活性格和社会历史勾连起来。

---

① 陈铁军:《老杂拌儿》,河南文艺出版社,1999,第 2 页。
② 陈铁军:《老杂拌儿》,河南文艺出版社,1999,第 5—6 页。

其次,作品写到很多郑州进入工商业社会之后的城市变迁史。《怄气》就写到郑州出现的第一位外国人。一位被郑州人叫作施大鼻子的美国牧师,远渡重洋,又跋山涉水辗转来到河南郑州,在一条叫作衙门前街的街道租赁了两间民房,向人们宣传基督教义。至此,郑州这地方才算有了第一个真正意义的外国人。在他的帮助下,郑州出现了第一家教会医院——华美医院。"这所医院发展到后来的鼎盛时期拥有外籍医护人员数十人,他们以忘我的敬业精神和先进的医疗技术,很快赢得了人们的尊重和信赖,使得教会势力迅速扩大影响了整个郑州。"再后来,随着陇海和平汉铁路的建成通车,郑州成为南来北往的交通中心,各地货物的吞吐集散之地,很多外国人接踵而来,纷纷在这个新兴商城开办银行、商行、纱厂、游乐场和西菜馆,洋面孔在整个城市几乎随处可见。在随着日军入侵,郑州一度沦为外国人的天下。

就是在这种国际大交融的背景下,也出现了人们不同心理的暗战,以及国人对外国人的敌视,开始不管某国人叫某国人,而是改口统称做了洋鬼子。邵老板作为郑州有名的商人就做了一件大事,专门选了一位在郑混得不好的外国人弗雷德,给他重金,让他在郑州街巷为邵老板拉一天黄包车。果然引起了轰动效应,这场盛事使国人出了一口气,无不扬眉吐气拍手称快,觉得大长了中国人的志气,大灭了外国人的威风。

而外国人早已经成了中国通,拿了钱在妓院迅速从乞丐变为大爷,还暗笑遇到的郑州人是一个傻子。这段历史的打捞一方面丰富了郑州的城市记忆,在以往的印象中,民国郑州既不是省会,也不是工商业中心,是一个落寞凋敝的饱受饥荒和战乱的小城,而陈铁军的书写充盈了这段历史,它也是伴随着中国工商业社会和现代化进程发展起来的,也有着新兴产业和外来事物,也有着人所不知的城市文化形态,只不过以往被压抑在既有的叙述话语结构中。

第三,作品还描写了郑州的方言土语、奇人异事和街巷旧迹。

《野仙儿》是一篇别具特色的小说。"野仙儿"本是郑州方言,"一般用来称呼两种人,一是民间郎中,一是江湖术士。'野仙儿'则专指这两种人中那部分没有正当出处和办事儿离谱儿太远的人。换言之,反被呼为野仙儿的,差不多都是些不良不莠和旁门左道之徒。"[①]故事中的野仙儿姓胡,挂张儿的地方在南大街。

那时南大街是名闻遐迩的药材大会,沿街药行不下百家,除本地药商,连有几百年历史的禹州药商都在这儿扎的有摊儿。旧时候的仙儿大多都是开药行兼着行医,药行栉比说明

---

① 陈铁军:《老杂拌儿》,河南文艺出版社,1999,第157页。

名医济济。其中最有名的当属熊儿河德济桥旁的"万盛公"药行,门首贴着对子,左联儿:"是乃仁术也",右联:"岂曰小补哉",横批:"济世活人"光听口气就不寻常。掌柜高仙儿积祖行医,幼年从塾,读完四书五经即随父学医就业。活没活过人很难说,心怀济世之仁却是真的。对于贫寒人家,常常舍药相赠,而对于赊欠药账无力偿还者,索性慨然废账,每当疫病流行,还将成麻包的药物倾入井中,以供汲水之家减灾,医名远扬,问医求药者络绎不绝。这个胡仙儿却特别的与众不同。这是南大街唯一只行医不卖药的仙儿。不卖药的原因是他治人根本就不用药,而全用些歪门邪道、骇人听闻的野法儿。①

接下来就是胡仙儿种种奇闻逸事,比如治疗小孩痘疹不发任凭蚊虫叮咬,令孩儿吃咬不过奋力嚎叫,促使痘疹发出。对付产妇难产,是用寻常缝衣针照产妇肚子就是一针,很顺当地生下来。胡仙儿在南大街出了名,也招来了祸患,因给日军头目治好了伤腿,被反扑来的国军暗算,反正是莫名其妙地失踪了,到底是作为汉奸被处决了,还是被国军俘虏后当军医了,众人只是猜测。这个故事既有传统医者的妙手仁心,也有江湖术士(野仙儿)的神奇陆离,把民国那段杂乱时光里的奇人异事做了很好的概括和呈现。

---

① 同上书,第157—158页。

这本故事集都是关于民间的记忆,不管是《神裁》《巨贼》《羊丐》《保镖》《轿夫》《草民》《瘸人》,都是民间生生不息的力量,也是那一段历史的钩沉。既有德化街老蔡记的历史,也有轿夫的百态人生,同时,对各色街巷、婚丧嫁娶等民间习俗的描摹,城隍野仙儿等神鬼叙述,以及活灵活现的郑州方言的运用,使得这部作品成为一幅展现都市民俗风情的小说,也在细致的叙述中展现了旧日郑州尘封已久的历史细节。

三、图文记忆与文化想象

20世纪90年代以来,随着文化怀旧热而走红的老城市系列书籍,介绍了许多城市的标志物及其历史文化的内涵意蕴。比如南京的秦淮河,广州的骑楼,西安的碑林和大雁塔,武汉的黄鹤楼,它们是城市历史、文化与价值观念的积淀,是一个城市市民的心理文化符号。

孟宪明主编的《图文老郑州》系列2004年由中州古籍出版社出版。编者有感于郑州有3600年的建都史,称过府,称过州,称过县,都集中在老管城的这块地方。今天的市中心二七纪念塔,曾是大文豪苏东坡兄弟送别之处,"登高回首坡垅隔,但见屋帽出复没。"就是北宋时的管城郊外。为了留住老城记忆,编者们不辞劳苦,编纂这套丛书。包括《老城隍》,详尽介绍了各季庙会。火神庙会是郑州的传统民俗,为每年正月初七,在书院街与博爱街路口一带。原来路口东北角有三间庙,庙里供有神胎,墙上画有神主。火神庙会源于远古时期的火神崇拜。此外,还有牛王庙会、三官庙会、七夕庙会、黄岗寺佛祖庙会等等,都将庙会的历史、故事、祭拜特色、禁忌等很好地呈现。

《老街道》记忆了郑州的千年老街、古城老街、文化老街、商埠老街等三十条古色古香的城市街巷。管城街在殷商时代,公元前1610年已经存在,商汤王的亳都城里就覆盖了老郑州城区。此后,周朝郑子产、唐代卢群、宋代曾公亮、王若虚、清朝王知州等都曾活跃在管城街。这条街道自古以来,都是郑州商城的政治中心。曾经的鼓楼是砖石木瓦结构的楼式建筑,八柱三间,斗拱飞檐,暮鼓晨钟,终年如一。民国时期,冯玉祥将其改为图书预览室,方便百姓阅览书籍和报刊,博文增智。可惜如今这些文化标记已经不复存在。

《老店铺》记载了郑州的饮食服务业,包括:老蔡记、葛记焖饼、合记烩面馆、马豫兴、利兴面包房等,它们现在还活跃在郑州的大街小巷,成为郑州的特色,也是外地人来郑必尝的美食。作品记载,京都老蔡记的创始人蔡士俊,来自河南厨师名乡长垣,清末宣统年间,被选入宫中做御厨。清廷瓦解后流落民间,在郑州老坟岗西二街路东创办"京都蔡记老馄饨馆"的牌子,后来又传予其子蔡永泉。蔡记蒸饺1958年吸引了京剧大师梅兰芳,在1959年招待过毛泽东,2001年香港美食家蔡澜慕名而来,并在香港《壹周刊》上《大食中原》中为老蔡记写下这样一段话:

>大蒸笼上铺着长长的针松,叫马尾松,事先已用高汤炮制,再上油。马尾松的上面才是饺子,皮薄像我们的云吞,折了十二个褶,也叫叶子褶,里面的馅充满汤,久放不破,躺在松叶上,扁扁平平,用筷子去挟,不必担心汤流出来。送进口。啊!那味道错综复杂,又加上松叶的香,的确是我这一生六十年尝所未尝的最佳饺子。任何人做的,和他们一比,都要走开一边。古人逐鹿中原,我没有打仗的欲望,但是为了这笼饺子,争个你死我活,也是值得!①

同样,郑州老字号葛记焖饼,创办于1926年,在全国首届中华名小吃认定活动中,被认定为"中华名小吃",现在仍是市民喜爱的就餐场所,也备受外地人青睐。这些基于地方志、寻找古迹风貌的历史记载和文学作品的记忆形成互文关系,也相互充实了城市记忆。

《老匠作》整理了郑州的木匠、泥瓦匠、油漆匠、皮匠等,以及粉坊、油坊、豆腐坊、缝纫工、车把式,等等。《老风物》记载

---

① 孟宪明主编:《图文老郑州:老店铺》,中州古籍出版社,2004,第12页。

了大河村文化遗址、老城墙、西山黄帝古城、文庙、城隍庙、贾鲁河等城市风物。《老话题》编纂了郑州的老歌谣,穷富歌、九九歌、过年歌、祭龙歌,以及俗语谚语,等等。《老吃食》更是细密记录了郑州的日常吃食、时令吃食、节日吃食、地方名吃,等等。《老诗篇》收录了历代文人书写商城的诗作。有商汤的《桑林祷辞》、吕夷简《郑州浮波亭》、祖咏《过郑州》、王维《宿郑州》、苏轼《马上赋诗一篇寄之》、韩愈《过鸿沟》、沈荃《登广武山》、李商隐《夕阳楼》等名家诗作。

相较《图文老郑州》的知识性、史料性,记忆开封的《老开封:都市想象与文化记忆》(北京大学出版社 2013 年出版)是一部学术型专著。该书由陈平原、王德威、关爱和编选,是《都市想象与文化记忆丛书》之一。在编选者看来,"无言的建筑、遥远的恶记忆、严谨的实录、夸饰的漫画、怪诞的传说、歧义的诠释……所有这些,都值得我们珍惜,并努力去寻幽探微深入辨析。相对于诗人的感伤、客子的怀旧或者斗士的抗争,学院派对于曾流光溢彩的'都市生活'的描述与阐释,细针密缝,冷静而客观,或许不太热闹,也不太好看,但却是我们进入历史乃至畅想未来的重要通道,必须给予足够的理解与欣赏。"① 该书收有赵园《开封:水,民风,人物》、曾永义《北宋汴京杂剧

---

① 陈平原、王德威、关爱和编:《开封:都市想象与文化记忆》,北京大学出版社,2013,第 2 页。

考述》、陈平原《不忍远去成绝响——张长弓、张一弓父子的"开封书写"》、梅家玲《城市,空空如也？——开封与当代都市女性成长小说》,等等。

其中,刘春迎《揭秘开封城下城——古代开封城的历史演变与考古研究》,论文指出,通过大量的考古勘探发掘,"开封城下共埋有六座城池:战国时期魏国的大梁城、唐代的汴州城、五代及北宋时期的东京城、金代汴京城、明代开封城和清代开封城。这六座城池按照时代由早到晚,地层自下而上地叠压在了一起。"①李杨《"帝国梦"与"市井情"——〈清明上河图〉中的中国故事》,提出"宋以前的中国城市只是'帝国'的投影。中国古都的建设总是以皇宫为基点,到后来修筑城墙,建立皇城,渐渐形成'左祖右社'的礼制建筑格局,把'天下'浓缩于京城,用建筑传达意识形态。通过都城礼仪化,达到皇权礼仪化,将实体权威转化为礼仪权威。宋代城市的突破则在于开启了这种城市世俗化的进程。兴起于宋代的'市井文化'正是发达的城市文明与商业文明的产物。由于坊制的崩溃,传统城市中城市居民区和商业区分离的局面被打破了,每到日暮鼓响就开始实行宵禁的传统已经不复存在,宋朝允许市民随处开设不同行业的商店,且夜市大盛。随着门阀制度逐渐

---

① 陈平原、王德威、关爱和编:《开封:都市想象与文化记忆》,北京大学出版社,2013,第15页。

衰落,城市居民在文化教育、社会地位上的差距趋于缩小,一个全新的'市井'空间开始生长出来。""如果说此前的中国镜像中只有'帝国',那么,从《清明上河图》中我们看到了市井,更重要的,是看到了'帝国'与'市井'的水乳交融。"①

迈克·克朗认为:"小说可能包含了对城市更深刻的理解。我们不能仅把它当作描述城市生活的资料而忽略它的启发性,城市不仅是故事发生的场地,对城市地理景观的描述同样表达了对社会和生活的认识。……因此,问题不是如实描述城市或城市生活,而是描写城市和城市景观的意义。"②

因此,城市与文学是以一个双向互动的方式存在的,文学对城市的塑造让城市能够有契机超越自我,在"词语"的世界里创造出一个建立在文学本体之上的独特城市景观。"当文学给予城市以想象性的现实的同时,城市的变化反过来也促进文学文本的转变。"城市与文学、城市与作家、城市与人存在一种复杂的建构性关系,对这种关系的研究有利于"意义世界"的回归。

---

① 陈平原、王德威、关爱和编:《开封:都市想象与文化记忆》,北京大学出版社,2013,第476—477页。
② (英)迈克·克朗:《文化地理学》,杨淑华、宋慧敏译,南京大学出版社,2003,第50页。

第六章 实时状态:欲望化的城市景观

当代社会被鲍德里亚称为"消费社会",是文学艺术等文化形式世俗化的基础,物的"丰盛"是消费社会形成的物质前提,商品化是消费社会的基本逻辑,符号操纵是消费逻辑的核心,盲目拜物的逻辑形成了消费的意识形态。① "消费文化的实质就是在人类生存的基本物质需要之外不断地增加符号的、表象的、幻象的产品,从而推动着文化活动从生存、繁衍和安全向交往、体验和幻想扩张。"②在消费社会的大背景下,书写现实如何席卷人们的生活成为重要问题,而作家根据自己的感受方式和想象图景也描绘出多样化的城市景观。

---

① (法)让·鲍德里亚:《消费社会》,刘成富、全志刚译,南京大学出版社,2006,第32、85页。

② 高小康:《当代审美文化的消费本质与时代特征》,载《学术研究》2006年第3期。

一、作为问题的房子

焦述《房子,房子》(作家出版社,2011年出版),直逼近10年来,现实生活中因房价暴涨带给普通人的生存困扰。同时将开发商、政府勾连起来,以小视角打开大问题,并追问房价暴涨这一风潮的因由。作者以一名小人物、有着优秀品质的有为青年,因为房子耽误了结婚,从而带来各种人生困惑,甚至导致个人奋斗都失去了目标和方向,感到茫然、困惑的问题。而这样的期待使通过自我奋斗实现人生价值的优秀青年也遭遇到普遍的时代难题,陷入人生困境。毕竟,在时代浪潮中,个体的力量如一茎瘦草,显得如此微弱,最终也只有寻求自我解脱,以不买房的方式退出这场令人疲惫的、无望的比赛。

任宁是2000年从一所名牌大学毕业的,在土木工程和道路桥梁专业中,这所大学当属全国一流。也是这个缘故,他顺利地被平原一家建筑设计院录用了,干起他攻读的土木工程专业。参加工作第三年,任宁被破格评定为工程师,这期间,他的同仁同窗,不少人忙起买房,筹资金、跑贷款。

任宁是一个很自信的人,想,怕什么,房子只会愈来愈好,无论户型设计,还是施工质量,甫听炒房人胡诌,房价要涨、还要猛涨的鬼话。任宁相信政府,更相信国家,这种可贵的信任感是日积月累积成的,无论他出生的家庭,还是他就读的学校,都是理想的。在这种环境熏陶长大的任宁,怎么能不信政府而被旁门左道的歪风忽悠呢。①

就是这样一个理想的、自信、生机勃勃的青年,在买房问题上被弄得灰头土脸、垂头丧气,始终跑不赢房价。即便这样,他始终改变不了房价暴涨的大趋势。

自任宁赌气不再买房,卖房子的主儿并没有因为不计其数的任宁气不过而压低房价,反而,房价一路攀升,一发而不可收了,也怪依然有那么些人,对与日俱增的房价面不改色心不跳,大把大把地掏出票子购房,真不知这些人从哪里弄来这么多票子,有人一出手竟买下一幢楼,听说那都是大老板,票子多得没地方放,就押到房子上了。至于买三套两套的主,也大有人在,更多的是小打小弄的主,像舞台上跑龙套的小二,东拼西凑弄够一套房的首付,已累得筋疲力尽了,再与银行按揭一番,后期房费要挤上三十年二十年的节衣缩食生活,为了住上一套房子,浑身的油水已被榨干了,且透支了大半生的精气神,未来的生涯,从精神到物质,都被房子和票子这俩魔鬼吸干了啊!②

---

① 焦述:《房子,房子》,作家出版社,2011,第 2 页。
② 焦述:《房子,房子》,作家出版社,2011,第 87 页。

其实,书中描写的怪现状就是很多人垂头丧气的社会现实,新世纪以来,房地产的脱缰狂奔牵动所有人的神经。据国家统计局统计显示,2003年1至11月份,全国商品房价格比上年同期上涨了4.6%,但北京的涨幅要高近一个百分点。据经济学家统计,"近10年来,中国经历了快速的房价上涨。从全国层面看,在2001~2010年的10年间,经过省级物价指数消涨后的房价上涨了1.30倍,其中,2005年房价较2001年上涨了39%,2010年房价较2005年上涨了66%。……与房价上涨相伴随的是快速的城市化进程。根据《中国统计年鉴2011》,中国城镇居民占总人口的比率从1978年的17.92%上升到2010年的49.95%。"[1]伴随着全国楼市的变化,郑州的房价也在高歌猛进,"在2007年至2017年十年之间,房价从2007年每平4863米,到2017年,涨到了13218元。以一套100平方米的房子为例,10年总价的涨幅是84万元,每年涨8.4万元,每月涨7000元,每天涨233元,每小时涨10元!"[2]冰冷的数据背后有很多刚需族无奈的故事,尤其是对于年轻人来说,跑不赢的房价也成为生活的重负。在《房子,房子》中,焦述找寻的是房价上涨对普通青年的影响,以及上涨过程

---

[1] 陆铭、欧海军、陈斌开:《理性还是泡沫:对城市化、移民和房价的经验研究》,载《世界经济》2014年第1期。

[2]《统计说:郑州房价,十年之间房产新闻每小时上涨10元!刚需者,怎么做?》,http://suzhou.jiwu.com/news/2840333.html。

中政府和开发商的亲密结合导致房市的失控,也对这一问题做出反思。

无独有偶,乔叶的非虚构小说《拆楼记》,也在关注城市化进程中极为敏感的拆迁问题。并通过追踪式采访,还原事件真相,将其写成"一个纤毫毕现的人性标本,一部独特鲜活的社会档案"。故事发生在"我"姐姐家所在的张庄,即将成为市高新区的组成部分,姐姐和同村人就想趁着土地被征用之前抢先盖楼,以获得更多的政府赔偿。为了帮助姐姐脱贫致富,我也参与其中,成为幕后军师。楼盖好之后,政府部门采取措施,使村民组织的统一战线很快瓦解。作者反思了在现实诱惑和威胁面前,人们何去何从的问题。

故事开篇是"盖楼记":

几年前,市政的规划图一下来,未来路主道一通,张庄就要被整体搬迁的传闻一出,有先见之明的姐姐立马便用上了所有的积蓄,又朝我借了 3 万块钱,把自己的主房掉了个 180 度的方向,将它翻成了坐北朝南的两层新楼房。一楼自住,二楼出租。后来,她又一点点地在房前空地上加盖起了储藏室、厕所和厨房,最终形成了一个 16 米宽、6 米长的院子。自此,原来那座简陋旧小的阴宅瓦房就连蹦带跳地升级为一栋完美的阳宅楼房。每当走进姐姐家,看到院子里种的各色茵茵蔬菜,我就不由自得想篡改海子的诗句:面朝大海,春暖花开。①

但盖这么美的房子不是为了自住,而是为了拆掉,为了拆掉的时候多要些政府补偿,试图以六七万的成本换取二十四五万的纯利润。故事下半部是政府和村民斗智斗勇的拆楼记,而在这个过程中,胜利者却是GDP。"别的不说,拆迁给咱地方经济增长了多少?老厉害了!拆拆盖盖的,那么多人都有事干了。铺地板砖的工人一天都能挣500块!俺这饭店的生意也都托了拆迁的福,多挣了不少。"

可以说,伴随着城市化进程的,也是一部部拆迁史。而对于拆迁户来说,赖以生存的家园土地被征收,也存在情感割舍的问题,因此,觉得多要多占是属于合理诉求,符合有便宜就要占的国民心理。"城市拆迁中钉子户出现的原因,多是他们对拆迁补偿不满所致。'钉子户'的抗争,一方面是心理学意义上的'被剥夺感';另一方面是基于利益的诉求,他们的行动多是以更多的经济补偿为目的。'钉子户'敢于利用各种策略进行利益表达,而他们只是无数拆迁户中的极少数,更多的人是'沉默的大多数'。"②这也是乔叶《拆楼记》中斗智斗勇、合纵连横却收获失败的姐姐们的故事。

---

① 乔叶:《拆楼记》,河南文艺出版社,2012,第13—14页。
② 陈绍军、刘玉珍:《城市房屋拆迁中"钉子户"的博弈逻辑——以N市被拆迁户为例》,载《东疆学刊》2011年第1期。

自 1998 年开始住宅商品化之后,房子一直成为社会焦点问题。在 1998 年住房商品化之前的 12 年里,年商品房销售面积维持在 1 亿平方米以下,在 1992 年有个 1000 平方米量级的增加,想来是受小平同志"南巡"之风影响。"显著的变化发生在 1998 年,当年住房正式实行货币化,住宅类商品房销售面积首超 1 亿平方米,并且之后增幅也明显扩大,仅仅 4 年时间就实现 1 亿平方米量级的飞跃,在 2002 年实现 2.37 亿平方米。在 2008 年底'四万亿'的刺激之下,2009 年住宅类商品房销售出现大幅反弹,直上 8.62 亿平方米。商品房销售面积,2013 年一举突破 10 亿平方米大关,达 11.57 亿平方米。"[1]作家们关注此领域也表现出于城市化进程的同构性,以及作家视角的观察与反思,同时,也是一部部鲜活的社会发展史。

二、情感新状态

在河南作家中,关于城市人情感状态的书写,杨东明、孙瑜等都是着墨较多的作家。杨东明注重性爱的思辨,孙瑜关注女性的情感和生活状态。

---

[1] 杨国明:《中国住宅商品化的前世今生》,http://blog.sina.com.cn/s/blog_49a802270101jk9a.html。

杨东明写过很多城市情感系列小说,被其称为性爱思辨系列,他也是较早关注城市人情感和心理状态的作家之一。《问题太大》一开头的楔子,就是物化的城市景观。故事背景被设定为潢阳市。

安雅小区的知名并非因为这里的商品楼档次高,与那些坐拥众多别墅式洋房的住宅区相比,安雅只不过是由二十几幢六层公寓楼组成的普通住宅区。安雅的知名是由于它的绿地,它的围栏。安雅是最早引进那种欧式草坪的,安雅的通透式围栏典雅而气派,栏尖犹如王宫卫队的长矛,栏上每隔一段距离就有一盏照明灯,颇似18世纪欧洲王公贵族们马车上的风雨灯。①

故事则是围绕一场婚外恋展开。乔果作为一位颇有姿色的城市女子,在工作中备受骚扰,一直洁身自好,不经意间卷入一场婚外情感。一方面对丈夫、孩子心怀愧疚。同时又难以割舍情感。

想到不得不用谎言处处设防,欺骗丈夫,乔果就觉得自己很卑劣。唯一能让乔果聊以自慰的是,这欺骗是为了爱情。

是爱情吗?

是的,在每分每秒没有卢连璧的时光里,乔果都会思念

---

① 杨东明:《问题太大》,河南文艺出版社,2001,第1页。

他。既带着兴奋和甜蜜,又带着涩涩的苦意。想见到他,却又怕见到他。每次分手的时候,都在心里流着泪说,这是最后一次了,最后一次。

不,这不是爱情。乔果能够品味出来,在这种思念里蕴含的与其说是幸福,毋宁说是压抑和忧郁。爱情不应该是这样的啊……①

在作家看来,爱情更多的是人类游戏,是一种新鲜和刺激。

当初乔果与丈夫阮伟雄拍拖的时候,也经常约会,也经常看电影。两人拉着手依偎在一起,感觉到的是一种平稳的温存和幸福,那情形就像在风平浪静的内河里行船,心情恬淡而舒适。与卢连壁的约会则风光迥异,不但有初涉情场的新鲜感,还有一种隐秘的偷偷摸摸的刺激感。那种心情就像在弯弯拐拐的山道上飙车,颠颠荡荡跌跌撞撞张张狂狂……

乔果觉得自己这样"很坏",可是,她又无法控制自己,让自己从那飙升的车子里脱出来。②

主线是一个女人和三个男人的故事,作者很是耐心地做着情感分析。对于乔果来说,她对丈夫是最有感情的,爱丈夫、爱孩子、爱这个家,相濡以沫的依恋,割舍不断的亲情,无

---

① 杨东明:《问题太大》,河南文艺出版社,2001,第120页。
② 杨东明:《问题太大》,河南文艺出版社,2001,第139页。

可推卸的责任和义务,紧紧地维系着他们。然而,却无法从丈夫那里得到性的快乐。和情夫卢连璧是性爱的快乐,是人类的天性追求。而爱慕者刘仁杰则是提供一种精神上的吸引,对方可以将其带入如诗如画般的意境里。但在情感纠葛中沉沦,乔果阉割了情夫,自己也选择自杀。

《谁为谁憔悴》(作家出版社 2005 年版)讲述了都市女性钟文欣年轻时被包养、因出轨被遗弃,又被男友遗弃,最后恋上一位男妓的故事。该作品涉及都市情感的虚拟网络聊天室,以及空虚寂寞的富婆对情感和性的需求。而男主角石大川出身乡下,毕业后做一个乡镇学校的老师,因为见过世面,不愿意像父亲那样重复贫瘠的人生。"是都市繁闹的商业大街告诉他什么是阔气有钱,是都市灯光变色的歌舞厅告诉他什么是轻松快乐,是都市觥筹交错的酒楼饭店告诉他什么是奢华享受,是都市豪华的别墅群告诉他,什么是另一种生活……"后因家庭重负和个人的爱慕虚荣之心选择做男妓,恪尽职守做着"陪"的本分。

而对于女主角钟文欣来说,她的人生同样是悲剧的。年轻时被上司诱奸,又被台商包养,爱上了钢琴老师韩冰,却因感情败露导致韩冰被台商报复,被挖去一只眼睛。韩冰离开了她,台商抛弃了她,在最脆弱的时候,和家里的男佣有了孩子。女儿长大后一直在寻找父亲,招致台商家属的奚落及韩冰的冷遇。而她的真实父亲却因钟文欣嫌弃其不够体面一直无法公开身份，女儿因此患上了心理疾病。而钟文欣同样也因男妓石大川形象酷似韩冰，对其产生深深的依恋，并选择包养他，不惜伤害女儿的情感。

《拒绝浪漫》（作家出版社 1997 年出版）的主人公是青年企业家楚枫，外在光鲜，却有着难以道人的苦楚，父亲楚正人因母亲瘫痪而强暴了在家做保姆的妻子侄女秀秀，后两人长期保持关系，秀秀婚后不堪其扰，选择用毒蛇杀死了楚正人。因担心丑闻败露影响自己的公众形象和事业，楚枫劝秀秀自杀隐瞒真相。妻子韦怡美因误会丈夫出轨而偷情，后两个人离婚。楚枫后来遇到了情投意合的爱人——在电视台工作的孟娴，却因京城有背景的李雅雅看上了他而选择与其结婚。就连双方的接吻都像两个大公司的老总在握手。这种强强联合虽无爱情，却也算有着志同道合的默契感。在回答孟娴"作为一个企业家，你向往生活追求的是什么"时，楚枫清醒地回答："我要的是成功，是一种人生的成就感。这个时代是不需要浪漫的，你必须拒绝浪漫，硬起心来一步一步朝前走，才能走向你的成功。"① 而故事又抛出一个意味深长的结尾，作为成功企业家的楚枫会在想，自己活得那么累，是不是该和情人

---

① 杨东明：《拒绝浪漫》，作家出版社，1997，第 322 页。

一起轻松一下了。现代城市爱情的缥缈,对于事业人生的追求,以及婚姻的不可靠性,成为新时代的城市病。

对于杨东明来说,他一直试图剖析城市人的心理状态,并运用很多人性分析法,以他们的经历来反映出行为和心路历程。如《问题太大》中的蔡太太,作为一位独居老人,只因听到双方苟且的声音,出于对其他女性的嫉妒和个人的阴暗心理,三番两次去找卢连璧的太太揭发奸情。而《拒绝浪漫》中的楚正人,虽是个坏蛋,强奸并长期占有妻子侄女秀秀,但也是因为自己妻子的瘫痪,无法进行夫妻生活,因而对秀秀产生不轨行为。当秀秀嫁人逃离这个家之后,他又生出难以忍受的失落感。只要站在厨房,"就仿佛看到秀秀微微垂着头,附在水池边洗菜的样子"。"菜刀把上,留着秀秀的体温;菜盘边上,留着秀秀的指痕;炒菜的油香弥漫开来,楚正人又会隐隐地嗅到秀秀那略带油烟味的体香。"他几乎成了一个神志恍惚的梦游病人。在这种心理下,他一遍遍去骚扰秀秀。而对于秀秀来说,心里的恨意与日俱增,在"他要毁掉我,我就毁掉他"的心理暗示下,秀秀将其毒杀。这些细腻的描写、心理的剖析也使得人物行为符合逻辑。

孙瑜的女性读物系列《请你别碰我的床》(北京群众出版社2010年出版)写城市女性隐秘的情感状态,并涉及种种现象,如女人年轻时被"小三"、积累财富,后成富婆寻求情感和生理释放,找男妓的故事。这些故事揭开城市的另一隐秘空间,从张扬的女性姿态中发现城市怪现状。

《请你别碰我的"床"》写怀疑丈夫出轨的郝敏,一方面要强迫自己维持婚姻的光鲜,另一方面又无法控制自己的行为。她既强迫自己不要偷看肖纳新的手机,但"偷窥就像吸毒一样,一旦打开了这个潘多拉的盒子,只会越陷越深"。"逐渐的,郝敏已经不满足于偷看手机,还经常翻看肖纳新的钱包、口袋,以及出差回来的行李箱,甚至暗中查看他放进洗衣机的内衣内裤有无可疑的颜色,关键部位还要送至鼻下再三深嗅,以判断是否留有外面女人的痕迹。"①在这种压抑的生活状态下,夫妻之间的关系越来越客气、冷淡,精心维系的婚姻时刻面临崩盘。但郝敏还在自我排遣,"不守在这儿她能去哪里呢?回娘家吗?嫁出去的姑娘,泼出去的水,这么大岁数的老闺女再灰头土脸地回娘家,难道是什么光彩事?"②

《和衣而卧》看似美好纯情的"姐弟恋",也无法扛过金钱的重击。那个爱"我"很多年的江明声,因为香港富婆许诺的诱惑太大,而他又太需要成功的开始,于是选择抛弃"我",并在告别之时用诗歌朗诵般的深情在电话中向"我"诉说:"会永远记住你的生日,你将在每年的那天第一个收到我的祝福,无

---

① 孙瑜:《请你别碰我的"床"》,群众出版社,2010,第43页。
② 孙瑜:《请你别碰我的"床"》,群众出版社,2010,第45页。

论天涯海角。"情感在金钱面前的不堪一击也给"我"上了生动的社会现实课。

《空心床》(中国华侨出版社 2010 年出版),重在书写城市女性苏眉的感情生活,年轻时被位高权重的长者陈穆包养,只是各取所需的交换而已。发达后又选择高薪包养男妓,享用对方年轻的身体,最终被品质恶劣的张亚东骗尽家财,和男妓抱团取暖的故事。在苏眉的生活中,感情和利益不相关时,一切都维系的很好。她面对这个比自己父亲年纪还大的老男人陈穆,小心地进行角色扮演,假装喜欢,各种讨好,"她觉得自己已经进入了角色——演什么就得像什么,不仅要像还要观众认可,让观众也进入剧情,那才是好演员。"而陈穆对于苏眉的行为也心知肚明,他当然明白苏眉并不是只爱他这个人。"这把年纪的他很清楚,所谓爱你有多深,问的即是你的银子有几分。"[1]而年长后的苏眉也去寻欢,她发现钱可以买到男人。包月 10 万元的价钱对她来说不成问题,但这个价钱变成了苏眉昨夜艳遇的结尾,还是让她很不舒服。但她又能迅速释然,可以随便地养花养草养宠物养男人,高兴了甚至可以一掷千金地施舍,还是一件快乐之事。但这样居高临下的快乐并没有维系多久,在她破产之后,曾被她伤害尊严的男妓又选

---

[1] 孙瑜:《空心床》,中国华侨出版社,2011,第 29 页。

择重新包养她,也不忘补句很伤自尊的话:"苏总,千万别觉得自个有多高贵,尤其是3张以上又身无分文的女人。"

这部作品中,作者还安排了一位女性,苏眉的保姆许艳秋,她从乡下进城,具备乡下女子的很多优点,朴实、勤劳。但就是这样的纯朴的她,和雇主苏眉建立起深厚的信任关系。苏眉安排她学习财务、进入公司。她却在骗子张亚东的诱惑下失身、骗钱,导致苏眉破产和自杀的结局。作者试图探讨其心理动因,女性的嫉妒和张亚东的情感欺骗使许艳秋误入歧途。她嫉妒苏眉的漂亮衣服,嫉妒她的情感,这也是她行为失控的原因。她也算是一个从保姆奋斗到白领的好榜样,作者却通过城市男人张亚东的眼睛告诉读者城市对她的嫌弃。即便知道她是处子之身,张亚东却塞给她一个破抹布止血。即便知道她对自己有情感依恋,张亚东却一直嫌恶她身上褪不掉的土气。而这些却是她不自知和无法摆脱的原乡烙印。

孙瑜的这两部作品都触及城市女性糟糕的情感问题:夫妻出轨、姐弟恋、婚外恋、包养、嫖妓等各种事物,从情感状态入手分析城市女性看似强大背后脆弱的神经。尽管在《女人制造》中试图树立起一个新新女性——卓衣琦,在进入这个都市打拼近十年之后,换了近十种行业,搬了十余次家,终于挤进"白骨精"的行列——白领、骨干、精英,开始养车贷房的良性循环。这又听说当下的新新女人又提出了新的口号:早日实现九个现代化！三围魔鬼化,收入白领化,家务甩手化,快乐日常化,情调小资化,购物疯狂化,爱情持久化,情人规模化,老公奴隶化。① 这位都市新女性在卷入一段段与已婚男人的爱恋关系之后,选择借精生子,成为独身妈妈。在貌似坚强的背后却有着现代女性无法言说的苦痛。可以说,现代女性的婚姻焦虑、情感焦虑、年龄焦虑等问题为什么在作家笔下如此突显,却是令人始料未及的现象。从王安忆笔下"不自觉的人"开始,更多作品开始关注城市女性形象,她们的行为、心理、际遇、命运。王安忆的中篇小说《米尼》《我爱比尔》等都以浓重笔墨写出那些在城市中飘摇、卷入情感的女性形象,以及她们不自觉的行为带来的人生悲剧。《香港的情与爱》又以冷峻的眼光写出市场化时代到来时,情感与金钱的交换力量。一位上海女性来到香港,和商人老魏维系着同居关系。女人的目的就是移民,而老魏则是交换的筹码,以及眷恋短暂的温暖。后来,各达目的,天各一方。

也许女作家愿意将更多笔墨倾注于女性的遭遇。不管是邵丽《明惠的圣诞》中明惠作为一个进城的妓女,以为找到人生依靠能够走入城市,却发现永远也无法融入那位城市男人的朋友圈,而选择自杀。还有乔叶《我是真的热爱你》中的姊

---

① 孙瑜:《空心床》,中国华侨出版社,2011,第148页。

妹,姐姐一开始的行为还带有生活的压力,如为妹妹赚取学费等,后来完全是被物的欲望冲昏头脑,一心赚钱,并裹挟妹妹一起实现自己财富积累的目标,甚至不惜牺牲妹妹的爱情和人生。城市女性的命运该如何书写,真的应该成为一个问题。她们只是第二性或弱者吗?在城市化的进程中,走入城市的女性真的无法实现自我吗?真的需要放弃自我和尊严吗?我们可以看出作者对她们命运的同情,对弱者的关爱,也希望看到她们身上更多的精神力量。

三、《欲望》与突围的可能

2013年,墨白的长篇小说《欲望》出版,这部57万字的作品,故事时间跨越30年,被分为红卷、黄卷、蓝卷,讲述谭渔、吴西玉、黄秋雨三个同年同月同日生、同乡同学的人生故事。设定这样的巧合,也是从不同角度阐释同一背景的人如何"沉溺"于欲望的汪洋大海。诚如作者在后记中讲述,"对权力的欲望,对肉体的欲望,对生存的欲望,欲望像洪水一样冲击着我们,欲望的海洋淹没了人间无数的生命,有的人直到被欲望窒息的那一刻,自我和独立精神都没有觉醒"。作品的写作始于20世纪90年代,也许是因为"欲望比性格更能代表一个人的存在价值"①,欲望书写成为20世纪90年代文学的重章华彩,从《废都》到《我爱美元》《私人生活》《一个人的战争》,对本能欲望书写成为摆脱意识形态压抑后的重要文学现象,也留下了许多具有代表性的历史横断面作品。但墨白的执着并不仅仅限于此,而是耗费二十年心力,将欲望叙事与三十年的时代背景紧紧缠绕。解读这部作品,去剖析作者如何呈现一代人的欲望,不仅可以发现作者对人生、人性的总体反思,对于一代人的成长史、精神史也会有着更为重要的意义。

墨白的写作更为关注人心、人性的幽暗之处,在《欲望》三部曲中对自己的写作理念也做了很好的阐释,如他所言"我们所有有着乡村背景的人,来到城市,做人的尊严都会受到挑战。在过去的城乡二元对立的国策里,农民失去了作为人应有的尊重和尊严,多年的不公形成了他们自卑的心理。现在他们来到了城里,他们的价值观、道德观都受到了强烈的冲击,他们会感到无所适从。在我们中国的历史上,从来没有像今天这样有这么多的农民离开自己的家乡和土地,这个社会是一个动荡的社会,面临着巨大的心理混乱。这个心理混乱,一方面是由于生存的困境带来的,另一方面是由精神的困惑

---

① 余华:《我能否相信自己》,人民日报出版社,1998,第171页。

所带来的。"①虽然墨白一再强调他的乡土联系,但作为知识分子"进城"与农民工的心理还是有着很大区别,这也使得他更为注重精神领域的关注和挖掘。对于墨白来说,"城市就是在这样的欲望之中无休止地膨胀着,空气中充满了铜臭的气味,但又是那样的冰冷,那样的缺少情感"。同时和墨白走入城市的孙方友,用现实主义的笔法建构小镇人物,而墨白却执迷于先锋写作,"冰冷"也许是我们理解其写作的关键词,那就是无法找到温暖的力量。作品中,谭渔和"红颜"叶秋的交往是难有的温情细节,如叶秋品读他的作品,为他举办的文学座谈会。

在后来的许多日子里,那次有关文学座谈会上的许多细节都被谭渔淡忘了……但他却为自己成功的讲演暗自得意。那天他讲得很投入,将他的身世,在讲述他苦难的经历时谭渔流下了真诚的泪水,以致使几个女孩子也都伴着他流泪,那天他们一起走出那幢教学楼的时候,叶秋激动地对他说,讲得好,讲得太好了。……叶秋说话的声音化成了一支曲子时常在我的感觉里响起来。在他们分别握手时,谭渔在夜色里拉

---

① 孟庆澍:《小说的多维镜像——墨白访谈录》,云南人民出版社,2016,第32页。

住叶秋的手,他用了一下力,又用了一下力。那只手仿佛已经不存在,存在的只是一种情感,一种情感的相互传递,这是那天晚上留给谭渔最深的印象。①

但叶秋的身份是城市女人,她虽然被设定为一个不世俗的女人,曾因看不上丈夫的铜臭气而离婚,却有着现代城市的认同法则,她又会这样教育谭渔:"看来只有你这样傻了,你知道现在是啥年代?谁还这样一心一意地做学问?你看人家都在干啥,都在捞钱。""你想成为大家,就得砍断你的根,你应该远走高飞,你身上的包袱太重了!"心灵之友也是如此的认知逻辑,谭渔唯有写诗来表达自己的孤独,却又发现"没有文字能表达我的忧伤",终于沉溺于欲望,和妻子离婚,和小慧、小红发生关系放纵自己。作品中,越来越多的人在欲望中迷失,有金钱欲(汪洋、钱大用、谭渔)、名利欲(吴天夫、吴西玉)、性欲(谭渔、小慧、小红、尹琳、吴西玉、五仙女、黄秋雨、米慧等)、表现欲(钱大用)、倾诉欲(赵静、尹琳)。尤其是爱欲,更是得到极致书写。

对于吴西玉来说,牛文藻"这个十足的性冷淡者常常把我搁置在一种备受欲望煎熬的境地里。多年来,我常常过着这

---

① 墨白:《欲望》,湖南文艺出版社,2013,第121页。

种苦不堪言的日子"。而黄秋雨老婆的不懂爱情,也为他的放纵和爱情缠绵寻找人性的理由。社会学家告诉我们,"提高社会等级的欲望的受挫,不仅意味着必须放弃提高生活水平的希望,而且还意味着社会尊重也遭到破坏,以及随之而来的自尊的丧失。""拉斯威尔已经证明,一旦'成功的自我'以前的理想被搅乱以及以前的态度被弄得无目的,旧的冲动便向内转化,并采取自我惩罚形式,从而退化为受虐狂的,或心理上自我毁坏的放荡。"①于是,谭渔和妻子离婚,在情人叶秋之外,他还在小慧、小红的诱惑中自我放纵,甚至质疑自己,"是什么驱使我来这里呢?是爱情吗?我都快四十岁的人了,我为什么还会这样呢?我是一个灵魂肮脏的人吗?"吴西玉也会沉溺于肉欲的放纵和黄秋雨一段又一段的浪漫游戏。虽然墨白执着于"先锋"写作,先锋更多指向技巧,作家总是讲故事的人。我们不能不联想到他在作品后记中刻意表达的"人的尊严是我写作《欲望》时思考最多的一个问题"。

众所周知,墨白是学习绘画出身,对色彩应有着更为深刻的认知,作品分为三卷:红卷、黄卷、蓝卷。我们记得闻一多那首诗歌《色彩》,"生命是张没价值的白纸,自从绿给了我发展,红给了我情热,黄教我以忠义,蓝教我以高洁,粉红赐我以希

---

① (德)曼海姆:《重建时代的人与社会:现代社会结构研究》,张旅平译,译林出版社,2011,第84页。

望,灰白赠我以悲哀;再完成这帧彩图,黑还要加我以死。从此以后,我便溺爱于我的生命,因为我爱他的色彩。"墨白在《欲望》中以三原色为主轴,调出形形色色的欲望。小说的精神是复杂性。每部小说都在告诉读者:"事情要比你想象的复杂。"作品中,种种欲望和放纵不仅没有改善烦恼人生,反而加速自我毁灭,在作品中,我们可以看到各种各样欲望导致的悲伤及死亡。作品开篇,锦的姥姥死去,锦的自杀,锦的儿子小渔的死,汪炳贵的死,车祸撞死的女人,季春雨父亲的死,季春雨杀人及被抓,涂文庆强奸杀人,于天夫死于癌症,七仙女的儿子被绑架杀害,七仙女的疯和死,吴西玉的车祸,黄秋雨死于谋杀,粟楠因车祸成为植物人。形形色色的离婚与背叛:雷秀梅的夫妻争吵,小慧父母闹离婚,谭渔离婚,陈浩的离婚,叶秋离婚,汪洋离婚,吴西玉与尹琳的婚外情,牛文藻母亲的性丑闻,杨景环闹离婚,陈仙芝闹离婚。以及林林总总的疯狂,如锦的疯、七仙女的疯,牛文藻的疯狂行为,等等。

这种无关善恶,没有明确道德指向的压抑性叙事方式也被有的研究者视为"零度写作",但这又无法涵盖墨白对人生、对时代的发问,对历史的反思。在作品中,他会让小慧来质问谭渔:"什么东西能代表我们的这个时代呢?"在关于历史的叙述中,又有意植入各种历史事件,如刘少奇的死、"大跃进"造成的信阳事件、艾滋病的泛滥、新疆的阿拉木图、遇罗克的《出身论》、"12·8"特大安全事故、纪念碑的坍塌等,那些被植入的宏大历史与无法命名的琐碎欲望形成鲜明对比。尽管三部曲以明亮的红、黄、蓝开卷,作品的底色、基调总是灰暗、阴晦的,每个人都找不到自己的方向,只能在欲望中毁灭,如谭渔回不去的乡村,吴西玉的车祸与仕途终结,黄秋雨的死于非命。

作家总是"讲故事的人",不管他用何种方式。然而,20世纪90年代以来,30年中国故事在作家笔下并没有得到有效重建,也有批评家将其称为"介入现实的乏力",尽管有各种因素,但30年来社会的缺乏同构性也是不争的事实,所以,余华才会说出"我们生活在巨大的差距里",阎连科才讲到"现实的荒诞正在和作家的想象力赛跑"。跳跃性、快速发展的社会形态也给更多的人带来不适之感,作家的自我人生都是断裂的,如何来表达多种复杂经验成为令人困惑的命题。这使我们不得不想到墨白,前半生的坎坷经历,终于靠着写作走入城市,却面临着20世纪90年代的文学转型,当众多的先锋作家经过市场规训和自我调适重回现实主义的写作旅程中,墨白却坚守先锋写作,用梦幻、记忆来建构自己的文学世界。"孤独"一直是《欲望》三部曲中挥之不去的话题。墨白生于1956年,从出生到成年、青年都是高度一体化的共同社会,他和同代人莫言、阎连科有着相似的人生经历,饥饿、生存所带来的没有尊严,家庭成员的"历史问题"所带来的种种受挫,但却是最有责任意识的一代,因为他们的出生、成长是和共和国同构的,即便是被誉为"海派传人"、最擅长城市书写的王安忆,也自我强调是"共和国的女儿",所以,他们的故事总是带着极强的社会意识。从这个角度,我们或许可以找到墨白在欲望化城市中,试图以"颍河镇"作为根据地,重建"精神原乡"的努力。

从1980年的9月到1991年的12月,整整十一年零三个月,这段时光我是在故乡的小学里度过的。……现在夏季的太阳还没有升起,城市如林的楼房如海的绿色树冠已经开始增长气温,楼下穿梭般的汽车和远处倾吐灰烟的烟囱,使我感觉到我离那段宁静的乡间生活越来越远了,我怎样才能在这个崇拜金钱和权势的社会里,抵达那段生活清贫而精神富足的时光的腹部呢?①

在这里,作者将外部世界诠释为金钱和权势,而试图抵达理想的内心,生活清贫而精神富足。现代化、城市化既是社会进步,也是资本逻辑、财富逻辑、发展逻辑、理性逻辑的同步建构。对于墨白来说,"文学的问题首先应该是心灵的自省和自救。"②在作品中,灰暗、坚硬、冰冷的城市被欲望、恐惧包裹,

---

① 墨白:《鸟与梦飞行》,河南文艺出版社,2016,第79页。
② 墨白:《梦境、幻想与记忆》,河南大学出版社,2013,第416页。

只有遥远的故乡是温暖的腹地、理想的所在。因此,作者通过梦境、幻想和记忆来寻找精神自足的力量。"真正的艺术作品,我们时代的真正的先锋派,完全不遮掩艺术与现实之间的这种疏远,完全不减弱两者之间的差异而是扩大差异,并且强化它们自己同所给予的现实之间的不可调和性,其强化的程度达到使艺术不能有任何(行为上)应用的地步。它们以这一方式履行了艺术的认识功能,……让人类面对那些他们所背叛了的梦想和他们所忘却了的罪恶。"①

所以,他才会用庞大而驳杂的《欲望》三部曲来诠释自己的写作理念,在城市欲望巨大的吞噬力中,谭渔从《裸奔的年代》中的主角,失去乡土身份却难以融入城市的挣扎者,到《欲望与恐惧》中的看客,再到《别人的房间》中黄秋雨的故事揭秘者,通过立体交叉的方式建构一代人的生存困境。20世纪90年代以来的中国社会给一代人带来极大的精神不适,也许是怀恋80年代的理想主义和人文情感,也许是精神世界坍塌之后重建努力的种种失效,也许是荒诞、碎片化的现实难以言说,也容易导致介入现实的困难。即便在正面直击的作品,如阎连科的《炸裂志》,也以"神实主义"的方式自我命名。《欲望》如何来表达这个时代,作品并不明晰,那不断穿插、跳跃的

---

① 董学文、荣伟:《现代美学新维度——"西方马克思主义"美学论文精选》,北京大学出版社,1990,第255页。

历史,那灰暗、晦涩的梦境,都在有意模糊我们的阅读视野,但一个个灰暗的欲望故事却也暗合了作者对欲望的理解,所以,我们会看到欲望所招致的人的毁灭。从谭渔的精神坍塌,到吴西玉的不知所终,再到黄秋雨的死于非命,都是一个个黯然神伤、悲惨无比的欲望故事。

第七章
作为背景的城市:寻找一种观看方法

对波德莱尔来说,游荡者是这样一个人:"他进入城市和人群,以便为他自己建立一个意义的世界,通过观察,而不是成为他周围世界的一部分,他能建立一种反讽和超脱的态度,这种反讽和超脱的立场使游荡者成为现代生活的英雄。"①这一形象被李欧梵称为"漫游者的崇高偶像"。写城市生活应该是新生代作家比较熟悉的情境。在他们的成长环境中,城市化已经兴起和迅猛发展,他们的成长就是伴随着城市的成长同步进行的,关注城市人的生活状态和城市变迁成为他们作品的重要内容。全球化时代的到来一方面使他们更能适应多元化的世界,同时也能对现代城市的困境有着更为深刻的反思。卡尔维诺在《看不见的城市》里用古代使者的口吻对城市

---

① Keith Tester.The Flaneur.London:Routledge.1994.P7.

进行了现代性的描述。连绵的城市无限地扩张,城市规模远远超出了人类的感受能力,这样的城市已经成为一个无法控制的怪物了。这就是后工业社会中异化了的城市状态,而这种状况会一直持续下去。如何寻找观看城市的方法也成为新的写作诉求。

一、游荡者与《雀儿问答》

本雅明说:"人们迷失在城市里,就像迷失在森林里。"所以,在他笔下,出现众多游荡者形象。他们在城市游走,却有着心理距离,因而对城市的观察也更为明晰和透彻。在《雀儿问答》(中短篇小说集,河南文艺出版社2016年出版)中,奚同发也写出一幕幕观看城市青年的生活的作品。中篇小说《彼此》写城市中的青年人和他们的沉重人生。"如今城市被物欲左右,人的轻松和笑脸并不多见,尤其在街头彼此陌生相向而行。笑,对许多人来说,并不意味着快乐、轻松和开心,只是一种表情,或者必要的脸谱。"[①]

邹晓亮是一名实习记者,努力工作三个月,却被总编室主任辞退。对他来说,记者工作实在是枯燥,"国庆时拍红旗,八

---

① 奚同发:《雀儿问答》,河南文艺出版社,2016,第3页。

月十五拍月饼,五月端午拍粽子"。"媒体人天天替别人维护合法权益,临到头,自己的权益被眼睁睁侵犯却无力维护。"气愤之余,他来到距报社最近的一家大型商场。董震欧是一名派出所民警,干警察已过半年,"派出所天天都那些破事,有时被借出勤,要么是领导来了在路上站班,要么是球赛或明星演唱会去当人墙"。这样的生活他觉得实在是浪费青春,却是开小卖铺的父母千辛万苦求来的职业。在一次被所长放开嗓门几世仇似的骂娘之后,"一摔警帽,老子不干了,不伺候了!"脑子一片空白,也一拐弯来到常去的商场。二黄在建筑工地打工,因为没多大力气,又是大专毕业,工友们照顾他,总觉得没干啥活,心里感激大家,就把年底找老板索要拖欠工资的重任揽在自己身上。冯俊是包工头,却没有显露出的那般光鲜。"平民百姓还有点积蓄存款搁银行里,我们哪有存款啊,都扔工地里了,而且还要找银行或投资公司拆借、贷款。总之,从成为有钱人开始,一下子变成了穷人。"对他来说,每天在高级酒店里山吃海喝,真是吃怕了,"满脑子有事,要说事,要谈事,要办事。"工程款被拖欠,甚至不敢像民工一样高喉咙大嗓门大吵大闹,只能躲起来,一边找工程方要钱,一边躲民工讨薪。经常半夜突然惊醒,一身虚汗。对于他的女儿冯晓霓来说,爸爸也是缺席者,每年生日总不在家。在八岁生日那天,爸爸终于带她来商场买礼物,于是遇到在这里蹲守的二黄。

于是所有人、所有故事被聚焦到商场,二黄把小丫头捉住,试图以此要挟冯老板,在他看来,对付流氓,要比对方更流氓,这一幕被董震欧看到,本想离开的他,无意间身子倒翻,腾空砸向那青年,结果莫名成为解救人质的英雄。而正在闲逛用照相机拍照的记者也拍下了这一幕,第二天用两个整版以视觉新闻的专栏,以时间顺序报道了他解救人质的全过程。整个一幕类似于一场荒诞剧,本来都在自己的生活里无力地打转转,却因一次偶然的聚焦改变了命运。民警立功了,从昨天的被辞职,到今天的英雄。那悲惨的小人物命运可想而知,所有人的生活也在不经意间走入另一条轨道。

整个故事构思精巧,城中人的话题,经常被物欲挤压到只有脸谱化。而这篇小说更多关注他们的心灵世界,每个人在城市生活、挣扎、沉沦、反抗,以及找不到出路的迷惘和无力,都被细致地道出来。每个人都有自己的故事、过去、苦衷,以及在城市光鲜亮丽的外表下越来越逼仄的内心世界,把人还原为人,写出城市背景下人们生存的尴尬。

《日子还将 GOON》写一位都市大龄女青年的恋爱史。考研的时候,她也有一段美好的初恋,因男生处处谈钱,觉得很难走下去,提出分手。万万没想到的是,男生"把一个小本子和一堆发票收据之类摆在她面前",在盛怒之下,"她从自己的坤包里掏出了一把钱看都没看摔着桌上。"男生则飞快地点数起钱来,然后说,"不够,还差着呢!"这些让人瞠目结舌、啼笑皆非的场景在作者笔下却有很强的真实感,如两人的经济学背景,男生对她所提出的情感支出认为属于经济学理论上的"沉没性成本,无法计入……"高屋建瓴的理论阐释,以及理论与实践相结合的自圆其说。之后,也许是对爱情的失望,也许是在竞争的压力下,她选择倾情投入工作,几乎没有时间和精力来一场恋爱,乃至到了二十九岁已过半,在焦虑之下,来到"婚姻工厂"。在熟悉流程之后,发现学经济的她,"在一次次面对生活中的经济学时,竟然如此崩溃,如此毫无抵抗之力?沮丧,沮丧到极点。"在生活面前,爱情也成了奢侈品。或者是可以计算的投入、产出的回报,或者是流水线式的相亲、婚姻工厂,一切看似有序的、可控的,情感的力量却微乎其微,确实让人沮丧。

《没时间,忙》写城市人的生活,以及他们如何在虚幻的网络空间里寻求满足。在人生的各种压力面前,人会变得孤独无援欲说无言,于是网络成为最好的言说空间。城市人的生活现状,生活的压力、爱情的压力、做人的压力、亲情的压力、说话的压力、做事的压力、挣钱的压力、养家的压力、同事的压力、岗位的压力等诸多的社会压力和自身压力,一天天被压得疲惫不堪。而与压力伴随的则是每个人强烈的孤独感。

孤独源自于社会价值观的断裂。"在传统社会中,一切价值观都是有秩序的,善与恶的标准也是清晰的;然而在现代社会中,社会价值观却是无序、暧昧与断裂的。为了逃避这种不确定性,人们一方面固执己见,企图把自己的价值观强加给他人,从而使社会呈现出自己所熟悉并接受的秩序;另一方面,人们又固执地排斥他人所强加的价值观,结果就造成了人与人之间的对立与隔阂,孤独由此产生。"①我们会看到,《烟花》中,爱情也是昙花一现,成为一种飘然怅惘的记忆。但这种孤独,何尝不是一种个人化的认知,以及城市的差异化所带来的陌生化经验。《烟花》中写都市女子,写出"我"的不解,"如今大都市的女子,自小与男孩子在幼儿园里一起,对男性见怪不怪。加上超女类风尚中性的引领,更多人都弄不明白怎么做一个女孩。她们认为留短发洗起来方便,看上去精干,便放弃了如瀑布般让人心动的长发;她们认为跟男生相处很正常,哥儿们长哥们儿短的称呼很帅气,于是见了面,拍拍肩,捅一拳,击下双掌。一个丫头片子混迹于男孩子之间,穿短裤,蹬旅游鞋,没啥大的区别,甚至连穿的衣服都很男性化。如此培养的女子,哪还有什么优雅、温文,更别提含羞。"②所以,在这些故事中,我们会看到男性对女性审美的不解,女性对男性如此熟

---

① 张志忠、吴登峰:《孤独的城市森林——须一瓜小说简论》,载《文艺争鸣》2008年第2期。
② 奚同发:《雀儿问答》,河南文艺出版社,2016,第69页。

第七章 作为背景的城市:寻找一种观看方法

练运用经济学理论来计算爱情的不解。在不解中,个体只能退回到内心或虚拟空间,上演真真假假的爱情故事。

奚同发是记者,长期奋战在媒体一线,对社会生活很熟悉,对于人物内心的揣摩也是入木三分。在他这些或真实或虚构的故事中,通过个体观察画出了城市的众生肖像。他们或是普通记者、公务员,或是进城务工人员,或是财大气粗的老板、光鲜靓丽的白领,但作者更为关注的是他们的内心,在职业化人生之外的自我。通过一个个小故事,呈现出在城市光鲜亮丽外壳之外的真实图景,以及现代城市人的内心如何安放的大问题。

二、"我们的七厅八处"

南飞雁是较早成名的"80后"作家,高中时就发表长篇小说《冰蓝世界》,大学入读中文系,一直从事文学创作。"我的七厅八处"系列是近年来在《人民文学》等刊物上发表的一些中篇小说,并以合集的方式编入《天蝎》(上海文艺出版社2018年版)。包括《红酒》《暧昧》《灯泡》《空位》《天蝎》《皮婚》,都是描写公务员的工作与生活,以及人到中年卑微而自尊的生活。之所以选择这类题材,源于作者所言自己没有其他的生活。他说自己"一直恐惧读同龄人的小说,也经常跟几位同学调侃,说我读来读去,发现只有一个主题可以写,而且可以写得很好,这个主题就是绝望。各路同辈强们人早已占下码头,抢了生意,圈走地盘,以至于抬头一望,各个题材的山头上都有'替天行道'的杏黄旗迎风招展,类似武松者熙熙攘攘。扭头再看,倒有一个去处人迹罕至,那便是我的七厅八处。"因为"自己的朋友与文学基本无关,上至厅长下至时间,广泛分布在某厅某处中,这就是我天然天化的生活。"①

这些故事都涉及官场,讲述公务员的革命与爱情生活。尽管作者写到他们人到中年圆滑世故,又有着在现实面前的卑微,真实的映照更能显示出小人物在生活面前的无力与苟且。故事男主人的设置多为中年男性公务员,离异无子,面临工作晋升的压力和婚姻的重新选择。在世故的考量面前,《红酒》中的简方平面对刘晶莉的暧昧很有底气:"我好歹也是个副处级干部,你刘晶莉算什么,一个三十岁的女人,也把自己端起来么?"而享受暧昧的过程,被他比喻成"就好像一个初次到自助餐厅的人,蓦地发现那么多随便挑选的美食,谁都不会仅仅往盘子里放上几片面包,直接吃饱了就走人。""一个三十岁的女人,事业无成,经历颇多,容貌也不出众,急于嫁给他的心情可以理解。但这样迫切就不好了,不符合暧昧的游戏规

---

① 南飞雁:《我的七厅八处》,http://www.360doc.cn/article/31642712_591309323.html。

则,而脱离了规则的游戏很难进行下去。"同样对于《暧昧》中的聂于川来说,暧昧对象也是和官位挂钩的。

如今天上掉下个林妹妹,跟钟厅长交情莫逆,又曾追求过他,还是离了婚的,内因具备外因有力,只要运作得当,还愁副处长被老孙抢走?还愁赶不上大提拔的末班车?就算都不提拔,副处长空置,他今年才三十六岁,以时间换空间,积小胜为大胜,熬也把老孙熬退休了。数风流人物,还看今朝。当然,这是有前提的。就像一列火车,时刻表已定,仅需沿着轨道走下去,早晚会到站——只要不出轨。如今妻子已飘居云端,出轨的基础不复存在。至于玩暧昧,并不能和出轨画等号,不但不能画等号,还可以得到意外收获。

《灯泡》写了少有的正直人物穆山北,他性格耿直,在审职称材料时"上去就把书记夫人的材料剔了出来,判曰论文造假"。在领导根本没把他当回事,掂起"初审通过"的戳子盖了之后,抓着论文找领导评理,领导不表态,他就回宿舍写了封实名举报信,直呈厅高评委。"由此一战成名,轰动全体"。但也因此,走了多年的背运,一直提拔不了,被视为"灾星",去哪里都被嫌弃、冷落。一直到九处后,自己心里着急,也改变了态度。后在岳父的运筹帷幄之中晋升科长。混了二十多年,这才明白走仕途和当黑嘴灯泡并不矛盾。对他来说,"四十多岁了,儿子挺争气,老婆有本事,自己呢,总算也提拔了。如果晚上老婆能再爆个腰花,老丈人能开瓶二锅头,那他的日子就更好过了。"《灯泡》不同于其他小说的油滑世故,写了一个耿直的人如何在公务员队伍中落落寡合,他不作假、不迎合、不世故、不功利,是个好人,却一直不受待见的憋屈人生。作为读者,看到穆山北毫无顾忌地坚持原则,尤其是他大闹四处审计的故事让人读来酣畅淋漓。他将老齐挤兑得体无完肤、走投无路,又把小高处长证得面红耳赤、无言以对。然后面对围观人群"点头离去,穿越人群,走得器宇轩昂"。然而,这却是暗合心机颇深的九处处长小肖的计谋,完成一个小肖识大体、顾大局,竞争对手小高找茬的故事新编。而穆山北恰恰充当了领导的枪手,才换来他的晋升。

《空位》围绕着一个事业单位编制的问题来讲故事。小蒙本科毕业,因父亲在设计院做没实职的领导班子成员,得到工勤岗,一直在为编制的空位努力。而研究生晓嫣父女也为这一编制暗暗较劲。在老蒙的运作下,晓嫣一度弱势,其父虽为科级干部,不惜釜底抽薪,运用自己手中权力,坚持要查账,换来女儿的空位编制。而小蒙讹诈晓嫣与其发生关系。小蒙的恋情也是很值得思考,双方本是大学恋人,小蒙的父母不同意,两人只得分手。多年后重逢,小蒙是打扫卫生的工勤,美如在公司已经混的风生水起,不平等的地位使得二人再续前缘。而吊诡的是,小蒙已经知道美如委身领导换来的职位,并和领导一直保持关系,却毫不在意,继续与其结婚。对于等待多年空位、深受煎熬的他来说,已经明白尊严在生活面前不值一提。

现在的小蒙,已经不再是以前的小蒙了。他不住地提醒自己,他想要的无非是一个老婆、一段婚姻,而不是因为女友出轨愤而分手,况且这出轨来自她讨生活的本能。分手是容易,逞了一时之快,到头来什么都没落下,未免太悲催。在研究院多年,要是这点账都算不明白,真是白混了。

这个故事使人读来悲怆,曾经的纯洁青年,"从追逐空位开始,几年里他陆陆续续把理想、尊严、底线统统埋葬进去"。对于晓嫣也是如此,她是音乐系研究生,为了一个空位出卖自己,向小蒙献身。美如亦是如此。让我们不禁感慨人的异化,在利益、诱惑面前人性的不堪一击。

这些机关、单位的人为了位置争抢了一辈子,直到快退休才想明白。在《天蝎》中,作者借老冯之口讲:"你老弟算人到中年,老哥我都五十大几了。在这个年纪,身体健康,略有积蓄,孩子听话,老婆还在,事业上不至于丢人,也就足够了。至于升官发财,多它不多少它不少,仔细想想也就他妈的那回事。"局外人也许会淡定,但是置身其中的人所费的心机、所受的委屈实在令人难过,也显示出现代社会竞争机制下人的可怕和生存的不易。

三、青年的人生问题

陈宏伟《三角形的秘密》写城市家庭三代人的秘密,两个三角形,支撑起稳定结构。祖父怀疑孙子不是自己儿子亲生的,去做亲自鉴定。祖母道出真相,儿子不是丈夫亲生的。而儿媳确实存在出轨,为了维护婚姻和谐,和情夫共同炮制出假的亲自鉴定。家庭里每个人都在心照不宣地活着,又都需要爱和温暖的力量。

周一尘从机关最底层的职员干起,兢兢业业十年磨砺,历经若干次大大小小的变迁和曲折,一般没有韧劲的人,恐怕早就半路放弃了。他的许多同年龄段的同事,都喜欢上了书法、摄影,或者热衷于骑行、登山等户外运动,工作上的事情能推就推,能躲就躲,俨然已经看透官场,重新热爱上了生活。可他仍然意气风发地干着一个副科级实职(享受正科级待遇),他一辈子的目标是甩掉职务后面的括号,升任正科级实职,尝尝一把手的权力滋味。刘丽莉常嘲讽他分不清欲望与理想,从而把自己污浊的欲望混同为高远的理想。①

---

① 陈宏伟:《三角形的秘密》,载《小说月报·原创版》2016年第3期。

相较来说,儿子周一尘是简单的人,热爱工作,有自己的理想和追求。他也是一个善良厚道的人,即便知道亲子鉴定的结果存疑,也"不会因为这个生气的,不管怎样我都会一如既往地爱儿子,但是我昨夜考虑了一下,还是要带航航做个检测"。在这种情境下,妻子的初恋的刺激和迷失也向我们说明现代爱情游戏的不确定性。"或是某个阳光灿烂的午后,他约她一块去郊外,沿着溪流去探寻上游的瀑布。他带她走一条驴友们都不知道的僻静小路,找到几棵结满秋桃的果树。或者带她去申碑路新开的川菜馆吃火锅,边吃边看川剧中的变脸表演。她知道他是在尽力带她体验一些新鲜好玩的地方。既带她看遍世间繁华,又带她坐旋转木马。"浪漫和消失并存,带来生活的不确定性。于是找到安稳的舞台,开始自己的婚姻生活,却卷入两代人的出身故事。

《远方那么远》写一对曾经的恋人,一个选择信阳小城生活,一个去广州闯世界,不同际遇和心境的故事。

杨仪很钦佩韵涵似乎总是心怀梦想。尽管她从未准确地向他表达过她究竟是什么样的梦想,但那梦想似乎一直在远方,她一直在追寻。而杨仪生活在信阳这个小城市里,如果有梦想,那就是做个闲人。父母健康,家庭和睦,孩子快乐,工作安稳,这些就构成了他平淡的现实,却也是他的内心之梦。之后不久,杨仪瞅住一个机会,在靠近南湾湖边买了一处农民的房子。农民进城打工,在城里安家了。山坡下,湖畔边,三间两层的住宅,单独的水井,宽阔的院落,房前屋后绿树掩映,藤萝满墙,竟然只要二十五万元。杨仪请一个画家朋友来帮忙设计,进行了一番就地取材的改造。屋里的陈设全采用旧式实木家具,擦得窗明几净。堂前挂了画家朋友临摹的古画《溪山行旅图》,配一副隶书对联:佳思忽来诗能下酒,豪情一往剑可赠人。堂下桌案立一青花观音瓶,摆着《遵生八笺》《湖滨散记》等闲书……①

本是无意于江湖的寂寥人生,对于在城市闯荡累了的韶涵来说,却是无比羡慕,"你知道吗?现在大城市有严重食品安全问题,你真有远见啊,我也想回老家来,开垦一块地,自己种菜自己吃,抬头就可见蓝天白云,过一种田园诗般的生活……""杨仪,我以前认为,小城市的生活是多么寡淡乏味,今天我才完全明了,根本不是那么一回事。我虽然生活在大城市,其实我把生活过成了一片废墟……"而她辞去大城市的工作,回到小城信阳领养孩子,不惜搭上自己全部的体己,想养育一个可怜的小女孩,却遭遇欺骗。贫穷的恶使她始料未及。杨仪在小城过着散淡的生活,而韶涵想从大城市的波涛汹涌中退出,却发现退无可退。

---

① 陈宏伟:《远方那么远》,载《江南》2015年第6期。

中篇小说《拍摄记》讲述一位年轻人拍电影的故事。让人没想到的事,拍电影的人对市场、世道研究很透,他发现的规律是:"'不能带着艺术情怀拍电影,那样好心会变成驴肝肺。'他对我说,'这个时代最不值钱的就是情怀,拍电影就像泡女人,一认真你就输了。'看我似懂非懂,他紧握拳头一挥,'电影是玩出来的,哄着脑残的影迷们玩。'"而整个拍电影的过程就是胡闹,涉及潜规则等社会问题,而只有投资人一个人是带着情怀拍电影,其他人都是冲钱来的。甚至讽刺"现在一些影评人,看完电影就发表指点江山式的评论,他们不明白,电影是大众娱乐行业,不是精英先锋艺术。带着某种精神动机去看电影,挺悲哀的。"① 怎样拍摄电影解构了电影的拍摄环节,一切为了金钱和欲望,涉及的女演员面对种种潜规则自我放逐的故事,投资人虽有情怀但不懂电影技巧,操作者又深谙社会游戏,只是将其作为牟利的工具。世故的年轻人早已将社会投机玩的驾轻就熟。

短篇小说《看日出》,则写出一对年轻夫妻在生活面前的无力感。刘晓娟和丈夫李东东是大学同学,毕业后又都留着申城工作。妻子刘晓娟有个愿望,想全家去公鸡山看一次日出。李东东也认为"去公鸡山又不是去旧金山,这算什么愿

---

① 陈宏伟:《拍摄记》,载《飞天》2016 年第 5 期。

望,不值一提"。虽然它离市区只有五十公里,但家人还真的没有去过。围绕着这个看似微不足道的愿望,丈夫陪着领导、朋友、亲戚、同学去过,一家人却始终没有成行。伴随着还房贷、妻子下岗、母亲生病,生活的压力越来越大,也就慢慢淡忘了。由于女儿要写作文看日出,全家人被此触动,终于决定时,由于外资介入,景区价格越涨越高,住宿一晚的费用就要四百多元,门票也从三十元涨到八十元,又成为延宕的话题。而妻子在生活面前也褪去了诗情画意。

刘晓娟的报亭增加了许多琐碎的业务,代收水电费,给电动车充电,卖一些简单的日用品,甚至还帮别人代卖摩托车头盔。她每天起早贪黑,面对无尽的鸡零狗碎、一地鸡毛,但日子的内里,还是粗枝大叶的简单,周而复始的寡淡,规律得近乎刻板。老头儿老太太们交个水电费,往往要掏出上月的小票存根,眯着眼睛对照半天。刘晓娟也陪着耐心,老人看不清了,甚至还要接过来,帮他们辨认清楚,说个明白,让他们安心。刘晓娟原有一头乌黑油亮的头发,在厂里很引以为傲的,如今不觉间干巴巴的,带着一股萧索气,她把自己"闯"成了一个彻头彻尾的市井妇女。

直到有一天,一家人终于出行,决定去公鸡山玩一次,并且下定决心住一晚,看一次日出。女儿盈盈跳跃起来保证,她将写一篇六百字的记叙文。兴高采烈地出行后,才发现公鸡山已经没有办法看日出了,登唱晓峰的坡道被一道石墙挡住了,原因是"市里新来的领导属鸡,见不得人人都来踩鸡头,影响提拔……"一家人愣在那里,呆若木鸡,望着高处的唱晓峰,说不出话来。通过看日出的小事,道出了小人物的悲哀,生活的无奈和辛酸。

陈宏伟的小说多从生活琐事着手,却能以小见大,写出深刻的韵味。如《合影》《远方那么远》,"我"和大学同学两人本有好感,但基于人生的不同选择,一个到大城市,一个留在小城,心境和际遇的变化,以及面对生活的无限怅惘。《看日出》则有《一地鸡毛》的味道,年轻人走入社会,生存的压力,背负的重担,父母子女、房子车子、人情往来等,都是把人罩得密不透风的网,无力又无处可逃。《三角形》又写出现代家庭的平衡,爱情婚姻的多面性。《拍摄记》讲述情怀与世故,以及世故的横行霸世。这些小说因有着浓厚的生活气息,以及不同青年的选择,也为我们打开市民生活的多幅面孔。

四、直面城市的老龄化问题

周大新的《天黑得很慢》,2018 年 1 月由人民文学出版社出版,是中国首部全面关注老龄社会的长篇小说。从 2015 年起我国就进入人口老龄化迅速发展时期,据预测,到2035年,老年人口将达到20%。老龄化正在成为日益严重的社会问题,这部书对其进行预警,也实现了文学审美功能和社会功能的有效结合。

长久以来,我们国家流行的是青春崇拜。梁启超《少年中国说》提出著名的"老年人如僧,少年人如侠";"老年人如鸦片烟,少年人如泼兰地酒。""少年强则国强,少年进步则国进步。"此后的话语叙述中,不管是《青春之歌》《年轻的一代》《青春万岁》,等等,都是讴歌青春。现在霸占荧屏的,也多是小鲜肉、美少女。老人形象在文学序列中,一般是作为长者(代表权威)、智者(代表通天地鬼神)出现的,比如很多文学作品中的老族长,或者《极花》中的老老爷,多是作为概念或符号,而并非作为有血有肉的人的形象出现。

这本书真正把老人作为人来写,从故事开篇的73岁到故事结束的86岁,从不服老到器官衰竭的过程,他的心路历程,他的遭遇和感受,也丰富了当代文学的形象。主人公是一名硬汉,做过法官,70多岁时还会因别人给他让座而动怒。他一直在和衰老对抗,进行种种自救行为。他去婚介所、想恋爱结婚,遇到情投意合的女性也进行很多努力,却因为身体状况和对方种种更为实际的打算失败了。他还去练各种奇奇怪怪的功,有拍拍健身操、龟龄功,去服用千岁膏,等等。当然,过程中有很多受骗的经历,这也反映出我们社会的现状。直面问题才能引起社会重视,从这一点上,说明作者的勇气和创新力。

细想想,现在身边的老人没有不被这些鼓动和感染的,向老人推销、洗脑式地贩卖各式保健品、补药,书中的种种情节相信读者也会感同身受,这就是社会现实,是我们身边的老人正在经历的事情。为了对抗衰老、延长生命,该试的该用的都尝试了、都努力了,在社会怪现状面前,在情感受骗、经济受骗后,老人们该何去何从。作者只好营造一个世外桃源,一个没有被污染的纯天然的长寿村,但作为都市人,大家都意识到,这样的生活也回不去了。因而,它仍然是一个棘手的社会问题。

同时,整部小说的结构也很独特。一开始是轰炸式的各种前沿科技,有陪护机器人,有灵奇长寿丸,有返老还青的虚拟世界体验,有各种可能预见的人类美好未来。后面却是赤裸裸的现实人生,有人性的贪婪、自私,有爱情的背叛与遗弃,有身体器官的衰老、自然力的不可抗,有老人所面对的空旷的房子和无边的孤独。科技与情感就形成一种互文关系。在现代科技的发展还没有办法与衰老、死亡进行有效对抗的时候,这个时间差人们如何来应对,科技与情感是否能够互生共存,也有很多令人深思的地方。

这是一部描述人间朴素情感的作品。父亲爱女儿,百般瞧不上女婿;女儿爱丈夫,为了他堕胎、出国、抑郁、致死;陪护员爱男友,辛苦赚钱供他读大学、读研究生。当这些人离开后,退休法官、陪护员、孩子组成一个特殊的家庭。为了给孩子上城市户口,两人假结婚,后在多年共处中形成深厚的父女情。在老法官已经完全痴呆、几近死亡,医学已经无法疗救、很多人都会选择放弃的时候,陪护员选择升华成母爱,试图用最原始的方式唤醒他。

进入现代社会以来,孤独、欲望就成为人类永恒的话题。人们的生活缺少宁静和温暖,也就丧失了爱的能力。我们的生活,都被楼市、物质绑架,文学作品中多是精明算计的野心家和阴谋家,宫斗戏、职场戏、婆婆妈妈戏亦是如此,很少有人还能把情感放在重要的位置。那些作品也许会使我们增强战斗技能,却无法打动人心,只能使你感到世界的残酷,进一步冰封内心。然而情感的力量是永恒的,也是人之为人所在。即使在最为戏谑的《大话西游》中,至尊宝的心中还保留着一滴爱的眼泪。即便在最为炫酷的《复仇者联盟3》中,能轻易毁灭整个宇宙的灭霸仍为养女留下温情的泪水。但现在我们似乎太忽略情感,太强调物质了。按照卢卡奇的物化理论,人成了物的奴仆,人与人的关系变成了物与物的关系,这也确实是我们当下的现实。如果仅用物质衡量成功与快乐,反而会失掉生命的本真。因而,当你读到这部作品时,更会被其间的情感力量所打动。

从1979年开始发表作品,现在已经写作40余年,周大新先生写出了很多优秀作品,如《汉家女》《第二十幕》《湖光山色》《预警》《曲终人在》,等等。这些作品都紧跟时代,故事背景不同、人物性格不同,反映的社会问题不同,但都保持与时代的密切关系。如《湖光山色》写市场经济到来对小山村的影响与波动,以及《曲终人在》所追问的反腐败问题。随着作家创作时间的延长,不重复别人还可以,不重复自己就更有难度,因此很多作品写到最后就成为集大成之作,也就是之前的总结和提升。而周大新先生不是,他的每一次写作,都转换视角、背景、人物和题材,这也说明他保持着极强的写作严肃性。《天黑得很慢》关注老龄社会的种种问题,不仅将社会现状呈现出来,作者还一直在寻找解决问题的方法。

故事选择发生在城市公园,七个黄昏的讲述共同编织了这部长篇小说,天黑得很慢,其间冷暖自知。在古诗词中,不管是"夕阳无限好,只是近黄昏"的留恋,还是"恶滋味,最是黄昏"的惆怅,都为我们传达其中的多重滋味。该小说用多种方式打开黄昏、解读黄昏,使我们知晓、感悟置身其中的人们的真实境遇。

第八章　城市如何成为一种气质

一、何谓城市意识

城市意识到底是什么？为什么如此多的作家在城市生活了许多年仍然坚持认为自己是农民，为什么城市的面孔如此模糊？仅仅是高楼大厦区隔的无法安放的个体，还是彰显着不同的城市气质？在以往的书写方式中，多将城市的历史引入书写，通过历史记忆的方式完成城市的身份认同。但我们不能忽略的是城市的现代性，以及现在城中人的生活境遇到底裹挟着什么，这对于城市气质的建构起着怎样的作用？很多作家在笔下兼有城市历史，又有现代躁动中的城市新事物、新景象，并在寻找过去和书写现实中呈现出当代城市的多幅面孔与时代症候。

陈晓明先生曾在《城市文学：弯路与困境》一文中对其下过一个定义，他说："所谓城市文学就是表现了城市生活并包含了一定城市意识的作品"。而什么又是"城市意识"？"即叙述人或作品中的人物，总是意识到城市的存在，意识到他的生存境遇和生活方式与城市相关，他在思考他在城市中的存在状态。在大多数情形下，这就是现代的个体自我意识，甚至可以简要地表述为浪漫主义、现代主义或后现代主义意识……"新时期以来的城市文学，可能是到了20世纪90年代一部分"新生代"和"70后"作家笔下才得以接续上现代都市文学的"小传统"，"可他们的城市书写似乎带有表象性和装饰性，这些作家作为城市的主体，是否在写作中渗透了城市精神的自觉？的确，城市文学还是要基于一种城市精神，这种终极精神不仅仅只是上流社会的灯红酒绿，它一定还有底层社会的冷暖自知。"[①]

城市文化体现在城市人的思想、价值观念及信仰和行为规范上，就是城市意识。城市意识自然也是相对于乡村意识而言，一方面人口密集一起，城市以自己的意象节奏、声音气味刺激着人们，人们为了"学会适应城市"而不得不合理组织时空，规范新的生存方式。由此形成一系列积极的、科学的、

[①] 刘波等：《城市文学的精神底色和现实境遇》，载《长江文艺评论》2018年第3期。

功利的价值观念和精神信仰;另一方面,也由于人口的众多、生存的竞争、商品的主宰,自然产生人对城市的不适应感,出现城市病态的心理意识:如时空危机感、错乱和反常、金钱病、空虚症、幻灭感等非人格的异化意识。①

对于河南来说,文化故里与现代城市的相映生辉成为河南城市的特色。之前的宣传,总会有"老家河南"的口号,意思是河南是中国文化之根,寻根的故里,比如老子讲经台、杜甫故里、李商隐公园等文化遗迹的存在就是明证,但随着时代的发展,文化传统如何与现代事物相结合也成为新问题。所以我们会看到外交部推介河南的八分钟宣传片中充满各种文化元素。有夏商古都郑州、十三朝古都洛阳、八朝古都开封、七朝古都安阳等传统文明的发源地。有洛阳龙门石窟、安阳殷墟、登封少林、焦作太极等文化符号,还有大玉米、航空港等现代事物,展示既古老又现代的河南形象。将传统与时尚、厚重与活力融为一体,可以说是比较经典的城市宣介。而在文学作品中,关于城市形象的寻找可并不那么直接、外在,但作家在寻找写作资源时也会一直寻找,寻找人物的生活背景、寻找作品的生成空间,以及时代人物所裹挟的传统与现代的因子。

---

① 徐剑艺:《城市文化和城市文学——当代城市小说的文化特征及其形成》,载《文学评论》1987年第5期。

二、《平原客》土与洋

李佩甫先生的新作《平原客》是他作品系列中较为洋气的作品,融入很多现代事物和作者的新思考。主人公虽出身农村,但通过高考进入城市,并凭借优秀的学识娶了教授的美丽女儿,自己也漂洋过海到美国哥伦比亚大学读博士,是一个有着洋墨水的接受先进文化熏陶的现代知识分子。但多年的汉堡包没有改变他的脾胃,多年的西化生活也没有改变他的灵魂,从外表看他仍然像一位农民。贵为副校长时,他仍是一个"比农民还农民的小老头",在学生眼中,和他美丽、优雅的夫人是如此的不般配,这段婚姻终于还是以失败告终了。到后来,贵为副省长时,他的再婚要求是一个朴实的农村人,没有文化,会伺候父亲就好。他是小麦专家,和土地有着亲密关系,这些我们都可以理解,但很难理解的是十几年的成长习惯、思维方式是不是就没有改变的可能。

第一次结婚后,和前妻的"约法五章"中就有不准在屋内抽烟;养成良好的卫生习惯,注重仪表;出门换干净衣服,进门换拖鞋;上床前刷牙、洗脸、洗手、洗脚等基本卫生和礼仪。这样的约束让他很难受,离婚再娶时放着一众本科生不看,就想要实在一点儿,要会照顾人,能和老爹吃一锅饭,哪怕是没文化的也行。于是找到保姆型的农村姑娘徐二彩,结果忍受不了对方的粗鄙和威胁,间接杀害她,也导致自己的覆灭。婚姻的悲剧导致的人生悲剧。如果说第一次婚姻是教授女儿与农家子弟的不和谐造成的,第二次婚姻虽是出身相同,但精神世界差异过大造成了更大悲剧。作品也在试图探讨,看似顺风顺水的人生是如何滑落的,人在物质和精神面前又该如何自持。

而作者借警察赫连东山反思代际的问题,他是一个优秀的警察,却和儿子有深深的隔阂,儿子从小喜欢打游戏不服管,在他眼里是典型的不成器。但就是这样的儿子大学时就能靠打游戏卖装备赚钱,毕业后就能拿到年薪三十万、五十万,而他干了一辈子革命工作才年薪五万。故事中有一个啼笑皆非的细节,他劝说儿子辞去年薪三十万的工作,找一个正经工作干。儿子的一个粉丝"90后"骂他却引起了他的反思。

到北京出差时,儿子带他去俄国餐厅吃西餐。"这完全是一个年轻人的世界","在悠扬旋律的俄罗斯音乐声中,喝着红酒,举着刀叉,吃着牛排","男人靠在女人的肩上,女的偎在男人的怀里,笑声、接吻声、窃窃私语声、干杯声不绝于耳"。"忽然,乐声变了,刹那间又改成了进行曲。有一队(四个)高大威武的、身穿当年'苏联红军'制服的俄罗斯人出现了,他们行进在一个个餐桌前,齐声高唱'喀秋莎'!"

在这样的一个氛围里,郝连东山不仅是头晕,眼也有些晕。郝连东山年轻时最喜欢听的就是俄罗斯歌曲。那些歌曲就像是梦中情人一样,滋养过他的心灵。在郝连东山看来,那些"苏联红军"的制服,包括领章、帽徽,代表着一个时代,那是用鲜血和生命染出来的时代。不管对与错,那都是一个时代的缩影,应该给予起码的尊重。可是,在这里,却成了佐餐的调料了。①

在染着红头发、戴着大耳环"90后"的眼中,郝连东山就是老顽固、土鳖。他心里也清楚:"这不是你的时代了。"

父亲和儿子两代人的隔膜,不仅仅是代际的差异,还有不断变化的现实对于人的影响。差异化的社会导致差异的个体和内心。"中国自有历史记录以来直到1990年代,基本上是一个在方言和文化上自有巨大地区差异的农业。"②在毛时代,整个社会缺乏社会流动,形成统一的意识形态和文化。随着邓小平时代改革开放的深入,实现了从农业社会向城市社会的转型,以及更多了解外部世界。超稳定结构的解体,以及不断变化的现实、不断融入的新文化造成光怪陆离的社会现状,以及种种社会差异。

---

① 李佩甫:《平原客》,花城出版社,2014,第233页。
② (美)傅高义:《邓小平时代》,生活·读书·新知三联书店,2013,第650页。

根据社会学家的研究,"现在中国的青年人,都是出生在改革开放后的独生子女政策之下,经历了家庭中众星捧月般的无上呵护,同时也面临着市场经济时代残酷的差别和竞争;一方面全球消费文化浪潮带来了丰富的物质享受的可能,另一方面多元化的价值观念的共存又带来了信仰的迷失和选择的困惑……所有这些构成了这代人特有的社会经验或集体认同,使之区别于他们的父母——不仅仅在年龄上、经验和意识上,也在价值观和生涯选择上。他们的父母出生在计划经济的毛泽东时代,受到正统的集体主义和传统家庭文化的教育,经历了社会转折所带来的教育、就业、福利、家庭生活、价值观念等等方面变革的痛苦。因此他们两代人的'代'不仅包含家庭、亲缘的涵义,还包含时代、历史的涵义,也可以理解为社会制度和福利变革的涵义,并且彼此之间相互交叉、影响,形成了两代人在社会境遇和文化观念上的差异和断裂,也为他们之间普遍存在的代际冲突构成了基础。"[1]

所以,在这个过程中,李佩甫"平原"也在不断发生改变,他可以有忠诚的"50 后",所理解的伟大、理想、正义甚至包括对工作正经、不正经的划分,也会有奇异的"80 后""90 后""我的青青我做主"的不流俗,坚持自我的兴趣与个性。在这部看

---

[1] 吴小英:《代际冲突与青年话语的变迁》,载《青年研究》2006 年第 8 期。

似差异很大的书中,向我们揭示了城市的多维空间,有不同代际的人们对于人生的不同理解,有出身于城乡的人们认知和生活习惯的差异。因此,作者将农村青年与留美博士的身份缝合,将官与商的职业生涯勾连,呈现一个多元化的城市景观。在这个城市景观中,不仅仅有传统记忆的合记烩面,还有新兴的高档会所;有古老开封的"德化浴池"的精炼手艺人,也有城市新冒出的按摩女郎。土与洋组装成城市,所有人既改变着城市,也被城市悄悄改变。

三、《藏珠记》的重与轻

《藏珠记》(作家出版社 2017 年版)是乔叶的一部带有奇幻色彩的小说。在之前的作品中,乔叶多直面现实,如《我是真的热爱你》中的进城姐妹,《拆楼记》以非虚构的笔法写出城市化进程中的乱象,《认罪书》通过"文革"的历史发现人性的幽暗复杂。新作《藏珠记》则以历尽千年的姿态写出一位不老女子。之所以不老,是一种她有一颗魔幻的珠子。

天宝十四年,一位波斯商人因感念房东夫妇的收留在弥留之际送给他们的女儿一颗长生不老的珠子,因此,"那丫头活得很长,一直从唐朝活到了现在,简直活成了老不死,一直活到了锦盒的那张字纸早已经灰飞烟灭,只剩下那首无题诗刀削剑刻在她的脑子里:珠有异香长相随,雨雪沐身葆葳蕤。守节长寿失即死,若出体外归常人。"①就是在这纸约束与一方珠子的保护之下,她活了千年。故事以奇幻的开篇,掀起一段俗世的爱情。

近年来,唐珠流落到郑州,也经历了这座城的变迁。

如果我没记错,十年前,这个位于郑州市东南一隅的别墅区刚刚"尊者共享,荣耀登场"时,开盘价每平方米只有两千。现在出手应近两万。那时我偶尔路过,越过粗糙拉起的红砖围墙和绿色纱罩,还可以闻到不远处庄稼地里玉米叶子的青蕤之气。而今举目四望,高楼环伺,想要看到田野绿,恐怕已在十里之外。

阅尽千帆的底气和苍凉使得唐珠发现"日光之下,并无新鲜之事","唐宋元明清民国直到今天,很多人只是身份不同穿衣不同语言不同,他们制造的那些事只是时间不同地点不同外壳不同,但是,本质却是相同。如果说世相的外在是流星赶月风驰电掣,那么人的本质就是在原地打转,甚至是把原地踩成了一个越来越深的坑"。然而,这份冷静,也是因爱致死的恐惧使她一次次铲断情思,相舍江湖。却因对金泽的爱恋舍掉底线。爱情消解掉历史,消解掉因袭,消解掉唐珠的阴影和

---

① 乔叶:《藏珠记》,作家出版社,2017,第4—5页。

一切沉重,最终快乐地生活在一起。

这个传奇的故事看似结构简单,一位古老有着不死魔力的女子爱上一位人间男子,最终抛开阻碍,修成正果的故事。一方面是历史的沉重,甚至作品中引用大量的知识,有唐代的传奇故事,有豫菜的渊源与精工细致,更有现实的轻,只是一个U盘引发的阴谋与爱情。最终,爱情的快乐原则压倒历史的沉重阴影,也压倒了现实的俗世原则,其实这就是现代城市的新状态。弗洛伊德认为自我源自本我,它的角色是个体与社会之间的协调人。它往往代表了超我所蕴涵的那些社会的道德伦理和理性判断。在弗洛伊德的比喻中,本我是奔腾的"野马",自我则是控制马的"骑士"①。在这样的人格结构基础上,本我是依照快乐原则行事的,而自我则依照现实原则行事。快乐原则就是本能的满足,而现实原则是符合社会行为规范和道德良知。现实原则常常压制着或延迟了快乐原则的实现,这就造成了文明对本我的压抑。弗洛伊德相信,社会的进步表现为技术对社会的控制,是理性对人的征服。其代价则是人类丧失了许多重要的东西。他从人的内在心理方面揭示了现代性的冲突和矛盾。这一冲突体现为快乐原则和现实原则之间的矛盾抵牾。

---

① 舒尔茨:《现代心理学史》,沈德灿等译,人民教育出版社,1981,第342—343页。

在《藏珠记》里，一切矛盾都烟消云散了，甚至那条千年古训对珠子和人的约束力也荡然无存了，一切符合现实的原理和快乐法则。历史和现实得到有效统一，日常成为关注重心。没有宏大叙事，也没有使命感，仅仅是一对饮食男女的日常生活成为书写重点。作者用大量的笔墨谈论豫菜，并以菜喻人，人菜合一，形成一种通融的力量。

咱们豫菜的地位？那可是各菜系之母。

不客气地说，中国整个饮食的萌芽期、发展期、形成期和繁盛期都是在中原完成的。豫菜的起源，就是宫廷菜。中国八大古都，河南占了四个。郑州时间短，就不说了。其他三个，安阳是七朝古都，开封是七朝古都，洛阳是九朝古都，光洛阳当都城就一千五百年！你想想，这些个朝廷往民间流传些宫廷菜，是多么顺便的事儿。

豫菜嘛，甘而不浓，酸而不酷，咸而不涩，辛而不烈，淡而不薄，香而不腻……你别笑。豫菜做到了功夫，就是这么好。没特点？不，咱们有特点，咱们的特点就是甘草在中药里的作用，五味调和，知味适中。所以内行常说，吃在广东，味在四川，调和在中原。①

河南的饮食文化在整部作品中被体现得淋漓尽致，正如

---

① 乔叶：《藏珠记》，作家出版社，2017，第123—125页。

《礼记·礼运》所说,"饮食男女,人之大欲存焉"。在豫菜考古、人菜合一的讲述中完成古老与现代的城市气质展现,在古今融合中将千年历史的沉重及现世的重复与轻盈跃然纸上。

结语　城市的胜利及新的阅读期待

爱德华·格莱泽《城市的胜利》，追溯了"自从柏拉图和苏格拉底在雅典的一个集会场所展开辩论以来，作为分布在全球各地的人口密集区域，城市已经成为了创新的发动机。佛罗伦萨的街道给我们带来了文艺复兴，伯明翰的街道给我们带来了工业革命。当前伦敦、班加罗尔和东京的高度繁荣得益于它们产生新思想的能力。漫步在这些城市——不论是沿着用鹅卵石铺就的人形步道还是在四通八达的十字街头，不论是围绕着环形交叉路口还是高速公路——触目所及的只有人类的进步。"[1]但是，作者也提出，城市的发展也应该竭力保护城市物理上的过去。

今年是改革开放四十周年，文学界也开展各种形式的纪

---

[1]　（美）爱德华·格莱泽:《城市的胜利》，刘润泉译，上海社会科学院出版社，2012，第1页。

念活动。我们在盘点改革开放四十年的成就时,无法忽略的是,四十年的典型特征是城市化的兴起,伴随其间的也是一部部进城史。从路遥《人生》中高加林作为城乡交叉地带青年的奋斗史,到高晓声《陈焕生上城》对城市的重新认识,再到李佩甫《城的灯》的决绝,以及张一弓《遥远的驿站》追寻久远的城市记忆和家族史。城市都是不断言说的空间,而随着社会的发展,作家体察的深入,对城市中的人的书写也日渐复杂和多元。如贾平凹《高兴》中对城市中的边缘人生活状态的发现,以及鱼禾散文中对城市人的精神向度的思考,都打开了城市文学的丰富性。

河南尽管作为长期乡土的重镇,乡土文学一直是主流叙事,从现代文学中师陀的《果园城记》,到当代文学发端时的李准《不能走那条路》,以及阎连科、刘震云的"文学地图",关于故乡耙耧山脉、新乡延津,李佩甫的"平原三部曲",以及李洱的《石榴树上结樱桃》等,乡土写作一直是中原作家的特色。如果说"陕军东征"时期以乡土呈现百年中国的文化,河南的乡土根脉更深,也是黄河文明最重要的载体,从文学流脉来寻找河南作家的共性,应当引起研究者的重视。在作家笔下,和土地的关系也是最为长情的表达。仅就当代而言,阎连科的耙耧山脉、刘震云的故乡延津,都以多年的创作实力形成了业界公认的文学地理。从 20 世纪 80 年代耙耧山脉的发现,阎连科的创作一直根系于故土,《瑶沟人的梦》《年月日》《日光流年》等都致力于发掘一个奇特的乡土世界,对土地的热爱、困顿与挣扎无不倾情于此。刘震云似乎是一个更有意义的存在,从《塔铺》重温青年时代开始,经过《一地鸡毛》式的新写实,在20世纪90年代的市场大潮中,他却静静写作,重回故乡,历经数年写就《故乡天下黄花》、《故乡面和花朵》系列、《故乡相处流传》,一直到获得茅盾文学奖的《一句顶一万句》,被称为中国的"百年孤独",他仍是执着于乡土的智慧与民间的力量。

相较而言,一直在河南本土坚持创作的李佩甫是一个颇具代表性的存在。尤其是其凭借《生命册》获得了茅盾文学奖,也是对其多年创作实力的证明。从20世纪90年代《羊的门》,李佩甫就成为中原文学的重要作家,对于各种植物、土地的迷恋,以及中原源远流长的权力关系与结构的细致描摹与再现,都给人极大的视觉冲击力。然而,由于各种原因,这部作品并没有赢得该有的评价。① 一直到2012年出版的《生命册》,被认为是继其《羊的门》《城的灯》之后,"平原三部曲"的收官之作,也是作家融汇三十多年创作的心灵史,同样也是追溯时代的一曲悲歌。作品的主人公吴志鹏是喝无梁村百年

---

① 《羊的门》在2018年被评为四十年最有影响的四十部小说,也算是对作家的正名。

奶、吃百家饭长大的孤儿,大学毕业后留到省城高校教书,但他的成长经历,背后的乡村一直成为摆脱不了的"大尾巴"。不管过上什么样的生活,老家一直像阴影一样停留在他的生命中。为了彻底摆脱,乡村及其影子,他辞去公职,下海,经历无数困顿,却始终找不到心灵的安宁,这时他才发现乡土和自己始终融为一脉。对李佩甫来说,一直试图写出人们在社会结构变动中的心灵史,直到2018年的《平原客》,仍然在写出城市元素、现代事物与传统习气的冲突与挣扎,以及旧事物与旧思想的失败。

不可忽略的是,随着时代的发展,以及城市化的进程,尤其是"60后"、"70后"作家,以及更年轻的创作群体的崛起,随着成长和生活环境的变化,他们的写作也融入更多的现代、城市元素。如邵丽的《明惠的圣诞》,写一位女子如何在纸醉金迷中迷失自己,又如何发现自我,最终以悲剧的方式自我觉醒,等等。乔叶写城市化进程的《拆楼记》,将城乡接合部在伴随家园不在时没有更多的留恋,反而更多是人性的欲望抒写。这些文字都没有仅仅陷于现实主义的社会记录,反而将这一过程中人性的深处更多挖掘和发现,也反映了转型期人的迷失与自我找寻,重建精神世界的可能性与必要性。奚同发《雀儿问答》审视城市青年看似光鲜生活背后的精神压抑,也试图在寻找观看城市的多种方法。南飞雁《天蝎》城市公务员的生存、爱情、职位等诸多纠葛与挣扎,在看似平静的叙述中,剖开他们的生存史和发展史。

在当代文学日益勃兴的今天,文学已经摆脱了过去教条式的各种束缚,日益多元而壮大,对中原作家来说亦是如此。他们在自己熟悉的领域做出耕耘和尝试,如邵丽的"挂职"系列,对于基层干部的生活做了深度考察和鞭辟入里的书写;包括焦述的市长系列,根据自己的亲身挂职经历,对官场的生态进行深层解剖;以及乔叶的《认罪书》,以植入的方式反思在历史与现实的激荡中人性诸多问题,等等。可以说,随着社会的发展及多元化的日益加深,作家的创作题材更为灵活多变。很多作家也通过对当下社会的观察,寻找个人和时代契合点,以自身的努力参与如何回应现实中国的问题。而现实主义的书写方式仍是当代文学的主脉,很多作家也以自己的创作实践默默耕耘于此。如张运涛笔下的小镇青年,他们的青春,他们的留恋,甚至他们的人生轨迹,在很多作品中得到真实地呈现。从他的笔下,我们可以看出,现在的乡村和小镇青年早已不是当初的沉默者,也有着自身的活力和向上游动的力量。

但是,关于作家如何把握现实、介入现实,还是一个普遍的难题。且不说随着社会信息传播的强大,甚至有作家无奈地表示"现实远远比文学作品更为荒诞"(阎连科),甚至有作品被讽刺为新闻段子汇编(如余华的《第七天》),这些都给作家带来很大的写作困扰,严肃作家如何思考社会,如何表达现实成为一个普遍性的困境。利维斯在《伟大的传统》中将那些对时代敏锐的作家称为"时代先锋","在精神氛围发生变化所带来的压力开始被头脑最清醒者注意到的时候,他们便敏感先觉了"。在一定程度上,思维的敏锐性应该是考量作家的重要指标,同样的现实,同样的故事,传递出何种思考,甚至选材时的前瞻性都是重要的问题。这也促使作家不仅仅需要描摹社会,更需要观察和深度思考,一直在思考的基础上判断走向,变动的社会对作家的写作提出更高的要求。

在信息传输如此便捷,生活经验日益同质化的今天,作家如何提供个体经验,如何展开独特的想象力和思考力,成为衡定作品意义的重要层面。在作品中如何呈现河南城市文化的质素,一代代作家也提供独特的思考和文学经验。河南重要的质素是久远的文明史,我们去国家博物馆的古代陈列展,会发现就是一部微缩的中华文明史。而器物就从商鼎开始,从青铜器拉开篇章,这也是中原文化作为华夏文明之根的印证。文化、地理通过文学作品的方式得以延续下来,也具有了生命力和独特性。厚重的历史和中原文化,一直封存在历史记忆中,如安阳殷墟、开封城下城,以及近来因电影备受关注的洛阳铲、摸金校尉,等等,都是来自中原的历史。王德威、关爱和等编的《开封:都市想象与文学记忆》,对于开封的水民风、人物、年节、寺院、豫剧等的探究,影响很大。如何扩大写作题材,长篇提供了更多语境和可能,所做出的尝试既打开了历史的多重面向,也展示了河南文化地理和风貌,颇具独特性。可以说,如何将河南的地域文化打开,从而扩大文学的表现空间,成为一部作品是否独具特色的重要元素,这也应该得到作家的重视。

地域性与作家创作的关系历来受到研究者的重视。从丹纳《艺术哲学》种族、时代、环境三要素到迈克·克朗的《文化地理学》,强调"不能把地理景观仅仅看作物质地貌,而应该把它当作可解读的'文本'"。我国古代文学中的公安派、桐城派,以及现代文学中的京派、海派,等等,都重在研究地域文化与文学的同构关系。尽管这一研究在新中国成立后有所中断,但20世纪80年代以来文化热的思潮也使得更多的人去寻找民族、地域文化之根,如今亦是典型的社会潮流。城市不仅仅是现代化事物,它还有久远的文化余脉,以及"等等灵魂"的精神拷问。就河南城市文学来说,如何从古老悠久的历史文化中汲取资源和营养,并审视现代化城市的种种新动向、新思想,结合地域文学传统在城与人、中原城市的整体发展中寻找语言系统和表达方式,从物质和情感上表达本土的感受,进而确立具有自身特色的美学原则,成为我们更多的阅读期待。